동북아역사 자료총서 45

근세 한일관계 사료집 Ⅴ(하)

1636년 조선통신사 기록
『관영병자신사기록(寬永丙子信使記錄)』

윤유숙 편

• 이 책은 2023년도 동북아역사재단 기획연구 수행 결과물임(NAHF-2023-기획연구-5).

서문

이 책에 수록된 사료는 1636년(관영13, 병자) 조선통신사를 기록한 일본의 고문서(古文書)『관영병자신사기록(寬永丙子信使記錄)』이다. 도쿄국립박물관에 소장된 이른바 '쓰시마 종가기록(宗家記錄)'으로, 총 8책(冊) 14권(卷)으로 구성되어 있다.

저자와 편찬된 시기는 불명확하나 본문에서 쓰시마 번주 소 요시나리(宗義成)를 그의 법명(法名)인 '고운인(光雲院)'으로 칭하고 있는 점에서 그의 사후(1657)에 정리된 것으로 추정된다.

병자(丙子) 통신사는 에도(江戶) 막부 3대 쇼군 도쿠가와 이에미쓰(德川家光)의 치세기인 1636년, '태평축하'라는 명목으로 일본을 방문했다. 조선 후기 통신사행으로는 제4차 사행이다. 사절단을 대표하는 삼사(三使)에 정사(正使) 임광(任絖)·부사(副使) 김세렴(金世濂)·종사관(從事官) 황호(黃戾)가 임명되어, 총인원 약 470여 명 규모로 구성되었다. 사행록에는 정사 임광의 『병자일본일기(丙子日本日記)』, 김동명(金東溟)의 『해사록(海槎錄)』, 황만낭(黃漫浪)의 『동사록(東槎錄)』 등이 전해진다.

1636년 8월 한성을 출발한 사행단은 부산을 거쳐 10월에 쓰시마 후추(府中), 오사카, 교토를 거쳐 12월 에도에 도착했다. 12월, 에도성(江戶城)에서 국서(國書) 전달 의례를 마치고 며칠 되지 않아 삼사 이하 21명이 쓰시마 번주 소 요시나리의 안내로 에도를 출발하여 닛코(日光) 도쇼구(東照宮)를 참배하고 돌아왔다. 조선이 후금의 침입을 받았다는 소식을 이미 전해들은 사행단은 이듬해 1637년 귀국길에 올랐다.

1636년 통신사의 경우 통신사행이 성립된 배경과 외교 시스템상에 발생한 변화로 인해 주목되어 왔다. 당시까지 일본에서 조선통교를 전담해 온 쓰시마 번주 소씨 본인이 당사자가 된 스캔들 '야나가와 잇켄(柳川一件)' 직후 추진되었기 때문이다. 1635년 쇼군 이에미쓰가 에도성에서 친재(親裁)한 결과 번주 소 요시나리는 무죄, 그와 대립했던 가신 야나가와 시게오키(柳川調興)는 쓰가루번(津輕藩) 유배형에 처해졌는데, 동시에 이에미쓰는 소씨에게 '명년(明年) 중 조선신사(朝鮮信使)를 내빙하게 하라'고 지시했다.

야나가와 잇켄을 심의하는 과정에서 그간 대조선 외교에서 쓰시마가 반복해 온 국서개찬(國書改竄) 사실이 폭로된 만큼, 1636년 사행은 새롭게 정비된 외교 시스템이 적용되었다. 막부는 쇼군의 외교 칭호를 '일본국대군(日本國大君)'으로 정하고 일본 국서에 '일본 연호'를 사용하며, 쓰시마의 이테이안(以酊庵)에 교토(京都) 고잔(五山)의 승려를 파견하여 조일(朝日) 외교문서 작성에 참여하게 했다.

쇼군 이에미쓰는 1636년, 초대 쇼군 도쿠가와 이에야스를 주제신(主祭神)으로 모신 닛코 도쇼구를 장엄한 사전(社殿)으로 개축한 상태였는데, 삼사(三使)에게 예정에 없던 닛코 도쇼구 참배를 제안했다. 삼사는 결국 참배를 승낙했고, 닛코 도쇼구 참배는 그 후 1643년 · 1655년 사행에서도 이루어졌다.

통신사행을 기록한 조선 문헌에는 과거 예조(禮曹) 전객사(典客司)에서 편찬한 『통신사등록(通信使謄錄)』이 현존하는데, 『통신사등록』에는 1643년 제5차 통신사부터 1811년 통신사까지 수록되어 있다. 다만 『통신사등록』에도 1636년 사행 기록은 없다. 따라서 『관영병자신사기록』은 야나가와 잇켄을 포함하여 병자 통신사행의 전체 여정을 기록한 단일한 일본 사료로 추정된다.

이 책은 『관영병자신사기록』의 역주서 하권으로, 원문 14권 중 5~14권을 수록했다. 2023년 출간된 상권에서는 야나가와 잇켄의 경과와 일본에서 통신사 초빙을 준비하는 과정을 담았지만, 하권에 수록된 5~14권은 통신사행을 본격적으로 다루고 있다. 조선을 출발하여 쓰시마를 거쳐 에도까지 이르는 여정, 도중 일본 각지에서 이루어진 접대 내역, 에도성 등성(登城) 및 국서 교환 의식, 닛코 도쇼구 참배, 통신사의 귀국길, 오사카에 잔류한 조선인에게 지급된 물품, 쓰시마에서의 접대 목록, 막부가 통신사에게 보낸 답례품 등을 기록했다.

재단은 2015년 이래 『근세 한일관계 사료집』을 발간해 왔다. '조선통신사 기록'을 소재로 다섯 번째 사료집을 발간하게 된 것을 다행스럽게 여기며, 이 책이 17세기 전반 조일관계와 조선통신사 연구의 기초자료로써 조금이나마 도움이 되기를 기대한다. 난해한 일본 고사료의 번역 작업에 참여하여 애써 주신 김선영 선생님과 이형주 선생님께 깊은 감사의 뜻을 전한다.

2024년 3월

동북아역사재단 연구위원 윤유숙

일러두기

탈초문

1. 한자는 상용한자의 사용을 원칙으로 했으며, 이체자(異體字)도 상용한자로 바꾸었다.
   예) 国 → 國, 体 → 體, 訳 → 譯, 処 → 處
2. 원문에 나오는 〆(しめ), ゟ(より)는 그대로 표기하였고, 헨타이가나(變體假名) ニ, ハ, 江, 而, 茂, 者 외에는 히라가나로 고쳤다.
3. 결자(闕字), 개행 등은 원본의 체제를 유지했다.
4. 원문이 확실하게 잘못된 경우는 해당 글자에 덧말넣기 「ママ」로 표기하였다.
   예) 右(ママ)筆 → 원래는 佑筆
5. 원문의 손상으로 인해 판독이 안되는 곳은 「□」로 처리하였다.
6. 판독하지 못한 곳은 「■」로 처리하였다.
7. 「ホ(など)」는 「など」로 표기하였다.
8. 탈초 원고의 본문에 구두점(,) 과 병렬점(·)을 넣었다.
9. 반복을 나타내는 부호(ヽ, ゝ, 々)도 원본을 따랐다. 가타가나는 ヽ, 히라가나는 ゝ, 한자는 々을 사용하였다.

역주문

1. 역주문의 순서는 저본의 쪽 단위로 탈초문(활자체)을 앞에 두고 이어서 번역문을 배치하였다. 마지막에 초서체 원문을 배치하였다.
2. 번역문의 문단은 기본적으로 저본에 따랐으나 문장의 가독성을 높이기 위해 전체 내용 이해에 곤란을 주지 않는 범위 내에서 임의로 나눈 부분도 있다.
3. 이 책에 수록된 사료는 에도시대에 기록된 일본의 사료이므로 인명, 지명, 관직명 등 고유명사와 연호(年號) 등은 일본 발음으로 기재하되 정확한 의미 전달을 위해 한자 표기를 괄호 ( )로 부기(附記)하였다.
4. 일본 발음의 표기는 국립국어원의 외래어 표기법을 기준으로 하였다.
5. 번역은 직역을 원칙으로 하되, 문투를 어색하게 하지 않기 위해 가급적 현대적인 표현으로 바꾸었다. 번역문에서 내용의 이해와 문맥의 순조로운 연결을 위해 원문 표기가 필요한 곳은 괄호 ( )로 부기하였다.
   대괄호 [ ] 안의 문장은 원문에는 없는 표현이지만 문장의 의미를 명확하게 하기 위해 역자가 임의로 추가한 것이다.
6. 참고문헌은 역주문에서는 문헌명만 간단히 쓰고 이 책 말미에 제시한 〈참고문헌〉에서 자세한 서지사항을 밝혔다.
7. 타인의 발언을 전하는 전언(傳言)이나 다른 문건의 내용을 인용하는 부분은 그 전체를 큰따옴표 " "로 묶었다.

1636년 조선통신사 기록

차례

1636년 조선통신사 기록

『관영병자신사기록(寬永丙子信使記錄)』 해제

해제

1636년(인조14, 병자) 통신사 전후의 조일관계를 보는 새로운 시각

병자(丙子) 통신사는 에도 막부 3대 쇼군 도쿠가와 이에미쓰(德川家光)의 치세기인 1636년, '태평 축하'라는 명목으로 일본을 방문했다. 조선 후기 통신사행으로는 제4차 사행이다. 삼사(三使)에 정사(正使) 임광(任絖)·부사(副使) 김세렴(金世濂)·종사관(從事官) 황호(黃㦿)가 임명되어, 총인원 약 470여 명 규모로 1636년 8월에 한성을 출발, 12월 에도에서 의례를 마치고 이듬해 귀국했다.

사행단원이 남긴 사행록으로는 정사 임광의 『병자일본일기(丙子日本日記)』, 김동명(金東溟)의 『해사록(海槎錄)』, 황만낭(黃漫浪)의 『동사록(東槎錄)』 등이 있다.

병자 통신사가 성립된 배경, 막부의 의도 등에 관해서는 종래 여러 가지 해석이 제기되어 왔다. 그것은 이 사행이 조선통교를 전담해 온 쓰시마 번주와 가신이 당사자가 된 정치 스캔들 '야나가와 잇켄(柳川一件)' 직후 추진되었기 때문이다. 야나가와 잇켄으로 인해 양국의 통교(쓰시마 선박의 조선 도항)가 중단되었던 터라 조선도 막부와 쓰시마 사이에 전개되고 있던 사태의 향방을 주시하고 있었고, 일본은 대조선 외교 제도의 일부를 수정하는 계기가 되었다.

또한 이 사행을 전후하여 1627년과 1636년 두 차례, 조선은 후금(後金)의 침입을 받았는데, 이는 조선과 대륙 정권과의 관계에 변동을 초래했을 뿐 아니라 조일관계에도 여파가 미쳤다.

특히 이 무렵 쓰시마에서는 번주 소 요시나리(宗義成)와 그의 가신 야나가와 시게오키(柳川調興)의 불화와 갈등이 복선으로 작용하고 있었다.

1631년, 급기야 양자는 서로를 막부에 고발하기에 이르렀고, 1635년 쇼군 이에미쓰가 에도성에서 친재(親裁)한 결과 요시나리는 무죄, 시게오키는 쓰가루번(津輕藩)에 유배 처분되었다. 양자를 심의하는 과정에서 그간 대조선 외교에서 쓰시마가 반복해 온 국서개찬(國書改竄) 사실이 폭로되기도 했다. 이 사건을 '야나가와 잇켄(1631~1635)'이라 한다.

주목할 점은 쇼군이 소씨에게 언도한 판결에 '조선통신사를 내빙케 하라'는 항목이 포함되어 있었다는 사실이다. 당시 무가(武家) 사회에서 다이묘(大名)와 가신 간에 정치적 대립이 격화되어 스캔들로 번질 경우, 막부는 '다이묘의 통치능력 결여'라는 이유로 그 지위를 박탈해 버리는 사례가 적지 않았다. 따라서 정치적인 위기에서 가까스로 벗어난 번주 소 요시나리에게 쇼군의 명령을 성공적으로 실행해 내는 것이 얼마나 절박한 과제였을지 상상하기 어렵지 않다. 병자 통신사는 그러한 상황에서 추진되었다.

1980년대 이래 일본 학계는 야나가와 잇켄 이후 시행된 변화에 커다란 의미를 부여해 왔다. 즉 병자 통신사를 초빙하는 과정에서 막부가 쇼군의 외교 칭호를 '일본국대군(日本國大君)'으로 정하고 일본 국서에 '일본 연호'를 사용하며, 쓰시마의 이테이안에 교토(京都) 고잔(五山)의 승려를 파견해 그들로 하여금 조일외교문서에 관여하게 한 점을 '외교체제의 쇄신'으로 평가해 왔다. 요컨대 야나가와 잇켄을 거쳐 도쿠가와 정권에 의해 소씨의 통교 실무가 관리·감독되는 중앙정부 주도형으로 전환되었다고 보고, 새롭게 쇄신된 외교체제를 '대군(大君)외교체제'라 명명했다.

그러나 '대군외교체제'에 대한 이러한 평가는 근년에 이루어진 이테이안 윤번승의 구체적인 직무 내용에 대한 실증적인 검토 결과, '도쿠가와 막부가 관리·감독하는 외교체제'라는 대목에 중대한 의문이 제기된 상태이다.[1]

---

1 池内敏, 『絶海の碩学–近世日朝外交史研究』, 名古屋大出版会, 2017

우선 조선 관계의 공문서 작성에서 이테이안 윤번승이 맡은 역할을 살펴보면, 쓰시마번의 조센가타(朝鮮方)가 이미 초안으로 만든 일문(和文)을 한문 초안으로 변환시키는 작업에 한정되어 있었다는 점을 지적한다. 이 작업이 그렇게 어려운 것이 아니었기 때문에 제자들이 대행하는 것이 가능했고, 더 구체적인 사례로 들어가면 윤번승에게 의뢰하지 않고 번측이 독자적으로 한문 초안을 작성한 사례라든가 윤번승이 작성한 초안에 번측이 클레임을 건 사례도 발견된다.

무엇보다도 중요한 점은 쓰시마의 조센가타 진문역(眞文役)이 20~30년의 현장경험을 갖는 데 반해 윤번승의 최대 임기는 2년에 한정되어 있었다는 사실이다. 그로 인해 공문서의 작성 현장에서 윤번승은 쓰시마의 의견에 굴복하는 입장에 가까웠으므로 그들이 쓰시마의 외교문서 작성을 감시했다는 종래의 평가는 적절하지 않다는 것이다.

또한 조선의 역관 일행이 쓰시마를 방문하는 현실적인 문위행 외교의 장에서도 이테이안 승려는 외교를 동반하지 않는 '의례의 장'에만 배석하고 실무 교섭이 오가는 장에서는 완전히 배제되었기 때문에, 쓰시마의 외교를 감찰하는 '막부의 감찰관' 역할을 했다고도 보기 어렵다는 설명이다.

위의 연구는 이테이안 윤번승 제도가 '조선외교에서 쓰시마의 자의를 배제하기 위한 감찰제도로써 막부가 적극적으로 도입한 제도'가 아니라 '쓰시마번이 스스로 발의하여 시작된 제도'라는 결론에 이른다. 막부에서 파견된 이테이안 승려를 데리고 있는 것만으로도 쓰시마의 조선외교는 '사적(私的)'인 것이 아니라 대외적인 권위와 정당성을 부여받는 효과를 누렸다. 더구나 현실적인 측면에서는 이테이안 승려의 휘하에서 조선외교문서를 청서하던 청서승(淸書僧)을 왜관의 도코지(東向寺)에 파견하여 그들로 하여금 조선의 외교문서를 체크하게 했으므로, 여러 가지 의미에서 이테이안 윤번제는 쓰시마에게 유익한 제도였다는 것이다.

1636년 통신사를 전후하여 두 가지 행사가 처음으로 시행되었다는 것도 특이점이다. 그것은 사행 바로 직전에 '마상재(馬上才)'의 에도행이 있었고, 사전에 언급되지 않았던 통신사의 '닛코 도쇼구 참배'가 처음으로 도입되었다는 점이다.

1634년 9월, 소씨와 야나가와씨의 대립이 본격화되어 막부가 심리에 돌입한 시기, 갑자기 쓰시마는 '조선의 승마술을 보고 싶다'라는 쇼군의 의향이 있었음을 조선에 통보했다. 쓰시마는 조선에 사신을 급파하여 조선 조정에 마상재를 일본에 초빙하고 싶다는 요청을 넣었고, 조선은 이를 수락했다.

조선도 야나가와 잇켄의 향방에 주목하고 있었던 터라, 쓰시마의 마상재 파견 요청을 수락한 배경에는 역관 홍희남과 최의길을 함께 일본에 파견해서 그들로 하여금 일본 현지 동향을 직접 파악하게 하려는 의도가 깔려 있었을 것이다. 홍희남과 최의길, 승마술을 선보일 마상재인(馬上才人) 2명, 말 2필과 차왜가 1635년 정월에 조선을 출발했고, 수행원까지 합해서 총 21명으로 구성된 사행단은 1635년 3월 중순 오사카를 거쳐 3월 말 에도에 도착했다.

다만 소씨와 야나가와씨에 대한 쇼군의 최종 판결이 내려지고 관련자에 대한 처벌이 언도된 것이 3월 12일과 13일이므로, 마상재 일행이 에도에 도착했을 때 이미 야나가와 잇켄은 종료된 것이나 다름없었다. 마상재는 쓰시마번의 에도 번저에 머물며 쇼군과 막부 인사들을 상대로 승마술을 펼쳐 보인 후 그해 7월 조선에 귀국했다. 이것은 조선의 마상재 일행이 단독으로 에도를 방문해서 쇼군과 대면한 유일한 예였다. 이후 1643년 사행부터 1764년 사행까지(1655년 사행은 제외) 총 6회, 마상재는 통신사와 함께 에도를 방문했다.

이에미쓰는 초대 쇼군 도쿠가와 이에야스를 주제신(主祭神)으로 모신 닛코 도쇼구를 1636년 대대적으로 수리하여 장엄한 사전(社殿)으로 개축한 상태였는데, 삼사에게 예정에 없던 닛코 도쇼구 참배를 제안했다. 삼사는 일정에 여유가 없다는 이유를 들어 일단 이 제안을 거절했으나, 요시나리의 거듭된 간청에 결국 참배를 승낙했다. 닛코 도쇼구 참배는 그 후 1643년·1655년 사행에서도 이루어졌다.

종래 이 두 가지 사안은 모두 막부의 지시에 따라 쓰시마가 조선에 요청해서 성사된 것으로 알려져 왔고, 마상재의 경우 실제로 쓰시마 종가기록에는 '막부가 지시했다'고 기록되어 있다. 하지만 마상재 초청과 통신사 삼사의 닛코 도쇼구 참배에 관해서도 이것이 막부의 지시가 아니라 실은 모두 소 요시나리가 제안한 것이라는 의견이 제시되었다.[2] 아마도 소씨가 막부에 먼저 제안하고, 막부의 승낙을 받은 쓰시마가 '조선정부 또는 통신사 삼사에게 막부의 요청'이라는 형태로 전달했다는 의미일 것이다.

또한 근년 진행되고 있는 논쟁 중에 '야나가와 잇켄에서 당초 불리해 보였던 소씨가 승리한 이유가 무엇인가' 하는 점이 있다. 이에 관해서는 일찍이 1980년대에 '조일외교에서 차지하는 쓰시마의 「裏方の仕事(=조선에 대한 소케[宗家]의 조공무역)」를 막부가 알게 되었기 때문'이라는 견해가 제시된 바 있다.[3]

하지만 이 통설에 도전하는 주장이 활발하게 제기되고 있다. 위 주장에 대한 반론으로, '조선에 대한 조공행위와 같은 굴욕적인 행위를 쓰시마가 막부에 스스로 신고했다고는 생각하기 어렵다'는 의견[4]이 제기되었다. 그러자 이에 대한 재반론의 형태로, '막부의 심의를 받는 과정에서 쓰시마의 외교승 기하쿠 겐포(規伯玄方)가 조일외교의 기본서인 『해동제국기(海東諸國紀)』를 막부에 제출'한 사실이 강조되었다.[5] 『해동제국기』는 조공자의 입장에 있는 쓰시마 사절에 대한 조선의 접대 기준이나 숙배 의례 등을 규정한 문헌인데, 막부가 이것을 겐포로부터 제출받은 이후에 잇켄에 대한 재결이 이루어졌다는 점에 주목한 것이다.

하지만 이 재반론에 대해서도 '막부의 심리 과정에서 소씨 측이 『해동제국기』를 제출했으나, 제출한 시점에 야나가와 잇켄의 심리는 실질적으로 끝난 상태라서 『해동제국기』는 논의를 전환시키는 역할을 하지 못했다'고 반박한다. 야나가와 잇켄의 전개 과정에서 양자가 제기한 주장의 변화, 특히 막부의 심리 과정을 중점적으로 들여다보면 양자 간의 갈등은 중세 이래의 조일무역의 권한을 흡수하여 계승하려는 시게오키와 그에 맞서는 소씨의 갈등, 즉 종주(宗主)

---

2 池內敏, 「'柳川一件'考」『歷史の理論と教育』152, 2019, 19·38쪽

3 田代和生, 『書き替えられた國書』, 中公新書 694, 1983

4 池內敏, 『絶海の碩学―近世日朝外交史研究』, 名古屋大出版会, 2017

5 田代和生, 「(書評) 池內敏著 『絶海の碩学―近世日朝外交史研究』」『日本史研究』670, 2018

가문과 중신(重臣) 가문의 주도권 싸움이 핵심이라는 것이다.[6]

결국 이 논리를 따라가다 보면, 심리하는 과정에서 과거 쓰시마가 저지른 갖가지 불법 행위–국서 위조, 조선에 대한 일본 무기 증여(판매) 사실–가 폭로되었음에도 불구하고 막부가 최종적으로 소씨의 손을 들어준 이유는 막부가 이 사건의 본질을 '주종(主從)의 문제'로 파악하여 '주(主)=소씨'를 존속시키는 쪽을 선택했다는 의미로 파악된다.

어쨌거나 야나가와 잇켄에 관해서는 현재까지도 유의미한 문제 제기가 계속되고 있다. 야나가와 잇켄의 종래 서사가 '승자인 번주 소씨 측이 생산한 기록물' 혹은 '승자를 의식한 기록물'에 의존하여 재구성되었다는 문제점[7]을 인식하는 단계에 와 있어서, 이 점을 염두에 둔 재검토가 다각도로 진행되고 있는 점은 고무적이다.

일본 학계에서는 오랫동안 '①야나가와 잇켄 후 ②막부가 조일외교문서의 직접 감독체제를 만들었고, 이것이 에도시대 대외관계에서 「일본형 화이질서(日本型華夷秩序)」 형성의 계기가 되었다'는 도식으로 야나가와 잇켄에 역사적 의의를 부여해 왔다. 하지만 이상에서 소개한 다양하고 새로운 문제 제기를 통해 '야나가와 잇켄의 서사' 자체가 재검토되고 있고, '막부에 의한 조일외교문서의 직접 감독체제 성립'라는 평가도 '허상(虛像)'이라는 점이 고증을 통해 증명된 상태이다.

그렇다면 '대군외교체제'라 명명되어 온 근세 일본과 조선의 관계, 더 나아가 '대군외교체제'를 기축으로 형성되었다고 규정되어 온 '일본형 화이질서'의 유효성 역시 재고되어야 할 것이다.

『관영병자신사기록(寬永丙子信使記錄)』 소개

『관영병자신사기록』은 1636년 통신사행을 기록한 일본의 고문서(古文書)로, 도쿄국립박물

---

6 池内敏, 「'柳川一件'考」 『歴史の理論と教育』152, 2019

7 米谷均, 「柳川一件以前の規伯玄方」 ('訳官使 · 通信使とその周辺'研究會), 2021년 3월 26일 발표문.

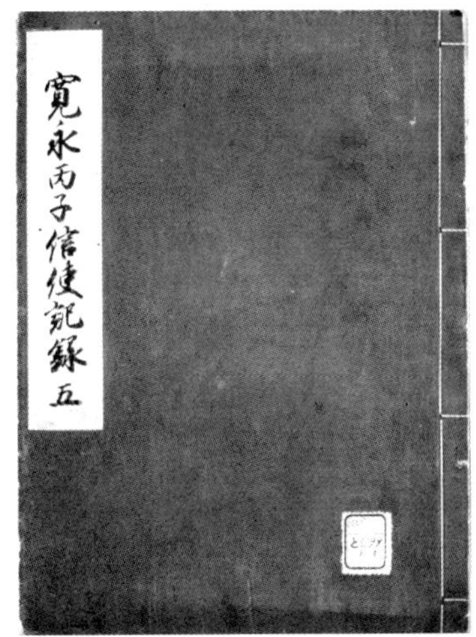

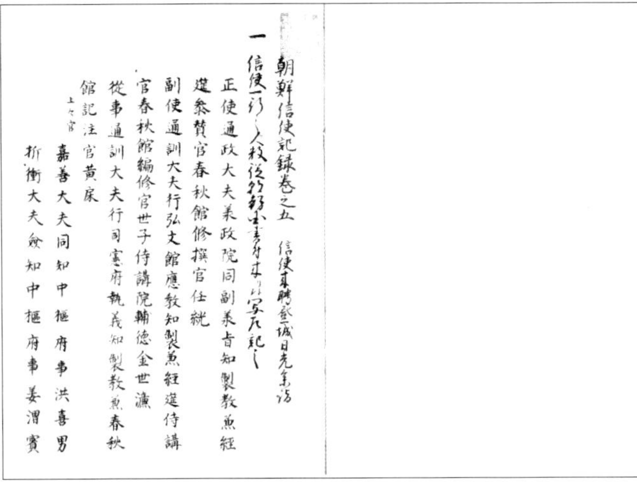
朝鮮信使記録巻之五

正使通政大夫兼政院同副承旨知製教兼経
筵參贊官春秋館修撰官任絖
副使通訓大夫行弘文館應教知製教兼経筵侍講
官春秋館編修官世子侍講院輔徳金世濂
従事通訓大夫行司憲府執義知製教兼春秋
館記注官黄㦿
嘉善大夫同知中枢府事洪喜男
折衝大夫僉知中枢府事姜渭賓

『관영병자신사기록』 5 표지와 본문(도쿄국립박물관 소장)

관에 소장된 '쓰시마 종가기록(宗家記錄)'이다. 총 8책(冊) 14권(卷)으로 구성되어 있다. 과거 쓰시마번이 기록한 통신사 기록은 현재 한국의 국사편찬위원회, 일본의 도쿄국립박물관, 게이오대학 도서관, 나가사키현 쓰시마역사연구센터에 분산 소장되어 있다. 『관영병자신사기록』은 야나가와 잇켄을 포함하여 마상재 초빙, 통신사의 전체 여정이 기록되어 있다.

도쿄국립박물관 소장본의 크기는 27.0cm×19.9cm, 기증자는 도쿠가와 무네요시(德川宗敬)이다. 겉표지에 '寬永丙子信使記録'이라 기재되어 있다. 본문에서 번주 소 요시나리를 그의 법명(法名)인 '고운인(光雲院)'이라 칭하고 있는 점에서, 그의 사후[1657, 메이레키(明曆) 3]에 정리된 것으로 추정된다.

전체 내용은 1631년 2월부터 1637년 2월까지 '쓰시마의 조선 관계 기록'에 가깝지만 1636년 통신사에 관한 기록도 상세하게 적혀 있다. 1~4권까지는 야나가와 잇켄의 경과를 비롯하여 일본에서 통신사 초빙을 준비하는 과정이 기록되어 있다. 2023년 6월에 출간된 역주서(상권)에 사료 1~4권을 수록했다.

이 책(하권)에는 5~14권을 수록했다. 후반부에 해당하는 5~14권은 통신사의 일본에서의 여정을 본격적으로 다루고 있다. 조선을 출발하여 쓰시마를 거쳐 에도까지 이르는 여정, 도중

각지에서 이루어진 일본 측의 접대 내역, 에도성 등성(登城) 및 국서 교환 의식, 닛코 도쇼구 참배, 통신사의 귀국길, 오사카에서 잔류하던 사행원에 대한 물품 지급, 쓰시마에서의 접대, 막부가 통신사에게 보낸 답례품 등을 기록했다.

1636년 통신사의 일본에서의 여정을 알기 위해서는 5~14권의 내용 모두 귀중한 기초자료 성격을 지닌다. 특히 8권 이후의 후반부는 통신사를 접대하는 데 소요된 각종 물품의 종류와 수량, 주고받은 증답품의 내역이 상세하게 기록되어 있어 일본 측이 부담한 접대비용과 사행을 매개로 하여 발생한 국제적인 물화(物貨)의 이동을 엿볼 수 있다.

또한 7권에는 야나가와 잇켄을 조사하기 위해 막부에서 파견된 검사(檢使)가 쓰시마 현지에서 관련자를 상대로 심문하고 답변하는 장면이 수록되어 있어서, 실제로 막부가 행했던 사건 조사가 현장감 있게 전달될 것이다. 7권 첫머리에 '관영(寛永) 12년'이라 적혀 있지만 이는 '관영 11년'의 오기(誤記)이다.

『관영병자신사기록』 1~14 제목

<table>
<tr><th>권</th><th>제목</th><th>권</th><th>제목</th><th>권</th><th>제목</th></tr>
<tr><td>1</td><td>辨證</td><td>7</td><td>附錄 檢使之略</td><td rowspan="2">12</td><td rowspan="2">獻上之御鷹御馬附之朝鮮人賄目錄</td></tr>
<tr><td>2</td><td>曲馬</td><td>8</td><td>賄目錄</td></tr>
<tr><td>3</td><td>御歸州</td><td>9</td><td>所々御馳走目錄</td><td rowspan="2">13</td><td rowspan="2">寛永十三年朝鮮之信使來幣之時御返禮之覺</td></tr>
<tr><td>4</td><td>御參覲</td><td rowspan="2">10</td><td rowspan="2">寛永十三年之信使於對州之賑賄目錄合五日之分也</td></tr>
<tr><td>5</td><td>信使來聘登城日光參詣</td><td rowspan="2">14</td><td rowspan="2">寛永十三年丙子十二月十三日朝鮮人御禮ニ登城之次第</td></tr>
<tr><td>6</td><td>信使退歸</td><td>11</td><td>大坂殘之朝鮮人へ賄目錄</td></tr>
</table>

* 권 제목은 본문 권수 아래에 표기되어 있는데, 10·13·14권의 경우 표기가 되어 있지 않아 본문이 시작되는 첫 문장으로 대신했다.

1636년 조선통신사 기록

탈초문 · 역주문

『관영병자신사기록』 5

朝鮮信使記錄卷之五　　信使來聘·登城·日光參詣

一. 信使一行之人數, 從朝鮮國書付來候寫, 左記之.

正使通政大夫承政院同副承旨知製敎兼經

筵參贊官春秋館修撰任絖.

副使通訓大夫弘文館應敎知製兼經筵侍講

官春秋館編修官世子侍講院輔德金世濂.

從事通訓大夫行司憲府執義知製敎兼春秋

館記注官黃戾

上々官

嘉善大夫同知中樞府事洪喜男

折衝大夫僉知中樞府事姜渭賓

조선신사기록권지오　신사내빙(信使來聘), 등성(登城), 닛코 참배[1]

一. 통신사 일행의 인원수에 관해 조선국에서 도착한 문서의 사본을 다음에 적는다.

정사 통정대부 승정원동부승지 지제교 겸 경연참찬관 춘추관수선 임광(任絖)

부사 통훈대부 홍문관응교 지제 겸 경연시강관 춘추관편수관 세자시강원보덕 김세렴(金世濂)

종사 통훈대부 행 사헌부집의 지제교 겸 춘추관기주관 황호(黃㦿)

상상관[2]

가선대부 동지중추부사 홍희남(洪喜男)

절충대부 첨지중추부사 강위빈(姜渭賓)

上官

中直大夫司譯院僉正康遇聖

奉正大夫司譯院僉正李長生

中直大夫司譯院僉正尹大銑

中直大夫前會寧判官朴弘疇

前鎭川縣監李惟澗

前所斤僉使金子文

朝散大夫通禮院引儀景大裕

張文俊

---

1 이 책에서 '조선시대 대일외교 용어사전'은 『대일외교사전』으로 약칭함.

2 일본 측은 통신사의 등급을 삼사·상상관·상관·차관·중관·하관으로 구분했다. 삼사는 정사·부사·종사관, 상상관은 통신사를 수행한 조선의 역관 중 최고위 당상관(堂上官). 통신사행에서 수역(首譯)을 가리키는 일본 측 호칭. (『대일외교사전』)

訓練院習讀趙任命

忠佐衛部將鄭漢驥

상관[3]

중직대부 사역원 첨정 강우성(康遇聖)

봉정대부 사역원 첨정 이장생(李長生)

중직대부 사역원 첨정 윤대선(尹大銑)

중직대부 전 회령판관 박홍주(朴弘疇)

전 진천현감 이유형(李惟泂)

전 소근첨사 김자문(金子文)

조산대부 통례원 인의 경대유(景大裕)

장문준(張文俊)

훈련원 습독 조임명(趙任命)

충좌위 부장 정한기(鄭漢驥)

前造山萬戶李浣

忠義衛副司果任紈

奉正大夫前黃州判官金光立

行玉浦萬戶白士哲

前靑水萬戶崔成及

忠武衛副司果李俊望

---

3 통신사행에서 상통사(上通事), 제술관(製述官), 양의(良醫), 차상통사(次上通事), 압물관(押物官), 사자관(寫字官), 의원(醫員), 화원(畫員), 자제군관(子弟軍官), 군관(軍官), 서기(書記), 별파진(別破陣) 등을 묶어 부르는 일본 측 호칭. (『대일외교사전』)

權瓊

尹愛信

尹涯

金繼獻

전 조산만호 이완(李浣)

충의위 부사과 임환(任紈)

봉전대부 전 황주판관 김광립(金光立)

행 옥포만호 백사철(白士哲)

전 청수만호 최성급(崔成及)

충무위 부사과 이준망(李俊望)

권경(權瓊)

윤애신(尹愛信)

윤애(尹涯)

김계헌(金繼獻)

學士

中直大夫詩學教官權侙

唐通事

奉正大夫司譯院教授皮得忱

判事

司譯院判官韓相國

物書

講肄習讀　文弘績

薛義立

林許弄

安起孫

金群祥

侍者　五人

中官一百五十五人

학사[4]

중직대부 시학 교관 권칙(權侙)

당통사(唐通事)[5]

봉정대부 사역원 교수 피득침(皮得忱)

판사(判事)[6]

사역원 판관 한상국(韓相國)

---

4 제술관을 일본에서 부르던 명칭. 통신사행 때 전례문(典禮文) 등을 지어 바치는 임시 벼슬. 문장이 뛰어난 사람 중에서 선발했고, 정사가 타고 가는 제일선에 배속되었다. 제술관이라는 명칭은 1682년 통신사행 때부터 나타났다. 그 이전에는 학관(學官)·이문학관(吏文學官)·독축관(讀祝官)의 명칭으로 사행에 참여했다. 학관에서 독축관으로의 명칭 변화는 통신사행의 닛코산치제(日光山致祭) 참여로 인하여 축문을 읽을 사람이 필요했기 때문이다. 닛코산치제 폐지 이후에는 필담창화(筆談唱和)와 같은 문화 교류의 전담자로서 제술관으로 명칭이 바뀌게 되었다. (『대일외교사전』)

5 조선시대 중국이나 일본과의 사행(使行) 때 세폐(歲幣)를 비롯한 각종 방물(方物)과 예물 등을 기록·운송·관리·수납하는 일과 통역을 담당했던 관리를 압물통사(押物通詞)·압물관·압물통관(押物通官)·압물판사(押物判事)라고 했는데, 이들은 모두 사역원(司譯院)의 역관들로 임명했다. 통신사행의 압물통사는 초기에 왜학역관(倭學譯官) 2인, 한학역관(漢學譯官) 1인으로 구성되다가 1682년부터 왜학역관 1인이 추가되었다. 당통사란 통신사와 동행한 한학역관으로 추정된다. (『대일외교사전』)

6 조선의 왜학역관에는 훈도(訓導)와 별차(別差)가 있었다. 훈도는 30개월, 별차는 1년을 주기로 교체되었다. 훈도는 '판사(判事)'라고도 하며, 쓰시마는 훈도와 별차를 합하여 '양역(兩譯)'이라 불렀다. 훈도와 별차는 평상시 왜관에 출입하면서 외교와 무역 업무를 통할하고, 일상적인 통교활동을 하는 데 있어 조선 정부의 정책과 쓰시마 측의 의사를 서로에게 전달하는 역할을 했다. 문위행에 참가하는 도해역관(渡海譯官)과 양역은 별개였다. (『增正交隣志』 卷3, 任官)

물서(物書)[7]

강이습독　문홍적(文弘績)

설의립(薛義立)

임허롱(林許弄)

안기손(安起孫)

김군상(金群祥)

시자(侍者) 5명

중관[8] 155명

下官二百六十七人

一. 寬永十三丙子十月六日之夜丑刻, 從鰐浦飛船到來申來候者,
今日信使船致渡海, 佐護郷佐須奈へ着船, 乘り船何も無恙候. 其內
正使乘り船, 板少々損し候由申來ル.

〃 平生往還之津ハ, 鰐浦ニ而候得共, 今日者風惡敷候付, 佐須奈へ着之由也.

一. 同七日, 三使爲御見廻, 佐須奈へ御使者を以, 御音物被遣ル. 御使者
內野權兵衛相務ル. 是又判事中へハ, 年寄中ゟ音物遣之. 御使
藤松何右衛門.

一. 同八日, 去六日信使御國へ致渡海之段, 江戸表御老中樣方幷

하관[9] 267명

---

7 서기 혹은 사자관(寫字官)을 의미.

8 통신사행단의 중관에는 승마술에 능한 마상재, 전악(典樂), 선장 등이 속한다.

9 통신사행에서 풍악수(風樂手), 도우장(屠牛匠), 격군(格軍) 등을 일본 측에서 구분하여 부르는 호칭. (『대일외교사전』)

一. 간에이(寬永) 13 병자년(1636) 10월 6일 밤 축각(丑刻)[10]에 와니우라(鰐浦)[11]에서 비선(飛船)[12]이 와서 전하길 "오늘 신사가 탄 배가 도해해서 사고고(佐護鄕) 사스나(佐須奈)[13]에 도착했고, 배는 모두 무사하다. 정사(正使)가 탄 배는 갑판이 조금 손상되었다"고 했다.

〃 평소에 [쓰시마와 조선을] 왕복하는 항구는 와니우라지만, 오늘은 바람이 나빠서 사스나에 도착했다고 한다.

一. 동 7일, 삼사를 문안하기 위해 사스나로 사자를 보내 선물을 전했다. 사자는 우치노 곤베에(內野權兵衛)가 맡았다. 또한 판사들에게는 도시요리(年寄)[14]들이 선물을 보냈다. 사자는 후지마쓰 나니에몬(藤松何右衛門)이었다.

一. 동 8일, 지난 6일 신사가 쓰시마에 도해했다고 에도의 로주님들과

京都·大坂御奉行衆·其外船中所々, 御馳走所へ御使札を以被仰越ル. 御使者松田六郎右衛門卽日出船.

〃 同日, 古川式部從朝鮮御返簡取歸ル. 兩長老御同然ニ御披見被成ル. 御書翰ハ別紙ニ書載有之. 且又式部儀逆風ニ付, 陸地ゟ罷越ス.

〃 同日, 亥刻, 江戶表御老中樣方ゟ御奉書, 并大坂町御奉行

---

10 오전 2시경.

11 쓰시마 북단의 항구. 이곳에 세키쇼(關所)를 두고 선박의 출입을 통제했다. 1672년에 오후나코시(大船越)의 해협이 개통되자 아소완(淺矛灣)을 경유하는 교역선을 관리하기 위해 사스나(佐須那)에 세키쇼를 두었다. 이후 여름에는 사스나 세키쇼에서 감찰을 하고, 와니우라 쪽은 악천후일 때나 겨울에 세키쇼의 임무를 맡았다. (『鄕土史料對馬人物誌』)

12 쾌속선.

13 쓰시마의 항구

14 쓰시마의 가로(家老). 가로는 무가(武家)의 가신단 가운데 최고위 직책으로, 복수로 구성된다. 합의에 의해 정치·경제를 보좌하고 운영했다. 막부가 위치한 에도에는 각 번의 번저(藩邸)와 하타모토(旗本) 저택이 설치되어, 여기에 재근(在勤)하는 가로를 에도가로(江戶家老)·에도쓰메가로(江戶詰家老)라고 불렀다. 한편 지행지(知行地)에 재근하는 가로를 구니가로(國家老)·자이쇼가로(在所家老)라 불렀다. 에도시대 초기까지는 가로와 도시요리(年寄)를 분리하지 않은 번이 많았지만 점차 도시요리의 상층부가 가로로 분화되어, 도시요리라는 역직은 가로 그 자체가 아니라 가로 다음가는 역직인 경우가 일반화되어 갔다.

久貝因幡守様ゟ御狀, 以次船到來. 卽刻御返書御認被成候而, 右之次船ニ御渡し被差越ル. 御奉書之案, 左記之.

一筆令啓候. 公方様一段御機嫌能被成御座之間, 可御心易候. 將又去十三日, 従筑州相嶋之御返札, 令拜見候. 朝鮮之信使之一左右, 并釜山浦·對馬へ相着候日限, 順々可有註進之由, 先書ニ

교토, 오사카의 부교님들, 그 외 해로 곳곳의 접대소에 서한으로 보고했다. 사자로 마쓰다 로쿠로에몬이 이날 출선했다.

〃 같은 날, 후루카와 시키부(古川式部)[15]가 조선에서 답서를 가지고 돌아왔다. 두 초로(長老)[16]와 함께 보셨다. 서한은 별지에 기재했다. 시키부는 역풍 때문에 육지로 왔다.

〃 같은 날 해각(亥刻)[17]에 에도의 로주님들이 보내신 봉서(封書)와 오사카마치부교[18] 구가이 이나바노카미(久貝因幡守)[19]님의 서한이 쓰기부네(次船)[20]로 도착했다. 바로 답서를 작성해서 위의 쓰기부네에 건네서 보내셨다. 봉서의 안을 다음에 적는다.

글을 보냅니다. 쇼군께서는 한층 더 잘 계시니 안심하십시오. 지난 13일 지쿠젠(筑前)[21] 아이노시마(相嶋)에서 보내신 답장을 읽었습니다. 조선 신사에 대한 소식과 부산포 및 쓰시마에 도착한 날짜를 차례로 보고한 내용을 지난번 서한에서

---

15 쓰시마번의 도시요리 중 한 명.

16 쇼초로(도인 겐쇼[棠蔭玄召])와 린세이도(璘西堂).

17 오후 10시경.

18 오사카마치부교(大坂町奉行). 오사카에 근무하면서 오사카의 시정 일반을 담당하며, 셋쓰(攝津)·가와치(河內)·이즈미(和泉)·하리마(播磨) 4국의 막부직할지 소송 등도 담당했다. 동과 서로 2명이 있었으며, 1개월 교대로 집무하고 휘하에 요리키(與力)와 도신(同心)이 있었다. (『日本國語大辭典』)

19 구가이 마사토시(久貝正俊). 1636년 통신사행과 1643년 통신사행 때, 오사카에서 통신사를 접대했다. (『대일외교사전』)

20 파발처럼 항구에서 항구로 배를 통해 문서와 화물을 전달하는 것.

21 현재 규슈 후쿠오카현(福岡縣) 지역을 지칭하는 옛 국명(國名).

申入候付, 被得其意之通尤之事ニ候. 委曲期後音候. 恐惶謹言.

尙々, 伊豆守一所無之候之間, 不及加判候.

九月十三日　　　　　　　　　堀田加賀守

阿部豊後守

土井大炊頭

宗對馬守殿

〃 大坂町御奉行ゟ之御添狀之案, 左記之.

一筆申入候. 從御年寄衆狀箱參候間, 次船ニ而致進入候. 去

十七日之御日付之御狀, 廿六日致參着候. 則江戶へ差下申候.

朝鮮信使人數書付被下候. 從當地江戶迄道中御馳走所へ

말하니 잘 이해했고 대단히 좋습니다. 자세한 것은 다음 연락을 기하겠습니다. 삼가 전합니다.

아울러 이즈노카미[22]는 같이 있지 않아 날인하지 않았습니다.

9월 13일　　　　　　　　　홋타 가가노카미[23]

아베 분고노카미[24]

도이 오이노카미[25]

소 쓰시마노카미[26]님

---

22 로주 마쓰다이라 노부쓰나(松平信綱).

23 로주 홋타 마사모리(堀田正盛).

24 로주 아베 다다아키(阿部忠秋).

25 도이 도시카쓰(土井利勝). 당시 시모우사노쿠니(下總國) 고가번(古河藩)의 번주이자 막부의 로주.

26 소 요시나리(宗義成). 쓰시마번 2대 번주. 1604년 1월 15일 초대 번주 소 요시토시(宗義智)의 장남으로 태어났다. 1615년에 요시토시가 사망하자 상경하여 오고쇼(大御所) 도쿠가와 이에야스 및 2대 쇼군 도쿠가와 히데타다를 알현한 뒤에 가독상속을 허락

〃 오사카마치부교가 첨부한 서한(添狀)의 안을 다음에 적는다.

글을 보냅니다. 로주님들이 보낸 서한 상자가 도착하여 쓰기부네로 보냅니다. 지난 17일 자 서한이 26일 도착해서 바로 에도에 보냈습니다. 조선 신사의 인원수를 적으셨습니다. 이곳에서 에도까지 가는 길의 접대 장소에

寫遣候. 恐惶謹言.

九月廿八日 久貝因幡守

稻垣攝津守

阿部備中守

宗對馬守樣

〃 從大坂來り候次船之御手形之案, 左記.

此狀箱壹ツ, 宗對馬守殿へ江戶御年寄衆ゟ, 御用之儀被仰遣候間, 船次無油斷持參, 對馬守樣へ可差上候. 可被致御請候間, 此手形ニ而, 則大坂へ可相達者也.

月日 因幡印

사본을 보냈습니다. 삼가 말씀드립니다.

9월 28일 구가이 이나바노카미

이나가키 셋쓰노카미[27]

받고 번주가 되었다. 보다이지(菩提寺)인 반쇼인(萬松院)을 창건했고, 조선통신사의 접대 간소화에 따른 재정 절감, 은광산 개발 등을 적극적으로 추진하여 번정(藩政)의 기초를 다지는 일에 전념했다.

27 오사카조반(大坂定番) 이나가키 시게쓰나(稻垣重綱). 1620년 에치젠노쿠니 산조번(三條藩) 번주가 되었다. 오사카조반이란 에도 막부의 직명. 오사카성에 재근(在勤)하며 교바시구치(京橋口, 북서쪽 입구)와 다마쓰쿠리구치(玉造口, 남동쪽 입구)의 경비를 맡았다. (『日本人名大辭典』)

아베 빗추노카미

소 쓰시마노카미님

〃 오사카에서 도착한 쓰기부네 사용증의 안을 다음에 적는다.

이 서한 상자 1개는 소 쓰시마노카미님에게 에도 로주님들이 전하는 것이니, 쓰기부네로 틀림없이 가져가서 쓰시마노카미님에게 드려야 한다. 명령을 받들어야 하니 이 사용증을 써서 오사카로 보내시오.

월일 이나바 인(印)

		備中印
從大坂	青山大藏領分	尼崎
		兵庫
	松平孫四郎領分	明石
	本多甲斐守領分	室
	松平新太郎領分	牛窓
		下津江
	水野日向守領分	鞆
	松平安藝守領分	鎌苅
	松平長門守領分	上ノ關
		下ノ關
	小笠原右近太夫領分	小倉

빗추 인(印)

오사카에서 아오야마 오쿠라의 영지 아마가사키(尼崎)[28]

28 현재 효고현 동부에 있던 아마가사키번(尼崎藩).

	효고(兵庫)
마쓰다이라 마고시로의 영지	아카시(明石)
혼다 가이노카미의 영지	무로(室)
마쓰다이라 신타로의 영지	우시마도(牛窓)
	시모쓰이(下津江)
미즈노 휴가노카미의 영지	도모(鞆)
마쓰다이라 아키노카미의 영지	가마카리(鎌苅)
마쓰다이라 나가토노카미의 영지	가미노세키(上ノ關)[29]
	시모노세키(下ノ關)
오가사와라 우콘다유의 영지	고쿠라(小倉)

松平右衛門佐領分	藍嶋
松浦壹岐守領分	壹岐國

右船次年寄中

一. 同九日, 信使船佐須奈ゟ鰐浦へ着.

〃 朝鮮國ゟ獻上之馬, 從鰐浦陸地ニ而上府仕ル.

〃 信使渡海ニ付而, 松平右衛門佐樣ゟ御使者關權左衛門到着被仕ル.

一. 同十日, 信使渡海ニ付而, 小笠原右近太夫樣ゟ御使者片岡孫兵衛

29 야마구치현 구마게군(熊毛郡) 가미노세키초(上關町). 세토나이카이(瀨戶內海)의 최서단에 위치하여 가미노세키해협을 사이에 두고 무로쓰항(室津港)과 마주 보고 있는 가미노세키항은 헤이안(平安)시대에는 세토나이카이 항로에서 주요 항구 역할을 했고, 무로마치시대와 에도시대에는 통신사가 기항 상륙한 것 외에도 기타마에부네(北前船, 운송선) 등에 의해 항구가 번창했다. 하기번(萩藩)이 가미노세키에 오차야(御茶屋), 가미노세키 오반쇼(上關御番所, 해상경찰·세관 역할), 오후나구라(御船藏, 선창) 등의 시설도 설치했다. 조선 후기 통신사행 가운데 1811년을 제외한 나머지 사행 때마다 사신 일행이 가미노세키에서 묵었다. (『대일외교사전』)

到着被仕ル.

一. 同十一日, 信使船, 昨日鰐浦ゟ西泊へ着. 今日住吉瀨戸浦へ着仕候由申來ル. 信使へ爲見廻, 御使者小田才兵衛被遣之ル.

마쓰다이라 에몬노스케의 영지 아이노시마(藍嶋)

마쓰라 이키노카미의 영지 이키노쿠니(壹岐國)

위 후나쓰기 도시요리들에게

一. 동 9일, 통신사가 탄 선박이 사스나에서 와니우라에 도착했다.

〃 조선국에서 헌상하는 말이 와니우라에서 육로로 후나이(府內)[30]에 도착했다.

〃 신사 도해 때문에 마쓰다이라 에몬노스케(松平右衛門佐)[31]님이 보낸 사자 세키 곤자에몬(關權左衛門)이 도착했다.

一. 동 10일, 신사의 도해와 관련하여 오가사와라 우콘다유(小笠原右近太夫)[32]님이 보내신 사자 가타오카 마고베에(片岡孫兵衛)가 도착했다.

一. 동 11일, 신사의 선박이 어제 와니우라에서 니시도마리(西泊)[33]에 도착했다. 오늘 스미요시(住吉) 세토우라(瀨戸浦)에 도착했다는 연락이 왔다. 신사를 문안하러 사자 오다 사이베에(小田才兵衛)를 보내셨다.

一. 同十二日, 辰刻雨降, 申刻晴ル.

〃 今日信使船府內着之段, 先達而申來候付, 兩長老御同然ニ南室

30 쓰시마 후추에 있던 항구. 후추는 쓰시마 이즈하라(嚴原)의 옛 이름. 에도시대에 쓰시마번의 정청(政廳)이 있던 곳.

31 구로다 다다유키(黑田忠之). 후쿠오카번(福岡藩) 번주. (『日本人名大辭典』)

32 오가사와라 다다자네(小笠原忠眞). 고쿠라번(小倉藩) 번주.

33 쓰시마의 항구 이름.

浦口迄御出迎被成, 三使と船越しニ御對面有之. 先達而御歸り
被成ル. 尤信使船揚り有之候様ニ与之儀, 御使者内野權兵衛·田嶋
所左衛門を以, 被仰遣候. 以後船揚り有之.

〃 信使以下宿へ被揚候以後, 爲御見廻, 璘西堂信使屋へ御出被成ル.

〃 信使着岸之爲御祝詞, 高瀨外記御使者ニ被遣ル.

〃 今晩, 三使ゟ下官ニ至迄, 此方ゟ之御饗應也. 獻立なと別紙ニ記之.

〃 今晩, 三使へ御音物被遣ル. 御使者幾度判助相勤ル. 御音物之品

一. 동 12일, 진각(辰刻)[34]에 비가 내리고 신각(申刻)[35]에 갰다.

〃 오늘 신사의 배가 후나이에 도착했다고 앞서 연락이 와서, [번주님[36]이] 두 초로와 함께 나무로(南室)의 포구까지 마중 나가셔서 삼사와 배 너머로 대면하셨다. 먼저 돌아오셨다. 신사가 배에서 뭍으로 올라오도록 우치노 곤베에와 다지마 쇼자에몬(田嶋所左衛門)을 보내 전하셨다. 이후 [신사 일행이] 뭍으로 올라왔다.

〃 신사 이하가 숙소로 들어간 후, 문안을 하러 린세이도(璘西堂)[37]가 신사 숙소로 갔다.

〃 신사의 도착을 축하하기 위해 다카세 게키(高瀨外記)를 사자로 보내셨다.

〃 오늘 밤, 삼사에서 하관에 이르기까지 이쪽에서 향응했다. 상차림은 별지에 적었다.

〃 오늘 밤, 삼사에게 선물을 보내셨다. 사자는 기도 한스케(幾度判助). 선물 품목은

34 오전 8시경.

35 오후 4시경.

36 쓰시마번 번주 소 요시나리.

37 교쿠호 고린(玉峰光璘). 에도시대 전기의 임제종 승려. 교토 도후쿠지(東福寺) 호쇼인(寶勝院) 승려로 1635년 최초로 조선수문직(朝鮮修文職)에 임명되어 교대로 이테이안에 파견되었다. 당시 조선의 국서에서 도쿠가와 쇼군의 호칭을 '대군(大君)'으로 쓸 것을 제안했다. 1636년 통신사 때에 소 요시나리·조선수문직 도인 겐쇼(棠蔭玄召)와 함께 조선 사신을 호행 접대하며 외교문서를 담당했다. (『대일외교사전』)

別紙ニ記之.

一. 同十三日, 日本御國法之御條目, 御書付を以三使へ被仰達, 下々之者ニ至迄, 國法を犯し不申樣ニ, 可被仰付旨, 被仰遣候處, 三使ゟ御返答ニ, 惣而他國へ參り, 其國之禁制を承り候儀ハ, 古來ゟ之法式ニ候.
然處委細ニ御知らせ被下, 致承知候上ハ, 隨分念入可申与之儀ニ而, 朝鮮國ゟ請取被來候書付被差越, 被掛ケ御目ル. 其書付, 左記之.

朝鮮國信使之製規

一. 行中專以嚴肅爲主, 一依軍中諸事肅行.

一. 行中如有言笑出聲者, 依軍中喧譁律

별지에 적었다.

一. 동 13일, 일본 국법의 조목을 문서로 작성하여 삼사에게 전달하시고, "아랫사람들에 이르기까지 국법을 어기지 않도록 지시하십시오"라고 하셨다. 삼사가 답변하시길 "대개 타국에 가서 그 나라의 금제(禁制)에 관해 듣는 것은 예전부터 있던 법식입니다. 그런데 자세히 알려 주셔서 잘 알았으니, 충분히 주의하겠습니다"라고 했으며, 조선국에서 가져온 문서를 보내서 보여드렸다. 그 문서는 다음과 같다.

조선국신사(朝鮮國信使)의 제규(製規)[38]

一. 행중(行中)에는 오로지 엄숙을 중시해 한결같이 군중(軍中)의 여러 사안에 의거해 거행하라.

---

38 이하 한문의 국역은 한국고전종합DB에 실린 김세렴의 『해사록(海槎錄)』 숭정9년 9월 30일 신미(辛未)조의 국역을 인용. (한국고전종합DB [itkc.or.kr])

一. 행중에 만일 말(言)과 웃음소리를 내는 자가 있으면, 군중에서 떠든 죄율(軍中喧譁律)에 따라

決棍.

一. 行中如有不從約束者, 爲先決棍, 以重軍法.

一. 正官·中官, 先正等級, 各盡禮敬. 無或混雜, 以駭彼人之瞻視. 裨將則各其廳行首規檢, 譯官以下諸員, 則堂上及上通事規檢, 每日輪定直日一人, 令各掌行中禮法及過失等事. 如有犯法者, 先治直日, 甚則并治行首上通事. 至於中官以下, 亦依此庸行.

곤장으로 처결한다.

一. 행중에 만일 약속에 따르지 않는 자가 있으면 우선 곤장으로 처결한다.

一. 정관과 중관은 먼저 등급을 정하여 각기 예경(禮敬)을 다한다. 혹시라도 혼잡하게 하여 저들이 보기에 해괴하게 여김이 없도록 하라. 비장(裨將)[39]은 각기 그 청(廳)의 행수(行首)가 규검(規檢)하고, 역관 이하 모든 원역(員役)은 당상(堂上) 및 상통사(上通事)가 규검하며, 날마다 직일(直日)[40] 1명을 돌려가며 정하여 각기 행중의 예법 및 과실 등의 일을 맡게 하라. 만일 법을 어기는 자가 있으면 직일을 먼저 다스리고, 중하면 행수(行首)와 상통사를

39 조선시대 감사(監司)·유수(留守)·병사(兵使)·수사(水使)·견외사신(遣外使臣)을 수행하며 업무를 돕던 무관. 통신사행 때에는 삼방(三房)에 분속되어 삼사신(三使臣)을 수행하였고, 국서용정(國書龍亭)을 배행(陪行)하거나 마상재인(馬上才人)을 공연장으로 인도했으며, 규정을 어긴 자를 감독 조사하는 일을 담당하기도 했다. (『대일외교사전』)

40 기관이나 조직 등에서 그날그날의 질서 유지를 책임지어 보살피는 일을 맡은 직책. 또는 그 직임에 있는 사람.

함께 다스린다. 중관 이하 또한 이에 따라 거행한다.

一. 船上格軍, 每櫓定統將一人, 左右邊各定領將一人, 船將主之. 有罪, 則治統將, 領將·軍卒有罪, 治孝訓導. 使令·吹手有罪, 治牌頭, 員役·奴子有罪, 各治其至.

一. 旗·纛·鎗·劍等手·使令·吹手等, 行則成別, 立則成行, 不差一步, 罔敢或忽. 如有違令者, 依軍中失伍律棍打. 屢犯, 治次知軍官.

一. 法之不行, 必自上始. 行首及上通事, 各別盡心, 使有所畏威.

一. 배에서 격군(格軍)[41]은 노(櫓)마다 통장(統將) 1명을 정하고, 좌우편에 각각 영장(領將) 1명을 정하되, 선장(船將)이 주관한다. 죄가 있으면 통장을 다스리고, 영장과 군졸에게 죄가 있으면 효훈도(孝訓導)[42]를 다스리며, 사령(使令)[43]과 취수(吹手)[44]에 죄가 있으면 패두(牌

41 사공의 일을 돕는 수부(水夫) 혹은 노(櫓)를 젓는 사람. 수부(水夫)·선부(船夫)·선격(船格)·선격군(船格軍)·곁꾼·뱃사공이라고 했고, 도해격군(渡海格軍)이라고도 했다. 통신사행 때에는 격군 270여 명을 보내는데, 실제 사행 때마다 각 배에 배치하는 인원수는 약간의 차이가 있다. (『대일외교사전』)

42 김세렴의 『해사록』에는 '도훈도(都訓導)'로 나온다. 도훈도는 역관 훈도의 우두머리.

43 사행 때 수행원으로 형사(刑事) 업무 등을 맡은 사람. 죄를 지은 격군(格軍)이나 사공(沙工) 등 하부 수군직의 원역(員役)들을 문초하는 일과 관소(館所)의 출입을 통제하는 일 등을 담당했다. 통신사행 때 대개 삼사신(三使臣)이 각각 4인씩 총 12인을 거느리고 갔다. 문위행(問慰行) 때에는 대체로 4인의 사령을 데리고 갔다. (『대일외교사전』)

44 나팔(喇叭) 등 관악기를 부는 사람. 넓은 의미로는 군악을 연주하는 사람. 행군할 때 군관(軍官), 나장(羅將) 등과 함께 전도(前導) 역할을 했다. 문위행 때에는 6명의 취수가, 통신사행 때에는 대략 18명의 취수가 사행에 참여했는데, 통신사행 때에는 실제

頭)[45]를 다스리고, 역원과 노자(奴子)[46]에게 죄가 있으면 각각 그 주인을 다스린다.

一. 기수(旗手),[47] 독수(纛手),[48] 창수(鎗手), 검수(劍手) 등과 사령, 취수 등은 따로 행진하고 정지하면 행(行)을 지어 1보도 어긋나지 않게 하되, 조금도 소홀히 하지 말라. 만일 영을 어기는 자가 있으면 군중에서 대오를 잃은 죄에 따라 곤장을 친다. 여러 번 어기면 차지군관(次知軍官)[49]을 다스린다.

一. 법이 실행되지 않는 것은 반드시 위로부터 비롯된다. 행수 및 상통사는 각별히 마음을 다하여 두려워하는 바가 있도록 하라.

一. 到處舍館, 屛席 · 器皿, 切勿點汚破毁. 至於草木 · 花卉之類, 絶不得折傷蹂踐.

一. 到處一行人員, 並不得涕唾堂壁. 至於大小便旋, 必往定處, 不可汚穢.

一. 到處不可出入閭閻, 成群周覽, 奔走縱橫, 往來指示.

파견된 인원수가 일정하지 않다. 취수는 요도우라(淀浦)부터 중마(中馬)를 타고 앞에서 길을 인도했다. (『대일외교사전』)

45 어떤 패의 우두머리. 또는 죄인에게 태장을 치는 형조(刑曹)의 사령(使令).

46 사행의 수행원으로 따라간 노복(奴僕), 즉 사내종. 삼사신과 당상관이 각각 2명을 거느리고, 상통사 이하부터 마상재인에 이르기까지 각각 1명씩 거느린다. 『증정교린지』에는 노자의 총인원이 52명, 『통문관지』에는 49명으로 나와 있다. (『대일외교사전』)

47 대열 앞에서 기(旗)를 들고 가는 사람. 기수에는 순시기수(巡視旗手), 영기수(令旗手), 청도기수(淸道旗手) 등이 있다. 순시기수는 순시기(巡視旗)를 받들고 가는 사람이고, 영기수는 영기(令旗), 청도기수는 길을 비키도록 하는 청도기(淸道旗)를 받들고 가는 사람이다. 대개 통신사행 때에는 6명의 기수가 따라갔다. (『대일외교사전』)

48 독기(纛旗)를 들고 가는 사람. 둑수(纛手)라고도 한다. 독(纛)은 대가(大駕) 앞이나 군대에서 대장의 앞에 세우는 기(旗)의 한 종류이다. 통신사행 때, 정사와 부사가 각각 1명씩 총 2명을 거느리고 갔고, 통신사가 행렬할 때에 상판사(上判事)가 앞장서고 이어서 청도기(淸道旗)와 독수가 따라간다. (『대일외교사전』)

49 차지(次知)란 조선시대에 각 궁방(宮房)에서 여러 가지 일 가운데 특정한 일을 담당하거나 책임을 져서 맡아 하던 사람. 또는 담당자, 책임자.

一. 出入女肆者, 論以重法. 發告者有賞.

一. 下人輩或折辱彼人之陪從者, 恣意凌轢, 至於鞭掠者有之云, 極爲寒心, 一切禁.

一. 도착하는 사관(舍館)에서 일체 병석(屛席)과 기명(器皿)을 더럽히거나 부수지 않도록 하라. 초목(草木)과 화훼(花卉)에 이르기까지 절대 꺾거나 짓밟지 않아야 한다.

一. 도착하는 곳마다 일행의 인원은 모두 집 벽에 침을 뱉지 않는다. 대소변을 볼 때에도 반드시 정해진 곳으로 가되 더럽혀서는 안 된다.

一. 도착하는 곳마다 여염집에 드나들거나 떼를 지어 돌아다니며 구경하거나 이리저리 쏘다니거나 오가며 손가락질해서는 안 된다.

一. 유곽(女肆)에 출입하는 자는 중한 법률로 죄를 논한다. 고발하는 자는 상을 준다.

一. 하인배가 혹은 저들의 배종(陪從)하는 자들을 모욕하며 마음대로 업신여기고 짓밟으며 심지어 매를 치는 자도 있다고 하니, 매우 한심한 일이다. 일체 금하라.

一. 下人或與彼人鬪詰者, 勿論曲直, 各別重杖.

一. 下人相鬪者, 分曲直從重科罪.

一. 格軍尤甚無識, 各別峻治, 使不得違越法.

一. 自前格軍, 以雜物分給一事, 大相鬪詰云. 其爲無狀, 莫甚於此. 格軍不足云, 通官之罪, 亦已極矣. 首唱格軍及用事通官, 俱施重法, 以快彼人所見.

一. 하인이 혹 저들과 다투는 자가 있으면 옳고 그름을 막론하고 각별히 중하게 곤장을 친다.

一. 하인끼리 서로 다투는 자가 있으면 옳고 그름을 가려서 되도록 중하게 죄를 준다.

一. 격군은 매우 무식하니, 각별히 준엄하게 다스려서 법을 어기는 일이 없도록 하라.

一. 전부터 격군이 잡물(雜物)을 나누어 주는 한 가지 일로 크게 다투었다 하니, 그 변변치 못함이 이보다 심할 수 없다. 격군은 말할 것도 없고 통역관(通官)의 죄도 매우 심하다. 맨 먼저 주창하고 나서는 격군 및 용사(用事)하는 통역관은 모두 중한 법으로 다스려서 저들이 보기에 통쾌하게 한다.

一. 船隻之留置江口, 員役之從往江戶, 旣非一日一月之久. 凡百事爲. 必多錯誤, 誠極可慮. 各別檢飭, 俾免彼人指點.

一. 船上沙工無上外, 絶不得高聲言語.

一. 船之行止遲速, 一任沙工無上, 他人絶不指揮, 以亂其意.

一. 凡下人不得與彼人相昵.

一. 私貨賫來, 與彼人□[50]商者罪, 自有事目, 各別畏勅, 俾免後悔.

一. 배를 강어귀에 멈춰 두고 원역(員役)들이 에도를 왕래함이 이미 하루 한 달의 기간이 아니어서 온갖 일에 반드시 착오가 많을 것이니, 진실로 매우 염려된다. 각별히 검칙(檢飭)하여 저들이 지목하여 흠잡지 않도록 하라.

---

50 김세렴의 『해사록』에는 해당 부분이 '船貨潛商. 及彼人交結妄言等罪'라고 되어 있다.

一. 배에서 사공(沙工)[51]과 무상(無上)[52] 외에는 절대로 큰 소리로 말하지 못한다.

一. 배가 가고 멈춤과 더디고 빠르게 하는 것은 사공 무상에게 일임하고, 다른 사람들은 절대로 지휘하여 그 뜻을 어지럽히면 안 된다.

一. 모든 하인은 저들과 가까이 할 수 없다.

一. 사적인 화물을 가져와서 저들과 망언하고 장사하는 죄는 사목(事目)이 있으니, 각별히 삼가서 뒤에 뉘우치지 않도록 하라.

丙子十月日

一. 同十四日, 兩長老御同然ニ三使へ爲御見廻, 御束帶ニ而信使屋へ御出被成ル. 御供之騎馬十二人. 古川內藏助·杉村三郎左衛門儀ハ, 布衣着之, 靑襖着. 御供仕候人六人. 年寄中ハ長袴着之. 御鐵砲十挺·御弓十張·御長柄十本·御持鑓五本也. 信使屋へ御出被成候節, 三使裝束ニ而, 落緣迄被出迎, 御互ニ御一揖有之而, 御座へ御入被成, 光雲院樣ニハ東向ニ御立被成, 三使西向ニ被立, 御對禮相濟而, 三使御同然ニ曲籙ニ御掛り被成候時, 人參湯出ル. 追付御歸り被成候時, 信使初のことく, 落緣迄被出送ル. 上々官以下ハ, 盡ク庭へ出, 畏り居ル.

〃 同日, 御歸り以後, 引續上々官洪同知·姜僉知, 從禮曹之書翰·

병자 10월 일

51 사신들이 타고 가는 배를 부리는 일을 맡은 사람. 뱃사공, 선부(船夫)라고도 한다. 중관에 속했다. (『대일외교사전』)

52 배의 돛대와 닻을 조작하여 운항을 맡은 선원(船員). 원래는 전선(戰船)의 운행을 맡은 수군 중 하나였다. 무상을 무상요수(舞上繚手)와 무상정수(舞上碇手)로 구분하기도 한다. 하관에 속한다. 삼사신의 기선(騎船)과 복선(卜船)에 각각 1명씩 총 6명이 수행했다. (『대일외교사전』)

一. 동 14일, 두 초로와 함께 삼사를 문안하기 위해 예복(束帶)[53]을 갖추고 신사 숙소에 가셨다. 수행하는 기마는 12명이었다. 후루카와 구라노스케(古川內藏助)와 스기무라 사부로자에몬(杉村三郎左衛門)은 호이(布衣)[54]에 푸른 아오(青襖)[55]를 입었다. 수행하는 사람은 6명이었다. 도시요리들은 나가바카마(長袴)[56]를 입었다. 철포(鐵砲)[57] 10정, 활 10장, 장창 10자루, 단창(持鑓) 5자루이었다. 신사 숙소에 가셨을 때 삼사는 의복을 갖추고 오치엔(落緣)[58]까지 마중 나와서 서로 가벼운 인사(一揖)를 나눈 다음 자리로 갔다. 고운인(光雲院)[59]님은 동쪽을 향하시고 삼사는 서쪽을 향해 서서 대례(對禮)를 마친 후에 삼사와 같이 의자(曲錄)에 앉으시자 인삼탕[60]이 나왔다. 이어서 돌아가실 때 신사가 처음처럼 오치엔까지 배웅해 드렸다. 상상관 이하는 모두 뜰에 나와서 공손하게 대기했다.

〃 같은 날, 돌아오신 후 이어서 상상관 홍동지(洪同知)[61]·강첨지(姜僉知)[62]가 예조에서 보낸 서한과

---

53 예복의 일종. (그림 출처: https://japanknowledge.com/lib/display/?lid=200380001143700)

54 에도시대 무위무관의 막부 소속 신하나 다이묘의 부하가 착용한 복장으로, 집안 문양이 들어있지 않은 무사의 상용 약식 복장.

55 아오(襖)는 양쪽 겨드랑이가 열린 상태의 고대(古代)의 웃옷. 무관(武官)의 예복이나 조복(朝服)으로 사용되었다. '襖'는 '후스마(장지문)'이라는 뜻도 지닌다.

56 옷자락이 긴 예복.

57 화승총.

58 한 단 더 낮은 툇마루. 또는 집으로 들어갈 때 발을 걸치는 단.

59 쓰시마 번주 소 요시나리의 계명.

60 원문은 인삼탕이지만 인삼차로 추정된다.

61 왜학역관 홍희남.

62 왜학역관 강위빈.

音物持參仕候を, 御前ニ而平田將監請取之, 差上候時, 右兩官二度半之拜禮仕ル. 相濟而, 御廣間ニ而ハ, 御茶御振廻被成, 御書院ニ御通し被成候而, 御酒御振廻被成ル. 相伴古川式部·杉村伊織相務ル. 兩官退出之節ハ, 御逢不被成也.

一. 同十五日, 信使屋へ御出之爲御禮, 使者康判事參上.

〃 右康判事拜禮之次第, 如例.

〃 同日, 御使者大浦淸左衛門を以, 御樽·肴被遣之ル.

〃 同日, 兩長老ゟ三使へ音物被相送ル.

但, 召長老ゟ蒔繪之重一組ニ菓子入レ, 被相送ル.

璘西堂ゟハ, 杉重ニ菓子入レ, 被相送ル.

선물 가지고 온 것을 번주님 앞에서 히라타 쇼겐(平田將監)이 받아서 드리자, 위의 두 사람이 2번 반 배례했다. 마친 뒤 히로마(廣間)[63]에서 차를 대접하셨고, 서원(書院)으로 가게 하여 술을 대접했다. 접대 담당은 후루카와 시키부·스기무라 이오리(杉村伊織)가 맡았다. 두 사람이 물러날 때는 만나지 않으셨다.

一. 동 15일, 신사 숙소에 [번주님이] 오신 것에 대한 답례인사를 위해 사자 강판사(康判事)[64]가 왔다.

〃 위 강판사의 배례는 전례와 같았다.

---

63 에도시대의 다이묘·귀족의 저택에서 현관 다음에 위치하는 넓은 방.

64 강우성(康遇聖). 조선의 역관. 1592년 10월 진주성이 함락되었을 때 당시 12살이었던 강우성도 함께 일본으로 끌려갔다가 1601년 6월, 250명의 피로인(被虜人)이 송환될 때 고국에 돌아온 것으로 추정된다. 1600년 9월 오사카와 교토 부근에서 10년 동안 억류생활을 했을 때 세키가하라 전투를 직접 목격하기도 했다. 1609년 역과(譯科) 왜학(倭學)에 합격했다. 일본에서 살다 온 경험을 바탕으로 여러 차례 부산훈도를 지내면서 대일 통상 임무를 수행했다. 1617년·1624년·1636년 통신사행 때 역관으로 수행했다. (『대일외교사전』)

〃 같은 날, 사자 오우라 세이자에몬(大浦清左衛門)을 통해 술통과 음식을 보냈다.

〃 같은 날, 두 초로가 삼사에게 선물을 보내셨다.

단, 쇼초로(召長老)[65]는 마키에(蒔繪)[66]로 장식한 주바코(重)[67] 1벌(組)에 과자를 넣어서 보냈다. 린세이도는 스기주(杉重)[68]에 과자를 넣어서 보냈다.

〃 同日, 三使ゟ洪同知を以, 兩長老へ音物被相送ル. 其品, 左記之.

人參壹斤	色紙三卷	油芚二張
尾扇三柄	白疊扇三柄	黃毛筆二十柄
油煤墨十笏	芙蓉香十枚	芳栢子一百ケ

右兩長老銘々ニ, 目錄相添.

一. 同十六日.

一. 同十七日, 朝鮮人曲馬を騎り, 其次ニ帆的を射ル. 帆的之高サ一町五段, 帆之大サ三間角也. 其次ニ大矢を射ル. 矢之根重サ六十目, 二町之間を射ル. 依之兩長老同然ニ, 御見物有之.

光雲院様ニも御供十八騎ニ而御出, 御見物被成ル. 御持鑓五本 · 御鐵砲

65 도인 겐쇼(棠蔭玄召). 에도시대 전기의 임제종 승려. 성은 겐(玄), 자는 도인(棠陰), 통칭은 고인(江陰). 오미(近江) 출신. 교토에 있는 도후쿠지 난쇼인(南昌院) 승려로 1635년 최초로 조선수문직에 임명되어 교대로 이테이안에 파견되었으며, 쓰시마의 대조선 외교 업무를 수행했다. 시문에도 능했으며 1636년 통신사 때에 조선 사신을 호행 접대했다. (『대일외교사전』)

66 옻공예의 하나. (『日本國語大辭典』)

67 주바코(重箱). 음식을 넣는 목제 사각 용기. 손으로 들어서 휴대할 수 있게 만들어진 주기(酒器)와 식기(食器) 등을 조합한 박스형의 복층 찬합. 옻칠을 한 것이 많고 마키에로 장식한 것도 있다.

68 삼나무로 얇게 판을 떠서 만든 찬합. 찬합은 층층이 포갤 수 있는 서너 개의 그릇을 한 벌로 만든, 음식을 담는 그릇이다. 삼중합(三重盒)이라고도 했다. (『대일외교사전』)

〃 같은 날, 삼사가 홍동지 편에 두 초로에게 선물을 보냈다. 그 물품을 다음에 적는다.

인삼 1근	색지(色紙)[69] 3권	유둔(油芚)[70] 2장
미선(尾扇)[71] 3병	백첩선(白疊扇)[72] 3병	황모필(黃毛筆)[73] 20병
유매묵(油煤墨)[74] 1홀	부용향(芙蓉香)[75] 10매	방백자(芳栢子)[76] 100개

위 두 초로 각자에게 목록을 첨부했다.

一. 동 16일.

一. 동 17일, 조선인이 마상재 공연을 하고, 그다음에 범적(帆的)[77]을 활로 쏘았다. 범적까지의 거리는 1조(町) 5단(段)[78], 범(帆)의 크기는 3간각(間角)[79]이었다. 그다음에 큰 활을 쏘았

69 여러 가지 빛깔로 물들인 한지(韓紙). 조선시대 종이는 지면에 결이 생기고 일정하지 못한 반면에 매우 질기고 오래 가서, 중국이나 일본에서도 인기가 많았다. 통신사행 때 공예단(公禮單)과 사예단(私禮單) 물품에 있었다. (『대일외교사전』)

70 기름 먹인 종이를 두껍고 넓게 붙여 만든 한지(韓紙). 비가 올 때 쓰기 위해 닥종이를 이어 붙여 두껍게 만든 기름종이로, 질기면서도 질이 좋은 고려지의 하나이다. 유둔지(油芚紙)라고도 하는데, 우산이나 양산을 만드는 데 사용했다. 전주와 남원에서 주로 생산되었다. 유둔은 17~19세기 한일간 교역에서 일본이 요구하는 구청(求請) 물품이기도 했다. (『대일외교사전』)

71 조류나 어류의 꼬리 모양을 본떠 만든 둥근 모양의 부채. 부채는 크게 둥근 부채인 단선(團扇)과 접는 부채인 접선(摺扇)으로 나누는데, 미선(尾扇)은 둥근 부채의 하나이다. (『대일외교사전』)

72 부챗살과 부채 면에 아무런 장식이나 그림을 넣지 않은 접는 부채. 백선(白扇). (『대일외교사전』)

73 족제비 꼬리털로 맨 붓. 족제비는 우리나라 산속에 많이 서식하는 동물로, 그 꼬리털이 강하고 탄력이 좋아 붓의 재료로써 뛰어났다. 조선에서도 많은 사람이 즐겨 사용했다. 일본에서도 조선의 황모필(黃毛筆)을 선호하여 회사(回謝)나 구청(求請) 등의 물품으로 자주 지급했다. (『대일외교사전』)

74 기름 그을음으로 만든 먹. 기름기 있는 동식물체(피마자, 오동나무열매, 돼지기름, 고래기름 등)를 태운 그을음으로 만든 참먹을 말한다. 조선에서는 일찍부터 금속활자 인쇄술의 발달과 더불어 유성 인쇄용 잉크인 유매묵이 개발되어 주변국에서 명품으로 일컬어졌다. (『대일외교사전』)

75 목부용(木芙蓉)으로 만든 향(香). 전통 혼례식에서 잡귀를 쫓기 위해 각시가 들고 갔다고 한다. 초 모양으로 된 향인데, 굵기는 손가락만 하고 길이는 대여섯 치쯤 된다. 옛날에는 부용향으로 방충과 살충을 하기도 했다. (『대일외교사전』)

76 잣나무의 열매 송이. 잣송이. 송이의 눈 속마다 잣[栢子]이 들어 있다. (『대일외교사전』)

77 천으로 된 과녁으로 추정된다.

78 약 164미터. 조(町)는 거리, 길이의 단위로, 1조(町)=60간(間)=약 109미터. 1단(段)은 10.8미터이므로 5단은 약 54미터.

79 간각궁(間角弓)이 '각궁보다는 약간 길고 큰 활보다는 작은 활'을 의미하므로 간각궁을 기준으로 한 크기 계산으로 추정된다.

다. 화살촉의 무게는 60메(目)[80], 2조 거리를 날아갔다. 두 초로가 함께 구경했다. 고운인님도 [기마] 18기를 거느리고 가서 구경하셨다. 단창 5자루, 철포

五挺也.

〃 同日, 當月廿三日も能候間, 順風次第當浦御出船可被成与之趣, 三使方へ被仰含ル. 則此趣江戶表御老中樣方, 并京都 · 大坂江御案內被仰上ル. 此御使者之儀, 信使府內着之段, 御案內被仰上候御使者, 去十二日致乘船候得共, 不順ニ而爾今出船不仕候故, 此御使者へ御狀なと御渡シ被成ル. 船中所々御馳走所へも右同然也.

〃 同日, 三使へ御音物被遣ル. 其品別紙ニ記之.

〃 同日, 三使ゟ使者李判事を以, 御音物來ル. 其品別紙ニ記之.

一. 同十八日, 昨日出船被仰付候御使者, 逆風ニ而缺戾シ令滯留候. 然處今日江戶表御老中樣方ゟ御奉書, 并大坂町御奉行ゟ之御添狀

5정을 대동하셨다.

〃 같은 날, 이번 달 23일도 괜찮으니 순풍이 부는 대로 이곳 항구에서 출선하라고 삼사에게 말씀하셨다. 바로 이 내용을 에도의 로주님들과 교토 · 오사카에 보고하셨다. 이 사자는 신사가 후나이에 도착한 것을 보고하는 사자인데, 지난 12일에 승선했지만 날씨가 좋지 않아 여태껏 출선하지 못해서 사자에게 서한 등을 건네셨다. 해로 곳곳에 있는 접대 장소에도 위와 같이 하셨다.

〃 같은 날, 삼사에게 선물을 보내셨다. 그 물품은 별지에 적었다.

80 무게의 단위. 1메(目)=1몬메(匁, 文目)=3.75그램이므로 60메는 225그램.

〃 같은 날, 삼사가 이판사(李判事)[81] 편에 선물을 보냈다. 그 물품은 별지에 있다.

一. 동 18일, 어제 출선을 명령하신 사자가 역풍 때문에 다시 돌아와 체류했다. 그런데 오늘, 에도의 로주님들이 보내신 봉서와 오사카마치부교가 첨부한 서한이

致到來候付, 御返書此御使者ニ, 御渡被遣ル. 御奉書并御添狀之案, 左記之.

去月十七日之御狀, 一昨晦日到來令披見候.

一. 如御書中 上樣彌以御機嫌殘所無御座候間, 可御心易候.

一. 其方去月十五日到于對州參着之由, 令得其意候.

一. 朝鮮之信使, 去月六日釜山浦迄罷着, 其方歸國を承合, 可有渡海之旨, 其許迄註進之由承候. 順風次第信使渡海可有之旨, 被申遣之由尤ニ候. 示給候通達上聞, 御機嫌被思召候. 順風次第早々罷上候樣ニ, 可然候間, 可被得其意候.

도착해서 답서를 이 사자에게 건네셨다. 봉서 및 첨부 서한의 안을 다음에 적는다.

지난달 17일 자 서한이 그저께 30일에 도착하여 읽어 보았습니다.

一. 서한에서 말씀하신 대로 쇼군께서는 대단히 잘 지내시니 안심하십시오.

一. 귀하가 지난달 15일 쓰시마에 도착했다는 것을 잘 알았습니다.

一. 조선의 신사가 지난달 6일 부산포에 도착해서 그대가 귀국했다는 것을 들은 후에 [쓰시마로] 건너오겠다고 그대에게 연락했다고 들었습니다. 순풍이 부는 대로 신사가 도해하라고 전하셨다니 지당합니다. 보고하신 내용을 쇼군께 전했더니 만족해

81 이장생(李長生). 왜학역관. 1624년 증광시(增廣試) 역과에 합격했다. (『대일외교사전』)

하셨습니다. 순풍이 부는 대로 서둘러 올라와야 하니 그렇게 조처하십시오.

一. 從朝鮮國相渡候人數之儀, 別紙ニ承. 是又得其意候.

一. 從其元大坂迄, 瀨戶裏馳走之儀, 其所へ具念を入
可被申入候.

一. 大坂·京都, 此御地へ, 切々可有御註進候. 不及申候得共, 此跡之儀
能被存候間, 板倉周防守江從其許, 萬事を具可被仰越候.
恐々謹言.

十月二日 堀田加賀守
阿部豊後守
松平伊豆守
土井大炊頭

一. 조선국에서 파견하는 인원수는 별지로 받아보았으며, 이 또한 잘 알았습니다.

一. 그곳에서 오사카까지 해협에서의 접대는 그곳에 자세히 신경써서 말하십시오.

一. 오사카·교토, 이곳으로 꼼꼼하게 보고하십시오. 말할 필요도 없지만 이후에 관해 잘 알고 계실 테니 이타쿠라 스오노카미(板倉周防守)[82]에게 만사를 자세히 전하십시오. 삼가 말씀드립니다.

10월 2일 홋타 가가노카미
아베 분고노카미

82 이타쿠라 시게무네(板倉重宗, 1586~1656). 이타쿠라 가쓰시게(板倉勝重)의 장남. 쇼군 도쿠가와 히데타다의 측근으로 활동하며, 1620년 교토쇼시다이(京都所司代)가 되었다. 35년간 재직하고 부친과 함께 명 쇼시다이로 불리며 부자 2대에 걸친 정무기록 「板倉政要」가 있다. 1656년 세키야도번(關宿藩)의 번주가 되었다. (『日本人名大辭典』)

마쓰다이라 이즈노카미

도이 오이노카미

宗對馬守殿

大坂御奉行ゟ之御添狀之案

一筆令啓上候. 去る十七日之御註進之狀箱, 江戶へ差下候所,

返札參候間, 次船ニ而進之候. 朝鮮信使, 對馬へ相渡候ハヽ,

無御油斷御註進御尤ニ候. 恐惶謹言.

十月七日　　　　　　　　　　久貝因幡守

稻垣攝津守

阿部備中守

宗對馬守殿

一. 同十九日未刻, 三使ゟ上々官·上官·中官·下官ニ至迄, 悉ク

소 쓰시마노카미님

오사카마치부교가 보낸 첨부 서한의 안

글을 올립니다. 지난 17일에 보고하신 서한 상자를 에도로 보냈는데, 답변이 도착해서 쓰기부네로 보냅니다. 조선 신사가 쓰시마로 건너오면 빈틈없이 보고하십시오. 삼가 말씀드립니다.

10월 7일　　　　　　　　　　구가이 이나바노카미

이나가키 셋쓰노카미

아베 빗추노카미

소 쓰시마노카미님

一. 동 19일, 미각(未刻)[83]에 삼사부터 상상관·상관·중관·하관에 이르는 전원에게

於御城御饗應被成ル.

〃 右御饗應ニ付, 迎之御使者多田源右衛門·唐坊佐左衛門被遣之.

〃 三使屛重門之外ニ而, 下輿有之. 屛重門之內迄, 年寄中ゟ
仁位民部·平田將監爲迎罷出ル.

〃 光雲院様, 兩長老同然ニ廣緣迄御出迎被成, 三使と御一揖
有之而, 互ニ御座ニ被爲着. 賓主之御對禮有之, 相濟而, 上々官·
上官·判事拜禮仕ル. 次官ハ廣緣, 中官ハ落緣, 下官ハ御庭
より拜禮仕ル.

〃 右御饗應膳部之仕立ハ, 朝鮮流之料理也. 御酒九獻相濟而,
曲籙を下り, 半席ニ着座. 酒宴有之.

[소씨의] 성에서 향응을 하셨다.

〃 향응 때문에 마중 나가는 사자로 다다 겐에몬(多田源右衛門)과 도보 사자에몬(唐坊佐左衛門)을 보냈다.

〃 삼사는 헤이주몬(屛重門)[84] 밖에서 가마를 내렸다. 헤이주몬 안쪽까지 도시요리 중에서 니이 민부(仁位民部)와 히라타 쇼겐이 마중 나갔다.

〃 고운인님이 두 초로와 함께 툇마루(廣緣)[85]까지 마중 나가셨고, 삼사와 가볍게 인사하신 후 서로 자리에 앉으셨다. 주인과 손님이 대례(對禮)를 마친 후에 상상관·하관·판사가

83 오후 2시경.

84 무가(武家)의 중문(中門) 형식의 하나로, 벽에 만들어지기도 했다. 두 개의 기둥을 세우고 지붕은 없었으며, 문은 두 개를 다는 것이 보통이었다. (『日本國語大辭典』)

85 넓은 툇마루. 일본 전통가옥에서 몸채 주위에 있는 기다란 방.

배례했다. 차관(次官)[86]은 툇마루, 중관은 오치엔, 하관은 뜰에서 배례했다.

〃 향응의 상차림은 조선식 요리였다. 술로 구콘(九獻)[87] 의식을 마치고, 의자에서 내려와 반석(半席)[88]에 앉았다. 술 연회가 있었다.

〃 右酒宴之內, 三使兩長老与筆談有之. 其意趣三件也.
一件ニハ, 此度於江戶表之御禮式, 先例ニ相違不仕候樣ニ与之事, 二件ニハ, 信使歸國之節, 日本へ被擄レ居候者, 御刷還被下候樣ニ与之事, 三件ニハ, 光雲院樣, 信使江戶往還共ニ護行被成被下候樣ニ与之事, 右之件々兩長老, 宜樣ニ御肝入可被下与之儀ニ付, 則兩長老ゟも相應之挨拶有之. 相濟而, 互卽興之詩作なと有之, 亥之刻ニ至り歸宅有之ル. 詩作ハ別紙ニ記之.

一. 同廿日, 晴天西風. 前日之御使者, 今日出船仕ル.

〃 同日, 從朝鮮國獻上之馬·鷹, 朝鮮人相附, 先達而令出船

〃 술 연회 중에 삼사가 두 초로와 필담을 했다. 그 내용은 3가지이다. 첫 번째는 이번에 에도에서의 예식이 선례와 다르지 않도록 해달라는 것, 두 번째는 신사가 귀국할 때 일본에 포로로 잡혀와 있는 자들을 쇄환(刷還)시켜 달라는 것, 세 번째는 고운인님이 신사가 에도를 왕복할 때 모두 호행(護行)해 달라는 것, 이 점들을 두 초로가 힘써달라고 해서 두

86 사신단에서 마상재(馬上才), 전악(典樂), 이마(理馬), 반당(伴倘), 선장(船將) 등을 일본 측에서 구분하여 부르는 호칭이다. 마상재, 전악은 각 2명이며, 이마는 1명, 반당과 선장은 각 3명으로 삼사가 각 1명씩을 거느렸다. (『대일외교사전』)

87 잔을 3잔(獻)씩 3번 따르는 것. 또는 이러한 작법에 따른 연회. (『日本國語大辭典』)

88 정확한 뜻은 미상.

초로도 적절히 대답했다. 마친 뒤 서로 즉흥으로 시작(詩作)을 하고 해각(亥刻)[89]에 돌아갔다. 시(詩)는 별지에 적었다.

一. 동 20일 맑음. 서풍. 지난번 사자가 오늘 출선했다.

〃 같은 날, 조선국에서 헌상하는 말과 매를 조선인과 함께 먼저 출선시켜서

候付, 小川加賀右衛門被相添ル. 馬·鷹飼料なと之儀ハ, 所々御馳走所ニ而, 用意有之筈也.

〃 同日, 從三使昨日御饗應之爲御禮, 李判事罷上ル.

一. 同廿一日, 三使ゟ洪同知を以, 御音物被差上ル. 威德院様へも御同然也.

一. 同廿二日, 正使乗り船, 先比渡海之節少々損し候付, 於府内修理被仰付, 今日成就仕ル.

一. 同廿三日, 晴天.

一. 同廿四日, 西風. 此日順風ニ付, 信使御同然ニ辰上刻御國御出帆, 未下刻勝本御着. 彼方御家老熊澤大膳, 爲信使迎浦口迄被罷出ル.

오가와 가가에몬(小川加賀右衛門)을 딸려 보냈다. 말과 매의 먹이 등은 곳곳의 접대 장소에서 준비할 것이다.

〃 같은 날, 삼사가 어제 향응에 대한 답례를 위해 이판사(李判事)를 보냈다.

一. 동 21일, 삼사가 홍동지 편에 선물을 보냈다. 이토쿠인(威德院)[90]님에게도 마찬가지로 했다.

---

89 오후 10시경.

90 전 번주 소 요시토시의 부인이자 소 요시나리의 생모.

一. 동 22일, 정사가 탄 배가 도해할 때 조금 손상되어 후나이에서 수리하게 했는데, 오늘 완료되었다.

一. 동 23일, 맑음.

一. 동 24일 서풍. 이날 순풍이 불어 신사와 같이 진상각(辰上刻)[91]에 쓰시마를 출발해서, 미하각(未下刻)[92]에 가쓰모토(勝本)[93]에 도착했다. 그쪽의 가로(家老) 구마자와 다이젠(熊澤大膳)이 신사를 맞이하러 포구까지 나왔다.

〃 信使宿聖母寺ニおゐて, 七五三之御饗應也.

〃 三使ニハ, 船心持惡敷候由ニ而, 信使宿へ揚り不被申, 上々官ゟ以下
信使屋へ揚り, 御饗應を受ケ候而, 追付船ニ乘ル.

〃 右聖母寺之儀, 殊外手狹ク候付, 其旨被仰達候處, 少々御廣メ被成ル.

〃 兩長老御事, 此所ゟ御馳走所之饗應, 御受ケ被成ル.

〃 今晩江戶表御老中樣方ゟ之御奉書到來, 御屋敷御拜領
之儀申來ル. 御案文左記之.
一筆申入候. 其方後之屋敷, 望之通被聞召被下之旨, 被
仰出候間, 可被得其意候. 恐々謹言.
九月晦日　　　　　　　　　　堀田加賀守

---

91 오전 7시~7시 40분경.

92 오후 2시 20분~3시경.

93 가자모토(風本)라고도 한다. 이키(壹岐)섬 북단에 위치하는 가스고(加須鄕) 지역. "진구(神功) 황후가 신라에 출진할 때 이 땅을 '가자모토(風本)'라 이름 붙이고, 개선할 때 '가쓰모토(勝本)'로 개칭했다"는 설화가 전해진다. 쓰시마는 에도시대에도 이 항구를 통상 '가자모토(風本)'라고 불렀고, 통신사 일행이 일본으로 올 때 11번, 조선으로 갈 때 8번 입항했다고 한다. 쓰시마는 혼슈와 쓰시마를 왕복할 때 연락기관, 혹은 휴식소로 사용하기 위해 이곳에 저택을 세우고 상주하는 사람들도 두었다고 한다. (『근세 한일관계 사료집 Ⅲ』)

〃 신사의 숙소 세이보지(聖母寺)에서 시치고산(七五三)[94] 향응이 있었다.

〃 삼사는 뱃멀미를 했다며 신사 숙소에 들어가지 않았고, 상상관 이하가 신사 숙소로 가서 향응을 받은 뒤 곧 배에 탔다.

〃 세이보지가 매우 협소해서 이를 말했더니 조금 넓혀 주셨다.

〃 두 초로는 이곳부터 접대 장소의 향응을 받았다.

〃 오늘 밤, 에도의 로주님들이 보내신 봉서가 도착해서 에도 번저에서 받았다는 연락이 왔다. 안문을 다음에 적는다.

글을 보냅니다. 귀하의 저택에 관한 요청을 [쇼군께서] 희망대로 들어주신다고 하니 그렇게 아십시오. 삼가 말씀드립니다.

9월 30일 홋타 가가노카미

阿部豊後守

松平伊豆守

土井大炊頭

宗對馬守殿

〃 同日, 今日信使船勝本へ着之段, 次船を以江戸表へ御案内被仰上ル.

一. 同廿五日, 不順ニ付御逗留.

〃 年寄中ゟ古川式部·杉村伊織, 兩人信使奉行ニ被仰付ル.

一. 同廿六日, 不順ニ付御逗留.

〃 三使船揚有之, 信使屋へ被入ル.

〃 朝鮮國ゟ獻上之鷹, 員數不足ニ付, 先達而被仰遣置候處,

94 칠·오·삼이라는 숫자에 유래해서 으뜸 상에서는 7찬(饌), 두 번째 상에서 5찬, 세 번째 상에서 3찬을 내는 축하 의식의 접대를 말한다. (『日本國語大辭典』)

아베 분고노카미

마쓰다이라 이즈노카미

도이 오이노카미

소 쓰시마노카미님

〃 같은 날, 오늘 신사를 태운 배가 가쓰모토에 도착했다고, 쓰기부네로 에도에 보고했다.

一. 동 25일, 날씨가 나빠 체류했다.

〃 도시요리 중에서 후루카와 시키부와 스기무라 이오리 2명을 신사 부교(信使奉行)[95]로 임명하셨다.

一. 동 26일, 날씨가 나빠 체류했다.

〃 삼사가 뭍으로 올라와 신사 숙소로 들어갔다.

〃 조선국이 헌상하는 매의 수가 부족하여 전에 말해 두었는데,

〃 今日, 六据勝本へ到來. 餌飼之儀前同前也.

〃 名護屋浦之儀, 若不順之節信使船着船仕儀も, 可有之哉と之思召ニ付, 寺澤兵庫頭様へ御馳走之儀, 兼而 公儀ゟ被仰付置候故, 右名護屋浦へ新規ニ客館を御建被成, 御馳走之御用意被成置候由ニ而, 勝本迄迎之御使者をも被差出置候得共, 不順ニ付, 彼所へハ御寄り不被成也.

一. 同廿七日, 西風. 巳刻勝本御出船, 申刻相嶋御着.

〃 勝本ゟ爲御馳走, 船一艘ニ漕船五艘宛, 三里程被相附ル.

〃 松平右衛門佐様ゟ爲御馳走, 浦口四里程之所迄, 四五十挺之早舟十二艘, 上乘士壹人宛被乘せ, 爲迎被差出ル.

95 통신사와 관련된 업무를 보는 부교. 부교(奉行)는 윗사람의 명령에 의해 공사(公事) 등을 집행하는 것, 또는 그 담당자를 뜻하는 말.

〃 오늘 6마리가 가쓰모토에 도착했다. 먹이에 관한 것은 전과 동일했다.

〃 나고야(名護屋) 항구는 혹시 날씨가 좋지 않으면 신사를 태운 배가 착선할 수도 있겠다는 생각에서, 데라사와 효고노카미(寺澤兵庫頭)[96]님에게 접대에 관해 일찍이 막부가 지시했기 때문에 나고야 항구에 새로 객관을 세우고 접대 준비를 해 두었다고 한다. 가쓰모토까지 마중 나오는 사자를 보내셨지만, 날씨가 좋지 않아 그곳에는 들르지 않았다.

一. 동 27일 서풍. 사각(巳刻)[97]에 가쓰모토를 떠나 신각(申刻)[98]에 아이노시마에 도착했다.

〃 가쓰모토에서 접대를 위해 배 1척에 예인선(漕船) 5척씩, 3리(里)[99] 정도 붙여 주셨다.

〃 마쓰다이라 에몬노스케님께서 접대를 위해 포구에서 4리 정도 떨어진 곳까지 노(櫓)가 40~50개 달린 쾌속선(早舟)[100] 12척에 우와노리시(上乘士)[101] 1명씩을 태워서 마중을 위해 보내주셨다.

〃 三使以下暮方船揚有之, 信使屋へ被罷越.

〃 御饗應七五三金銀之飾也.

〃 御馳走役之儀ハ, 御家老井上內記·野村右京, 賄奉行ハ毛利吉左衛門被相務ル

〃 此所元來信使屋無之ニ付, 假りニ御建被成ル.

---

96 데라사와 가타타카(寺澤堅高). 히젠노쿠니 가라쓰번(唐津藩) 번주. (『日本人名大辭典』)

97 오전 9시~11시.

98 오후 3시~5시.

99 리(里)는 거리를 나타내는 단위. 일본 중근세 시기에 1리는 대체로 545~655미터 사이. 리는 먼 거리라서 직접 계측하는 것이 곤란하므로 약 1시간(半時) 걸은 거리를 1리로 부르게 되었다. 메이지 시대에 미터조약(條約) 가입 후, 1891년에 제정한 도량형법에서는 1리=36조(町)=12,960샤크(尺)=3.927km(약 3,927 미터)로 확정했다.

100 중세 말기에서 근세에 걸쳐 수군에서 주로 사용한 세키부네(關船)의 이칭. 물을 잘 가르고 나가도록 얇고 긴 형태로 만들어 다수의 노를 이용해 빠른 속도를 내는 군선이었다. (『日本國語大辭典』)

101 일반적으로 화물을 실은 배에 동승하여 목적 항구에 도착할 때까지 화물이나 배 안에서의 상황에 관여하는 책임자를 말하나(『日本國語大辭典』), 여기에서는 쾌속선(早舟)의 항해 책임자로 생각된다.

〃 信使御馳走所之御領主松平長門守様ゟ御使者村上新左衛門, 毛利甲斐守様ゟ御使者山口半之允, 小笠原右近太夫様ゟ御使者丸田左馬允, 爲信使迎, 當所へ被差越置ル.

〃 信使船當所迄參着之段, 江戸表へ御案內被仰上候付, 大坂迄以御次飛脚御狀被差越ル. 御使大浦與右衛門被仰付ル.

〃 삼사 이하가 저녁때 뭍으로 올라와 신사 숙소로 이동하셨다.

〃 향응은 시치고산에 금은으로 장식된 것이다.

〃 접대 담당은 가로 이노우에 나이키(井上內記)·노무라 우쿄(野村右京), 식사 담당(賄奉行)은 모리 요시자에몬이 맡았다.

〃 이곳은 원래 신사 숙소가 없기 때문에 임시로 지었다.

〃 신사를 접대하기 위해 영주(領主)[102] 마쓰다이라 나가토노카미(松平長門守)[103]님이 사자 무라카미 신자에몬(村上新左衛門)을, 모리 가이노카미(毛利甲斐守)[104]님이 사자 야마구치 한노조(山口半之允)를, 오가사와라 우콘다유님이 사자 마루타 사마노조(丸田左馬允)를 이곳으로 보내셨다.

〃 신사를 태운 배가 이곳에 도착했다고 에도에 보고하기 위해 오사카에 역참파발로 서한을 보내셨다. 사자는 오우라 요에몬(大浦與右衛門)이다.

一. 同廿八日, 不順ニ付御逗留被成ル.

〃 右衛門佐様御事, 信使御馳走所之御見廻, 並ニ 光雲院様へ御對面

---

102 지행권(知行權)을 가진 무사. 토지를 가지고 인민을 지배하는 권력을 가진 크고 작은 다이묘, 하타모토 등을 말한다. (『日本國語大辭典』)

103 모리 히데나리(毛利秀就). 나가토노쿠니(長門國) 하기번(萩藩) 번주. (『日本人名大辭典』)

104 모리 히데모토(毛利秀元). 나가토노쿠니 조후번(長府藩) 번주. (『日本人名大辭典』)

爲可被成, 當所へ御越被成ル.

一. 同廿九日, 順風ニ付當所御出船被成ル. 右衛門佐様ゟ爲御馳走, 漕舟十四艘關口迄被差出ル.

〃 信使船小倉之沖通船之刻, 小笠原右近太夫様御家老丸田左馬 允·下條三郎兵衛并高田又兵衛, 早船十二艘引連被出迎. 是又右近太夫様御舍弟因幡守様ニも御出迎候而, 赤間關迄御送被成ル.

〃 信使船, 暮方赤間關へ着. 追付信使屋へ被揚ル. 右近太夫様ゟ御音物數種被遣候得共, 其内三品被致受用, 其餘ハ盡ク返進被仕候.

一. 동 28일, 날씨가 좋지 않아 체류했다.

〃 에몬노스케님이 신사 접대소를 문안하고, 고운인님과 대면하기 위해 이곳으로 오셨다.

一. 동 29일, 순풍이 불어 이곳을 출선했다. 에몬노스케님이 접대를 위해 예인선 14척을 어귀까지 보내셨다.

〃 신사선(信使船)이 고쿠라(小倉)의 먼 바다를 지날 때, 오가사와라 우콘다유님의 가로 마루타 사마노조(丸田左馬允), 시모조 사부로베에(下條三郎兵), 다카다 마타베에(高田又兵衛) 등이 쾌속선 12척을 끌고 마중 나왔다. 또한 우콘다유님의 동생 이나바노카미님도 마중 나와서, 아카마가세키(赤間關)[105]까지 배웅해 주셨다.

〃 신사선이 저녁에 아카마가세키에 도착했다. 곧 신사 숙소로 올라갔다. 우콘다유님이 선물을 여러 가지 보내셨지만, 그중 세 가지를 받고 나머지는 모두 돌려보냈다.

〃 信使當所へ着船之段, 知らせ之爲, 相圖往還共ニ晝ハ狼煙を擧ケ,

105 야마구치현 시모노세키의 옛 이름. (『근세 한일관계 사료집 V(상)』)

夜ハ篝火を焼候様ニ被仰付置ル.

〃 信使へ之御饗應, 七五三金銀之餝也.

〃 信使屋阿彌陀寺手狹ニ有之ニ付, 俄ニ御廣メ被成, 上々官なと御馳走所ハ, 別ニ新規之假屋御建被成ル.

一. 同晦日, 朝, 順風ニ而候得共, 潮惡敷候付御待合被成, 午刻御出船, 戌刻向へ御着. 御船揚り無之.

〃 今日下關より御使者唐坊佐左衛門を以, 初靍江戸表へ被獻ル.

一. 十一月朔日, 早天ニ向嶋御出船, 風靜ニ有之, 漸暮方上關へ御着被成ル.

〃 신사가 이곳에 착선했다는 것을 알리기 위해 신호는 왕복 모두 낮에는 봉화(狼煙)를 올리고, 밤에는 화톳불(篝火)를 태우도록 지시했다.

〃 신사에 베푸는 향응은 시치고산에 금은으로 장식된 것이다.

〃 신사의 숙소인 아미다지(阿彌陀寺)가 협소해서 급하게 넓히고, 상상관 등의 접대 장소는 따로 새로운 임시 건물을 세웠다.

一. 동 30일, 아침에 순풍이 불었지만 해류가 나빠서 기다렸다가, 오각(午刻)[106]에 출선하여 술각(戌刻)[107]에 무코우시마(向嶋)[108]에 도착했다. 뭍으로 올라오지 않았다.

〃 오늘 시모노세키에서 사자 도보 사자에몬을 통해 하쓰쓰루(初靍)[109]를 에도에 헌상했다.

---

106 오후 12시경.

107 오후 8시경.

108 원문에는 '向' 한 글자만 쓰여 있지만 이튿날인 '11월 1일 무코우시마(向嶋)를 출선했다'고 되어 있어, '무코우시마'로 번역했다. 현재 야마구치현 호우시(防府市)에 있는 섬. 에도시대에는 스오노쿠니(周防國)에 속했다. 물살이 매우 급하여 지나가기가 쉽지 않아 형편에 따라 선상에서 머물다 가는 곳 가운데 하나이다.

109 신년에 처음으로 보는 학. (『日本國語大辭典』)

一. 11월 1일 새벽에 무코우시마를 출선했는데, 바람이 잔잔해서 저녁에 가미노세키에 도착했다.

〃 信使追付船揚有之, 信使屋へ被入ル.

但, 信使屋之儀ハ, 常之町屋也.

〃 右御饗應七五三金銀之飾り.

〃 當御馳走所之御領主松平長門守樣御家老吉川美濃守, 信使御馳走之役ニ相定り居候得共, 當病にて吉川隼人被相整ル.

〃 兩長老, 信使屋へ爲御見廻御出.

〃 今晚子刻, 松平長門守樣ゟ御使者毛利山城守, 松平新太郎樣ゟ御使者瀧五郎兵衛, 松平安藝守樣ゟ御使者庄林伊右衛門·淺野左門被參ル.

一. 同二日未明, 上關御出船, 晝時防州之内由宇浦へ御潮掛り被成, 暮ニ

〃 신사는 바로 뭍으로 올라와 신사 숙소로 들어갔다.

단, 신사 숙소는 보통의 상가(町屋)였다.

〃 향응은 시치고산에 금은으로 장식한 것이다.

〃 이곳 접대 장소의 영주 마쓰다이라 나가토노카미님의 가로 요시카와 미노노카미(吉川美濃守)가 접대 담당이지만, 병 때문에 요시카와 하야토(吉川隼人)가 맡았다.

〃 두 초로가 신사 숙소에 문안하러 가셨다.

〃 오늘 밤 자각(子刻)[110]에 마쓰다이라 나가토노카미님이 보낸 사자 모리 야마시로노카미(毛利山城守), 마쓰다이라 신타로님이 보낸 사자 다키 고로베에(瀧五郎兵衛), 마쓰다이라

110 오전 12시경.

아키노카미(松平安藝守)[111]님의 사자 쇼바야시 이에몬(庄林伊右衛門)·아사노 사몬(淺野左門)이 도착했다.

一. 동 2일 새벽에 가미노세키에서 출선해서 낮에 보슈(防州)[112]의 유우우라(由宇浦)에서 해류에 걸려 저녁에

津和へ御着. 夜ニ入風雨仕ル.

一. 同三日, 晴天. 順風ニ付津和御出船, 藝州蒲苅へ御着. 信使一行船揚り有之, 客館へ被罷越ル.

〃 信使へ之御饗應七五三也.

〃 中下官へハ, 新規ニ假長屋御建テ, 御饗應被成ル.

〃 今日長門守様ゟ爲御馳走, 三四十挺立之漕船九艘當浦迄被相附ル. 右漕船之支配役, 乃美孫兵衛与申人之由.

〃 今日信使當浦迄参着之段, 江戸表へ御案內被仰上候付, 大坂御奉行方迄御次船を以, 御狀なと被差越ル. 御使者內野權兵衛也.

〃 水野日向守様ゟ御使者三浦八右衛門被參ル.

쓰와(津和)[113]에 도착했다. 밤이 되어 비바람이 쳤다.

一. 동 3일 맑음. 순풍이 불어 쓰와에서 출선하여 게이슈(藝州)[114] 가마가리(蒲苅)에 도착했다. 신사 일행이 뭍으로 올라와 객관으로 이동했다.

〃 신사에 대한 향응은 시치고산이다.

---

111 아사노 미쓰아키라(淺野光晟). 아키 노쿠니(安藝國) 히로시마번(廣島藩) 번주. (『日本人名大辭典』)

112 스오노쿠니(周防國)의 이칭. 현재 야마구치현 동남부.

113 에히메현 마쓰야마시(松山市) 쓰와지시마(津和地島).

114 아키노쿠니(安藝國)의 이칭. 현재 히로시마현 일대.

〃 중·하관은 새로 임시 건물을 세워서 향응하셨다.

〃 오늘 나가토노카미님이 접대를 위해 노가 30~40개 달린 예인선 9척을 이곳 항구까지 붙여 주셨다. 이 예인선의 지휘는 노미 마고베에(乃美孫兵衛)라는 사람이 했다.

〃 오늘 신사가 이곳 항구까지 왔다고 에도에 보고하기 위해 오사카부교에게 쓰기부네로 서한을 보내셨다. 사자는 우치노 곤베에이다.

〃 미즈노 휴가노카미(水野日向守)[115]님의 사자 미우라 하치에몬(三浦八右衛門)이 왔다.

一. 同四日, 蒲苅御出船, 備後鞆へ御着.

〃 信使船揚有之而, 客館へ被入ル.

但, 信使屋ハ寺宿也.

〃 信使へ之御饗應七五三金銀之飾り也.

〃 信使屋手狹ニ有之ニ付, 別而長屋二間御建被成, 此所ニ而中下官之御饗應有之.

〃 當所之御領主水野日向守様ゟ爲御馳走, 漕船十二艘浦口迄被差出ル.

〃 右御領分之內, 灘洲海荒キ所ニ付, 小舟數多を以, 信使船被漕セル.

〃 今日, 日向守様御事, 此方様へ爲御對面, 浦口一里程之所迄, 御出迎

一. 동 4일, 가마가리에서 출선해서 빈고(備後) 도모(鞆)[116]에 도착했다.

〃 신사가 뭍으로 올라와 객관에 들어갔다.

단, 신사의 숙소는 절이다.

---

115 미즈노 가쓰나리(水野勝成). 빈고노쿠니 후쿠야마번(福山藩) 번주. (『日本人名大辭典』)

116 히로시마현 후쿠야마시(福山市) 도모지구에 위치한 항구.

〃 신사에 대한 향응은 시치고산에 금은 장식된 것이다.

〃 신사 숙소가 협소해서 따로 나가야(長屋)[117] 두 간(間)를 세우시고, 이곳에서 중·하관을 향응하셨다.

〃 이곳의 영주 미즈노 휴가노카미님이 접대를 위해 예인선 12척을 포구까지 보내셨다.

〃 위 영지에 있는 나다스(灘洲)는 바다가 거친 곳이라서 작은 배 여러 척으로 신사선을 끌었다.

〃 오늘 휴가노카미님이 번주님과 대면하기 위해 포구에서 1리 정도 떨어진 곳까지 마중

被成ル.

〃 今晩, 日向守様御居所ニおゐて 此方様御招請被成ル.

〃 今日當所迄信使參着之段, 大坂御奉行方迄御註進被仰遣ル.

御使者平田權之允被仰付ル.

一. 同五日, 順風ニ付辆御出船, 日向守様ゟ爲御馳走, 早船十七艘被相附ル. 日向守様ニ茂浦口迄御送り出被成ル. 海上ニ至而松平新太郎様ゟ御使者來ル. 引續キ新太郎様, 岡山口迄御出迎被成, 此方へ御對面有之而, 御引キ被成ル. 暮方信使船御同然ニ牛窓へ御着.

〃 正使ハ船心持惡敷候由ニ而, 宿へ不□揚也. 副使·從事ハ, 船揚り有之而, 信使宿へ被入ル.

나오셨다.

〃 오늘 밤, 휴가노카미님의 거소로 번주님을 초청하셨다.

〃 오늘 이곳에 신사가 도착했다고 오사카부교에게 보고했다. 사자는 히라타 곤노조이다.

---

117 마룻대(棟)를 길게 만든 집. (『日本國語大辭典』)

一. 동 5일, 순풍이 불어 도모를 출발했고, 휴가노카미님이 접대를 위해 쾌속선 17척을 붙여 주셨다. 휴가노카미님도 포구까지 배웅 나오셨다. 바다 위에 이르러서 마쓰다이라 신타로[118]님이 보내신 사자가 왔다. 이어서 신타로님이 오카야마(岡山) 입구까지 마중 나오셔서 이쪽과 대면한 뒤 물러가셨다. 저녁에 신사선과 함께 우시마도에 도착했다.

〃 정사는 뱃멀미를 했다며 숙소로 가지 않았다. 부사·종사관은 뭍으로 올라와 신사 숙소로 들어갔다.

〃 右御饗應七五三金銀之飾り也.

〃 今晩, 新太郎様御居所へ　此方様御招聘被成ル.

〃 信使當所參着之段, 江戸表へ御案内被仰上候付, 御次船を以, 大坂迄御狀なと被仰越ル.

〃 大坂ニおゐて, 信使御馳走之人馬·御賄なと御用意之儀, 別而御使者を以被仰越ル. 御使者嶋雄左太右衛門·中原勘兵衛被仰付ル.

一. 同六日, 順風ニ付牛窓御出船, 申下刻室津へ御着.

〃 今日ハ風靜ニ有之ニ付而, 新太郎様𠂊爲御馳走, 大船十四艘を以信使船被漕送ル.

〃 本多甲斐守様𠂊爲御迎, 御領分境へ漕船十四艘被差出ル. 漕船

〃 향응은 시치고산에 금은 장식된 것이다.

〃 오늘 밤, 신타로님의 거소로 번주님을 초청하셨다.

〃 신사가 이곳에 도착했다고 에도에 보고하기 위해 쓰기부네로 오사카까지 서한 등을 보냈다.

118 이케다 미쓰마사(池田光政). 비젠노쿠니 오카야마번(岡山藩) 번주. (『日本人名大辭典』)

〃 오사카에서 신사를 접대할 인원과 말, 식사 등의 준비에 관해 따로 사자를 보내서 전했다. 사자는 시마오 사타에몬(嶋雄左太右衛門)·나카하라 간베에(中原勘兵衛)이다.

一. 동 6일 순풍이라 우시마도를 출선해서 신하각(申下刻)[119]에 무로쓰에 도착했다.

〃 오늘은 바람이 잠잠해서 신타로님이 접대를 위해 대형선 14척으로 신사를 태운 배를 끌어서 보내주셨다.

〃 혼다 가이노카미(本多甲斐守)[120]님이 마중하러 영지의 경계까지 예인선 14척을 보내주셨다. 예인선의

奉行長坂茶利与申人也.

〃 夜ニ入, 信使船揚り有之, 宿へ被就ル.

〃 右御饗應之膳部, 七五三金銀之飾り也.

〃 明石之御城主松平丹波守様, 御留守居之御家老中ゟ爲御届, 平田將監方迄御使者被差越ル.

〃 今日當所御着之段, 江戸表へ御案內被仰上候付, 如先規御狀なと大坂町御奉行所迄差越ル.

一. 同七日, 大風ニ付室津御逗留.

〃 今日不順ニ付, 當所御逗留之段, 江戸表へ御案內被仰上候付, 御次飛船を以, 御狀なと被差越ル.

담당은 나가사카 차리(長坂茶利)라는 사람이었다.

〃 밤이 되어 신사가 뭍으로 올라와 숙소로 들어갔다.

---

119 오후 4시 20분~5시경.

120 혼다 마사토모(本多政朝). 하리마노쿠니 다쓰노번(龍野藩) 번주. (『日本人名大辭典』)

〃 향응의 상차림은 시치고산에 금은으로 장식된 것이다.

〃 아카시(明石)[121]의 성주(城主)[122] 마쓰다이라 단바노카미(松平丹波守)[123]님의 부재 시에 성을 지키는 가로들이 보고를 위해 히라타 쇼겐에게 사자를 보냈다.

〃 오늘 이곳에 도착했음을 에도에 보고하기 위해 전처럼 서한 등을 오사카마치부교쇼로 보냈다.

一. 동 7일, 큰바람이 불어서 무로쓰에 체류하셨다.

〃 오늘, 날씨가 좋지 않아 이곳에 체류함을 에도에 보고하기 위해 쓰기부네로 서한 등을 보냈다.

〃 今夜子下刻, 松平伊豆守樣ゟ之御奉書到來. 則御案文, 左記之.

一筆申入候. 朝鮮之信使, 去六日其國佐洲奈へ到着之由, 同八日御註進候而, 重而御左右, 今晦日迄無之候. 自然船なと令破損候事有之歟, 如何樣子承りに可遣旨, 上意ニ候間, 此以前其許へ參候篠田九郎左衛門差越申候. 委細之儀, 具可被仰越. 恐惶謹言.

尙以, 先書ニも如申入候, 段々御註進追々可被申上候. 以上.

十月晦日　　　　　　　　松平伊豆守

宗對馬守殿

---

121 효고현 아카시시(明石市) 일대에 있던 아카시번(明石藩).

122 구니모치다이묘(國持大名)와 준국주(準國主) 이외에 거성을 갖고 있던 다이묘. (『日本國語大辭典』)

123 도다 미쓰시게(戶田光重). 하리마노쿠니 아카시번(明石藩) 번주. (『日本人名大辭典』)

〃 오늘 밤 자하각(子下刻)[124]에 마쓰다이라 이즈노카미(松平伊豆守)[125]님이 보낸 봉서가 도착했다. 안문을 다음에 적는다.

글을 보냅니다. 조선 신사가 지난 6일 쓰시마 사스나에 도착했다고 동 8일에 보고하시고, 다음 소식이 현재 30일까지 없습니다. 혹시 배 등이 파손된 건지 어떤 상황인지 알아보라는 것이 쇼군의 뜻이니, 이전에 그곳에 갔었던 시노다 구로자에몬(篠田九郎左衛門)[126]을 보냅니다. 자세한 것은 [그가] 전할 것입니다. 삼가 말씀드립니다.

아울러 지난 서한으로 알렸듯이 계속해서 보고를 올리십시오. 이상.

10월 30일　　　　　　　　마쓰다이라 이즈노카미

소 쓰시마노카미님

一. 同八日, 早朝室津御出船, 暮方兵庫御着. 本多甲斐守様ゟ為御馳走, 明石之沖迄早船十四艘被差出ル. 明石之御城主松平丹波守様ゟも兵庫迄早船九艘被相附ル.

〃 信使船揚り有之而, 客館へ被就ル.

〃 右御饗應之膳部, 七五三金銀之飾り也.

〃 當所之御領主青山大藏亮様御事, 江戸表へ御參勤被成御座候付, 御嫡大膳太夫様御馳走被成ル.

〃 信使御馳走之支配役, 小川藤右衛門·村上孫左衛門与申人被相勤ル.

〃 明石之御城主松平丹波守様ニも, 信使爲御馳走, 彼所へ新規ニ

---

124 오전 0시 20분~1시경.

125 로주 마쓰다이라 노부쓰나(松平信綱).

126 야나가와 잇켄 과정에서, 1634년 11월 막부는 로주 마쓰다이라 노부쓰나의 가신 시노다 구로자에몬과 로주 도이 도시카쓰(도이 오이노카미)의 가신 요코타 가쿠자에몬을 쓰시마에 파견하여, 조선으로 도항하던 쓰시마의 선박 파견을 중지시키고 진상 규명을 수행했었다. (『근세 한일관계 사료집 V(상)』 참조)

客館御建被成, 御饗應之御用意有之候得共, 順風ニ付, 直ニ兵庫へ

一. 동 8일, 이른 아침에 무로쓰를 출선해서 저녁 때 효고에 도착했다. 혼다 가이노카미님이 접대를 위해 아카시 먼 바다까지 쾌속선 14척을 보내주셨다. 아카시의 성주 마쓰다이라 단바노카미님도 효고까지 쾌속선 9척을 붙여주셨다.

〃 신사가 뭍으로 올라와 객관에 드셨다.

〃 향응의 상차림은 시치고산에 금은으로 장식된 것이다.

〃 이곳의 영주 아오야마 오쿠라노스케(青山大藏亮)[127]님은 에도에서 참근(參勤)[128] 중이시라 그 아드님 다이젠다유(大膳太夫)[129]님이 접대해 주셨다.

〃 신사 접대의 통솔은 오가와 도에몬(小川藤右衛門)과 무라카미 마고자에몬(村上孫左衛門)이 맡았다.

〃 아카시의 성주 마쓰다이라 단바노카미님도 신사 접대를 위해 그곳에 새로 객관을 세우고 향응 준비를 하셨지만, 순풍이 불어서 바로 효고에

御着也.

〃 信使當所へ參着之段, 江戶表へ御案內被仰上候付, 御狀なと御次飛船を以大坂迄被差越ル.

一. 同九日, 兵庫御出船, 大坂御着.

〃 右兵庫御出船之段, 先達而江戶表へ御案內被仰上ル.

---

127 아오야마 요시나리(青山幸成). 셋쓰노쿠니 아마가사키번(尼崎藩) 번주. (『日本人名大辭典』)

128 산킨코타이(參勤交代). 에도 막부가 중앙집권제 확립을 위해 다이묘들로 하여금 영지에 있다가 1년 간격으로 에도에 와서 생활하게 했던 제도(쓰시마번은 3년에 1번). 다이묘의 처자식은 인질로 에도에 거주해야 했다. (『日本國語大辭典』)

129 아오야마 요시토시(青山幸利). 부친 아오야마 요시나리의 뒤를 이어 1643년, 아마가사키번 번주가 되었다. (『日本人名大辭典』)

〃 青山大藏亮様ゟ爲御馳走, 大坂川口迄漕舟數十艘被相附ル.

〃 川口ニおゐて, 御船奉行小濱民部少輔ゟ御下知ニ而, 三使爲
御迎川船三艘, 上々官乗り用 として同二艘, 兩長老乗り用
として, 同二艘被差出ル. 此外町御奉行ゟ之御下知ニ而, 小舟百艘
被差出, 荷物運漕被仰付ル.

도착했다.

〃 신사가 이곳에 도착했음을 에도에 보고하는 서한 등을 쓰기부네로 오사카에 보냈다.

一. 동 9일, 효고에서 출선하여 오사카에 도착했다.

〃 효고에서 출발한 것을 앞서 에도에 보고했다.

〃 아오야마 오쿠라노스케님이 접대를 위해 오사카 가와구치(川口)까지 예인선 수십 척을 붙여주셨다.

〃 가와구치에서 후나부교(船奉行)[130] 오하마 민부노쇼(小濱民部少輔)님의 지시로 삼사를 마중하기 위해 하천용 배 3척, 상상관 승선용으로 2척, 두 초로 승선용으로 2척을 보내 주셨다. 그 밖에 마치부교님의 지시로 소형 배 100척을 내어서 짐을 싣고 오게 했다.

〃 久貝因幡守様 · 曾我又左衛門様ゟ御使者ニ而, 　光雲院様御事,
三使ゟ先達而御堂へ, 御出被成可然思召候. 依之爲御迎, 御乗り物
被遣との御事ニ付, 則御堂へ御出被成, 右御兩所様へ御對面被成ル. 相續
而, 三使船揚有之, 御堂へ被入ル.

〃 右御饗應之膳部, 七五三金銀之飾り也.

130 다이묘의 선박이 오사카로 출입하는 것을 감시하던 막부의 직책인 오사카후나부교(大坂船奉行).

〃 御當地ニおゐての御馳走奉行, 久貝因幡守様·曾我又左衛門様,
御賄奉行末吉孫左衛門様·戸嶋十左衛門様也.
〃 両長老御同然ニ, 信使屋へ爲御見廻御出, 三使へ御對面有之,
追付御歸り被成ル.
〃 今日, 信使御當地着之段, 江戸表へ御案内被仰上ル.

〃 구가이 이나바노카미님과 소가 마타자에몬(曾我又左衛門)[131]님이 사자를 보내 "고운인님은 삼사보다 먼저 미도(御堂)[132]로 오십시오. 맞이하는 탈 것을 보냅니다"라고 하여, 미도로 가서 두 분과 대면하셨다. 이어서 삼사가 상륙하여 미도에 들어갔다.
〃 향응의 상차림은 시치고산에 금은으로 장식된 것이다.
〃 이곳의 접대 담당은 구가이 이나바노카미님·소가 마타자에몬님, 식사 담당(賄奉行)은 스에요시 마고자에몬님·도시마 주자에몬님이었다.
〃 두 초로가 함께 신사 숙소에 문안을 가서 신사와 대면하고 바로 돌아오셨다.
〃 오늘 신사가 이곳에 도착했다고 에도에 보고했다.

右御註進之御狀, 因幡守様·又左衛門様へ御相談之上, 御認被成ル.
〃 御堂邊, 末吉孫左衛門様於御宿所, 久貝因幡守様·曾我又左衛門様へ
御對面被成, 今度信使江戸參向之節, 道中ニ而之人馬之數
被仰談, 御濟メ被成ル.
〃 枚方御馳走人彦坂平九郎様, 此方御旅宿へ御出被成, 信使大坂
發足之日限, 御尋被成ル.

---

131 소가 히사스케(曾我古祐). 오사카마치부교. 마타자에몬은 별명.

132 통신사의 숙소인 혼간지(本願寺) 쓰무라베쓰인(津村別院). 통칭 기타미도(北御堂)라고 불렸다.

一. 同十一日, 朝鮮國ゟ獻上之馬·鷹, 今日京都へ被差立テル.

〃 昨日, 因幡守様·又左衛門様へ被仰談御濟メ被成候道中人馬之數, 御書付を以, 京都板倉周防守様方へ被仰遣ル.

人馬之目錄

이를 보고하는 서한을 이나바노카미님·마타자에몬님과 상의해서 작성하셨다.

〃 미도 근처에 있는 스에요시 마고자에몬님 숙소에서 구가이 이나바노카미님·소가 마타자에몬님과 대면하시고, 신사의 에도 행에 필요한 인마(人馬)의 수에 관해 논의를 마치셨다.

〃 히라카타(枚方)[133]의 접대 담당 히코사카 헤이쿠로(彦坂平九郎)님이 이쪽 숙소로 오셔서 신사가 오사카에서 출발하는 날짜를 물었다.

一. 동 11일, 조선국에서 헌상하는 말과 매를 오늘 교토로 보냈다.

〃 어제 이나바노카미님·마타자에몬님과 상의를 마쳤던 에도까지 가는 인원과 말의 수를 문서로 작성하여 교토의 이타쿠라 스오노카미님에게 보내셨다.

인원과 말 목록

一. 上官四拾六人　　上馬四十六疋

一. 中官三十二人　　上馬三十二疋

右者馬斗ニ而候. 膳部ハ最前之通ニ而候.

一. 召長老

上馬二疋

一. 璘西堂

133 오사카부(大阪府) 기타가와치(北河內) 지역에 위치하는 시.

〆八十疋

一. 中官八十人　　　　　　中馬八十疋

一. 下官五十人　　　　　　下馬五十疋

是ハ日本ニ而中間之なミ也.

乘鞍置候馬數

一. 상관　46명　　　　　　상급 말　46필

一. 중관　32명　　　　　　상급 말　32필

위는 말만 기재한 것이다. 상차림은 이전과 같다.

一. 쇼초로(召長老)

상급 말　2필

一. 린세이도(璘西堂)

모두　80필

一. 중관　80명　　　　　　중급 말　80필

一. 하관　50명　　　　　　하급 말　50필

이는 일본의 주겐(中間)[134]에 준한다.

안장을 얹은 말의 수

合二百十疋

右之外

一. 乘懸馬　　二百三十二疋　　　內五十疋ハ, 通詞乘候馬也.

134 에도시대 무사에 딸려서 잡무에 종사했던 사람들. (『日本國語大辭典』)

一. 荷付馬　　百九十八疋

小荷馱馬

合四百三十疋　但, 長老·西堂之馬在此內.

人足之事

一. 信使三人　輿かき六十人　　但, 壹ケニ二十人ツヽ

一. 上々官二人

乘物かき三十二人　但, 一ケニ八人ツヽ

一. 判事二人

합 210필

그 외에

一. 짐과 사람을 싣는 말　232필　이 중 50필은 통사가 타는 말이다.

一. 짐을 싣는 말　198필

쌀을 싣는 말

합 430필.　단, 초로와 세이도[135]의 말은 이 안에 포함된다.

인부에 관하여

一. 신사 3명　가마꾼 60명　단, 1개에 20명씩

一. 상상관 2명

탈 것 부리는 인부 32명　단, 1개에 8명씩

一. 판사 2명

135 쇼초로와 린세이도.

大旗
一. 道具持人足　大鞁　　　　二十人
大纛
一. 荷物之人足　　　　　　　二百八人
合人足三百二十人　　　但, 長老·西堂之人足在此內.
一. 荷付馬　　百五十疋　　　是ハ自分債馱賃之驛馬也.
一. 人足　　　十五人
荷付馬·人足之儀, 大坂ニ而荷積り仕候ニ付, 遲々いたし候. 先々へ被仰遣候ためニ候間, 急キ候樣ニ与申候得共, 異國人之儀ニ候得者, はか不參候. 我等油斷之樣ニ御座候. 乘鞍馬を乘懸ニ仕候者有之ニ付, 最前之書立ニ少相違仕候. 以上.

대기(大旗)[136]
一. 도구 드는 인부　　대고(大鞁)[137]　20명
대독(大纛)[138]
一. 짐을 맡은 인부　　208명
합 인부 320명　　단, 초로와 세이도의 인부는 이 안에 포함된다.
一. 짐 싣는 말 150필　　이는 자비로 지불하는 역마(驛馬)[139]이다.

---

136 사각형의 큰 깃발. 대오방기(大五方旗). 대기치(大旗幟). 조선시대 때 의장(儀仗) 및 군사 신호용으로 사용했던 사방 4자 이상의 대형 깃발을 두루 일컫는 말이다. 대기(大旗)는 원래 조선시대에 진중(陣中)에서 방위를 나타내던 다섯 가지의 큰 군기(軍旗)로, 동·서·남·북·중앙을 나타내는 청룡기·백호기·주작기·현무기·등사기 따위로 각각의 기(旗)에 딸린 부대에 명령을 내릴 때 쓰였다. (『대일외교사전』) 통신사행에서는 용이 그려진 형명기(形名旗)를 들었다.

137 큰 북.

138 독기(纛旗).

139 전마(傳馬)는 에도시대에 가도(街道)의 숙역(宿驛)에 상비되어, 공무의 인력이나 화물을 연계 운송하는 데 사용하던 말. 전국시

一. 인부 15명

짐 싣는 말과 인부는 오사카에서 짐을 챙겨 싣느라 늦어졌습니다. [통신사 일행이 가야 할] 곳곳에 전해야 하니 서두르라고 했지만, 이국인이라서 잘 진척되지 않았습니다. 저희가 부주의했습니다. 안장을 얹은 말에 짐을 실은 자도 있어서 지난번 조목과 조금 다릅니다. 이상.

十一月十一日 宗對馬守

板倉周防守殿

一. 同十二日, 信使京着之節, 吹物なと之儀并京都信使宿拵之儀, 且又諸事御馳走之儀ニ付而, 御用も可有之哉与之思召ニ付, 年寄中ゟ古川式部, 先達而京都へ被差越ル.

〃 大坂殘り之朝鮮人爲支配, 小川加賀右衛門·古川彌一右衛門, 二人大坂へ被差留之旨, 被仰付ル.

一. 同十三日, 吉田之御城主水野隼人正様ゟ, 信使京都發足之日限并御馳走之様子, 爲御掛合御使者來ル.

〃 久貝因幡守様·曾我又左衛門様, 御長袴御着ニ而御堂へ御出, 三使へ

11월 11일 소 쓰시마노카미

이타쿠라 스오노카미님

一. 동 12일, 신사가 교토에 도착할 때 취악기(吹物)와 교토의 신사 숙소 준비, 그리고 여러

대(戰國時代)에 다이묘들은 군사적인 필요에서 영국(領國)에 숙역을 설치하여 전마(傳馬)를 항시 비치했으나 제도적으로 확립된 것은 에도시대이다. 이에야스가 1601년 도카이도(東海道)와 나카센도(中山道)에 숙역을 많이 지정하여 36마리씩 전마를 상비하게 한 것이 처음이고, 그 후 상비 숫자가 증가했다. 전마를 사용할 수 있는 것은 막부의 공용(公用), 다이묘, 공가(公家) 등의 특권자였으나, 여기에는 무임(無賃)의 슈인덴마(朱印傳馬)와 비용을 지불하는 다친덴마(駄賃傳馬)의 두 가지가 있었다.

가지 접대에 관해 용무가 있을 것 같아 도시요리 중에서 후루카와 시키부를 미리 교토로 보냈다.

〃 오사카에 남는 조선인들을 통솔하기 위해, 오가와 가가에몬과 후루카와 야이치에몬 두 명은 오사카에 남게 했다.

一. 동 13일, 요시다(吉田)의 성주 미즈노 하야토노카미(水野隼人正)[140]님이 신사가 교토를 출발하는 날짜와 접대에 관해 상의하기 위해 사자를 보내셨다.

〃 구가이 이나바노카미님과 소가 마타자에몬님이 나가바카마를 입고 미도로 가서 삼사와

御對面被成ル.

〃 右御對禮相濟而, 御座ニ被爲着, 洪同知を以互ニ御挨拶有之.
畢而人參湯出ル. 迎送共ニ三使次之間迄被出ル.

一. 同十四日, 辰刻大坂御出船, 枚方御着.

〃 三使·上々官二人·兩長老何茂川船也. 御行列ハ, 一番ニ此方御乗り
船, 次ニ旗·吹物之船, 其次ニ正使·副使·從事, 次ニ上々官なと, 其跡ニ
兩長老乗り船也. 申刻枚方御着被成ル.

〃 今日ハ三使精進日ニ而候得共, 御馳走所之御用意, 殊外御丁寧ニ
有之由, 被承及候故か, 前廉何之噂も無之候處ニ, 枚方ニ至り, 竊ニ
年寄中迄被申聞候ハ, 御饗應ニ趣キ候而, 精進日之由を申入候ハ,

대면하셨다.

〃 위 대례를 마치고 자리에 앉아 홍동지를 통해 서로 인사했다. 인사를 마치자 인삼탕이

140 미카와노쿠니(三河國) 요시다번(吉田藩) 번주 미즈노 다다키요(水野忠淸).

나왔다. 마중과 배웅 모두 삼사가 쓰기노마(次之間)[141]까지 나왔다.

一. 동 14일, 진각(辰刻)에 오사카를 출발해서 히라카타에 도착했다.

〃 삼사, 상상관 2명, 두 초로 모두 하천용 배를 탔다. 행렬은 맨 앞에는 이쪽[번주님]이 타신 배, 다음에 깃발과 취악기 담당을 태운 배, 다음에 정사·부사·종사, 그다음이 상상관 등의 배, 그 뒤에 두 초로가 탄 배가 따랐다. 신각(申刻)에 히라카타에 도착했다.

〃 오늘은 삼사의 제사날인데 접대소에서 [향응] 준비에 특히 정성을 들였다고 해서 그런지 사전에 아무런 말도 없었다. 그런데 히라카타에 이르러 도시요리들에게 살짝 말하길, "향응을 받으러 가서 제사날이라고 말하면

無禮成樣ニハ, 有之候得共, 自分之精進ニ而も無之, 朝鮮國忌ニ而候得ハ, 其儘ニ難差置候付, 各迄御噂申入候間, 宜樣ニ了簡有之候樣ニ与之事ニ付, 御馳走奉行彦坂平九郎樣·平野藤次樣方へ申達候得ハ, 早速精進料理被差出ル. 三使御饗應を被受候而, 深御禮被申上ル.

〃 右御膳部七五三也. 但, 正使ハ船心持惡敷候由ニ而, 揚り不被申也.

〃 同日, 亥刻枚方出船, 丑刻淀へ御着.

〃 今晩ハ夜更ケ候付, 御船揚り無之.

〃 當所之御馳走人ハ, 則御城主永井信濃守樣并平野藤次樣也.

尤信濃守樣ニハ, 枚方迄御出, 御馳走なと之儀, 被仰付候而, 先達而當

무례한 일입니다. 하지만 저의 제사날도 아니고 조선의 기일(忌日)이라서 어쩔 수 없이 여러분께 말씀드리니 잘 이해해 주십시오"라고 하기에, 접대 담당 히코사카 헤이쿠로

141 주군이나 귀인의 거실 다음에 마련된 공간. 신하나 가신이 대기하는 방.

님 · 히라노 후지쓰구(平野藤次)님께 전했더니 바로 정진(精進) 요리[142]를 내주셨다. 삼사가 향응을 받고 깊은 감사 인사를 드렸다.

〃 위 상차림은 시치고산이었다. 단, 정사는 뱃멀미를 했다며 뭍으로 올라오지 않았다.

〃 같은 날, 해각(亥刻)에 히라카타를 출발해서 축각(丑刻)에 요도(淀)에 도착했다.

〃 오늘 밤은 밤이 깊어서 뭍으로 올라오지 않았다.

〃 이곳의 접대 담당은 성주 나가이 시나노노카미(永井信濃守)[143]님과 히라노 후지쓰구님이었다. 시나노노카미님은 히라카타까지 나오셔서 접대에 관해 지시한 뒤 먼저

所へ御歸被成ル.

〃 今日, 大坂ゟ當所迄之間, 瀨々ニ人夫を被召置, 砂をかゝせ, 河を御深メさせ被成候付, 諸舟滯り無之, 其上當日之景色, 別而他日ニ勝レ候付, 三使殊外稱美有之候.

一. 同十五日, 晴天.

〃 信使今朝早天ニ船揚り有之, 客館へ被參ル.

〃 右御饗應七五三金銀之飾り也.

〃 當所御馳走方之儀, 別而被入御念候上, 信濃守様挽茶御持參, 三使へ被遣. 右之外ニ別而一箱ツヽ被遣候處, 三使殊外忝被存候由ニ而, 厚ク御禮被申達ル.

돌아가셨다.

---

142 승려는 계율오계(戒律五戒)로 살생이 금지되어 있어 대승불교에서는 육식을 금하므로, 승려에 대한 포시(布施)로 야채, 콩, 곡류 등을 구사하여 만든 요리.

143 요도번 번주 나가이 나오마사(永井尚政). 1622년 혼다 마사즈미(本多正純)가 개역되고 로주에 임명되었고, 1633년, 로주에서 해임되어 요도번 10만 석 번주가 되었다.

〃 오늘 오사카에서 이곳까지 중간에 있는 여울들에 인부를 배치하여 모래를 파내게 해서 강의 수심을 깊게 만들었기 때문에 모든 배가 지체되지 않았고, 게다가 이날 경치가 특히 다른 날보다 뛰어나 삼사가 대단히 칭찬했다.

一. 동 15일, 맑음.

〃 신사가 오늘 아침 새벽에 뭍으로 올라와 객관으로 가셨다.

〃 향응은 시치고산에 금은으로 장식된 것이다.

〃 이곳 접대에 특히 정성을 들이셨고, 시나노노카미님이 히키차(挽茶)[144]를 가져와 삼사에게 보내셨다. 따로 상자를 1개씩 보내셨는데, 삼사가 대단히 감사하다며 인사를 하셨다.

〃 今朝, 京都板倉周防守様ゟ御使者ニ而, 信使京入之節吹物なと之儀式, 如先例被差許与之御事申來ル.

〃 同日, 巳刻淀御發足, 京都御着.

〃 信使之行列前ニ旗, 次ニ吹物, 其次ニ三使之輿, 相次而上々官二人·判事四人, 何茂駕籠ニ乗ル. 其跡ニ騎馬之朝鮮人. 夫より兩長老御越也.

〃 信使之荷物ハ, 車ニ而運送有之ル.

〃 今申刻, 信使一行本國寺へ着.

〃 右御饗應七五三金銀之餝也.

〃 諸事·御馳走方之御下知, 板倉周防守様也.

144 히키차(碾茶), 맛차(抹茶)라고도 한다. 양질의 녹차를 쪄서 그대로 건조시켜 갈아 분말 상태로 만든 것. 따듯한 물을 부어 차센(茶筅)으로 거품을 내서 마신다.

〃 오늘 아침 교토의 이타쿠라 스오노카미님이 사자를 보내셔서 신사가 교토로 들어올 때 취악기 등의 의식은 전례와 같이 허가한다고 했다.

〃 같은 날, 사각(巳刻)에 요도를 출발해서 교토에 도착했다.

〃 신사 행렬은 앞에 깃발, 다음에 취악기, 그다음에 삼사의 가마, 이어서 상상관 2명, 판사 4명이 이어졌고, 모두 가고(駕籠)[145]에 탔다. 그 뒤에 말을 탄 조선인, 그다음에 두 초로가 오셨다.

〃 신사의 짐은 수레로 운송했다.

〃 신각(申刻)에 신사 일행이 혼코쿠지(本國寺)에 도착했다.

〃 향응은 시치고산에 금은으로 장식된 것이다.

〃 여러 일과 접대에 관한 지시는 이타쿠라 스오노카미님이 내리셨다.

〃 御賄奉行ハ, 五味金右衛門樣也.

〃 今日信使京入之節, 三使へ爲御迎, 周防守樣御使者兩人并諸役人, 東寺之前へ被罷出ル.

〃 今日信使京着之段, 次飛脚を以江戶表へ御案內被仰上ル.

一. 同十六日, 板倉周防守樣へ年寄中ゟ平田將監を以, 被仰遣候趣, 左記之.

　一. 周防守樣, 信使へ御對面之儀, 明十七日ニ可被成哉之事.

　一. 信使京都發足之儀, 晴天ニ而も陰天ニ而も, 來ル廿日ニ可被仰付哉之事.

　一. 信使京都發足之日限相究り候趣, 江戶表へ可及御案內候

145 사람을 태우고 인력으로 운반하는 일본식 가마. 사람이 앉는 부분의 천정에 굵은 봉을 관통시켜 여러 사람이 그 봉을 앞뒤에서 어깨에 지고 이동하는 방식. 에도시대까지는 일상적으로 사용되었으나 메이지시대에 도로가 정비되면서 급속하게 인력거(人力車)로 대체되었다.

〃 식사 담당은 고미 긴에몬님이었다.

〃 오늘 신사가 교토에 도착했을 때 삼사를 마중하기 위해 스오노카미님의 사자 2명과 여러 관리가 도지(東寺)[146] 앞으로 나왔다.

〃 오늘, 신사가 교토에 도착했다고 역참파발로 에도에 보고하셨다.

一. 동 16일, 이타쿠라 스오노카미님께 도시요리들이 히라타 쇼겐을 통해 전한 내용을 다음에 적는다.

一. 스오노카미님과 신사와의 대면은 내일 17일에 하시겠습니까.

一. 신사의 교토 출발은 날씨가 맑든 흐리든 오는 20일로 하시겠습니까.

一. 신사가 교토를 출발하는 날짜가 정해졌다고 에도에 보고해야 하니

條, 御次飛脚之儀, 御用意被仰付置候樣ニ与之事.

一. 從朝鮮國獻上之鷹ハ來十八日, 同獻上之馬ハ翌十九日, 先達而差越可申哉之事.

一. 大坂ゟ追而登り來候鷹十五据, 是又獻上之數之內ニ御座候條, 道中餌飼なと之儀, 御用意有之候樣, 御觸可被成哉之事.

一. 信使京都發足以後, 道中宿々ゟ江戶表へ可及御案內候條, 御次飛脚之御證文, 御渡し被成候樣ニ与之事.

一. 從事官之儀, 持病之痰疾有之候處, 玄冶法印之延齡丹被相用, 快ク御座候付, 玄冶法印へ對面仕度由, 被相願候事.

右之趣被仰遣候處, 一々被得其意候与之御返答也.

역참파발을 준비시켜 주십시오.

---

146 교토시(京都市) 미나미구(南區) 구조초(九條町)에 있는 진언종(眞言宗) 총본산 사원.

一. 조선국에서 헌상하는 매는 오는 18일, 헌상하는 말은 이튿날 19일에 미리 보낼까요.

一. 오사카에서 바로 올려 보낸 매 15마리는 이 또한 헌상물의 수량에 포함되므로, 가는 도중 먹이 등을 준비하도록 회람 문서를 돌려야 합니다.

一. 신사가 교토에서 출발한 이후, 도중에 있는 슈쿠바(宿場)에서 에도에 보고해야 하니 역참파발의 사용증을 건네 주십시오.

一. 종사관이 지병으로 담질(痰疾)[147]을 앓고 있는데 겐야호인(玄冶法印)[148]의 연령단(延齢丹)[149]을 쓰고 좋아져서 겐야호인과 대면하고 싶다고 부탁했습니다.

위의 내용을 전했더니, 모두 알았다고 답하셨다.

〃 同日, 信使御用之儀ニ付, 江戸表へ御案内被仰上候儀有之, 御次飛脚を以御狀被差越ル. 則周防守様御證文也.

〃 紀伊大納言様ゟ信使御賄御奉行方迄, 野猪二疋·鯨三十斤餘, 御賄方之爲御助, 御使者を以被遣候付, 三使別而忝被存与之儀, 御禮被申上ル.

一. 同十七日, 板倉周防守様信使屋へ御出, 三使御對面被成ル. 三使各裝束ニ而緣迄被出迎. 座ニ被爲着候時, 人參湯出テ, 上々官を以互ニ御挨拶有之, 追付御歸被成ル. 三使又々緣迄被出送ル. 夫より周防守様此方御宿瑞雲院へ御出被成,　光雲院様へ被仰候ハ, 於對州朝鮮人へ御馳走·御賄之條目, 先頃御見せ被成候. 於京都も彼例ニ準シ

147 가래, 담 또는 천식.

148 오카모토 겐야(岡本玄冶, 1587~1645). 1623년 쇼군 도쿠가와 히데타다의 시의(侍醫)가 되어 후에 이에미쓰의 병을 고치고, 1000석의 영지를 얻었다. 교토와 에도를 왕복하며 교토에 있을 때에는 천황을 진료했다. (『日本人名大辭典』)

149 에도시대에 일반적으로 상용되었던 건강 상비약. 마나세 도산(曲直瀨道三)의 양자 겐사쿠(玄朔)가 처음 만들었다. (『日本國語大辭典』)

〃 같은 날, 신사 업무로 에도에 보고할 것이 있어 역참파발로 서한을 보내셨다. [이때 사용한 것은] 스오노카미님의 사용증이다.

〃 기이 다이나곤(紀伊大納言)[150]님이 신사의 식사 담당자에게 멧돼지 2마리, 고래 고기 30근 정도를 식사 준비에 쓰라고 사자를 통해 보내셔서, 삼사가 매우 감사하다는 인사를 드렸다.

一. 동 17일, 이타쿠라 스오노카미님이 신사 숙소로 가서 삼사와 대면하셨다. 삼사는 각각 장속[151]을 갖추고 툇마루까지 마중 나오셨다. 자리에 앉으셨을 때 인삼탕이 나왔고, 상상관을 통해 서로 인사 나누고 바로 돌아가셨다. 삼사가 다시 툇마루까지 배웅을 나오셨다. 그로부터 스오노카미님이 이쪽의 숙소인 즈이운인(瑞雲院)으로 오셔서 고운인님에게 말씀하시길, "쓰시마에서 조선인에게 제공한 접대와 식사 조목을 얼마 전에 보여주셨습니다. 교토에서도 그 예에 준해야

可申哉与之御事ニ付, 御返答被成候ハ, 船中所々ニおゐて御馳走方之儀, 毎度被相尋候得共, 私ゟ指圖可仕儀ニ無御座候故, 對州ニ而致馳走候次第を, 申達候迄之儀ニ御座候. 船中之御馳走所さへ, 右之通之儀ニ御座候. 猶更御當地御馳走之儀ニおゐて, 私ゟ兎や角御差圖かましく可申達様無之儀ニ御座候間, 其元様ニ而宜程ニ御見合被成候様ニ与, 被仰達候得ハ, 周防守様又々被仰候ハ, 江戸表よりの御指圖ハ, 今度之馳走之儀, 少も費を厭ひ不申様ニ与之御事ニ御座候故, 兎角物毎優分ニ可仕との御事ニ而, 則御賄下行なと之儀, 何程々々ニ可被成与之御事, 御咄被成ル.

〃 今日, 三使, 啓廸院玄冶法印へ對面有之ニ付, 玄冶法印より三使

---

150 기이 와카야마번(和歌山藩) 번주 도쿠가와 요리노부(德川賴宣).

151 의복을 착용하는 것. 대개는 의관(衣冠), 속대(束帶) 등 특별한 상황에 맞추어 입은 것을 말한다.

합니까?"라고 하셔서 답변하시길, "배로 이동하는 경로 여러 곳에서 접대에 관해 매번 문의를 받았지만 제가 지시할 수 없는 일이라 쓰시마에서 접대한 내역을 말씀드렸을 뿐입니다. 배로 이동하는 경로의 접대소에서조차 그러했습니다. 하물며 이곳의 접대에 관해 제가 이래저래 지시 비슷하게 말씀드릴 수 없으니 귀하가 적절히 판단해 주십시오"라고 했다. 스오노카미님이 다시 말씀하시길, "에도에서 내려온 지시는 이번 접대에 조금도 지출을 아끼지 말라고 하셨기 때문에 어쨌든 모든 물건마다 풍족하게 제공해야 하는데, 식사 제공 등을 어느 정도로 해야 하겠습니까?"라고 말하셨다.

〃 오늘 삼사가 게이테키인(啓迪院)[152] 겐야호인과 대면하므로, 겐야호인이 삼사

銘々ニ杉原一束·扇子三十本宛被相贈ル.

〃 右玄冶法印へ三使衆, 脈を被頼候節, 最初病症之儀を不被申,

玄冶了簡之上, 病症之儀を被申出候様ニ与之儀ニ候處, 玄冶脈を

見被申候上ニ而, 病症之儀を被申候得ハ, 分毫も違目無之由ニ而,

三使殊外稱美被致候而, 療治之儀, 其外三使親類衆之

病症之儀迄, 筆談ニ而被申達, 醫按·配劑なと之儀, 頼ミ被申也.

其筆談略

親病積年, 廣求天下之大醫王, 而不得久矣.

今遇高明, 懇乞指南.

以余病遍問諸醫, 所論不同. 曾遇中國名醫,

각자에게 스기하라가미(杉原紙)[153] 1속(束)과 부채 30개씩을 보냈다.

---

152 전국시대(戰國時代)의 의사 마나세 도산이 교토에 세운 의학교 이름.

153 가마쿠라 시대(鎌倉時代) 하리마노쿠니(播磨國) 스기하라쇼(杉原庄)에서 생산했다고 하는 종이. 근세에는 색을 하얗게 하고 부

〃 위 겐야호인에게 삼사들이 진맥을 부탁하셨을 때 처음부터 [자신의] 병증을 말하지 않고 겐야의 판단으로 병증을 말하도록 했다. 겐야가 맥을 짚은 뒤에 병증을 말했더니 [실제 병증과] 조금도 다르지 않다며 삼사가 대단히 칭찬하시고, 치료와 그 외 삼사 친척들의 병증까지 필담으로 전하며 치료 소견과 약의 조제등을 부탁했다.

그 필담의 대략

부모가 오랫동안 병을 앓아 천하의 명의를 널리 찾았지만 오랫동안 만나지 못했습니다. 오늘 고명(高明)한 의원을 만나 가르침을 간절히 구합니다.

제가 두루 여러 의원들에게 병에 관해 물었지만 대답이 같지 않았습니다. 일찍이 중국의 명의를 만났고,

又有我國一名醫, 言不可用峻劑, 當用六君子湯, 高明所教如此. 天下名醫所見同. 而高明加入之材, 尤勝絶, 中病根也. 已自覺沉痾之去體也. 所命之藥當一一依教, 而薄厚味淡烹飪尤上藥, 多謝々々.

我邦爲醫, 自古非不多, 不可枚數, 近來數十年間, 楊禮壽之醫林撮[154]要, 許浚之東醫寶鑑, 高明曾見否. 傳聞貴邦有扶桑集, 此何人所述, 而爲針灸耶, 爲服藥耶. 可以使我得見否神應經. 非自貴國送于我邦耶, 與古道不同

또한 우리나라에 명의가 있어 말하길, 효능이 강한 약제(峻劑)를 쓰면 안 되고 육군

드럽게 하기 위해 쌀풀(米糊)을 넣어 제작했다. (『日本國語大辭典』)

154 원문에는 '적(摘)'으로 쓰여져 있다.

자탕(六君子湯)을 써야 한다고 했는데 고명한 의원이 말하는 바가 이와 같습니다. 천하의 명의의 소견이 같습니다. 고명한 의원은 넣는 약재가 매우 뛰어나며 병의 원인에 적중했습니다. 이미 저절로 오랜 병이 나은 듯했습니다. 지시한 약은 하나하나 가르침에 따랐으며, 그리하여 맛을 덜 중시하고 담백하게[155] 조제된 아주 좋은 약이었습니다. 대단히 감사합니다.

우리나라의 의원이 예로부터 적지 않아 다 셀 수 없는데, 근래 수십 년 동안 양예수(楊禮壽)[156]의 『의림촬요(醫林撮要)』, 허준(許浚)의 『동의보감(東醫寶鑑)』[157]같이 고명한 것은 일찍이 보지 못했습니다. 귀국에 『부상집(扶桑集)』[158]이 있다고 하는데, 이것은 누가 저술한 것이며, 침구(鍼灸)에 관한 것입니까? 약 복용에 관한 것입니까? 내게 『신응경(神應經)』[159]을 보여줄 수 있겠습니까? 귀국에서 우리나라에 보낸 것이 아닙니까? 옛 법과 다른데

---

155 원문의 "薄厚味淡"과 관련하여 한의학에 "기후미박자약(氣厚味薄者藥)이요, 미후기박자식(味厚氣薄者食)"이라는 말이 있다. 이는 맛보다 기운을 중시하면 약이요, 기운보다 맛을 중시하면 음식이라 해서, 기운의 성쇠에 따른 특성에 의해 약과 음식을 구분한다는 것이다. 따라서 맛(味)을 박대(薄厚)하다, 즉 '맛을 덜 중시한(기운을 더욱 중시한) 약'이라는 의미로 쓴 것이 아닐까.

156 조선의 의관(醫官). 박학하고 의술에 능하여 1565년 어의(御醫)로 명종의 총애를 받아 통정대부에 올랐다. 명종이 죽어 의관들이 처벌당할 때 함께 투옥되었다가 곧 복직되었다. 1596년 태의(太醫)로 『동의보감』의 편찬에 참여했고, 박세거(朴世擧)·손사명(孫士銘)과 함께 『의림촬요(醫林撮要)』를 저술했다.

157 1610년(광해군 2)에 완성하여 1613년 내의원에서 목활자로 첫 간행된 조선 최고의 의학서적. 이 책은 원래 1596년(선조 29)에 태의(太醫) 허준이 왕명을 받아 유의(儒醫) 정작(鄭碏), 태의 이명원(李命源)·양예수(楊禮壽)·김응탁(金應鐸)·정예남(鄭禮男) 등과 함께 찬집했는데, 정유재란으로 일시 중단되었다가 그 뒤 선조가 허준에게 다시 명하여 계속 편집하도록 했다. 허준이 1610년에 마침내 완성하자, 왕은 곧 내의원에 명하여 인출(印出), 널리 반포하게 하였다. 책 제목의 '동의(東醫)'란 중국 남쪽과 북쪽의 의학 전통에 비견되는 동쪽의 의학 전통, 즉 조선의 의학 전통을 뜻한다. '보감(寶鑑)'이란 '보배스러운 거울'이란 뜻으로 귀감이란 뜻을 지닌다. 허준은 조선의 의학 전통을 계승하여 중국과 조선 의학의 표준을 세웠다는 뜻으로 '동의보감'이라 이름 지었다.

158 후소슈. 헤이안 중기의 한시집(漢詩集). 귀족 기노 타다나(紀斉名)가 편찬했고, 그가 죽은 이듬해 1001년에 타다나의 아내가 좌대신 후지와라노 미치나가(藤原道長)에게 헌상했다고 한다.

159 중국인 진회(陳會)와 선동(善同)이 1425년 저술한 것을 조선 전기 문신 한계희가 1474년 우리나라에서 펴낸 의학 관련 침구 전문서적이다.

何也.

兩家書卷帙多, 行中不持來. 如願見之, 亦易易耳. 早晩回馬州, 公寄聲, 且得仙方, 救親病之後, 兼謝厚意也. 公須纂集成書送寄, 吾兩人則傳名萬國, 豈徒然哉.

此來難遇如君公者, 恨不得通語音, 做種話也, 不啻醫方而已.

今日之遇左右乃天也. 言論至高, 脈法甚妙, 古之扁氏·倉公何以過此, 令人歎歟. 旣云風火, 願聞治法.

어떻게 된 것입니까?

양가(兩家)의 서(書)가 매우 많아 지금 가져오지 않았습니다. 보고 싶다면 보는 것은 어렵지 않습니다. 조만간 쓰시마로 돌아가 공(公)의 말을 빌어 선인의 방술(仙方)을 얻고 부모의 병을 고친 후에 후한 뜻에 사례하겠습니다. 공은 모아서 책을 만들어 보내주십시오. 저와 두 명의 이름이 만국(萬國)에 전해지면 어찌 부질없는 것이겠습니까?

이 근래 당신과 같은 사람을 만나기 어려운데, 말이 통하지 않는 것이 한스러우며 말을 나누는 것도 어찌 의방(醫方)뿐이겠습니까?

오늘 당신을 만난 것은 하늘의 도움입니다. 말하는 바가 지고하고 진맥하는 방법은 심묘(甚妙)하니, 옛 편씨(扁氏)[160]와 창공(倉公)[161]이 어찌 뛰어넘겠는지 사람들로 하여

---

160 편작(扁鵲). 중국 전국시대(戰國時代)의 의학자(醫學者). 명의로 전설적 명성을 남겼으며, 그의 저서라고 하는 의서(醫書)가 많음.

161 중국 한나라 때의 의사 순우의(淳于意, 기원전 205년~?). 제나라 출신으로 제나라의 태창장(太倉長)을 지내서 태창공(太倉公),

금 감탄하게 합니다. 이미 병의 풍기와 화기는 말씀하셨으니 치료법을 듣고 싶습니다.

丙子中冬　　　　東溟奉呈
日本啓廸院醫官 法印玄冶案下
他鄕酬應不啻千万人, 而惟吾法印有足以
當吾心者. 法印視我亦猶朝暮遇耳. 況余病
病而不遇大藥師久矣. 畫字相示, 用宣悉々,
卽片語半辭, 自不覺沉痾之去體也. 岐伯吾
不知已, 兪扁以下諸人皆求諸脈而不得, 而
又觀諸色. 今吾法印乃獨有以言, 已疾之方,
其眞所謂神授者非耶. 再顧厚意, 闕然未報,
寸楮忡々, 謝意何旣.　　　　青丘

병자 중동(仲冬)[162]　　　　동명(東溟)[163] 삼가 드림
일본 게이테키인 의관　　호인겐야께(案下)[164]
타향에서 응대한 것이 천 명, 만 명 뿐만 아닌데, 저의 마음을 감당할 수 있는 것은 오직 호인뿐입니다. 호인께서도 아침저녁으로 저를 보시고, 또한 아침 저녁으로 만날 뿐입니다. 더구나 저는 병을 앓아 큰 의원을 오랫동안 만나지 못했는데, 글을 써서 보여주니 힘껏 애를 써주는 한마디 한마디에 저절로 오랜 병(沉痾)이 사라지는

창공(倉公)으로 불리었다.

162 음력 11월.

163 김세렴의 호.

164 안하(案下)는 '책상 아래'라는 뜻으로, 흔히 편지 겉봉에 상대자를 높여 그 이름 아래 쓰는 말.

듯했습니다. 저는 기백(岐伯)[165]을 잘 모르나 더욱 편작(扁鵲) 이하 여러 사람이 모두 진맥으로 [병의 근원을] 찾아도 찾아내지 못하고, 그리하여 또한 다른 것들도 살핍니다. 지금 저는 오직 호인의 말로만 병을 고치니 그것은 실로 소위 하늘이 내려준 것이 아니겠습니까? 후의(厚意)를 거듭 되돌아보고 여태까지 보답을 못하고 짧은 편지를 간략하게 보내지만 감사하는 마음이 어찌 그치겠습니까? 청구(靑丘)[166]

示意極當, 但未知賤疾本根所發, 肝血不足, 痰火流注於左耶. 肝爲血母, 瘀血從其母而歸肝耶. 左屬怒火, 無乃肝膽之氣因憂欝而成耶. 願聞得病之源. 所謂因欝得之者, 誠至論也. 或由於七情氣火, 有此欝滯. 但疝氣之論, 未知何故積, 亦可畏趑. 未成形欲速治之, 但今已經年, 無乃已成耶. 我臂殆九折矣. 亦或窺一斑. 今聞高論, 不覺沉痾之去體, 此何異岐伯能視人臟腑耶. 驚歎之至, 不自覺膝之前於席.

말씀하신 뜻은 매우 지당하며 다만 제가 앓는 병의 근원이 나오는 곳을 모르겠는데, 간혈(肝血)이 부족하여 담화(痰火)[167]가 왼쪽으로 흘러 들어간 것입니까? 간은 피

165 중국 상고시대의 유명한 의학자로, 의술과 맥리에 밝아 한때 명성을 떨쳤다. 후대에 '화하(華夏) 중의학의 시조', '의성(醫聖)'으로 존칭되었다.

166 황호의 호.

167 담으로 인해 가슴이 번거롭고 답답해지는 병증. 가래가 심하게 나오는 병.

의 근원이니 어혈(瘀血)[168]이 그 근원을 따라 간으로 돌아간 것입니까? 왼쪽은 노화(怒火)를 따르므로 간담(肝膽)[169]의 기(氣)가 우울해서 그렇게 된 것이 아닙니까? 병의 근원을 듣고 싶습니다. 소위 울적함으로 인해 병을 얻는다는 것은 매우 지당한 이야기입니다. 혹시 칠정기화(七情氣火)[170]에 연유한 것인지 울적하고 막힘이 있습니다. 다만 산기(疝氣)[171]에 관한 이야기는 왜 쌓이는 것인지 알지 못하니 이 또한 두렵습니다. 아직 [병이] 모습을 이루지 않았다면 서둘러 이를 고치고 싶으나, 다만 지금은 이미 세월이 흘러 이미 모습을 이룬 것이 아닙니까? 저는 팔이 굽었고 간혹 얼룩점이 보이기도 한데, 오늘 고귀한 의견을 듣고 오랜 병이 사라진 것 같으니, 이 어찌 기백(岐伯)이 사람의 몸 안(臟腑)[172]을 들여다보는 것과 다르겠습니까? 매우 놀라워서 [저의] 무릎 앞이 [호인이 앉은] 자리로 다가가는 것도 몰랐습니다.

一. 同十八日, 信使京都發足之日限, 并板倉周防守様三使へ御對面被成候与之趣, 江戸表へ御案内被仰上ル. 則此御狀ハ周防守様へ被遣, 此方之御狀箱之内御入レ, 被差越ル.

〃 三使方ゟ周防守様へ洪知事を以, 音物被差越候付, 年寄中より杉村伊織召連罷出ル. 音物之品, 左記之.

虎皮	一枚
豹皮	二枚

---

168 몸에 피가 제대로 돌지 못하여 한 곳에 맺혀 있는 증세. 흔히 무엇에 부딪쳤을 때에 생긴다.

169 간과 쓸개.

170 한의학에서는 사람의 기본적인 정신활동과 정서를 표현하는 노(怒, 분노), 희(喜, 기쁨), 사(思, 사려), 우(憂, 근심), 비(悲, 슬픔), 공(恐, 두려움), 경(驚, 놀람) 등 7가지를 칠정(七情)이라고 하며, 이러한 정신활동과 감정들이 지나치게 되면 오장육부와 기혈, 경락 등에 영향을 주어 병리적 반응이 나타난다고 본다.

171 남성 비뇨기 계통의 질환. 생식기가 붓고 아프며, 아랫배가 켕기고 소변이 잘 내리지 않는 병증.

172 오장육부(五臟六腑). 인간의 모든 내장기관. 오장은 간장·심장·비장·폐장·신장, 육부는 담·위·대장·소장·방광·삼초.

照布　　　　二疋

　　已上

〃 今日, 三使方ゟ玄冶法印へも書簡·音物被調贈. 則其品, 左記之.

一. 동 18일, 신사가 교토를 출발하는 날짜와 이타쿠라 스오노카미님이 삼사와 대면하셨다는 것을 에도에 보고하셨다. 이 서한을 스오노카미님에게 보냈는데, 이쪽의 서한 상자 안에 넣어서 보내셨다.

〃 삼사가 스오노카미님에게 홍동지를 통해 선물을 보내니 도시요리 중에서 스기무라 이오리를 데리고 나갔다. 선물 내역을 다음에 적는다.

호피(虎皮)　　　　1장

표피(豹皮)[173]　　　　2장

조포(照布)[174]　　　　2필

　　이상

〃 오늘 삼사가 겐야호인에게도 서한과 선물을 보냈다. 그 물품을 다음에 적는다.

人參　　　　壹斤

照布　　　　貳疋

朝鮮筆　　　　壹封

朝鮮墨　　　　壹封

173 표범 가죽. 고려·조선시대에 표범 가죽은 호랑이·곰 가죽과 함께 매우 귀한 것으로 조공할 때 중국에 보내는 주요한 물품 중의 하나였다. 대단히 얻기가 어려웠으므로 군현(郡縣) 단위로 부과되는 공물(貢物)에서는 제외되고, 이것을 바친 자에게 일정한 상품을 주어 권장했다. (근세 한일관계 사료집 Ⅲ)

174 모시.

以上

〃 今日, 紀伊大納言様ゟ信使御賄方迄, 又々野猪四疋·鯨三十斤餘

御使者を以被遣候付, 三使厚ク御禮被申上ル.

一. 同十九日, 晴天. 板倉周防守様, 此方御旅宿へ御出被成ル. 此節道中ゟ

江戸表へ之御次飛脚之御證文, 御持參被成ル.

〃 先例ニ付, 信使道中之警固并用達シ之爲, 周防守様ゟ御家來

인삼	1근
조포	2필
조선 붓	1봉
조선 묵	1봉

이상

〃 오늘 기이 다이나곤님이 신사 식사 담당자에게 또 멧돼지 4마리, 고래 30근 정도를 사자를 통해 보내시니, 삼사가 깊은 감사 인사를 올렸다.

一. 동 19일 맑음. 이타쿠라 스오노카미님이 이쪽 숙소로 오셨다. 이번 가는 길에 에도로 보낼 역참파발의 사용증을 가져 오셨다.

〃 선례에 따라 신사가 에도로 가는 도중 경호와 물건 조달을 위해 스오노카미님이 가신

瀧源之允·稻田茂太夫兩人, 信使方へ被差出ル.

〃 江戸表御老中様方ゟ御奉書到來. 御案文, 左記之.

一筆令啓候. 公方様一段御機嫌能被成御座候之間, 可御心安候.

將又去九日·十日之御狀令拜見候. 朝鮮之信使, 當九日酉之刻,

到于大坂着船之由承候. 然者大坂ニ四日, 京都ニ五三日逗留可有之由,

得其意候. 示給之趣, 達 上聞候處, 海上無事到彼地參着之儀,

珍重思召候. 委曲期後音之時候. 恐々謹言.

霜月十五日　　　　　　　　阿部豊後守

松平伊豆守

土井大炊頭

다키 겐노조(瀧源之允)와 이나다 모다유(稻田茂太夫) 2명을 신사에게 보내셨다.

〃 에도에서 로주님들이 보내신 봉서가 도착했다. 그 안문을 다음에 적는다.

글을 보냅니다. 쇼군께서는 한층 잘 계시니 안심하십시오. 그리고 지난 9일, 10일의 서한을 읽었습니다. 조선 신사가 이번 달 9일 유각(酉刻)[175]에 오사카에 착선했다고 들었습니다. 그리고 오사카에서 4일, 교토에서 수일 동안 체류할 것이라는 말씀도 잘 알았습니다. 말씀하신 내용을 쇼군께 보고했더니, 무사히 그곳에 도착했으니 다행이라 하셨습니다. 자세한 것은 다음 연락 때를 기하겠습니다. 삼가 말씀드립니다.

상월(霜月)[176] 15일　　　　　　아베 분고노카미

마쓰다이라 이즈노카미

도이 오이노카미

宗對馬守殿

一. 同廿日 晴天. 信使京都發足. 行列ハ何茂京入之節同然也.

〃 板倉周防守様ゟ御狀來ル. 御案文, 左記之.

此狀只今從江戶參候間, 持せ進上申候. 其許御支度被成御出候ハヽ,

此方へ御立寄可被成候. 以面上得御意度奉存候. 爲其如此御座候. 恐惶謹言.

175 오후 6시경.

176 음력 11월.

十一月廿日　　　　　　　　　　　　　　板倉周防守

宗對馬守殿

右之通ニ付, 周防守様へ御出被成候處, 周防守様被仰候ハ, 江戸表ゟ之御指圖ニ付, 此書狀一封御渡し申入候間, 今度道中所々ニおゐて, 御入用之物差支申儀も有之候ハヽ, 此書狀被差出, 用事被相達候様ニ

소 쓰시마노카미님

一. 동 20일 맑음. 신사가 교토를 출발했다. 행렬은 모두 교토로 들어갈 때와 같았다.

〃 이타쿠라 스오노카미님의 서한이 도착했다. 안문을 다음에 적는다.

이 서한이 지금 에도로부터 도착하여 [사자에게] 들려 보냅니다. 그곳에서 준비해서 출발하시면 이쪽에 들러 주십시오. 직접 뵙고 말씀을 듣고자 합니다. 이 때문에 연락을 드립니다. 삼가 말씀드립니다.

11월 20일　　　　　　　　이타쿠라 스오노카미

소 쓰시마노카미님

위와 같아서 스오노카미님께 가셨는데, 스오노카미님이 말씀하시길, "에도에서 지시가 와서 이 서한 1봉을 전해 드리니, 이번 가시는 길 곳곳에서 필요한 물건에 문제가 생기면 이 서한을 제출해서 업무를 전하도록

可被成与之御事也. 此間ニ信使之行列ニ御後レ被成候付, 從是直ニ御發駕被成ル. 周防守様御渡被成候御狀之御案文, 左記之.

一筆申入候. 宗對馬守殿御家中衆, 代物入候刻ハ, 其所々ニ而買候而可被遣候. 當座入申事過分之儀, 有之間敷候間, 不事闕候様, 可有御馳走候. 恐惶謹言.

霜月廿日　　　　　　　　　　板倉周防守

朝鮮人御馳走所々

御代官衆中

一. 信使道中, 大坂ニ而之乘り馬, 被差出候諸大名樣方御名, 左記之.

久貝因幡守樣　　曾我又左衛門樣

하십시오"라고 하셨다. 이 사이에 신사 행렬보다 뒤처졌기 때문에, 바로 가마를 출발하셨다. 스오노카미님이 건네신 서한의 안문을 다음에 적는다.

글을 보냅니다. 소 쓰시마노카미님의 가신들이 물건을 필요로 할 때는 그곳에서 구입해서 보내십시오. 당장 필요한 것이 많지 않을 터이니, 부족함이 없도록 접대하십시오. 삼가 말씀드립니다.

상월 20일　　이타쿠라 스오노카미

조선인 접대 장소의

다이칸(代官)[177]들에게

一. 신사 이동 중 오사카에서부터 말을 내어 주신 다이묘님의 이름을 다음에 적는다.

구가이 이나바노카미님　　소가 마타자에몬님

右ハ大坂ニ而, 川船ゟ御堂迄之間.

松平下總守樣　　永井信濃守樣

永井日向守樣　　織田出雲守樣

岡部美濃守樣　　松平周防守樣

青山大藏少輔樣

177 다이칸이란 에도시대 막부의 직할지를 관할하는 지방관의 직명. 막부의 재정관인 간조부교(勘定奉行)에 속해 관할지의 징세와 사법 업무를 주무로 하여, 관할지의 민정 일반에도 종사했다. (『日本國語大辭典』)

右ハ淀ゟ佐和山迄.

井伊掃部頭様

右ハ佐和山ゟ大垣迄.

戸田左門様

右ハ大垣ゟ名護屋迄.

위는 오사카의 하천용 배에서 미도까지.

마쓰다이라 시모우사노카미[178]님　　나가이 시나노노카미님

나가이 휴가노카미[179]님　　오다 이즈모노카미(織田出雲守)님

오카베 미노노카미님　　마쓰다이라 스오노카미님

아오야마 오쿠라노쇼(青山大藏少輔)[180]님

위는 요도에서 사와야마(佐和山)[181]까지.

이이 가몬노카미(井伊掃部頭)[182]님

위는 사와야마에서 오가키(大垣)까지.

도다 사몬(戸田左門)[183]님

위는 오가키에서 나고야까지.

藤堂大學頭様

---

178 마쓰다이라 다다아키라(松平忠明). 야마토노쿠니 고오리야마번(郡山藩) 번주. (『日本人名大辭典』)

179 나가이 나오키요(永井直清). 야마시로노쿠니 나가오카번(長岡藩) 번주. (『日本人名大辭典』)

180 아마가사키번 번주 아오야마 요시나리. 이 사료는 그의 관위명 표기에 '大藏亮'과 '大藏少輔'를 혼용하고 있다.

181 시가현(滋賀縣) 비와코(琵琶湖) 동안(東岸)에 있는 히코네시(彦根市)에 위치한 산.

182 이이 나오타카(井伊直孝). 오미노쿠니 히코네번(彦根藩) 번주. (『日本人名大辭典』)

183 도다 우지카네(戸田氏鐵). 오가키번(大垣藩) 번주. (『日本人名大辭典』)

右ハ名護屋ゟ吉田迄.

尾張大納言様　　紀伊大納言様

右ハ名護屋ゟ江尻迄.

水野隼人正様

右ハ吉田ゟ江尻迄.

松平隱岐守樣　　松平出羽守様

堀丹後守様　　小笠原右近太夫様

眞田伊豆守様　　牧野右馬丞様

松平丹波守様　　內藤帶刀様

도도 다이가쿠노카미[184]님

위는 나고야에서 요시다(吉田)[185]까지.

오와리 다이나곤(尾張大納言)[186]님　　기이 다이나곤님

위는 나고야에서 에지리(江尻)[187]까지.

미즈노 하야토노카미님

위는 요시다에서 에지리까지.

마쓰다이라 오키노카미님　　마쓰다이라 데와노카미[188]님

호리 단고노카미[189]님　　오가사와라 우콘다유님

---

184 도도 다카쓰구(藤堂高次). 이세노쿠니 쓰번(津藩) 번주. (『日本人名大辭典』)

185 아이치현 도요하시시(豊橋市)에 있던 슈쿠바.

186 도쿠가와 요시나오(德川義直). 도쿠가와 이에야스(德川家康)의 9남.

187 시즈오카현 시즈오카시 시미즈구(淸水區)에 있던 슈쿠바.

188 마쓰다이라 나오마사(松平直政). 시나노노쿠니 마쓰모토번(松本藩) 번주. (『日本人名大辭典』)

189 호리 나오요리(堀直寄). 에치고노쿠니 무라카미번(村上藩) 번주. (『日本人名大辭典』)

사나다 이즈노카미[190]님 마키노 우마노조[191]님
마쓰다이라 단바노카미님 나이토 다테와키[192]님

本多能登守様様 小笠原信濃守様
松平因幡守様 內藤豊前守様
本多飛驒守様 鳥居主膳様
金森出雲守様 酒井宮內様
織田辰之助様 松平式部様
松平丹後守様 松平紀伊守様
小笠原壹岐守様 本田內記様
井伊兵部少輔様 佐久間三五郎様
新庄越前守様 牧野幡磨守様
堀田加賀守様 安藤豊後守様

혼다 노토노카미[193]님 오가사와라 시나노노카미[194]님
마쓰다이라 이나바노카미님 나이토 부젠노카미[195]님
혼다 히다노카미[196]님 도리이 슈젠[197]님

190 사나다 노부유키(眞田信之). 시나노노쿠니 마쓰시로번(松代藩) 번주. (『日本人名大辭典』)

191 마키노 다다나리(牧野忠成). 에치고노쿠니 나가오카번(長岡藩) 번주. (『日本人名大辭典』)

192 나이토 다다오키(內藤忠興). 무쓰노쿠니 다이라번(平藩) 번주. (『日本人名大辭典』)

193 혼다 다다요시(本多忠義). 하리마노쿠니 히메지신덴번(姫路新田藩) 번주. (『日本人名大辭典』)

194 오가사와라 나가쓰구(小笠原長次). 나카쓰번(中津藩) 번주. (『日本人名大辭典』)

195 나이토 노부테루(內藤信照). 무쓰노쿠니 다나쿠라번(棚倉藩) 번주. (『日本人名大辭典』)

196 혼다 나리시게(本多成重). 에치젠노쿠니 마루오카번(丸岡藩) 번주. (『日本人名大辭典』)

197 도리이 다다하루(鳥居忠春). 시나노노쿠니 다카토번(高遠藩) 번주. (『日本人名大辭典』)

가나모리 이즈노카미[198]님
사카이 구나이[199]님
오다 다쓰노스케[200]님
마쓰다이라 시키부님
마쓰다이라 단고노카미[201]님
마쓰다이라 기이노카미님
오가사와라 이키노카미[202]님
혼다 나이키[203]님
이이 효부노쇼[204]님
사쿠마 산고로님
신조 에치젠노카미님
마키노 하리마노카미님
홋타 가가노카미님
안도 분고노카미님

西尾丹後守様
伊丹幡磨守様
松平伊豆守様
松浦壹岐守様
京極主膳様
森川半彌様
本田主稅様
小笠原左衛門様
松平主膳様
九鬼式部少輔様
岩城但馬守様
六江長五郎様
內藤兵部少輔様
織田百助様
毛利市三郎様
堀淡路守様
立花主膳様
桑嶋孫六様

〃 同日晝, 大津御着. 信使ハ寺ニ休息被仕.

198 가나모리 시게요리(金森重賴). 히다노쿠니 다카야마번(高山藩) 번주. (『日本人名大辭典』)

199 사카이 다다카쓰(酒井忠勝). 데와노쿠니 쓰루오카번(鶴岡藩) 번주. (『日本人名大辭典』)

200 오다 노부카쓰(織田信勝). 단바노쿠니 가이바라번(柏原藩) 번주. (『日本人名大辭典』)

201 마쓰다이라 시게나오(松平重直). 부젠노쿠니 류오번(龍王藩) 번주. (『日本人名大辭典』)

202 오가사와라 다다토모(小笠原忠知). 분고노쿠니 기쓰키번(木付藩) 번주. (『日本人名大辭典』)

203 혼다 마사카쓰(本多政勝). 하리마노쿠니 히메지신덴번(姬路新田藩) 번주, 히메지번 번주. (『日本人名大辭典』)

204 이이 나오요시(井伊直好). 고즈케노쿠니 안나카번(安中藩) 번주. (『日本人名大辭典』)

니시오 단고노카미[205]님

마쓰다이라 이즈노카미님

교고쿠 슈젠[206]님

혼다 치카라님

마쓰다이라 슈젠님

이와키 다지마노카미님

나이토 효부노쇼[209]님

모리 이치사부로[211]님

치바나 슈젠[213]님

이타미 하리마노카미님

마쓰라 이키노카미님

모리카와 한야[207]님

오가사와라 사에몬[208]님

구키 시키부노쇼님

로쿠에 초고로님

오다 모로스케[210]님

호리 아와지노카미[212]님

구와시마 마고로쿠님

〃 같은 날 낮에 오쓰(大津)[214]에 도착했다. 신사는 절에서 휴식했다.

〃 右御饗應七五三金銀之餙.

〃 當所之御馳走人ハ, 菅沼織部正様·小野惣左衛門様也.

〃 同日, 夜, 森山ニ御着. 信使ハ寺ニ宿被仕ル.

〃 右饗應七五三金銀之餙.

---

205 니시오 다다테루(西尾忠照). 히타치노쿠니 쓰치우라번(土浦藩) 번주. (『日本人名大辭典』)

206 교고쿠 다카미치(京極高通). 단고노쿠니 미네야마번(峰山藩) 번주. (『日本人名大辭典』)

207 모리 시게마사(森川重政). 시모우사노쿠니 오유미번(生實藩) 번주. (『日本人名大辭典』)

208 오가사와라 마사노부(小笠原政信). 시모우사노쿠니 세키야도번(關宿藩) 번주. (『日本人名大辭典』)

209 나이토 마사하루(內藤政晴). 무쓰노쿠니 이즈미번(泉藩) 번주. (『日本人名大辭典』)

210 오다 노부마사(織田信昌). 고즈케노쿠니 오바타번(小幡藩) 번주. (『日本人名大辭典』)

211 모리 다카나오(毛利高直). 분고노쿠니 사이키번(佐伯藩) 번주. (『日本人名大辭典』)

212 호리 나오마스(堀直升). 시나노노쿠니 스자카번(須坂藩) 번주. (『日本人名大辭典』)

213 다치바나 다네나가(立花種長). 지쿠고노쿠니 미이케번(三池藩) 번주. (『日本人名大辭典』)

214 시가현 서부에 위치하는 시이자 현청 소재지. 667년 덴지(天智) 천황이 현재 오쓰시로 천도하여 오쓰쿄(大津京)라고 한 것을 비롯해 오랜 역사를 갖는 고도(古都). 신사와 절이 많다. 동쪽은 비와(琵琶) 호수에 접하고, 서쪽은 교토시와 경계선을 접하고 있다.

〃 當所之御馳走人ハ, 石川主殿頭様并觀音寺住持也.

〃 當所之信使屋ニおゐて, 三使之居間之壁ニ, 三使銘々之名を
書付張り有之候を, 三使見被申, 殊外不機嫌ニ而被申候ハ, 我國ニ而
人之名之字を, ケ様ニ壁ニ書付置候儀, 決而無之事ニ候. 如何様
之譯ニ而, 此通之儀仕有之候哉与, 被申候付, 兩長老信使屋へ御出
候而, 此儀御不審ニ可被思召候得共, 日本向ニ而ハ, 畢竟御馳走之心

〃 향응은 시치고산에 금은으로 장식된 것이다.

〃 이곳의 접대 담당은 스가누마 오리베노카미(菅沼織部正)[215]님과 오노 소자에몬님이다.

〃 같은 날 밤에 모리야마(森山)[216]에 도착했다. 신사는 절에서 묵으셨다.

〃 향응은 시치고산에 금은으로 장식된 것이다.

〃 이곳 접대 담당은 이시카와 도노모노카미(石川主殿頭)[217]님과 간논지(觀音寺)[218]의 주지였다.

〃 이곳 신사 숙소 삼사의 거실 벽에 삼사들의 이름을 종이에 써서 붙여 놓은 것을 삼사가 보고 대단히 언짢아하며 "우리나라에서는 사람의 이름을 그렇게 벽에 써 두는 일은 절대로 없다. 무슨 이유로 이렇게 했습니까?"라고 했다. 두 초로가 신사 숙소로 가서, "이 일을 이상하게 생각하시겠지만, 일본 측에서는 분명 접대하려는 마음

より, ケ様ニ仕置候与之趣, 委細ニ被仰述候得ハ, 三使も合點被致候由也.

〃 信使當所着之段, 江戸表へ御次飛脚を以, 御案内被仰上ル. 且又

---

215 스가누마 사다요시(菅沼定芳). 단바노쿠니 가메야마번(龜山藩) 번주. (『日本人名大辭典』)

216 시가현 모리야마시(守山市)에 있던 슈쿠바.

217 이시카와 다다후사(石川忠總). 오미노쿠니 제제번(膳所藩) 번주. (『日本人名大辭典』)

218 시가현 모리야마시에 위치한 천태진성종(天台眞盛宗) 사원. (『대일외교사전』)

先頃之新錢之御禮も, 御書込被差上ル.

一. 同廿一日晝, 八幡山御着. 信使屋ハ新規ニ御建被成置ル. 三使以下ハ, 町屋ニ而御饗應被成ル.

〃 右御饗應七五三金銀之飾.

〃 當所御馳走人ハ, 市橋下總守様·小堀遠江守様也.

〃 同日夜, 彦根御着. 信使宿ハ寺也.

〃 右御饗應七五三金銀之飾.

〃 當所御馳走人ハ, 則御城主井伊掃部頭様也. 依之掃部頭様,

에서 그렇게 했습니다"라고 자세히 말하자 삼사도 납득했다.

〃 신사가 이곳에 도착했다고 에도에 역참파발로 보고하셨다. 또한 지난번 신전(新錢)[219]에 대한 답례도 써서 보내셨다.

一. 동 21일, 낮에 하치만야마(八幡山)[220]에 도착했다. 신사 숙소는 신축이었다. 삼사 이하는 상가에서 향응하셨다.

〃 향응은 시치고산에 금은으로 장식된 것이다.

〃 접대 담당은 이치하시 시모우사노카미(市橋下總守)[221]님과 고보리 도토미노카미(小堀遠江守)[222]님이다.

〃 같은 날, 밤에 히코네(彦根)[223]에 도착했다. 신사 숙소는 절이었다.

---

219 전좌(錢座)를 설치하여 관영통보(寬永通寶)를 주조하기 시작한 것을 가리킨다. 관영통보는 1636년 창주(創鑄)되어 1868년에 이르기까지 장기간 주조된 원형방공(圓形方孔) 동화(銅貨)이다.

220 시가현 오미하치만시(近江八幡市) 미나미쓰다초(南津田町)에 위치한 산.

221 이치하시 나가마사(市橋長政). 오미노쿠니 니쇼지번(二正寺藩) 번주. (『日本人名大辭典』)

222 고보리 마사카즈(小堀政一). 오미노쿠니 고무로번(小室藩) 번주. (『日本人名大辭典』)

223 시가현 히코네시(彦根市).

〃 향응은 시치고산에 금은으로 장식된 것이다.

〃 이곳의 접대 담당은 이이 가몬노카미님이다. 가몬노카미님이

御家來岡本半助·其外數人相添, 馳走被仕ル.

〃 當所之御馳走, 別而被入御念候付, 三使も厚ク御禮被申ル.

〃 信使當所着之段, 江戶表へ御次飛脚を以, 御案內被仰上ル.

一. 同廿二日晝, 今洲御着. 信使屋ハ町屋也.

〃 右御饗應七五三金銀之飾.

〃 當所之御馳走人ハ, 岡田將監樣·近藤與兵衛樣也.

〃 今日, 將監樣へ此方樣被仰請候付, 御出被成ル.

一. 同日夜, 大垣御着. 信使宿ハ寺也.

〃 右御饗應七五三金銀之飾.

〃 御馳走人ハ, 則御城主戶田左門樣ニ而候得共, 江戶表へ御勤被成御座

가신 오카모토 한스케(岡本半助)와 그 외 몇 명을 데리고 접대하셨다.

〃 이곳의 접대는 특히 정성을 들여 주셔서 삼사도 깊은 감사 인사를 드렸다.

〃 신사가 이곳에 도착했다고 에도에 역참파발로 보고했다.

一. 동 22일 낮에 이마스(今洲)[224]에 도착했다. 신사 숙소는 상가이다.

〃 향응은 시치고산에 금은으로 장식된 것이다.

〃 이곳의 접대 담당은 오카다 쇼겐님과 곤도 요베에(近藤與兵衛)님이었다.

〃 오늘 쇼겐님에게 번주님이 요청을 받아 가셨다.

---

224 기후현 후와군의 세키가하라초(關ケ原町)에 있던 슈쿠바.

一. 같은 날 밤에 오가키[225]에 도착했다. 신사 숙소는 절이었다.

〃 향응은 시치고산에 금은으로 장식된 것이다.

〃 접대 담당은 성주 도다 사몬님이지만, 에도에서 근무하고 계셨기

候付, 御嫡采女様御馳走被成ル.

〃 信使當所着之段, 江戸表へ御次飛脚を以, 御案内被仰上ル.

一. 同廿三日書, 洲俣御着. 信使屋ハ町宿也.

〃 右御饗應七五三金銀之飾.

〃 當所之御馳走人ハ, 大久保加賀守様 · 岡田將監様也.

〃 當所より名古屋迄之間ニ, 川三ケ所有之候處, 川毎ニ船橋御掛ケ被成候を, 三使見被申候而, 朝鮮國ニケ様之巧ミ無之由ニ而, 殊外稱美被仕ル.

〃 同日, 申刻ゟ大雨ニ而, 清洲之邊ニ至り候節日暮レ, 漸戌中刻, 名古屋へ御着. 信使屋ハ寺也. 尤當所よりの爲御馳走, 途中迄

때문에 아들 우네메(采女)[226]님이 접대하셨다.

〃 신사가 이곳에 도착했다고 에도에 역참파발로 보고하셨다.

一. 동 23일, 낮에 스노마타(洲俣)[227]에 도착했다. 신사 숙소는 상가였다.

〃 향응은 시치고산에 금은으로 장식된 것이다.

---

225 기후현 오가키시(大垣市)에 있던 슈쿠바.

226 도다 우지노부(戶田氏信). 부친 도다 우지카네에 이어 1651년에 오가키번 2대 번주가 된다. 관위는 우네메노카미(采女正). (『日本人名大辭典』)

227 기후현 오가키시 스노마타초(墨俣町).

〃 이곳 접대 담당은 오쿠보 가가노카미(大久保加賀守)[228]님과 오카다 쇼겐님이다.

〃 이곳과 나고야(名古屋) 사이에 강이 3개가 있는데, 강마다 선교(船橋)[229]가 놓인 것을 삼사가 보고는 조선국에 그런 정교한 것이 없다며 대단히 칭찬하셨다.

〃 같은 날 신각(申刻)부터 큰비가 내렸고, 기요스(清洲)[230] 근처에 이르렀을 때 해가 졌고, 술중각(戌中刻)[231]에 나고야에 도착했다. 신사 숙소는 절이었다. 단, 이곳에서 접대를 위해 [나고야로 오는] 도중까지

雨具被差出候也.

〃 當所ハ, 尾張大納言様御馳走所也. 御馳走奉行ハ, 竹腰山城守也.

〃 信使當所着之段, 江戸表へ御次飛脚を以, 御案内被仰上ル.

〃 信使京都發足以後, 毎朝信使之後ゟ御立被成候得共, 今朝ハ先ニ御立被成ル.

一. 同廿四日, 晴天.

〃 昨日大雨ニ付, 信使之從者, 殊外勞役仕候付, 信使今日ハ, 當所へ滯留仕度由被相願, 則逗留有之候處, 御馳走方別而被入御念候付, 厚ク御禮被申ル.

〃 今日當所へ滯留之段, 江戸表へ御次飛脚を以, 御案内被仰上ル.

---

228 오쿠보 다다모토(大久保忠職). 미노노쿠니 가노번(加納藩) 번주. (『日本人名大辭典』)

229 배들을 띄워놓고 그 위에 판자를 깔아서 만든 다리. 후나바시, 우키하시(浮き橋).

230 아이치현(愛知縣) 북서부에 위치하는 기요스시(清須市). 오다 노부나가(織田信長)의 거성(居城) 기요스성(清洲城)이 있던 곳. 에도시대 초기, 이곳에 이에야스의 9남 도쿠가와 요시나오의 오와리번(尾張藩=나고야번)이 입번하면서 기요스성은 나고야성의 재료로 사용되어 폐성이 되었다. 요시나오로부터 시작되는 계통이 도쿠가와고산케(徳川御三家)의 하나인 오와리도쿠가와 가문(尾張徳川家)이다.

231 오후 7시 40분~8시 20분경.

우비(雨具)를 보내주셨다.

〃 이곳은 오와리 다이나곤님의 접대 장소이다. 접대 담당은 다케노코시 야마시로노카미(竹腰山城守)이다.

〃 신사가 이곳에 도착했다고 에도에 역참파발로 보고했다.

〃 신사가 교토를 출발한 후 매일 아침 신사 뒤에서 출발했지만, 오늘 아침은 앞서 출발했다.

一. 동 24일 맑음.

〃 어제 큰비 때문에 신사의 종자(從者)가 고생을 많이 해서 신사가 오늘은 이곳에 머물고 싶다고 하여 체류했다. 정성껏 접대해주셔서 깊이 감사드렸다.

〃 오늘 이곳에서 머물렀다고 에도에 역참파발로 보고했다.

一. 同廿五日晝, 鳴海御着. 信使屋ハ町宿也.

〃 右御饗應七五三金銀之飾.

〃 當所之儀も, 尾張大納言樣御領地ニ付, 御家來志水甲斐守·間宮權太夫, 御馳走役被相勤ル.

〃 信使爲御勞慰, 江戶表ゟ　上使被差下之旨, 風聞有之ニ付, 實否御聞爲可被成, 先達而飛脚被差越候處,　上使井上筑後守樣, 岡崎迄御越被成御座候付, 其段承屆飛脚罷歸ル. 此節筑後守樣, 江戶表御老中樣ゟ之奉書ニ, 筑後守樣ゟ御狀被相添, 右飛脚之者ニ御渡し被遣ル. 御案文, 左記之.

爲上使井上筑後守被差遣候. 右之趣朝鮮官使へ可被相達候.

一. 동 25일 낮에 나루미(鳴海)[232]에 도착했다. 신사 숙소는 상가였다.

232 아이치현 나고야시 미도리구(綠區)에 있던 슈쿠바.

〃 향응은 시치고산에 금은으로 장식된 것이다.

〃 이곳도 오와리 다이나곤님의 영지여서 가신 시미즈 가이노카미(志水甲斐守)와 마미야 곤다유(間宮權太夫)가 접대를 맡았다.

〃 신사의 노고를 달래기 위해 에도에서 조시(上使)[233]가 파견되어 온다는 풍문이 돌아 진위를 확인하러 파발을 보냈더니, 조시 이노우에 지쿠고노카미(井上筑後守)[234]님이 오카자키(岡崎)[235]까지 오셨다는 사실을 듣고 파발이 돌아왔다. 이때 지쿠고노카미님이 에도의 로주님들이 보낸 봉서에 자신의 서한을 첨부해서 파발 편에 보내셨다. 안문은 다음과 같다.

조시로 이노우에 지쿠고노카미를 보냅니다. 위 내용을 조선 관사(官使)에게 전달하십시오.

筑後守事, 如御存知, 御用なと被仰付仁ニ候間, 可被得其意候. 恐惶謹言.

十一月十五日　　阿部豊後守

松平伊豆守

土井大炊頭

宗對馬守殿

御添狀之案

一書令啓上候. 爲　上使岡崎迄一昨日致參着候. 從御年寄衆

御狀參候間, 爲御披見爲持進之候. 寒天之刻御大儀と御下被成候.

官使之對面, 御手前御指圖次第ニ候. 今晚　上意之旨申渡候樣ニ,

233 에도 막부가 다이묘 등에게 쇼군의 뜻(上意)을 전하기 위해 파견한 사람. (『日本國語大辭典』)

234 이노우에 마사시게(井上政重). 당시 막부의 오메쓰케(大目付). 오메쓰케란 에도 막부의 제반 업무를 감독하고, 다이묘들의 행동을 감찰하며, 관리들의 태만을 적발하는 직책이다. 이노우에 마사시게는 슈몬아라타메야쿠(宗門改役)로서 막부의 기리시탄 금교정책(禁教政策)의 중심인물이었다.

235 아이치현 오카자키시(岡崎市)에 있던 슈쿠바.

御計尤ニ候. 猶期貴面之節候. 恐惶謹言.

지쿠고노카미는 아시다시피 막부의 지시를 받은 사람이니 그렇게 알고 계십시오. 삼가 말씀드립니다.

11월 15일　　　　　　　　　　　　아베 분고노카미

마쓰다이라 이즈노카미

도이 오이노카미

소 쓰시마노카미님

첨부 서한(添狀)의 안

글을 올립니다. 조시의 자격으로 오카자키에 그저께 도착했습니다. 도시요리님들이 보내신 서한이 도착해서 보여 드리기 위해 [파발 편에] 보냅니다. 추운 날씨에 고생하신다며 [저를] 내려 보내셨습니다. 관사와의 대면은 귀하의 지시에 따르겠습니다. 오늘 밤 쇼군의 뜻을 전하십시오. 뵙게 될 날을 고대합니다. 삼가 말씀드립니다.

霜月廿四日　　　　　　　　　　　井上筑後守

宗對馬守樣

〃 同日夜, 岡崎御着. 信使屋ハ町宿也.

〃 右御饗應七五三金銀之飾.

〃 當所之御馳走人ハ, 則御城主本田伊勢守樣幷鳥山牛之助樣也.

〃 信使宿へ着以後, 早速 光雲院樣御事, 筑後守樣御旅宿へ御出被成, 御對面被成候上, 上使筑後守樣, 三使へ御對面之次第なと, 被仰談置, 御歸り被成候而, 早速兩長老御同然ニ, 信使屋へ御出被成候處,　上使も追付信使屋へ御入り被成ル. 上々官以下判事共庭迄罷出ル. 尤 光雲院樣·兩

長老も御出迎被成ル. 三使ハ座を三つ出テ, 落緣迄相迎ル.　上使

상월 24일　　　　　　　　　이노우에 지쿠고노카미

소 쓰시마노카미님

〃 같은 날 밤, 오카자키에 도착했다. 신사 숙소는 상가였다.

〃 향응은 시치고산에 금은으로 장식된 것이다.

〃 이곳의 접대 담당은 성주 혼다 이세노카미(本田伊勢守)[236]와 도리야마 우시노스케(鳥山牛之助)님이다.

〃 신사 숙소에 도착한 후 서둘러 고운인님이 지쿠고노카미님의 숙소로 가서 만나시고, 조시 지쿠고노카미님이 삼사와 대면하는 상황에 관해 상의하고 돌아와서 서둘러 두 초로와 함께 신사 숙소로 가셨다. 조시도 곧이어 신사 숙소에 드셨다. 상상관 이하 판사들이 뜰까지 나왔다. 단, 고운인님과 두 초로도 나와서 맞으셨다. 삼사는 자리를 세 개 지나서 오치엔에서 마중했다. 조시가

座へ御入り被成候時, 互ニ御對禮有之而, 座席ニ御着キ被成ル. 其時 上使,
光雲院様へ,　上意之旨御傳被成候を, 謹而御聞被成候而, 上々官を御
呼被成, 右　上意之旨を被仰傳ル. 上々官謹而承之, 信使へ申達候時,
三使何茂謹而被承之, 難有奉存候旨, 御禮被申上ル.
相濟而茶出ル.上使御歸り之儀式, 前同然也.

〃 右　上使御入之節ハ, 筑後守様ニも, 三使御同然ニ御襲束也. 且又筑後守様
御供之内, 青襖着之人七八人有之.

236 혼다 다다토시(本多忠利). 미카와노쿠니 오카자키번(岡崎藩) 번주. (『日本人名大辭典』)

〃 上使御歸り以後, 追付兩長老御同然ニ 上使御旅宿へ御出被成ル.

〃 上使へ三使ゟ爲御禮, 上々官被差出也.

〃 今日, 　上使, 三使へ御對面被成候趣, 江戶表へ以御次飛脚御案內被仰ル.

자리에 드시어 서로 대례를 한 후 좌석에 앉으셨다. 그때 조시가 고운인님에게 쇼군의 뜻을 전하신 것을 삼가 들으시고, 상상관을 불러서 위 쇼군의 뜻을 전달하셨다. 상상관이 삼가 듣고 신사에게 전하니, 삼사 모두가 진중하게 들으시고 감사하다는 인사를 올렸다. 마치고 차가 나왔다. 조시가 돌아가실 때의 의식은 앞과 같았다.

〃 조시가 [신사 숙소에] 드셨을 때 지쿠고노카미님도 삼사와 마찬가지로 장속을 갖추셨다. 지쿠고노카미님의 수행원들은 푸른 웃옷을 입은 사람 7~8명이 있었다.

〃 조시가 돌아가신 후 곧이어 두 초로와 함께 조시의 숙소로 가셨다.

〃 조시에게 삼사가 답례를 위해 상상관을 보내셨다.

〃 오늘 조시가 삼사를 만나셨다고 에도에 역참파발로 보고했다.

〃 右御案內之御狀ハ, 筑後守樣ニおゐて御同座ニ而御認被成ル. 御證文ハ, 江戶表御老中樣方之御印形也. 則筑後守樣より御出し被成ル.

一. 同廿六日書, 赤坂御着. 信使屋ハ町宿也.

〃 右御饗應七五三金銀之餝.

〃 御馳走人ハ, 本田伊勢守樣 · 鳥山牛之助樣 · 鈴木八右衛門樣也.

〃 同日夜, 吉田御着. 信使屋ハ寺也.

〃 右御饗應七五三金銀之餝.

〃 御馳走人ハ, 則御城主水野隼人正樣并鈴木八右衛門樣也.

〃 今日ハ, 水野隼人正樣ゟ御招請ニ付, 此方樣御出被成ル.

〃 信使當所着之段, 江戶表へ御次飛脚を以, 御案內被仰上ル.

〃 위의 보고 서한은 지쿠고노카미님이 동석해서 작성하셨다. [역참파발] 사용증은 에도의 로주님들이 날인한 것이다. 바로 지쿠고노카미님이 보내셨다.

一. 동 26일, 아카사카(赤坂)[237]에 도착했다. 신사 숙소는 상가였다.

〃 향응은 시치고산에 금은으로 장식된 것이다.

〃 접대 담당은 혼다 이세노카미님·도리야마 우시노스케님·스즈키 하치에몬님이었다.

〃 같은 날 밤, 요시다에 도착했다. 신사 숙소는 절이었다.

〃 향응은 시치고산에 금은으로 장식된 것이다.

〃 접대 담당은 성주 미즈노 하야토노카미님과 스즈키 하치에몬님이었다.

〃 오늘은 미즈노 하야토노카미님의 초청을 받아 번주님이 가셨다.

〃 신사가 이곳에 도착했다고 에도에 역참파발로 보고했다.

一. 同廿七日晝, 荒井御着. 信使屋ハ町宿也.

〃 右御饗應七五三金銀之飾.

〃 御馳走人ハ, 服部權太夫樣·同杢之助樣·秋鹿長兵衛樣也.

〃 今切之渡りハ, 三使并上々官, 各船一艘宛也. 其餘之朝鮮人ハ乘り合ニ而, 船數十艘ニ而渡ル.

〃 此方御乘り船も, 御馳走所ゟ出ル. 尤三使ニ先達御渡り被成ル.

〃 今度江戸表へ, 御鉄砲御持せ被成候儀ニ付, 江戸表御老中樣方ゟ之御證文, 大坂迄被遣候を, 今日今切レ之御奉行服部權太夫樣·同杢之助樣へ, 御渡し被成ル. 御文言左記之.

宗對馬守, 鐵炮廿挺, 今度朝鮮人へ致同道, 江戸へ參上ニ付, 爲持

237 아이치현 도요카와시(豊川市)에 있던 슈쿠바.

一. 동 27일 낮에 아라이(荒井)[238]에 도착했다. 신사 숙소는 상가였다.

〃 향응은 시치고산에 금은으로 장식된 것이다.

〃 접대 담당은 후쿠베 곤다유(服部權太夫)님 · 후쿠베 모쿠노스케(同杢之助)님 · 아이카 조베에(秋鹿長兵衛)님이었다.

〃 이마기레노와타리(今切之渡り)[239]에 [동원된 배가] 삼사와 상상관이 각각 배 1척씩이고, 나머지 조선인은 합승해서 배 수십 척으로 건넜다.

〃 이쪽이 타는 배도 접대 장소에서 보내 주셨다. 단, 삼사보다 먼저 건너가셨다.

〃 이번에 에도에 철포를 가지고 가는 건 때문에 에도의 로주님들이 확인증을 오사카로 보내 주신 것을, 오늘 이마기레의 부교 후쿠베 곤다유 · 후쿠베 모쿠노스케님에게 건넸다. 문언을 다음에 적는다.

쓰시마노카미가 철포 20정을 이번에 조선인과 함께 에도로 올 때 가지고

被罷越候間, 無相違可被通之候. 恐惶謹言.

十二月三日　　　　阿　豊後守

　　　　　　　　　松　伊豆守

　　　　　　　　　土　大炊頭

服部權太夫殿

服部杢助殿

〃 同日夜, 濱松御着. 信使屋ハ町宿也.

〃 右御饗應七五三金銀之餙.

238 시즈오카현 고사이시(湖西市) 아라이초(新居町)에 있던 슈쿠.

239 일반적으로 '이마기레노와타시'라고 한다. 도카이도(東海道)의 마이사카슈쿠(舞坂宿, 시즈오카현 하마마쓰시)에서 아라이슈쿠(新居宿, 시즈오카현 고난시)로 이동하는 항로를 말한다.

〃 御馳走人ハ, 則御城主高力攝津守様并松平清左衛門様也.

〃 右攝津守様ニハ, 江戸表へ御勤被成御座候付, 御嫡高力左近様御名代御務

오게 했으니 틀림없이 통과시키시오. 삼가 줄입니다.

12월 3일 아 분고노카미

마쓰 이즈노카미

도 오이노카미

후쿠베 곤다유님

후쿠베 모쿠노스케님

〃 같은 날 밤에 하마마쓰(濱松)[240]에 도착했다. 신사 숙소는 상가였다.

〃 향응은 시치고산에 금은으로 장식된 것이다.

〃 접대 담당은 성주 고리키 셋쓰노카미[241]님과 마쓰다이라 세이자에몬님이었다.

〃 셋쓰노카미님은 에도 근무 중이라 아들 고리키 사콘(高力左近)[242]님이 대리를 맡았다.

被成ル.

〃 江戸表ゟ先頃被仰渡候新錢, 當所へ御持せ被差越ル. 其御觸狀之

案, 左記之.

一筆申入候. 今度官人就罷下, 路次ニ而錢不自由爲無之, 一泊ニ而

新錢五十貫ツヽ, 其所々賄方御代官衆へ相渡候様, 申遣候間, 自然

代物用所之由ニ候者, 御定之直段ニ而, 代金相渡遣被申候様ニ, 宗

---

240 시즈오카현 하마마쓰시(濱松市) 시미즈구(清水區)에 있던 슈쿠바.

241 고리키 다다후사(高力忠房). 도도미 하마마쓰번(濱松藩) 번주. (『日本人名大辭典』)

242 고리키 다카나가(高力隆長).

對馬守殿內衆へ可被申渡候. 恐惶謹言.

霜月十七日　　　　　　　　　　　堀式部少輔

加賀爪民部少輔

濱松　　懸川　　藤枝　　江尻

〃 에도에서 얼마 전 말씀하신 신전(新錢)을 이곳으로 가져오게 하셨다. 그 회람 서한의 안을 다음에 적는다.

글을 올립니다. 이번에 [조선의] 관인이 오니, 오는 길에서 불편함이 없도록 1박에 신전(新錢) 50간(貫)씩 곳곳에서 식사를 담당하는 다이칸들에게 건네도록 말했으니, 혹시 필요한 물건이 있으면 정해진 가격으로 대금을 지불하도록 소 쓰시마노카미님의 가신들에게 말하십시오. 삼가 말씀드립니다.

상월 17일　　　　　　　　　　　호리 시키부쇼유(堀式部少輔)[243]

가가쓰메 민부쇼유(加賀爪民部少輔)[244]

하마마쓰　　가케가와(懸川)[245]　　후지에다(藤枝)[246]　　에지리

三嶋　　小田原　　藤澤　　神奈川

右御賄方御代官中

〃 信使當所着之段, 江戶表へ御次飛脚を以, 御案內被仰上ル.

---

243 호리 나오유키(堀直之). 당시 에도마치부교(江戶町奉行). 에도마치부교란 에도 막부의 직명으로, 도시 지역의 행정·사법을 담당하는 관리이다. 막부뿐만 아니라 각 번에도 이 직책이 존재하지만, 일반적으로 마치부교라 하면 막부의 직책인 에도마치부교를 가리킨다.

244 가가쓰메 다다스미(加賀爪忠澄). 당시 에도마치부교.

245 시즈오카현 가케가와시(掛川市)에 있던 슈쿠바.

246 시즈오카현 후지에다시(藤枝市)에 있던 슈쿠바.

一. 同廿八日晝, 見付御着. 信使屋ハ町宿也.

〃 右御饗應七五三金銀之飾.

〃 御馳走人ハ, 井上河內守樣并松平清左衛門樣也.

〃 同日夜, 掛川御着. 信使屋ハ町宿也.

〃 御饗應七五三金銀之飾.

〃 御馳走人ハ, 則御城主松平大膳太夫樣并松平清左衛門樣也.

〃 信使當所着之段, 江戶表へ御次飛脚を以, 御案內被仰上ル.

미시마(三嶋)[247] 오다와라(小田原)[248] 후지사와(藤澤)[249] 가나가와(神奈川)[250]

위 접대 담당 다이칸들에게

〃 신사가 이곳에 도착했다고 에도에 역참파발로 보고했다.

一. 동 28일 낮 미쓰케(見付)[251]에 도착했다. 신사 숙소는 상가였다.

〃 향응은 시치고산에 금은으로 장식된 것이다.

〃 접대 담당은 이노우에 가와치노카미(井上河內守)님과 마쓰다이라 세이자에몬(松平清左衛門)님이다.

〃 같은 날 밤 가케가와(掛川)에 도착했다. 신사 숙소는 상가였다.

〃 향응은 시치고산에 금은으로 장식된 것이다.

〃 접대 담당은 성주 마쓰다이라 다이젠다유(松平大膳太夫)[252]님과 마쓰다이라 세이자에몬님

247 시즈오카현 미시마시(三島市)에 있던 슈쿠바.

248 시즈오카현 오다와라시(小田原)에 있던 슈쿠바.

249 가나가와현 후지사와시(藤澤市)에 있던 슈쿠바.

250 가나가와현 요코하마시(橫濱市) 가나가와구(神奈川區)에 있던 슈쿠바.

251 시즈오카현 이와타시(磐田市)에 있던 슈쿠바.

252 마쓰다이라 다다시게(松平忠重). 가케가와번(掛川藩) 번주. (『日本人名大辭典』)

이었다.

〃 신사가 이곳에 도착했다고 에도에 역참파발로 보고했다.

一. 同廿九日晝, 金谷御着. 信使屋ハ町宿也.

〃 右御饗應七五三金銀之飾.

〃 御馳走人ハ, 松平大膳太夫樣并遠山六左衛門樣也.

〃 信使大井川被渡候節ハ, 川越之者夥敷左右ニ罷在, 三使并以下之

朝鮮人渡ス之.

〃 光雲院樣ニハ, 先達而川之近邊迄御出被成, 朝鮮人渡り仕廻候を,

御覽被成候而後御渡り被成ル.

〃 今日, 嶋田より岡部迄之間ニ, 水野監物樣ゟ之爲御馳走, 新規ニ

茶屋二ケ所御建被成置ル.

〃 同日夜, 藤枝御着. 信使屋ハ町宿也.

一. 동 29일, 가나야(金谷)[253]에 도착했다. 신사 숙소는 상가에 있는 여숙(町宿)였다.

〃 향응은 시치고산에 금은으로 장식된 것이다.

〃 접대 담당은 마쓰다이라 다이젠다유님과 도야마 로쿠자에몬님이었다.

〃 신사가 오이가와(大井川)[254]를 건널 때 도강을 돕는 자들이 좌우에 대단히 많이 있어서 삼사와 그 이하 조선인들이 건넜다.

〃 고운인님은 미리 강 근처까지 가셔서 조선인이 도강하는 것을 보고 난 뒤에 건너셨다.

---

253 시즈오카현 시마다시(島田市) 가나야(金谷)에 있던 슈쿠바.

254 시즈오카현 중앙부 아이다노다케(間ノ岳) 남쪽 기슭을 발원지로 하여 남쪽으로 흘러 스루가만(駿河灣)으로 흘러들어가는 강. 에도시대에는 도카이도에서 가장 통과가 어려운 곳이자 가장 중요한 곳으로, 다리나 도선은 금지되었으며 사람이나 가마를 이용하여 도강하는 방법을 이용했다. (『日本國語大辭典』)

〃 오늘 시마다(嶋田)에서 오카베(岡部) 사이에 미즈노 겐모쓰님이 접대를 위해 새로 다옥(茶屋)[255]을 두 곳 세우셨다.

〃 같은 날 밤, 후지에다에 도착했다. 신사 숙소는 상가였다.

〃 右御饗應七五三金銀之飾.

〃 御馳走人ハ, 水野監物様并米倉平太夫様也.

〃 信使當所着之段, 江戶表へ御次飛脚を以, 御案內被仰上ル.

〃 今日, 信使吸物なと之儀ニ付, 江戶表御老中様方江御窺之爲, 使者內野權兵衛被差越ル.

一. 同晦日晝, 駿府御着. 信使屋ハ寺也.

〃 右御饗應七五三金銀之飾也.

〃 御馳走人ハ, 揖斐與右衛門様・土屋市丞様・安藤彌兵衛様也.

〃 同日夜, 江尻御着. 信使屋ハ町屋也.

〃 右御饗應七五三金銀之飾.

〃 향응은 시치고산에 금은으로 장식된 것이다.

〃 접대 담당은 미즈노 겐모쓰(水野監物)님과 요네쿠라 헤이다유(米倉平太夫)님이다.

〃 신사가 이곳에 도착했다고 에도에 역참파발로 보고하셨다.

〃 오늘 신사가 먹을 국 때문에 에도의 로주님들께 문의하러 사자 우치노 곤베에를 보냈다.

〃 동 30일 낮, 슨푸(駿府)[256]에 도착했다. 신사 숙소는 절이었다.

〃 향응은 시치고산에 금은을 장식된 것이다.

---

255 챠야. 엽차 따위를 대접하며 여행자를 쉬게 하던 길가의 가게. 일본 중세에서 근세에 걸쳐 일반적이던 휴게소의 한 형태..

256 시즈오카시(静岡市). 이에야스는 쇼군에서 물러난 후 슨푸성을 자신의 거성(居城)으로 삼았다.

〃 접대 담당은 이비 요에몬(揖斐與右衛門)님 · 쓰치야 이치노조(土屋市丞)님 · 안도 야베에(安藤彌兵衛)님이다.

〃 같은 날 밤, 에지리에 도착했다. 신사 숙소는 상가이다.

〃 향응은 시치고산에 금은으로 장식된 것이다.

〃 御馳走人ハ, 大關土佐守様 · 駒井金兵衛様 · 安藤彌兵衛様 · 間宮彦八郎様也.

〃 信使爲迎, 江戸表諸御大名様方ゟ被差出候馬之儀, 先例ハ三嶋へ被差出候得共, 今度御馳走御丁寧ニ被成候与申儀ニ付, 當所迄被差出ル.

一. 十二月朔日, 晝, 吉原御着. 信使屋ハ町宿也.

〃 右御饗應七五三金銀之飾.

〃 御馳走人ハ, 戸澤越中守様 · 松倉長門守様并長谷川藤右衛門様 · 井出半左衛門様也.

〃 今日, 長門守様ゟ御招請ニ付, 彼方御旅宿へ御出被成ル.

〃 今日, 江戸表御老中様方ゟ之御奉書, 吉原と原与之間ニ而到來

〃 접대 담당은 오제키 도사노카미(大關土佐守)[257]님 · 고마이 긴베에(駒井金兵衛)님 · 안도 야베에님 · 마미야 히코하치로님이다.

〃 신사를 맞기 위해 에도의 여러 다이묘가 보내주는 말(馬)을 선례에서는 미시마까지 보내 주셨지만, 이번에는 접대에 정성을 들이기 위해 이곳까지 보내 주셨다.

---

257 오제키 다카마스(大關高增). 오제키 마사마스(大關政增)의 장남. 1616년 시모쓰케 구로바네번(黑羽藩) 번주가 되었다. 1633년에는 오사카카반(大坂加番) 담당. (『日本人名大辭典』)

一. 12월 1일, 낮에 요시와라(吉原)[258]에 도착했다. 신사 숙소는 상가였다.

〃 향응은 시치고산에 금은으로 장식된 것이다.

〃 접대 담당은 도자와 엣추노카미(戸澤越中守)님·마쓰쿠라 나가토노카미(松倉長門守)님·하세가와 도에몬님·이데 한자에몬님이었다.

〃 오늘 나가토노카미님의 초청으로 그쪽 여숙으로 가셨다.

〃 오늘 에도의 로주님들이 보내신 봉서가 요시와라와 하라(原)[259] 사이에 도착해서,

〃 ニ付, 御披見之上, 則御返書被差上ル. 且又吉原御馳走人中ゟも, 江戸表へ被仰上候儀有之, 御狀此方へ被遣候付, 御狀箱之內ニ御入レ被差上ル. 御奉書之御案文, 左記之.

一筆申入候. 先年朝鮮之信使, 江戸入并出仕之日, 樂·其外なり物御赦免之様ニと, 前廉申上候歟と覺申候. 此度ハ左樣之沙汰無之哉. 若右之分ニ候ハヽ, 可被申越候. 御次而を以可達　上聞候. 此外御作法已下, 先樣被申上可然候者, 委細可蒙仰候. 將又一昨日·廿八日之御狀令拜見候. 同日到于懸川, 官使相着候由, 得其意候. 道中御馳走之様子, 萬事無殘所之由示給趣, 具申上候. 委細期後音之時候. 恐惶謹言

〃 보신 후 바로 답서를 보내셨다. 또한 요시와라의 접대 담당들도 에도에 보고하는 서한을 이쪽으로 보냈기에 서한 상자에 넣어서 보냈다. 봉서의 안문을 다음에 적는다.

글을 보냅니다. 이전 조선의 신사가 에도로 들어오는 날과 출사(出仕)하는 날에 음악

258 시즈오카현 후지시(富士市)에 있던 슈쿠바.

259 시즈오카현 누마즈시(沼津市)에 있던 슈쿠바.

과 그 외 악기 사용을 허가해 달라고 미리 말했던 걸로 기억합니다. 이번에는 그런 이야기가 없습니까? 혹시 위와 같다면 알려 주십시오. 기회를 보아 쇼군께 말씀드리겠습니다. 그 외에 법식 등 귀하가 보고해야 하는 사항에 관해서는 무엇이든 쇼군의 하명을 받드십시오. 또한 그저께 28일 자 서한을 읽었습니다. 같은 날 가케가와에 관사가 도착했다는 사실 잘 알았습니다. 오는 길 도중에서의 접대도 만사에 빈틈이 없었다고 하신 내용을 [쇼군께] 자세히 아뢰었습니다. 자세한 것은 다음 연락 때를 기하겠습니다. 삼가 말씀드립니다.

十一月晦日　　堀田加賀守
阿部豊後守
松平伊豆守
土井大炊頭

宗對馬守殿

〃 同日夜, 三嶋御着. 信使屋ハ町宿也.

〃 右御饗應七五三金銀之飾.

〃 御馳走人ハ, 溝口出雲守様·土岐山城守様并小林彦五郎様也.

一. 同二日, 大雨ニ付御逗留也.

〃 今日, 當所御滯留之段, 江戸表へ御次飛脚を以御案內被仰上ル. 尤

11월 30일　　홋타 가가노카미
아베 분고노카미
마쓰다이라 이즈노카미
도이 오이노카미

소 쓰시마노카미님

〃 같은 날 밤, 미시마에 도착했다. 신사 숙소는 상가였다.

〃 향응은 시치고산에 금은으로 장식된 것이다.

〃 접대 담당은 미조구치 이즈모노카미(溝口出雲守)[260]님 · 도키 야마시로노카미(土岐山城守)[261]님 · 고바야시 히코고로님이었다.

一. 동 2일, 큰비가 내려서 체류했다.

〃 오늘 이곳에 머문다고 에도에 역참파발로 전했다. 단,

〃 御馳走人ゟ御狀被差越候付, 此方御狀箱ニ御入レ被遣ル.

一. 同三日晝, 箱根御着. 信使屋ハ町宿也.

〃 右御饗應七五三金銀之飾.

〃 御馳走人ハ, 稲葉美濃守様并諸星克兵衛様 · 江川太郎左衛門様也.

〃 今日, 江戸表御老中様方ゟ之御奉書到來. 御案文, 左記之.

一筆啓上候. 先年朝鮮之官使, 江戸入并出仕之日, 樂 · 其外なり物被成御赦免候様ニ与, 前廉申上候歟与覺申候. 此度も左様之沙汰無之候哉. 若右之分ニ候得者, 可被申越候. 以御次而可達上聞候. 將又出仕之時, 御振舞之次第并御座鋪之御作法, 萬事先様被申上可然儀ハ, 委細可蒙仰候. 此方ニも記錄有之候得共,

〃 접대 담당이 서한을 보내셔서 이쪽 서한 상자에 넣어 보냈다.

一. 동 3일, 낮에 하코네(箱根)[262]에 도착했다. 신사 숙소는 상가였다.

〃 향응은 시치고산에 금은 장식된 것이다.

260 미조구치 노부나오(溝口宣直). 에치고노쿠니 시바타번(新発田藩) 번주. (『日本人名大辭典』)

261 도키 요리유키(土岐賴行). 데와노쿠니 가미노야마번(上山藩) 번주. (『日本人名大辭典』)

262 가나가와현(神奈川縣) 아시가라시모군(足柄下郡) 하코네마치(箱根町)에 있던 슈쿠바.

〃 접대 담당은 이나바 미노노카미(稲葉美濃守)[263]님 · 모로호시 가쓰베에(諸星克兵衛)님 · 에가와 다로자에몬(江川太郎左衛門)님이다.

〃 오늘 에도의 로주님들이 보내신 봉서가 도착했다. 안문을 다음에 적는다.

글을 보냅니다. 지난번 조선의 관사가 에도로 들어오는 날과 출사하는 날에 음악과 악기 연주를 허가해 달라고 미리 말했던 걸로 기억합니다. 이번에도 그런 이야기는 없습니까? 혹시 위와 같다면 알려 주십시오. 기회를 보아 쇼군께 아뢰겠습니다. 또한 출사할 때 접대 순서나 좌석 배치의 관례에서 만사 귀하가 보고해야 할 것은 자세히 지시를 들으십시오. 이쪽에도 기록이 있지만,

爲可承合如斯ニ候. 此趣先書ニも粗相達候得共, 次飛脚ニ候間,

重而申入候. 恐惶謹言.

尙以, 此宿次之手形ニ而, 可蒙仰候. 已上.

十二月二日　　堀田加賀守

阿部豊後守

松平伊豆守

酒井讃岐守

土井大炊頭

宗對馬守殿

〃 同日夜, 小田原御着. 信使屋ハ町宿也.

이처럼 문의하는 것입니다. 이 내용은 지난번 서한에서도 대략 전했지만, 역참파발로 다시 알립니다. 삼가 말씀드립니다.

263 이나바 마사노리(稲葉正則). 사가미노쿠니(相模國) 오다와라번(小田原藩) 제2대 번주.

아울러 이 슈쿠쓰기(宿次)[264] 사용증으로 지시를 받드시오. 이상.

12월 2일 　　　　　　　　　　　　　홋타 가가노카미

아베 분고노카미

마쓰다이라 이즈노카미

사카이 사누키노카미[265]

도이 오이노카미

소 쓰시마노카미님

〃 같은 날 밤, 오다와라에 도착했다. 신사 숙소는 상가였다.

〃 右御饗應七五三金銀之飾.

〃 御馳走人ハ, 則御城主稻葉美濃守様并成瀨五左衛門様也.

〃 當所之御馳走, 別而御丁寧ニ被成ル. 且又當所へ之着, 夜ニ入候付, 爲御馳走, 家毎ニ挑燈明ス之.

〃 江戶表御老中様方ゟ之御奉書, 箱根ニ而致到來候. 御返書從是被差越ル. 御證文ハ, 江戶表ゟ來り候を御用イ被成, 今度之御狀ニ, 先年信使登 城之儀式之書付, 御添被差越ル.

一. 同四日, 雨天ニ付, 美濃守様ゟ爲御馳走, 雨具御出し被成ル.

〃 晝, 大礒御着. 信使屋ハ町宿也.

〃 右御饗應七五三也.

〃 향응은 시치고산에 금은으로 장식된 것이다.

---

264 한 슈쿠바에서 다른 슈쿠바로 사람과 물건을 이어서 전달하는 것.

265 사카이 다다카쓰(酒井忠勝). 가와고에번(川越藩) 2대 번주이자 로주.

〃 접대 담당은 바로 성주 이나바 미노노카미님과 나루세 고자에몬(成瀨五左衛門)님이었다.

〃 이곳의 접대는 특히 정중했다. 또한 이곳에 도착한 것이 밤이라 접대를 위해 집마다 등불을 켰다.

〃 에도의 로주님들이 보내신 봉서가 하코네에 도착했다. 답서는 이곳에서 보냈다. [역참파발] 사용증은 에도에서 온 것을 사용했고, 이번 서한에 예전 통신사의 등성의식을 적어서 보냈다.

一. 동 4일, 비가 와서 미노노카미님이 접대를 위해 우비를 보내 주셨다.

〃 낮에 오이소(大礒)[266]에 도착했다. 신사 숙소는 상가였다.

〃 향응은 시치고산이었다.

〃 御馳走人ハ, 淺野內匠頭樣·遠藤伊勢守樣, 并ニ坪井次左衛門樣也.

〃 同日夜, 藤澤御着. 信使屋ハ町宿也.

〃 右御饗應七五三金銀之飾.

〃 御馳走人ハ, 仙石越前守樣·小出對馬守樣, 并成瀨五左衛門樣也.

〃 當所ニ而信使着之樣子, 并失火見分之爲, 高樓二所御建被成ル.

〃 信使當所着之段, 江戸表へ御次飛脚を以, 御案內被仰上ル.

一. 同五日.

〃 今朝御發駕前, 藤澤ニおゐて, 江戸表御老中樣方ゟ之御奉書到來仕ル. 御案文左記之.

度々示預候之趣, 達　上聞候. 昨三日到小田原, 信使相着之由,

266 가나가와현 나카군(中郡) 오이소마치(大磯町)에 있던 슈쿠바.

〃 접대 담당은 아사노 다쿠미노카미(淺野內匠頭)[267]님 · 엔도 이세노카미(遠藤伊勢守)[268]님 · 쓰보이 지자에몬(坪井次左衛門)님이었다.

〃 같은 날 밤에 후지사와(藤澤)[269]에 도착했다. 신사 숙소는 상가였다.

〃 향응은 시치고산에 금은으로 장식된 것이다.

〃 접대 담당은 센고쿠 에치젠노카미(仙石越前守)[270]님 · 고이데 쓰시마노카미(小出對馬守)[271]님 · 나루세 고자에몬님이었다.

〃 이곳에 신사가 도착한 상황과 화재를 살피기 위해 높은 누각을 두 곳에 지으셨다.

〃 신사가 이곳에 도착했다고 에도에 역참파발로 보고했다.

一. 동 5일.

〃 오늘 아침 출발하기 전에 후지사와에 에도 로주님들의 봉서가 도착했다. 안문을 다음에 적는다.

연이어 말하신 내용은 쇼군께 아뢰었습니다. 지난 3일 오다와라에 신사가 도착한 사실,

得其意候. 猶追々可申達候. 恐惶謹言.

尙以, 委細之儀ハ, 從藤枝被差越候使者へ申含候. 已上.

十二月四日　　阿部豊後守

松平伊豆守

---

267 아사노 나가나오(淺野長直). 히타치노쿠니 가사마번(笠間藩) 번주. 현재 이바라기현(茨城縣) 가사마시(笠間市)에 위치했던 번. (『日本人名大辭典』)

268 엔도 요시토시(遠藤慶利). 미노노쿠니 하치만번(八幡藩) 번주. 1636년 '조선통신사 접대 담당'에 임명되었다. (『日本人名大辭典』)

269 가나가와현 후지사와시(藤澤市)에 있던 슈쿠바.

270 센고쿠 마사토시(仙石正俊).

271 고이데 요시치카(小出吉親). 소노베번(園部藩) 번주. (『日本人名大辭典』)

酒井讚岐守

土井大炊頭

宗對馬守殿

〃 藤枝より被差越候御使者內野權兵衛, 江戸表御老中樣ゟ御渡被成候御書付受取來り, 神奈川ニ而差上ル. 此御書付ハ, 大炊頭樣御渡し被成候由也. 左記之.

잘 알았습니다. 계속 연락하십시오. 삼가 줄입니다.

아울러 자세한 것은 후지에다에서 보내신 사자에게 말했습니다. 이상.

12월 4일

아베 분고노카미

마쓰다이라 이즈노카미

사카이 사누키노카미

도이 오이노카미

소 쓰시마노카미님

〃 후지에다에서 파견한 사자 우치노 곤베에가 에도 로주님들의 문서를 받아와 가나가와에서 [번주님께] 드렸다. 이 문서는 오이노카미님이 주신 것이다. 다음에 적는다.

一. 御上使并路次中馳走, 御禮申上候事.

一. しゆらい之儀, 江戸入又出仕之時, 御免之事.

一. 對馬守江戸入之儀, 此中路次を被參候ことく, 朝鮮人跡可然候. 長老·西堂衆之參所も此中之ことく, 對馬守先を可然候.

一. 江戸於宿所, 時々之しゆらい, 朝鮮人心次第たるへき事.

一. 於宿所出入之時分, 鐵砲之事, 朝鮮人心次第ニ候. 宿ニ而之外ハ, 無用之事.

〃 同日夜, 神奈川御着. 信使屋町宿也.

〃 右御饗應七五三金銀之飾.

一. 조시 및 오는 길에서 받은 접대에 관해 답례를 할 것.

一. 예행연습(修禮)[272]은 에도로 들어왔을 때 또는 출사할 때 할 것.

一. 쓰시마노카미가 에도로 들어올 때는 최근에 왔을 때처럼 조선인 행렬 뒤에 설 것. 초로(長老) · 세이도(西堂)의 무리가 오는 곳도 최근처럼 쓰시마노카미 앞으로 할 것.

一. 에도의 숙소에서 때때로 하는 예행연습은 조선인의 판단에 맡김.

一. 숙소에 출입할 때 철포는 조선인의 판단에 맡김.[273] 숙소 이외의 곳에서는 그렇지 않음.

〃 같은 날, 밤에 가나가와에 도착했다. 신사 숙소는 상가였다.

〃 향응은 시치고산에 금은으로 장식된 것이다.

〃 御馳走人, 加藤民部太輔様 · 松下左助并伊奈兵藏様也.

〃 今日朝鮮國ゟ獻上之鷹, 先達而江戸表へ被差越ル. 安藤右京進様 · 脇坂淡路守様 · 大河內金兵衛様御了簡ニ而, 本誓寺之隣寺ニ被召置, 餌飼なと之儀ハ, 御馳走方ゟ御用意被成ル.

一. 同六日晝, 品川御着. 信使屋ハ寺也.

〃 右御饗應七五三金銀之飾.

〃 御馳走人ハ, 相馬虎助様 · 織田左門様 · 伊奈兵藏様 · 守屋左太夫様也.

---

272 'しゅらい'는 에도성 등성 의식 또는 쇼군 알현 의식의 예행연습으로 추정된다.

273 사행원 중에 포함된 화포수(火砲手)의 화포 소지에 관한 규정으로 추정된다.

〃 今日朝鮮國ゟ獻上之馬, 先達而江戶表へ被差越ル. 是又安藤右京進樣·脇坂淡路守樣·大河內金兵衛樣御了簡ニ而, 本誓寺之內ニ廐を御建させ被成被召置ル. 且又飼料なと之儀, 是亦御馳走所ゟ

〃 접대 담당은 가토 민부노타이후(加藤民部太輔)[274]님 · 마쓰시타 사스케(松下左助) · 이나 헤이조(伊奈兵藏)님이다.

〃 오늘 조선국에서 헌상한 매를 미리 에도에 보냈다. 안도 우쿄노조님 · 와키자카 아와지노카미(脇坂淡路守)[275]님 · 오코치 긴베에(大河內金兵衛)[276]님의 판단으로 혼세이지(本誓寺)[277] 옆의 절에 두고, 먹이 등은 접대 담당이 준비했다.

一. 동 6일, 시나가와(品川)에 도착했다. 신사 숙소는 절이었다.

〃 위의 항응은 시치고산에 금은 장식된 것이다.

〃 접대 담당은 소마 도라노스케(相馬虎助)님 · 오다 사몬님, 이나 헤이조님 · 모리야 사다유님이었다.

〃 오늘 조선국이 헌상한 말을 미리 에도로 보내셨다. 이 또한 안도 우쿄노조님 · 와키자카 아와지노카미 · 오코치 긴베에님 판단으로 혼세이지 안에 마구간을 만들어 여기에 두셨다. 먹이 등은 이 또한 접대 장소에서

御用意被仰付ル.

〃 今日古川右馬助當所迄御迎ニ罷出. 又先達而御先へ罷越ス.

---

274 가토 아키토시(加藤明利). 니혼마쓰번(二本松藩) 번주. (『日本人名大辭典』)

275 와키자카 야스모토(脇坂安元). 이다번(飯田藩) 번주. (『日本人名大辭典』)

276 오코치 히사쓰나(大河內久綱). 막부의 다이칸 및 간조부교.

277 도쿄 고토쿠(江東區) 기요스미(淸澄) 3초메(丁目)에 위치. (근세 한일관계 사료집 Ⅲ)

〃 此所ゟ三使并一行之朝鮮人, 夫々之衣冠襲束ニ而罷越ス. 行列ハ, 先ニ纛, 次ニ形名旗, 又次ニ纛, 又次ニ形名旗, 其次ニ都訓導三人, 次ニ獻上之馬, 次ニ國書, 次ニ判事, 左右ニ錚點三對, 銅鼓三對, 馬上鼓三對相那並フ. 夫より正使左右ニ鉞二柄, 節二立, 步使令二人, 小童二人, 吸唱二人, 次ニ副使左右ニ步使令二人, 小童二人, 吸唱二人, 次ニ從事左右ニ步使令二人, 小童二人, 吸唱二人, 次ニ同知, 僉知, 學士, 上判事二人, 判事七人, 其左右ニ淸道旗二對, 偃月刀三對, 三支槍三對, 巡視旗三對, 吹螺三對, 太平簫三對, 喇叭三對,

준비하게 했다.

〃 오늘 후루카와 우마노스케가 이곳까지 마중 나왔다. 또한 먼저 에도로 이동했다.

〃 이곳부터 삼사와 일행의 조선인들이 각각 의관을 갖추고 이동했다. 행렬은 먼저 독(纛),[278] 다음으로 형명기(形名旗),[279] 다시 다음에 독, 또 다음에 형명기, 그다음에 도훈도(都訓導)[280] 3명, 다음에 헌상마(獻上馬), 다음에 국서(國書), 다음에 판사(判事), 좌우에 자바라(錚點)[281] 3쌍, 동고(銅鼓)[282] 3쌍, 마상고(馬上鼓) 3쌍이 늘어섰다. 그다음에 정사 좌우에

278 독기(纛旗).

279 조선 왕권의 상징인 용(龍)이 그려져 있는 깃발. 형명기독(形名旗纛)이라고도 한다. 형명(形名)의 형(形)은 깃발을, 명(名)은 징이나 북을 뜻한다. 사행 때 북을 울리면서 기폭(旗幅)을 이용하여 사행단의 여러 가지 행동을 호령하며 신호를 보냈다. 형명기를 받들고 가는 사람을 형명기수(形名旗手)라고 하며, 통신사행 때 대개 정사와 부사가 각각 1명씩 거느렸다. (『대일외교사전』)

280 훈도(訓導)의 우두머리. 통신사행 때 삼사신이 각각 1~2명씩 총 3~6명을 거느렸다. (『대일외교사전』)

281 얇은 놋쇠로 된 두개의 원반을 맞부딪쳐 소리 내는 타악기. 자바라(啫哼囉). 절에서 쓰는 크고 무거운 바라로부터 향악무(鄕樂舞)를 출 때 손가락에 붙들어 매고 쓰는 매우 작은 향발(響鈸)에 이르기까지 여러 가지가 있다. (『대일외교사전』)

282 '징'으로 추정된다.

도끼(鉞)[283] 2자루, 정(節)[284] 2개, 걷는 사령(使令) 2명, 소동(小童)[285] 2명, 흡창(吸唱)[286] 2명, 다음으로 부사 좌우에 사령 2명, 소동 2명, 흡창 2명, 다음으로 종사 좌우에 사령 2명, 소동 2명, 흡창 2명, 다음으로 동지(同知),[287] 첨지(僉知),[288] 학사(學士), 상판사(上判事)[289] 2명, 판사(判事) 7명, 그 좌우에 청도기(淸道旗)[290] 2쌍, 언월도(偃月刀)[291] 3쌍, 삼지창(三支槍) 3쌍, 순시기(巡視旗)[292] 3쌍, 취라(吹螺)[293] 3쌍, 태평소 3쌍, 나팔 3쌍,

長槍三對, 裨將五對, 令旗三對, 炮手四對, 次ニ鞍籠三輩, 乘床三輩, 騎使令三對, 小童三對左右ニ並フ. 柴口ゟ宿寺迄之間,

---

283 의장(儀仗)으로 쓰이는 도구. 의장에 쓰이는 '은월부(銀鉞斧)'는 은칠 한 나무 도끼에 붉은 창대를 꿴 것이다. (네이버 한자사전)

284 깃발로 추정된다. 조선시대에 지방에 관찰사, 유수(留守), 병사(兵使), 수사(水使), 대장(大將), 통제사 등이 부임할 때 임금이 내어 주던 것에 절(節)과 부월(斧鉞)이 있었다. 절은 수기(手旗)와 같고, 부월은 도끼 같이 만든 것으로, 군령을 어긴 자에 대한 생살권(生殺權)을 상징했다. (네이버 한자사전)

285 나이가 어린 10대 아동. 배소동(陪小童)이나 소동자(小童子)라고도 한다. 통신사행 때 대체로 삼사신(三使臣)이 각각 4명씩 거느렸고, 당상관이 2명씩 거느렸으며, 제술관이 1명을 거느렸다. 사행 중 정사, 부사, 종사관, 제술관, 역관 등의 시중을 들며, 때로는 춤을 추거나 노래를 불러 사신 일행의 무료함을 달래주는 역할을 맡기도 하였다. 소동은 상관(上官)과 마찬가지로 상마(上馬)를 타며 수종(隨從)하는 왜인들이 10명도 넘는다. (『대일외교사전』)

286 사행 중 잔심부름을 하는 사내종. 급창(及唱)·흡창노(吸唱奴)·흡갈(吸喝)이라고도 한다. 통신사행 때에는 대체로 정사·부사·종사관이 각각 2명씩 총 6명의 급창을 거느리고 갔고, 문위행 때에는 2명을 데리고 갔다. (『대일외교사전』)

287 조선의 역관(譯官).

288 조선의 역관.

289 조선의 역관.

290 사행 때 앞서 가면서 길을 열어주는 역할을 하는 깃발. 원래는 행군할 때 사용하는 군기(軍旗)의 일종이다. 남빛 바탕에 가장자리와 화염(火焰)은 붉은빛이며, '淸道'라고 쓰여 있다. (『대일외교사전』)

291 대도(大刀)의 일종으로 관도(關刀)라고도 한다. 초승달처럼 생겼고 칼등은 두 갈래로 나뉘어 있으며 칼끝에 기다란 자루가 달려 있다. 중국 삼국시대의 명장 관우(關羽)가 이 무기를 사용한 것에서 유래했는데, 무거운 무게로 인해 실전에서는 잘 사용하지 않았으며 주로 군사훈련 시에 사용했다. 통신사행 때 대개 정사와 부사가 각각 2명씩 총 4명을 거느리고 갔다. (『대일외교사전』)

292 사행 중 순찰하여 범법자를 잡아올 때 쓰는 깃발. 영기(令旗)와 같은 모양으로 '巡視'라고 붉게 쓰여 있다. (『대일외교사전』)

293 나팔의 일종. 통신사행 때 행렬을 따르면서 나각(螺角)을 부는 사람을 취라치(吹螺赤) 혹은 나각수(螺角手)라고 한다.

右之行列ニ而罷越ス. 路次之辻々ニ警固有之, 通り横町有之所ハ, 數人鑓を並へ, 立塞り, 警固仕ル.

〃 申刻信使江戸へ参着. 直ニ本誓寺へ罷越ス. 於本誓寺三使ハ上段ニ着座, 上々官ハ中段ニ着座. 其以下ハ緣頬ニ着座也.

〃 御馳走奉行ハ, 安藤右京進様·脇坂淡路守様, 御賄奉行ハ, 大河内金兵衛様也.

〃 右御饗應七五三, 薄膳金銀之飾也. 器ハ御盃臺ニ至迄, 皆金之置上也. 三使ゟ御饗應御丁寧ニ被仰付, 難有奉存候旨, 御馳走

긴 창(長槍) 3쌍, 비장(裨將) 5쌍, 영기(令旗)[294] 3쌍, 포수(炮手)[295] 4쌍, 다음으로 안롱(鞍籠)[296] 3열(輩), 승상(乘床)[297] 3열(輩), 말탄 사령 3쌍, 소동 3쌍 등이 좌우에 섰다. 시바구치(柴口)[298]에서 숙사(宿寺)까지는 위의 행렬로 이동했다. 길의 교차로마다 경호가 있었고, 길에 골목이 있는 곳은 여러 명이 창을 들고 막아서 경호했다.

〃 신각(申刻)에 신사가 에도에 도착했다. 바로 혼세이지(本誓寺)로 이동했다. 혼세이지에서 삼사는 상단에 앉고, 상상관은 중단에 앉았다. 그 이하는 툇마루(緣頬)[299]에 앉았다.

294 사신이 명령을 내릴 때 사용하는 깃발. 원래는 군중(軍中)에서 사용했다. 전령(傳令)이 들고 가며, 푸른 비단에 붉은 글씨로 '令'자가 쓰여 있다. (『대일외교사전』)

295 사행 때 화포(火砲) 쏘는 일을 맡은 사람. 화포수(火砲手). 통신사행 때 대개 삼사신(三使臣)이 각각 2명씩 총 6명을, 문위행(問慰行) 때에는 대개 2명을 데리고 갔다. (『대일외교사전』)

296 안롱은 수레나 가마 따위를 덮는 우비의 하나로, 두꺼운 유지(油紙)나 가죽 따위로 만들며 흔히 한쪽에 사자를 그려 넣는다. (『대일외교사전』)

297 가마로 추정된다.

298 '芝口'라고도 함. 에도성 남쪽에 있는 에도로 들어오는 입구. 후에 1710년 통신사의 파견에 맞춰 시바구치고몬(芝口御門)이 세워졌다.

299 엔가와. 방 바깥쪽에 만들어 놓은 툇마루. 복도 혹은 바닥에서 방(또는 마루로)으로 올라가는 입구로 이용된 일본 가옥 특유의

〃 접대 담당은 안도 우쿄노조님·와키자카 아와지노카미님, 식사 담당은 오코치 긴베에님이었다.

〃 향응은 시치고산에 요리(薄膳)[300]는 금은으로 장식된 것이다. 그릇과 그것을 놓는 대(盃臺)까지 전부 금으로 된 오키아게(置上)[301]였다. 삼사가 정중한 향응에 감사드린다고, 접대

御奉行方へ御禮被申上ル. 此時右京進樣·淡路守樣御出被成, 三使へ
御對面, 御互ニ御挨拶有之. 三使ゟ右御兩人へ, 御酒被召上候樣ニ与之
御挨拶, 有之候得共, 御理り被仰, 御入り被成ル.
〃 右御饗應相濟而, 光雲院樣ニも御宿坊彌勒寺へ, 御歸り被成ル. 且又
最前御到着之砌, 爲御屆御老中樣方へ, 御出可被成儀ニ候へ共, 本誓寺ニ
おゐて右京進樣·淡路守樣より, 御饗應座席諸事之儀,
御指圖被成候樣ニ与之御事ニ付, 御到着之砌并御饗應之內, 再三
以御使者被仰遣ル. 尤御宿坊へ御歸り被成候節も, 右御馳走御奉行ゟ,
今暮方又々信使屋へ, 御出被成候樣ニ与之御事ニ付, 暮方又
々御出被成, 御馳走奉行·御賄奉行へ御對面被成, 京都·大坂·海陸

담당에게 인사를 했다. 이때 우쿄노조님과 아와지노카미님이 나와 삼사와 대면하시고, 서로 인사하셨다. 삼사가 두 분에게 술을 드시라고 인사했지만 거절하고 들어가셨다.

〃 향응이 끝나고 고운인님도 숙방(宿坊)[302]인 미로쿠지(彌勒寺)로 돌아가셨다. 또한 조금 전

공간. 바깥과 경계 부분에 덧문(雨戶)이나 유리문을 세우기도 하며, 그런 것 없이 눈과 비에 그대로 노출되는 툇마루를 누레엔(濡れ緣)이라 한다. 등성한 무사들의 대기소. 또한 알현이 행해진 장소.

300 손님에게 접대하는 요리를 낮추어 부르는 표현.

301 조각이나 그림 등에서 문양을 바탕 면보다 높여서 도드라지게 하는 수법. 그 방식으로 만든 물건.

302 숙방(宿坊)은 참배자가 묵는 절의 숙소. 숙원(宿院).

도착했을 때 보고하러 로주님들께 갔어야 했지만, 혼세이지에서 우쿄노조님과 아와지노카미님이 향응 자리에 관해 여러 가지 의견을 달라고 하는 바람에 도착했을 때와 향응 도중에 여러 번 사자를 보내 전하셨다. 숙방에 돌아오셨을 때도 위 접대 담당관들께서 저녁에 다시 신사 숙소로 오라고 하셔서 저녁에 또 [혼세이지로] 가셨다. 접대 담당, 식사 담당과 만나서 교토와 오사카, 해로와 육로

所々御馳走·御賄之儀被仰達, 御下行之次第なと被仰談ル. 御賄下行なと之儀ハ, 委細別帳ニ記之.

〃 此方御宿坊并兩長老·御馳走奉行·御賄奉行, 其外此方御家中之宿々ニ至迄, 兼而御老中様ゟ御定被成置ル.

〃 此方御宿坊ハ彌勒寺也.

〃 召長老宿坊ハ法善寺, 御馳走奉行ハ, 野村藤三郎様也.

〃 璘西堂宿坊ハ昌德寺, 御馳走奉行ハ, 一宮忠次郎様也.

一. 同七日早朝, 爲 上使松平伊豆守様, 此方へ御入被成ル.　光雲院様御廣間へ御出迎被成,　上意之旨を謹而御聞被成. 夫ゟ御書院へ御請待被成, 此所ニ而御內意之旨を御聞被成, 難有被思召上候段,

곳곳에서 있었던 접대와 식사에 관해 말씀하시고 제공하는 방법 등을 상의하셨다. 식사 제공에 관해서는 별도로 자세히 기록하셨다.

〃 번주님의 숙소와 두 초로, 접대 담당, 식사 담당, 그 밖에 번주님 가신들의 숙소에 이르기까지 미리 로주님들이 지정해 두셨다.

〃 번주님의 숙방은 미로쿠지이다.

〃 쇼초로(召長老)의 숙방은 호젠지(法善寺), 접대 담당은 노무라 도사부로(野村藤三郎)님이다.

〃 린세이도(璘西堂)의 숙방은 쇼토쿠지(昌德寺), 접대 담당은 이치노미야 주지로(一宮忠次郎)님이다.

一. 동 7일, 이른 아침에 조시로 마쓰다이라 이즈노카미님이 이쪽으로 오셨다. 고운인님이 히로마로 마중 나가서 쇼군의 뜻을 삼가 들으셨다. 그리고 쇼인(書院)으로 모셔서, 이곳에서 쇼군의 뜻을 듣게 되어 감사드린다고

御禮被仰上ル. 尤明日御登　城被成候様ニ与之儀も, 被蒙仰ル.

〃 右伊豆守様御歸り以後, 早速爲御禮, 御老中様方へ御出被成ル.

〃 同日, 信使へ爲　上使, 土井大炊頭様·酒井讃岐守様, 信使屋へ御入被成ル.

但, 右御兩人様, 信使屋外門を御入被成. 右京進様御宿へ御出, 彼所ニ而御装束被成ル.

〃 今日　上使御入ニ付, 信使屋門之内ゟ本堂迄之間, 薄縁敷之. 尤門内之左右ニハ, 旗·吹物·錚點·銅鼓なと相列ル.

〃 上使本堂へ御上り被成候節ハ, 三使ハ板縁迄被出迎, 上々官·上官·判事なとハ, 庭へ畏り罷在ル.

답례하셨다. 단, 내일 등성하라는 하명도 받으셨다.

〃 이즈노카미님이 돌아가신 후 서둘러 답례를 위해 로주님들께 가셨다.

〃 같은 날, 신사에 대한 조시로 도이 오이노카미님과 사카이 사누키노카미님이 신사 숙소로 가셨다.

단, 이 두 분은 신사 숙소의 외문(外門)으로 들어가셨다. 우쿄노조님의 숙소로 가서 그곳에서 장속을 갖추셨다.

〃 오늘 조시가 오시므로, 신사 숙소의 문 안쪽부터 본당까지 우스베리(薄緣)[303]를 깔았다.

---

303 다다미 표면에 천을 붙인 깔개. (『日本國語大辭典』)

또한 문 안쪽의 좌우에는 깃발, 취악기, 자바라, 동고(銅鼓) 등을 늘어놓았다.

〃 조시가 본당에 들어섰을 때 삼사는 이타엔(板緣)[304]까지 마중 나왔고, 상상관, 상관, 판사 등은 뜰에서 삼가 단정하게 있었다.

但, 三使衆板緣迄被出迎候儀, 舊例ハ無之候得共, 公儀を被敬候付, 板緣迄被罷出与之事也.

〃 光雲院様并兩長老ハ, 門內迄御立迎被成ル.

〃 上使階を御上り被成, 座ニ御着被成候節ハ, 三使も同列ニ被參, 互ニ上段へ御着座, 二度半之御對禮有之而, 互ニ御裀之上ニ御着座. 此時上使ゟ　上意之旨を,　光雲院様へ被仰傳え候. 信使遠路被罷越, 苦勞ニ被思召上候与之御事也.　光雲院様謹而御聞被成, 上々官洪同知を被爲召, 右　上意之旨を御傳被成候時, 上々官是を三使へ申達ス. 三使謹而承之, 難有奉存候旨, 并海陸所々ニ而も, 段々御馳走被爲入御念, 珍重難有奉存候与之

단, 삼사들이 이타엔까지 마중 나오는 일이 전례에는 없었지만, 막부(公儀)를 존중하여 이타엔까지 나왔다고 한다.

〃 고운인님과 두 초로는 문 안쪽까지 나와 서서 맞이하셨다.

〃 조시가 섬돌을 올라 자리에 앉으시자, 삼사도 같은 열로 오셔서 서로 상단에 앉았다. 두 번 반 대례를 하고 서로 자리 위에 앉으셨다. 이때 조시가 쇼군의 뜻을 고운인님에게 전했다. 신사가 먼 길을 오느라 고생했다는 내용이었다. 고운인님이 삼가 들으시고 상상관 홍동지를 불러서 쇼군의 뜻을 전하자, 상상관이 이것을 삼사에게 전했다. 삼사가 정

304 나무 판을 연결해서 만든 툇마루.

중하게 이를 듣고는, 감사의 뜻과 해로와 육로 곳곳에서도 정성어린 접대를 해주셔서 지극히 감사히 여긴다는

趣, 御禮被申上ル.

〃 右之節, 右京進樣·淡路守樣·兩長老ハ, 中段之中程ニ被成御座, 大炊頭樣·讚岐守樣御供之面々ハ, 右御兩人樣方之中段ニ着座. 上官なとハ, 三使着座之方之中段ニ罷在ル. 其餘之面々ハ, 何茂緣ニ畏ル.

〃 右　上意之旨并御禮之趣相濟而, 人參湯出ル.

但, 通りハ三使之小童也.

〃 右相濟而,　上使御歸り被成ル. 三使被出送候儀式, 御入之節同然也.

〃 上使御兩人樣, 又々右京進樣御宿へ御出被成, 裝束御替へ被成ル. 尤右京進樣ゟ相應之御饗應有之, 光雲院樣ニも御招請ニ付, 御出被成. 御咄なと有之節,　上使御兩人樣, 信使　上使へ對會之

답례를 드렸다.

〃 이때 우쿄노조님과 아와지노카미님, 두 초로는 중단의 가운데에 계셨고, 오이노카미님과 사누키노카미님의 수행원들은 두 분 쪽의 중단에 앉았다. 상관 등은 삼사가 앉은 쪽의 중단에 있었다. 그 나머지 사람들은 모두 툇마루에 단정하게 있었다.

〃 위 쇼군의 뜻 [전달]과 답례 인사를 마친 뒤 인삼탕이 나왔다.

시중을 든 것은 삼사의 소동(小童)이다.

〃 다 끝나고 조시가 돌아가셨다. 삼사가 배웅 나오는 의식은 방금과 같았다.

〃 조시 두 분이 다시 우쿄노조님의 숙소로 가셔서 장속을 갈아 입으셨다. 우쿄노조님이 적절하게 향응하셨고, 고운인님도 초청을 받아 가셨다. 환담 중에 조시 두 분이 신사와 조시가 대면하는

儀式, 殊外宜敷候由御物語, 夫ゟ追付御歸り被成ル.

一. 同八日晴天. 爲御目見御登　城被成ル.　光雲院樣,　御前へ被爲召, 御直之 御意有之候ハ, 今度信使來聘ニ付, 萬端御心遣, 且又海陸所々ゟ, 每度御註進之段, 旁御苦勞ニ被思召上候与之御事, 且又來ル十三日吉日ニ付, 信使登 城仕候樣ニ与之御事ニ付, 難有思召候段, 御禮被仰上,　御前御退座被成候處, 於御廣間御老中樣方より三使登 城之節, 御禮式を御定メ被成候爲メ, 三使官位之儀を, 御尋被成候付, 兩長老御同然ニ, 官位之次第を被仰上候得共, 日本之官位ニ御引合せ, 御覽被成候ニ, 相當之位難相知レ候付, 御老中樣方被仰候ハ, 右京進樣 · 淡路守樣 · 道春老 ·

의식이 매우 좋았다고 하시고, 곧 돌아가셨다.

一. 동 8일, 맑음. 쇼군을 알현하기 위해 등성하셨다. 고운인님이 쇼군께 가시니 직접 쇼군의 뜻이 있길, “이번 신사 내빙과 관련하여 모든 일에 신경을 쓰고, 또한 해로와 육로 곳곳에서 매번 보고를 올리느라 여러모로 고생스러웠을 것이다”라고 했고, 또한 “오는 13일이 길일(吉日)이니 신사가 등성하도록 하라”고 하시어, “황송합니다”라고 답례를 올리고 쇼군 앞에서 물러났다. 히로마에서 로주님들이 삼사가 등성할 때의 의식을 정하기 위해 삼사의 관위(官位)를 물으시기에 두 초로와 함께 관위에 관해 말씀드렸다. 그러나 일본의 관위와 대조해보아도 상응하는 관위를 알기 어려워서, 로주님들이 말씀하시길 “우쿄노조님 · 아와지노카미님 · 도슌(道春)[305]님 ·

---

305 하야시 라잔(林羅山). 라잔은 호, 휘(諱)는 노부카쓰(信勝), 통칭은 마타자부로(又三郎). 에도시대 초기의 유학자. 후지와라 세이카(藤原惺窩)에게 주자학을 배웠다. 1605년 도쿠가와 이에야스에게 종사했고, 이후 4대에 걸쳐 쇼군의 시강(侍講)을 담당했다. 법령 제정, 외교문서 작성, 전예(典禮)의 조사와 정비 등에도 관여했다. 1636년 통신사행 때 부사 김세렴(金世濂)과 사단칠정(四端七情)을 논변(論辨)했다. (『대일외교사전』)

永喜老・兩長老御同然ニ, 朝鮮人へ得と御尋被成, 被仰上候樣ニ,
併此儀 公儀ゟ屹与御尋被成ニ而ハ無之候. 只彼國之官位之儀を,
御聞被成度与之趣ニ候由被仰渡ル. 相濟而御退出, 御屋敷へ御歸り被成,
追付御宿坊へ御出被成候處, 右京進樣・道春老・永喜老, 何茂
淡路守樣御宿へ, 被成御座候由ニ而, 御使者來り候付, 兩長老御同然ニ,
彼方へ御出被成, 洪同知・姜僉知・康判事・權學士なと御招被成, 右官位
之儀爲御尋, 申之刻より亥之刻迄, 筆談有之候得共, 日本官
位ニ相當之儀, 難相知候付, 淡路守樣・右京進樣・道春老・永喜老,
何茂被仰候ハ, 兎角此分ニ而ハ, 難相知候條, 光雲院樣并兩
長老御同然ニ, 信使屋へ御出被成, 得と御聞可被成候. 假令明日ニ至り候

에이키(永喜)[306]님・두 초로 모두 조선인에게 확실히 물어보고 말씀해 주십시오. 하지만 이 일을 쇼군께서 엄중하게 질문하신 것은 아닙니다. 다만 그 나라의 관위에 관해 알고 싶다고 하십니다"고 하셨다. 마치고 물러나서, 에도 번저(御屋敷)에 돌아오신 뒤 바로 숙방으로 가셨는데, 우쿄노조님・도슌님・에이키님 모두 아와지노카미님의 숙소로 가셨다는 사자가 도착해서 두 초로와 함께 그쪽으로 갔다. 홍동지, 강첨지, 강판사(康判事), 권학사(權學士)[307] 등을 부르시고 관위에 관해 문의하느라 신각(申刻)에서 해각(亥刻)까지 필담을 했지만, 일본의 관위에 어떻게 상응되는지 알기 힘들었다. 아와지노카미님・우쿄노조님・도슌님・에이키님 모두 말씀하시길, "어쨌든 이렇게 해서는 알기 어려우니 고운인님과 두 초로가 함께 신사의 숙소로 가서 확실히 물어보십시오. 설령 내일까지 걸리더라도

306 하야시 에이키(林永喜). 유자(儒者) 하야시 라잔(林羅山)의 동생. 에이키도 후지와라 세이카(藤原惺窩), 라잔 등에게 유학을 배웠고, 교부쿄호인(刑部卿法印)에 서임되었다. 저서로는 『林永喜假名遺書』, 『東武紀年錄』 등이 있다.

307 학사 권칙(權侙).

而も, 兎角委細ニ御聞不被成候而ハ, 不相濟事之由, 被仰候時, 道春老·永喜老被仰候ハ, 朝鮮官位之儀, 致書載候書籍, 去方へ所持いたし, 秘所仕候人有之候間, 若彼方ゟ僞りたる申分も御座候ハヽ, 御次飛脚を以, 早々御取寄せ被成, 彼方へ御見せ被成候様ニと存候. 御內意も其通りニ御座候. 兎角分明ニ相知レ不申候而ハ, 不叶儀ニ御座候由被仰ル. 相濟而學士なと罷歸り候節, 道春老·永喜老, 詩作なと有之候處, 學士も和韻なと仕, 何茂罷歸ル. 相續而兩長老御同然ニ, 信使屋へ御出被成, 三使へ御對面之上, 最前ゟ段々之次第被仰達, 委細ニ御尋被成候處ニ, 三使御返答ニ, 官位之儀, 別而僞り可申様無御座候. 必ス疑敷被思召間敷候. 我々方ゟ僞りを申上候様ニ

어쨌든 자세히 물어보지 않으면 안 됩니다"라고 하시자, 도슌님과 에이키님이 "조선 관위에 관해 기록한 서적을 소지하여 몰래 두고 있는 사람이 있으니, 혹시 저쪽이 거짓말을 하면 역참파발로 서둘러 가져와서 저쪽에 보여주셔야 합니다. [막부가] 내심 생각하는 바도 그러합니다. 어쨌든 분명히 알지 못하면 안 됩니다"라고 하셨다. 끝나고 학사 등이 돌아갈 때 도슌님과 에이키님이 시작(詩作)을 했는데, 학사도 화음(和韻)[308]을 하고 모두 돌아갔다. 이어서 두 초로와 함께 신사 숙소로 가서 삼사와 대면하신 뒤, 방금 전에 있었던 일을 말하고 자세히 물으셨는데, 삼사가 답변하길 "관위는 특별히 속일 수가 없습니다. 부디 의심을 갖지 마십시오. 우리 쪽에서 거짓을 말한다고

被思召候而ハ, 別而愧敷存候与之儀也. 此方ゟ被仰達候ハ, 被仰聞候通

308 다른 사람이 한시(漢詩)를 읽었을 때, 이에 답하여 그 시와 같은 운자(韻字)를 사용하여 시를 만드는 것. (『日本國語大辭典』)

御尤ニ存候. 併 上ゟ之被仰付も, 有之儀ニ候得ハ, 難相知レ所ハ,
幾重ニも御尋不申入候而ハ, 不相濟候由, 被仰達候處, 彼方ゟ左之通,
繪圖を以被申出テル. 則左記之.

생각하신다면 대단히 수치스러운 일입니다"라고 했다. 번주님이 말하시길 "말씀하신 대로입니다. 하지만 쇼군께서 명한 일이다보니 잘 모르는 부분은 몇 번이고 여쭈지 않을 수 없습니다"라고 했더니, 저쪽에서 다음과 같이 그림으로 답변했다. 다음에 적는다.

文官	正一品	從一品	正二品	從二品	正三品	從三品	正四品	從四品	正五品
武官		陞限從一品	正二品	從二品	正三品	從三品	正四品	從四品	正五品
蔭官 文武官子孫承蔭			陞限正二品	從二品	正三品	從三品	正四品	從四品	正五品
雜職 訳官 医官			陞限正二品			陞限從三品	正四品	從四品	正五品
賤職 諸色 工匠									
老職				年九十陞限從二品	年八十正三品	年七十從三品	年六十正四品		

문관	무관	음관 (문무관 자손승음)	잡직 (역관 의관)	천직 (제색공장)	노직
정일품					
종일품	승한종일품				
정이품	정이품	승한종이품	승한정이품		
종이품	종이품	종이품			나이 구십 승한종이품
정삼품	정삼품	정삼품			나이 팔십 정삼품
종삼품	종삼품	종삼품	승한종삼품		나이 칠십 종삼품
정사품	정사품	정사품	정사품		나이 육십 정사품
종사품	종사품	종사품	종사품		
정오품	정오품	정오품	정오품		

從九品	正九品	從八品	正八品	從七品	正七品	從六品	正六品	從五品
從九品	正九品	從八品	正八品	從七品	正七品	從六品	正六品	從五品
從九品	正九品	從八品	正八品	從七品	正七品	從六品	正六品	從五品
從九品	正九品	從八品	正八品	從七品	正七品	從六品	正六品	從五品
從九品	正九品	從八品	正八品	從七品	正七品	從六品	正六品	從五品

종구품	정구품	종팔품	정팔품	종칠품	종칠품	종육품	정육품	종오품
종구품	정구품	종팔품	정팔품	종칠품	종칠품	종육품	정육품	종오품
종구품	정구품	종팔품	정팔품	종칠품	종칠품	종육품	정육품	종오품
종구품	정구품	종팔품	정팔품	종칠품	종칠품	종육품	정육품	종오품
종구품	정구품	종팔품	정팔품	종칠품	종칠품	종육품	정육품	종오품

右之繪圖御取歸り被成, 道春老 · 永喜老へ被掛御目候處, 殊外夜深,

曉方ニ及候也.

一. 同九日, 日光參詣之儀, 被相願可然之旨, 爲被仰談, 信使屋へ御出,

三使へ御對面被成ル.

一. 同十日, 信使登 城之儀式, 其外信使ニ付, 諸事御作法なと之儀, 可

被仰談与之御事ニ付, 御登 城被成ル.

一. 同十一日, 三使日光へ參詣仕度之旨, 被願出候付, 今日御登 城被成,

御老中樣方へ, 其旨被仰上候處, 被達 上聞候得ハ, 御感不淺

被思召上, 且其旨三使へ被仰達候樣ニ与之御事ニ付, 則右京進樣 ·

淡路守樣御同然ニ, 信使屋へ御出被成, 御感之旨御傳へ被成ル. 夜ニ入

위의 그림을 가지고 돌아와 도슌님과 에이키님에게 보여 드렸는데, 대단히 밤이 깊어 동틀 녘이 되었다.

一. 동 9일, 닛코 참배[309]를 요청하는 건을 상의하러 신사 숙소로 가서 삼사와 대면하셨다.

一. 동 10일, 신사의 등성 의식, 그 외 신사와 관련된 여러 예법을 논의하러 등성하셨다.

一. 동 11일, 삼사가 닛코에 참배하고 싶다고 요청해서, 오늘 등성하여 로주님들께 이를 보고했더니, "쇼군께서 들으시면 대단히 기뻐하실테니 이것도 삼사에게 전하시오"라고 하셔서, 우쿄노조님 · 아와지노카미님과 함께 신사 숙소로 가서 쇼군께서 감격하셨다고 전했다. 밤이 되어

309 도쿠가와 이에야스를 '도쇼다이곤겐(東照大權現)'으로 신격화하여 주제신(主祭神)으로 모시는 도쇼구(東照宮)에 참배하는 것을 의미. 도치기현 닛코시에 소재하는 신사. 일본 전국의 도쇼구의 총본사(總本社)적인 존재. 구노산도쇼구(久能山東照宮) · 우에노도쇼구(上野東照宮)와 함께 삼대 도쇼구의 하나.

御歸り被成候付, 三使ゟ御禮之儀, 翌日被仰上ル.

一. 同十二日, 御登 城被成候處, 信使登 城之節之御儀式なと之事, 御相談有之, 御役々御儀式ニ御預り被成候御面々, 御禮式之御稽古被成ル.

就夫　光雲院様御事, 今日　御前へ被爲召, 御意有之候ハ, 信使登 城之御儀式, 并卽日　御盃を三使へ可被成下与之儀, 被爲仰付, 且信使日光社参之儀, 三使ゟ之願ニ而ハ候得共, 畢竟光雲院様御計イニ付, 彼方より願出候様ニ罷成, 大慶ニ被思召上与之　御意有之.

一. 同十三日, 巳刻信使登　城.　光雲院様, 兩長老御同然ニ, 先達而御登 城被成ル.

돌아오니 삼사가 답례 인사를 다음 날 올렸다.

一. 동 12일, 등성해서 신사가 등성할 때의 의식 등에 관해 논의했고, [막부의] 역직(役職)을 맡고 있으면서 의식과 관련된 분들이 예식 연습을 했다. 고운인님을 쇼군께서 부르시어 의향을 전하기를, "신사의 등성 의식과 그날 술을 삼사에게 내릴 것"이라고 하셨고, 신사의 닛코 참배를 삼사가 요청했지만 분명 고운인님이 주선을 해서 그쪽에서 요청하게 되었으니 대단히 경사스럽다고 하셨다.

一. 동 13일, 사각(巳刻)에 신사가 등성했다. 고운인님은 두 초로와 함께 먼저 등성하셨다.

〃 信使之旗·吹物·其外之諸具ハ, 大手下馬所ニ留ル.

〃 騎馬之朝鮮人も, 一統此所ニ而, 下馬仕ル.

〃 上々官·判事官·學士ハ, 大手御門之內, 橋之邊ニ而, 乘り物ゟ下ル.

〃 三使ハ銅御門之內, 三番目之腰掛之奧ニ而, 輿を下り, 蓋を被留ル.

〃 三使輿を被下候而, 光雲院様·安藤右京進様·脇坂淡路守様·

召長老·璘西堂御出迎被成ル. 井上筑後守様·秋山修理亮様ニハ,
車寄迄御出迎被成ル. 夫ゟ御同然ニ, 三使を天井之間迄, 御誘引被成ル.

〃 三使天井之間中段ニ着座, 其餘之朝鮮人ハ, 段々ニ次之間ニ着座仕ル.

〃 此日天井之間上段ハ, 御鎖シ切り被成候而, 右京進様·淡路守様·筑後守様·

〃 신사의 깃발, 취악기, 그 외 도구들은 오테고몬(大手御門)[310]의 하마소(下馬所)[311]에 남겨 두었다.

〃 말에 탄 조선인도 모두 이곳에서 내렸다.

〃 상상관·판사관·학사는 오테고몬 안쪽, 다리 근처에서 가마를 내렸다.

〃 삼사는 아카가네고몬(銅御門)[312] 안쪽 세 번째 대기소(腰掛)[313] 안쪽에서 가마를 내렸고, 의장용 양산(蓋)[314]을 남겨 두었다.

〃 삼사가 가마에서 내리고, 고운인님·안도 우쿄노조님·와키자카 아와지노카미님·쇼초로·린세이도가 마중 나갔다. 이노우에 지쿠고노카미님과 아키야마 슈리노스케님이 현관까지 마중 나오셨다. 그리고 함께 삼사를 덴조노마(天井之間)[315]로 인도했다.

〃 삼사가 덴조노마 중단에 앉고, 나머지 조선인은 차례로 쓰기노마에 앉았다.

---

310 에도성의 정문. 〈참고 자료 3〉「江戸城寛永度繪圖」 오른쪽 하단 부분에 오테고몬(大手御門)을 지나 들어간 곳에 아카가네고몬(銅御門)이 보인다.

311 다이묘나 하타모토가 에도성 혼마루(本丸)에 등성할 때는 오테몬과 우치사쿠라다몬(内桜田門)을, 니시노마루(西の丸)에 등성할 때는 니시노마루오테몬(西の丸大手門)을 이용했다. 이들 문 앞에는 '게바(下馬)'라는 표찰이 있어, 문자 그대로 여기에서 말에서 내리는 것을 의미했다. 다이묘나 역고(役高) 500석 이상의 관리, 고케(高家) 등 '조요(乗輿) 이상의 격(格)' 이외의 사람들은 말이나 가마에서 내려야만 했다. 말에서 내려 문 안쪽으로 들어갈 때 동행하는 인원수도 신분 별로 제한이 있었다.

312 에도성 니노마루(二丸)의 출입문. 『德川實記』에서는 중문(中門)이라고 표현.

313 성이나 다이묘 저택에서 동행한 수행원이나 종자들이 대기하며 기다리던 곳.

314 의장(儀仗)의 하나로 양산(洋傘) 모양. 비단 천으로 꾸며져 빛깔에 따라 청개(靑蓋)·홍개(紅蓋)·황개(黃蓋)·흑개(黑蓋) 따위가 있다.

315 에도성 혼마루고텐(本丸御殿, 쇼군의 거처) 현관 옆의 대기실. 『德川實記』에서는 '殿上間'이라고 표현. 조선통신사의 의례가 행해지는 에도성 안의 구조와 공간 명칭에 관해서는 〈참고 자료 1〉을 참조.

〃 이날 덴조노마 상단은 열쇠로 풀고 개방해 우쿄노조님 · 아와지노카미님 · 지쿠고노카미님 ·

修理亮様 · 兩長老, 此所ニ被成御座ル.

〃 此節信使拜禮之次第, 并御三家様方三使ヘ御對會之次第なと,

御老中様ゟ被仰渡ル.

〃 朝鮮國王ゟ之別幅之品ハ, 光雲院様御指圖ニ而, 御廣間ニ被

召置ル.

〃 大猷院様御廣間ヘ 出御, 三使可召出之旨, 被仰出候時, 光雲院様

天井之間ニ御出被成, 三使を御廣間之次, 諸御大名様方御列座之

中程, 御廣間之襖ゟ二間斗之所迄, 御誘引被成候時, 三使御廣間ニ

向イ, 少かたより被畏居ル.

但, 三使御廣間ニ被罷出候節ハ, 貂皮冠を脫キ, 玄糸冠を着被仕ル.

슈리노스케님 · 두 초로가 이곳에 앉았다.

〃 이때 신사 배례의 절차, 고산케(御三家)[316]님들과 삼사의 대면에 관해 로주님들이 말하셨다.

〃 조선 국왕이 보낸 별폭(別幅)[317]의 물품은 고운인님의 지시로 히로마[318]에 가져다 두셨다.

---

316 도쿠가와 이에야스의 9남 요시나오, 10남 요리노부, 11남 요리후사 등을 시조로 하여, 각각 오와리(尾張) 나고야번, 기이(紀伊) 와카야마번, 히타치 미토(水戸)번을 다스리는 집안 혹은 그 당주(當主). 세 가문 모두 쇼군의 일족이라는 권위를 가진 다이묘로, 쇼군에게 계승자가 없는 경우 쇼군 가문을 상속할 수 있는 권리를 가지고 있었다. 8대 요시무네(吉宗)와 14대 이에모치(家茂)는 모두 기이 가문 출신으로 종가(宗家)를 계승했다.

317 교린문서(交隣文書)의 일종으로써 예물의 종류와 수량을 적은 물품 목록. 일반적인 의미의 별폭은 '별도의 문서'를 의미하지만, 역사적 용어로서 한정된 의미로 사용하는 별폭은 조선과 일본, 혹은 조선과 류큐왕국처럼 교린관계를 맺고 있던 국가들 사이에 교환된 예물 목록을 의미한다. 그러므로 조선 국왕이 중국 황제에게 보내는 예물은 별폭이라 하지 않고 '방물표(方物表)'라는 용어를 사용했다. 조일 양국은 서계의 교환과 함께 반드시 별폭을 주고받음으로써 상호 정치적 · 경제적 교류의 증진을 도모했다. (『대일외교사전』)

318 에도성 안에서 가장 큰 서원(書院). 〈참고 자료 1〉 참조.

〃 다이유인(大猷院)[319]님이 히로마로 나오셔서 삼사를 부르라고 하시자, 고운인님이 덴조노마로 가셔서 삼사를 히로마의 대기실(廣間之次) 여러 다이묘님이 늘어앉은 가운데쯤 히로마의 후스마(襖)[320]에서 2겐(間)[321]쯤 떨어진 곳까지 인도하셨다. 삼사가 히로마를 향해 조금 비스듬하고 단정하게 대기하고 있었다.

단, 삼사가 히로마로 가실 때에 초피관(貂皮冠)[322]을 벗고 현사관(玄糸冠)을 쓰셨다.

〃 此節上々官·判事ハ, 廣縁ニ畏ル. 上々官洪同知, 朝鮮國王之御書簡箱を捧ケ, 三使之前ニ置キ退ク. 其時掃部頭様·下總守様·大炊頭様·讃岐守様, 廣縁ニ御出被成, 光雲院様へ三使被罷出候様ニ与之御事被仰渡ル. 其時 光雲院様御書簡箱を御請取被成, 三使之先キ御目通り, 廣縁ニ被成御座候時, 吉良上野守様御上段 御座之右之縁ゟ, 下段之中程ニ御出, 少かたより被成御座候時, 光雲院様右之御書簡箱を, 下段へ御持出テ被成, 御雙方御にじり寄り被成, 御目通り之所ニ而, 御渡し被成, 光雲院様ニハ元のことく, 廣縁へ御退キ被成ル. 上野守様御書簡箱を御持出被成, 光雲院様御左之方ニ被召置, 元の

〃 이때 상상관과 판사는 툇마루에 단정하게 있었다. 상상관 홍동지가 조선 국왕의 서한 상자를 받들어 삼사 앞에 놓고 물러났다. 그때 가몬노카미님·시모우사노카미님·오이노카미님·사누키노카미님이 툇마루로 오셔서 고운인님에게 삼사를 나오게 하라고 말했다.

---

319 쇼군 도쿠가와 이에미쓰.

320 방의 구역 구분을 위해 설치한 장지문.

321 다다미의 크기, 길이를 나타내는 단위.

322 조선시대 주로 남성들이 착용하던 방한모의 일종.

그때 고운인님이 서한 상자를 받아서 삼사 앞 쇼군의 시야가 닿는 툇마루에 계셨다. 기라 고즈케노카미(吉良上野守)[323]님이 상단 쇼군의 좌석 오른쪽의 툇마루에서 하단의 중간으로 나오셔서 조금 비스듬하게 앉으시자, 고운인님이 위의 서한 상자를 하단으로 가져 오셨다. 두 분이 무릎으로 기어서 쇼군 앞 자리에 건네신 뒤 고운인님은 원래대로 툇마루로 물러나셨다. 고즈케노카미님이 서한 상자를 가지고 고운인님 왼쪽에 두시고, 원래대로

ことく廣縁ニ御退キ被成ル.

但, 此時掃部頭様·下總守様·大炊頭様·讃岐守様ニハ, 三使

御前へ被罷出, 拜禮相濟候迄之間ハ, 中段と下段之間, 御前

御目通り之御右之方ニ, 被成御座ル.

〃 其後三使中段二帳目之御疊迄被進候節, 光雲院様此

所ニ御引留被成候時, 三使一同ニ四度半之拜禮有之, 相濟而下段

御目通りより, 左之方之襖際ニ被畏居ル.

但, 此時掃部頭様·下總守様·大炊頭様·讃岐守様ニハ, 御一同ニ廣縁ニ

御退キ被成ル. 光雲院様ニも元の所へ御退キ被成ル.

〃 其後 大猷院様, 掃部頭様·下總守様·大炊頭様·讃岐守様を

툇마루로 물러나셨다.

단, 이때 가몬노카미님·시모우사노카미님·오이노카미님·사누키노카미님은 삼사가 쇼군 앞에 나가 배례를 마칠 때까지는 중단과 하단 사이, 쇼군의 시야에서 오른쪽에 앉아 계셨다.

〃 그 후 삼사가 중단 두 번째 다다미까지 왔을 때 고운인님이 거기 멈춰 세우자 삼사 일동

---

323 기라 요시미쓰(吉良義彌). 1608년 막부의 의식전례(儀式典禮)를 맡는 고케(高家)가 되었다. (『日本人名大辭典』)

이 4번 반 배례했고, 마친 뒤 하단의 쇼군의 시야에서 왼쪽 장지문 쪽에 대기하셨다.

단, 이때 가몬노카미님·시모우사노카미님·오이노카미님·사누키노카미님은 함께 툇마루로 물러나셨다. 고운인님도 원래 장소로 물러나셨다.

〃 그 후 다이유인님께서 가몬노카미님·시모우사노카미님·오이노카미님·사누키노카미님을

被爲召,　上意有之候ハ, 今度朝鮮國誠信を被重せ, 信使
被差渡候段, 御感不淺候. 且又三使遠路被罷越候段, 苦勞ニ被
思召上候与之御事也. 右御四人様 上意之旨を御聞被成, 下段之
中程ニ御出被成, 光雲院様へ被仰渡候節,　光雲院様
上々官洪同知を下段へ被召,　上意之旨を御傳被成ル. 上々官
其旨を三使へ申達候節, 三使謹而被承 上意之趣, 難有
仕合ニ奉存候. 御禮之儀, 右御四人様ゟ宜様ニ被仰上被下候様ニ与被
申候時, 御四人様右之趣を被仰上, 御退キ被成候處, 又々右御四人様を
被召出,　上意有之候ハ, 先年朝鮮國ゟ之來書之儀, 中途ニ而
僞り改候段致露顯, 達　上聞, 只今ニハ僞書ニ而候段, 分明ニ相知レ

불러서 말하시길, "이번에 조선국이 성신(誠信)을 중시하여 신사를 파견하니 대단히 기쁘다. 또한 삼사가 먼 길을 오느라 고생스러웠을 것이다"라고 하셨다. 위 네 분이 쇼군의 말씀을 듣고 하단 가운데로 가서 고운인님께 전달했고, 고운인님이 상상관 홍동지를 하단으로 불러 쇼군의 말씀을 전달했다. 상상관이 그 뜻을 삼사에게 전하자, 삼사가 삼가 쇼군의 뜻을 들으시고 "감사합니다. 답례 인사는 네 분께서 잘 말씀해 주십시오"라고 했다. 네 분이 이를 아뢰고 물러났는데, 다시 네 분을 부르셔서 쇼군이 말하시길, "지난번 조선국에서 보낸 서한을 중간에서 거짓으로 고친 것이 드러나 내가 알게 되었다. 지금은 위서(僞書)라는 사실이 분명히 밝혀졌으니

候間, 左樣ニ相心得候樣ニ与之御事也. 右之趣御四人樣より
光雲院樣へ御傳被成候時, 光雲院樣又々洪同知を被召,
上意之旨を被仰傳候を 三使へ申達ス. 三使被請候而,　上意之趣
被爲入御念御儀ニ奉存候旨, 御禮被申上候を, 御四人樣 御前へ被
仰上, 相濟而元之所へ御退被成ル. 其後三使又下段ニ被
罷出, 二度半之拜禮有之而, 元のことく御廣間之次之間ニ退座被仕ル.
其後朝鮮國ゟ獻上之鞍置キ馬二疋, 御庭御目通り之所江
牽出ル. 其餘之獻上物ハ, 御座之右之緣より引之.

獻上物

大卷	十疋	臺一ツニ積. 臺長六尺·橫二尺.

그렇게 아시오"라고 하셨다. 이 내용을 네 분이 고운인님께 전달하자, 고운인님이 다시 홍동지를 불러서 전해들은 쇼군의 뜻을 삼사에게 전달했다. 삼사가 들으시고 "쇼군께서 말씀하신 내용은 신경을 써 주신 것이라고 생각합니다"고 답례한 것을 네 분이 쇼군께 아뢰었고, 마친 뒤 원래의 자리로 돌아갔다. 그 후 삼사가 다시 하단으로 나와서 2번 반 배례하고, 원래대로 히로마의 쓰기노마로 물러가 앉았다. 그 후 조선국이 헌상한 안장 걸친 말 2필을 뜰에서 쇼군이 볼 수 있는 곳으로 끌고 왔다. 나머지 헌상물은 쇼군의 좌석 오른쪽의 툇마루에 두었다.

헌상품

대권(大卷)[324]	10필	받침대 1개에 쌓음. 받침대는 세로 6척, 가로 2척.

---

324 비단 두루마리. 대권단(大卷緞)은 대단(大緞)·한단(漢緞)이라고도 하며, 중국에서 나는 비단을 가리킨다. (『대일외교사전』)

黃照布	三十疋	臺一ツニ積. 臺長一丈·橫二尺.
油布	三十疋	臺一ツニ積. 臺長·橫, 右同.
白照布	三十疋	臺一ツニ積. 臺長·橫, 右同.
黑麻布	三十疋	臺一ツニ積. 臺長·橫, 右同.
虎皮	十五枚	臺三ツニ積. 臺長一丈二尺·橫四尺.
豹皮	二十枚	臺二ツニ積. 臺長二間·橫二尺五寸.
繻子	十疋	臺一ツニ積. 臺長五尺·橫二尺.
人參	十五斤	臺一ツニ積. 臺長八尺·橫四尺五寸.
彩花席	二十枚	臺二ツニ積. 臺長二間·橫二尺五寸.
黃毛筆	五十柄	

황조포(黃照布)[325]	30필	받침대 1개에 쌓음. 받침대는 세로 1장, 가로 2척
유포(油布)[326]	30필	받침대 1개에 쌓음. 받침대 세로와 가로는 위와 같음
백조포(白照布)[327]	30필	받침대 1개에 쌓음. 받침대 세로 가로는 위와 같음
흑마포(黑麻布)[328]	30필	받침대 1개에 쌓음. 받침대 세로 가로는 위와 같음

---

325 황색 모시. 삼의 겉껍질을 긁어내고 만든 속실로 짠 모시의 한 가지. 모시는 모시풀의 인피섬유(靭皮纖維)로 짠 직물. 우리나라의 모시는 올이 가늘면서도 질겨, 다른 나라의 저포(苧布)에 비해서 품질이 좋기로 알려져 있다. (『대일외교사전』)

326 기름보. 방수포의 한 종류로써 천에 특정 기름을 도포하여 햇빛에 기름을 건조시켜 방수막을 형성시킨 천. 대일무역의 수출품목 중 하나. 일본에서는 주로 비옷으로 사용했다. (『대일외교사전』)

327 누여서 희게 만든 품질이 좋은 모시풀로 만든 천. 삼실 따위를 잿물에 삶아 희고 부드럽게 만든 천으로, 일본에서는 특히 찻잔을 닦는 데에 유용하게 썼다. 백조포(白照布)는 조선이 통신사절을 통해 일본으로 보내는 대표적인 품목 중 하나였다. (『대일외교사전』)

328 검은 빛깔의 삼베. 마포(麻布)는 마로 만든 직물로, 모시와 삼베를 구분하여 보통 삼베로 만든 것을 마포라고 했다. 지역에서 재배되는 삼, 아마, 모시풀 등의 초피(草皮) 섬유로 만드는데, 국가 간 중요한 진헌물(進獻物)이나 교역 물품으로 사용되었다. 흑마포(黑麻布)는 1607년의 첫 번째 통신사행을 통해 일본에 보내기 시작한 물품이다. (『대일외교사전』)

호피(虎皮)	15매	받침대 3개에 쌓음. 받침대 세로 1장 2척, 가로 4척
표피(豹皮)	20매	받침대 2개에 쌓음. 받침대 세로 2간, 가로 2척 5촌
수자(繻子)[329]	10필	받침대 1개에 쌓음. 받침대 세로 5척, 가로 2척
인삼(人參)	15근	받침대 1개에 쌓음. 받침대 세로 8척, 가로 4척 5촌
채화석(彩花席)[330]	20병	받침대 2개에 쌓음. 받침대 세로 2간, 가로 2척 5촌
황모필(黃毛筆)	50병	

油煤墨	五十笏	
靑皮	三十枚	臺一ツニ積. 臺長八尺·横二尺五寸.
黃蜜	百斤	臺二ツニ積. 臺長三尺五寸·横二尺.
鮫皮	百張	臺五ツニ積. 臺長二間·横三尺.
淸蜜	百斤	十斤入壹, 十組一箱ニメ.
色紙	三十卷	臺一ツニ積. 臺長二間·横二尺五寸.
鷹	二十連	籠二十.
馬	二疋	鞍·諸具共ニ.

以上

右相濟而, 三使自分之獻上物, 御目通り之廣緣ニ配之候時, 酒井

유매묵(油煤墨)	50홀	
청피(靑皮)[331]	30매	받침대 1개에 쌓음. 받침대 세로 8척, 가로 2척 5촌.

329 두텁고 매끈하며 윤이 나는 비단의 한 종류. 수자(繻子)는 직물을 조직하는 데 있어 경사(經絲)나 위사(緯絲)가 직물 표면에 많이 나타나게 하여 평직이나 능직에 비해 매우 반드럽고 광택이 나는 것이 특징이다. (『대일외교사전』)

330 물들인 왕골을 덧겹쳐 가며 엮은 후에 무늬를 따라 잘라낸 꽃돗자리. (『대일외교사전』)

331 일본이 조선으로부터 수입한 소가죽의 일종. 표면이 청색을 띠는 소가죽을 가공한 것으로, 무로마치시대 말부터 에도시대에

황밀(黃蜜)[332]	100근	받침대 2개에 쌓음. 받침대 세로 3척 5촌, 가로 2척.
교피(鮫皮)[333]	100장	받침대 5개에 쌓음. 받침대 세로 2간, 가로 3척.
청밀(淸蜜)[334]	100근	10근을 넣은 항아리 10개를 한 상자로 해서.
색지(色紙)	30권	받침대 1개에 쌓음. 받침대 세로 2간, 가로 2척 5촌.
매(鷹)	20연	새장 20개.
말(馬)	2필	안장과 마구들과 같이.

이상

마친 뒤 삼사가 자신들의 헌상물을 쇼군의 시야가 닿는 툇마루에 늘어놓자, 사카이

宮内小輔様下段へ御出, 御披露被成, 御縁頬へ御退キ被成ル. 其時三使下段へ罷出, 拜禮可仕と被致候處, 今一段被罷上候様ニ与之上意有之候付, 最前のことく於中段四度半之拜禮被仕, 相濟而元のことく, 下段の襖際ニ退座.

但, 此度拜禮之時も, 右御四人様, 最前之通中段之閾際ニ, 伺公被成ル. 光雲院様ニも御指圖ニよつて, 三使ニ被相添被成御座ル.

虎皮	六枚	臺一ツニ積. 臺長二間·横四尺.

걸쳐 무구(武具)의 가죽 부분이나 궤의 덮개 등의 세공물에 사용되었다.

332 꿀을 채취한 뒤에 남은 꿀벌집을 끓여서 만든 것. 벌집에서 꿀을 짜낸 뒤에 벌집 찌꺼기와 물을 조금 섞은 뒤 끓여 짜낸 것이다. 초를 만들거나 약재로 쓰이기도 하고, 점성(粘性)을 높이기 위해 사용하기도 한다. 노란빛이 나므로 황밀이라 하며 숙밀(熟蜜), 황랍(黃蠟), 밀랍(蜜蠟)이라고도 한다. (『대일외교사전』)

333 말린 상어의 가죽으로 사어피(沙魚皮)라고도 한다. 칼자루가 손에서 빠지지 않게 하기 위하여 칼자루에 감거나 말안장, 말고삐 등을 장식하는 데 주로 쓰였다. (『대일외교사전』)

334 벌이 꽃의 꿀샘에서 채집하여 저장해 둔 것. 꿀, 봉밀(蜂蜜), 석청밀(石淸蜜)이라고도 한다. 1607년 통신사행부터 일본 쇼군에게 보내는 공예단(公禮單) 물품에 포함되었다. 한 항아리에 담는 양은 한 말[斗]로 정했다. 청밀은 공예단 외에 하정물목(下程物目)이나 삼사신(三使臣) 사예단(私禮單)으로 주고받기도 했다. (『대일외교사전』)

照布	十疋	臺一ツニ積. 臺長六尺·横二尺.
人參	十斤	臺一ツニ積. 臺長四尺·横一尺八寸.
	以上	

구나이노쇼님이 하단으로 와서 쇼군께 보여 드리고 엔가와로 물러났다. 그때 삼사가 하단으로 나와서 배례하겠다고 하자, 쇼군이 한 단 더 올라오라고 하셔서 방금 전처럼 중단에서 4번 반 배례하고, 마친 뒤 원래대로 하단의 후스마 쪽으로 물러나 앉았다.

단, 이번 배례 시에도 위 네 분이 방금과 같이 중단 문지방에서 대기하셨다. 고운인님도 지시에 따라 삼사와 함께 앉으셨다.

호피 6매	받침대 1개에 쌓음. 받침대의 세로 2간, 가로 4척.
조포 10필	받침대 1개에 쌓음. 받침대의 세로 6척, 가로 2척.
인삼 10근	받침대 1개에 쌓음. 받침대의 세로 4척, 가로 1척 8촌.
이상	

右三使自分之獻上物也.

〃 其後御土器·銚子出ル. 井伊靭負様御土器御持出被成, 御前へ被差上ル. 大澤侍從樣ハ御銚子, 吉良侍從樣御加御持出被成ル. 三使段々ニ中段ニ被召出, 御土器被成下候節, 拜禮一度有之, 御土器を致頂戴, 夫ゟ直ニ御土器を持, 元之席ニ退居被仕ル.

但, 光雲院樣御事, 此時も最前のことく, 三使ニ御添被成御座ル.

右三使御土器頂戴之儀式相濟而, 上々官二人下段ニ罷出, 御疊二帖目之所ニ而, 四度半之拜禮仕ル. 上官ハ廣縁, 次官ハ落縁, 中官御庭より, 各四度半之拜禮仕ル.

但, 上官拜禮之時ハ, 弓矢を被爲除ケ.

위는 삼사 자신들의 헌상물이다.

〃 그 후 가와라케(土器)[335]와 조시(銚子)[336]가 나왔다. 이이 유키에(井伊靭負)[337]님이 가와라케를 가져 와서 쇼군께 드렸다. 오자와 지주(大澤侍從)[338]님은 조시를, 기라 지주(吉良侍從)[339]님은 구와에(御加)[340]를 가지고 오셨다. 삼사가 차례로 중단으로 불려가서 [쇼군이] 가와라케를 내려 주시자 배례를 1번 하고 가와라케를 받았고, 바로 가와라케를 들고 원래 자리로 물러나 계셨다.

단, 고운인님은 이때도 방금처럼 삼사와 같이 앉아 계셨다.

위 삼사가 가와라케를 받는 의식이 끝난 뒤, 상상관 두 명이 하단으로 나와 두 번째 다다미에서 4번 반 배례했다. 상관은 툇마루, 차관은 오치엔, 중관은 뜰에서 각각 4번 반 배례를 했다.

단, 상관이 배례할 때는 궁시(弓矢)를 치웠다.

右之拜禮相濟而, 信使又々下段二帖目之御疊より, 四度半之拜禮被仕, 元之ことく, 御廣間之次之間ニ退居, 其後前之御四人樣を被爲召, 三使へ之　上意ニ, 今日御饗應を被仰付候間, 緩々被給候樣ニ与之御事ニ付, 御四人樣廣緣へ御出被成, 右之旨を　光雲院樣へ被仰渡候付,　光雲院樣洪同知を被召, 上意之旨御傳被成候を, 三使へ申達候處, 謹而承之, 御禮被申上ル.

335 겉 표면에 유약을 바르지 않고 구운 도기(陶器), 질그릇. 여기에서는 유약 바르지 않고 구운 도기 술잔.

336 술을 넣어서 잔에 따르기 위한 도구. 긴 손잡이가 달린 주기(酒器)의 일종.

337 이이 나오시게(井伊直滋). 히코네번(彦根藩) 2대 번주 이이 나오타카(井伊直孝)의 장남.

338 오자와 모토시게(大澤基重).

339 기라 요시미쓰, 혹은 그의 아들 기라 요시후유(吉良義冬).

340 술을 잔이나 술병에 더하는 것. 또는 그러기 위해 사용하는 주기(酒器).

畢而 大猷院様 入御, 則御上段之御簾降ル. 其後大納言
義直様·中納言賴房様, 御廣間下段へ御出, 東向ニ御立被成ル. 三使
何茂罷出, 西向ニ被立, 互ニ二度半之御對禮有之而御着座. 大納言様
ニハ, 正使と御對座ニ而, 疊半帖程上ニ被成御座, 中納言様ニハ, 副使·

위의 배례가 끝나고 신사가 다시 하단 두 번째 다다미에서 4번 반 배례하고 원래대로 히로마의 쓰기노마로 물러났다. 그 후 [쇼군이] 앞의 네 분을 불러서 삼사에게 말하시길, "오늘 향응이 있을 것이니 천천히 들도록 하시오"라고 하셨다. 네 분이 툇마루로 나오셔서 쇼군의 뜻을 고운님께 말하시고, 고운인님이 홍동지를 불러 쇼군의 뜻을 전달한 것을 삼사에게 말하자, [삼사가] 삼가 듣고 답례를 드렸다. 마치고 다이유인님이 안으로 들어가시자 상단의 발(簾)이 내려왔다. 그 후 다이나곤 요시나오(大納言義直)[341]님과 주나곤 요리후사(中納言頼房)[342]님이 히로마 하단으로 와서 동쪽을 향해 섰다. 삼사가 모두 나와서 서쪽을 향해 서고, 서로 2번 반 대례를 하고 앉았다. 다이나곤님은 정사와 마주 앉아 다다미 반 장 정도 위에 계셨으며, 주나곤님은 부사,

從事と御對座ニ而, 兩人之間之向ニ被成御座ル.
〃 右之御饗應七五三也. 膳并大器臺金之置キ上也.
〃 御土器各盞, 初獻ハ大納言様, 二獻ハ正使, 三獻ハ中納言様御始メ被成ル.
〃 御菓子金置キ上之三方ニ盛出ル.
〃 右御宴饗之内ハ, 掃部頭様·下總守様·大炊頭様·讃岐守様·伊豆守様·
豊後守様ニハ, 廣縁ニ御列居被成ル. 光雲院様ニも御同座也.

341 오와리번(尾張藩) 번주 도쿠가와 요시나오(德川義直).

342 미토번(水戶藩) 번주 도쿠가와 요리후사(德川賴房).

〃 此日大納言様·中納言様ニハ御束帯, 大炊頭様·讃岐守様御束帯
ニ而用之, 御太刀御帶被成ル. 伊豆守様·豊後守様·加賀守様·
光雲院様, 何茂衣冠御裝束ニ而, 常之御太刀御帶被成ル. 諸御大名
様方ニハ, 衣冠御裝束ニ而, 御太刀ハ不被爲帶也.

종사와 마주 앉아 두 명 사이의 건너편에 계셨다.

〃 향응은 시치고산이었다. 상과 술잔 받침대는 금으로 된 것이었다.

〃 가와라케의 각 잔은, 첫 번째 잔은 다이나곤님, 두 번째 잔은 정사, 세 번째 잔을 따르는 것은 주나곤님이 시작하셨다.

〃 과자는 금 받침대 산보(三方)[343]에 담겨 나왔다.

〃 연향 중에 가몬노카미님·시모우사노카미님·오이노카미님·사누키노카미님·이즈노카미님·분고노카미님은 툇마루에 열을 지어 계셨다. 고운인님도 같은 자리에 계셨다.

〃 이날 다이나곤님과 주나곤님은 예복을 갖추었고, 오이노카미님과 사누키노카미님은 예복을 갖추고 다치(太刀)[344]를 차셨다. 이즈노카미님·분고노카미님·가가노카미님·고운인님은 모두 의관을 갖추고 평소의 다치를 차셨다. 여러 다이묘님은 의관을 갖추고 다치는 차지 않았다.

〃 上々官二人ハ, 御廣間之次ニ而, 御饗應被成下ル. 御座奉行·兩長老,
此所ニ被成御座ル. 其餘之朝鮮人ハ, 天井之間奥之御廣間ニ而, 御
饗應被仰付ル.

〃 御宴饗相濟而, 三使何茂大納言様·中納言様へ對し, 互ニ二度半之

---

343 각진 쟁반에 앞과 좌우 세 모퉁이에 구멍을 뚫은 대를 붙인 것. 대개 노송나무의 흰 목재로 만든다. (근세 한일관계 사료집 Ⅲ)

344 날을 밑으로 향하여 허리에 차는 길고 큰 칼. (『日本國語大辭典』)

拜禮有之而, 退出被仕ル.

〃 右三使退出之節, 大炊頭様·讚岐守様·伊豆守様·豊後守様ニハ, 御廣間ゟ天井之間へ行キ候. 緣迄御送出被成, 互ニ一揖有之, 車寄迄ハ最前之ことく, 筑後守様·修理亮様御送出被成ル. 輿ニ被乗候所迄ハ, 是又如最前, 右京進様·淡路守様·兩長老被送出ル.

〃 淡路守様·兩長老ハ, 三使退去之後, 御下り被成ル.

〃 상상관 2명은 히로마의 대기실에서 향응이 이루어졌다. 자부교(座奉行)[345]와 두 초로는 이곳에 계셨다. 나머지 조선인은 덴조노마 안쪽 넓은 방에서 향응을 받았다.

〃 연향이 끝나고 삼사 모두가 다이나곤님과 주나곤님에게 서로 2번 반 배례하고 물러났다.

〃 삼사가 물러날 때 오이노카미님·사누키노카미님·이즈노카미님·분고노카미님은 히로마에서 덴조노마로 가셨다. 툇마루까지 배웅 나가서 서로 가볍게 인사한 뒤 현관까지는 아까처럼 지쿠고노카미님과 슈리노스케님이 배웅 나갔다. 가마 타는 곳까지는 이 또한 아까처럼 우쿄노조님·아와지노카미님·두 초로가 배웅 나갔다.

〃 아와지노카미님과 두 초로는 삼사가 돌아간 뒤 [에도성에서] 물러났다.

〃 光雲院様·右京進様ニハ, 又々御殿中ニ被爲到, 信使御禮被申上候趣を, 伊豆守様迄被仰上, 御退出被成ル.

〃 今晩, 信使退出以後, 大雪降ル.

一. 同十四日雨天. 午刻晴ル.

〃 今日, 御登 城被成候様ニ与之御事申來ル. 御狀案, 左記之.

---

345 축하하는 자리에서 모든 것을 관장하는 책임자.

一筆申入候. 然ハ御用御座候條, 今四ツ時分可罷出之旨, 被仰出候間,

可被得其意候. 恐々謹言.

十二月十四日　　　　　　　　　　松平伊豆守

宗對馬守殿

右之通早朝御登 城被成, 御老中樣方へ御對面被成ル. 其節

〃 고운인님과 우쿄노조님은 다시 성으로 가서 신사가 답례한 내용을 이즈노카미님께 아뢰고 물러났다.

〃 오늘 밤, 신사가 물러간 뒤 큰 눈이 내렸다.

一. 동 14일 비. 오각(午刻)에 날씨가 개다.

〃 오늘 등성하라는 연락이 왔다. 서한을 다음에 적는다.

글을 보냅니다. 용무가 있으니 오늘 오전 10시쯤 오라는 지시가 있었으니 그렇게 아시오. 삼가 말씀드립니다.

12월 14일　　　　　　　　마쓰다이라 이즈노카미

소 쓰시마노카미님

위 지시대로 이른 아침에 등성해서 로주님들과 만나셨다. 그때

大納言樣·中納言樣ニも, 其席ニ被成御座, 掃部頭樣へ被對, 頃日者

信使登 城之御儀式なと, 首尾能相濟, 恐悅ニ思召候旨被仰候時,

掃部頭樣, 我々ニも御同然ニ, 恐悅ニ奉存候. 且又今度信使持渡り

御書翰之儀, 文詞なと殊外謙遜ニ有之, 公儀を被敬候而,

大君と書載被仕, 大明之年號ハ, 一字下りニ書載有之. 偖又

日本之御治德を, 數多之文句被相認候段, 以前ゟケ樣之結構成ル

書法有之儀, 承傳不申候. 是偏ニ日本御太平之御威勢ニ而, 無之

候ハヽ, 何とて朝鮮國より尊敬被致候儀, ケ様ニハ, 可有御座候哉.
依之了簡仕候ニ, 朝鮮國さへ右之通ニ御座候處, 柳川豊前守并
家來七右衛門, 千萬僞りを以讒言を構へ, 主人を蔑ニいたし,

다이나곤님과 주나곤님도 그 자리에 계셔서 가몬노카미님에게 "이번에 신사의 등성 의식 등이 순조롭게 끝나서 기쁩니다"고 하시자, 가몬노카미님이 "우리도 마찬가지로 기쁩니다. 또한 이번 신사가 가져온 서한은 문장이 매우 겸손하고, 쇼군을 공경하여 대군(大君)이라고 적었으며, 명나라의 연호는 한 글자 내려서 적었습니다. 또한 일본의 치덕(治德)에 관한 문구를 많이 적었으니, 지금까지 그렇게 공손한 서법을 들어보지 못했습니다. 이는 오로지 일본이 태평한 위세가 아니라면, 어떻게 조선국이 존경한다는 내용을 그렇게 [국서에] 쓰겠습니까? 그래서 생각건대, 조선국조차 이와 같은데 야나가와 부젠노카미(柳川豊前守)[346]와 [그의] 가신 시치에몬(七右衛門)[347]이 여러모로 거짓으로 참언(讒言)하여 주인을 모욕하고,

---

346 야나가와 시게오키(柳川調興). 시게오키의 별명이 부젠노카미(豊前守)이고, 줄여서 부젠이라고 한다. 야나가와 가문의 3대 당주이다. 주군인 소 요시나리와 관계가 악화되자 시게오키는 1605년 조선의 사절을 후시미(伏見)까지 데려온 공적을 치하하는 의미에서 과거 쇼군 이에야스가 소 요시토시에게 하사한 규슈 히젠(肥前)의 영지 2,800석 중에서 1,000석이 부친 야나가와 도시나가(柳川智永)에게 분급되었다는 점을 근거로 삼아, 스스로 소씨의 가신이 아니라 막부의 직신(直參旗本)처럼 행동하는 일이 많아졌다. 급기야 1631년 양자는 서로를 막부에 고발하기에 이르렀고, 1635년 쇼군 이에미쓰가 친재한 결과 요시나리는 무죄, 시게오키는 쓰가루번에 유배 판결을 받았다. 그의 나이 33세 때이다. 쓰가루번으로 향하는 도중 시게오키는 삭발하고, 이름을 '소안(素庵)'으로 개명했다. 그런데 쓰가루에서 그의 유배생활은 죄인의 생활과는 거리가 멀었다. 잇켄 당시 시게오키의 지원 세력이었던 로주 사카이 다다카쓰, 도이 도시카쓰(土井利勝) 등의 특별한 배려에 힘입어, 무려 7명의 가신을 이끌고 쓰가루성 밑에 광대한 저택을 받아 생활했다. 초반에 있던 감시원도 곧 없어졌으며, 막부가 쓰가루씨에게 명한 분량보다 훨씬 많은 양의 쌀이 지급되었다. 번주 쓰가루씨도 시게오키의 재기(才氣)를 마음에 들어 했는지 때때로 번주 부자(夫子)가 시게오키의 저택을 방문하기도 하고, 시게오키가 번주의 성에 초대되어 함께 노(能)를 즐기기도 했다. 시게오키는 1684년 10월, 50년에 가까운 유배생활 끝에 82세로 타계했다.

347 야나가와 시게오키의 가신.

且ハ　公儀をも無體ニ欺キたる仕形, 其罪甚重キ儀ニ御座候与, 被仰候得ハ, 皆々御一同, 御尤ニ存候由, 御返答被成ル. 掃部頭様又々被仰候ハ, 今度朝鮮國ゟ我々共ニも, 銘々ニ書簡被相贈候處, 其詞意も別而, 公儀を尊敬被仕候趣ニ御座候由, 被仰候得ハ, 大納言様御返答ニ, 寔ニ右之通ニ御座候段, 朝鮮國之丁寧可申様も無御座与之御事也.
御對話相濟, 晝時ニ至り候而, 御老中様方 光雲院様へ被仰渡候ハ, 只今三之丸ゟ御取次を以, 我々中へ被仰出候ハ, 昨日信使登 城之御儀式, 首尾能相濟, 其趣御自分被爲　召,　御內意可被仰蒙与, 被思召上候處, 昨暮之大雪ニ, 少シ御痛ミ被遊候付, 今日ハ 出御不被遊候間, 御自分又々明日, 御登 城被成候様ニ与之御事ニ候由,

나아가서는 쇼군까지 무례하게 속인 행태는 그 죄가 대단히 무겁습니다"라고 하셨다. 이에 다 같이 "지당한 말씀입니다"라고 하셨다. 가몬노카미님이 다시 말하시길, "이번에 조선국에서 우리에게도 각각 서한을 보내주었는데, 그 내용도 대단히 쇼군을 존경한다는 내용입니다"라고 했다. 다이나곤님이 답변하시길, "실로 그와 같으니 조선국의 정중함이 이루 다 말할 수 없습니다"라고 하셨다. 대화를 마치고 낮이 되어 로주님들이 고운인님에게 말씀하시길, "지금 산노마루(三之丸)[348]에서 우리에게 전언이 왔는데, '어제 신사의 등성 의식을 순조롭게 마쳤으니, 귀하를 부르셔서 [쇼군의] 생각을 말하시려 했는데, 어제 저녁 내린 대설 때문에 조금 건강이 안 좋아져 오늘은 [처소에서] 나오지 않을 것이니 귀하는 다시 내일 등성하라'는 내용입니다"라고

348 일반적으로 니노마루(二の丸)의 외곽(外郭)을 말한다.

被仰渡候付, 御退出被成ル.

〃 同日, 上々官洪同知, 禮曹ゟ之書簡 · 別幅, 御老中様方へ持參仕候付, 年寄中ゟ古川右馬助相添罷出ル.

右別幅之品, 左記.

鷹	一連
虎皮	二枚
黃毛筆	三十柄
眞墨	三十笏

右ハ掃部頭様 · 大炊頭様 · 讚岐守様へ.

鷹	一連

하셔서 물러났다.

〃 같은 날 상상관 홍동지가 예조에서 보낸 서한과 별폭을 로주님들께 가지고 갔고, 도시요리들 중에서 후루카와 우마노스케가 함께 갔다.

위의 별폭을 다음에 적는다.

매	1연
호피	2매
황모필	30병
진묵(眞墨)[349]	30홀

349 참먹. 품질이 좋은 먹. 먹은 문방구의 일종으로, 소나무(송진)나 기타 식물의 기름을 연소시켜 생긴 그을음을 아교로 굳혀 만든 것이다. 먹에는 소나무의 그을음으로 만든 송연묵(松烟墨), 식물의 씨를 태워 만든 유연묵(油烟墨), 경유나 등유를 써서 만든 양연묵(洋烟墨), 석각이나 전각을 할 때 쓰는 주묵(朱墨) 등이 있다. 먹의 표면이 매끄럽고 결이 고우며 그윽한 광택이 나는 것이 좋은 먹이다. 진묵(眞墨)이란 어떤 종류이건 간에 품질이 좋은 먹을 가리키는 용어이다. (『대일외교사전』)

위는 가몬노카미님, 오이노카미님, 사누키노카미님에게

매　　　　　　　1연

虎皮　一枚

黃毛筆 二十柄

眞墨　十笏

右ハ伊豆守樣·加賀守樣·豊後守樣·周防守樣へ.

〃 同日, 於　御城御老中樣方へ, 御窺被成候趣, 左記之.

一. 長老·西堂, 日光へ御同道可被成哉与之御事.

御答.

可然候.

一. 京都周防守樣ゟ被差添候御使者兩人も, 日光へ罷越候樣ニ, 可被成哉与之御事.

호피　　　　　　2매

황모필　　　　　20병

진묵　　　　　　10홀

위는 이즈노카미님·가가노카미님·분고노카미님·스오노카미님에게

〃 같은 날, 성에서 로주님들께 문의하신 내용을 다음에 적는다.

一. 초로와 세이도도 닛코에 동행해야 하는가에 관한 건.

답변

그렇게 하시오.

一. 교토의 스오노카미님이 붙여 주신 사자 2명도 닛코에 가야 하는가에 관한 건.

御答.

周防守様被差添候御使者之儀ハ, 先例ニ付, 御當地迄

爲被遣御事候. 日光へ罷越候儀ハ, 夫ニ及申間敷候.

一. 三使於日光被成下物も, 可有之哉与存, 此中ゟ御理り申出候事.

御答.

如何様之儀ニ而, 左様ニ被申候哉と, 被仰候付, 光雲院様

被仰上候ハ, 若臨時ニ被成下物なとも, 有之候而ハ, 從者共歸國

之節, 何角と取沙汰をもいたし, 後日彼方 國王御聞

候所も, 如何敷与之存入と相聞へ候. 此段ハ, 左様ニも可有御

座儀と存候由, 被仰上候得ハ, 御老中様方ニも, 御尤ニ思召候.

답변

스오노카미님이 붙여준 사자는 선례가 있어서 이곳까지 파견한 것이다. 닛코에 갈 필요는 없다.

一. 삼사가 닛코에서 하사받는 물건이 있을 거라고 여겨서 이전부터 거절하고 있는 건.

답변

어찌하여 그렇게 말하는가, 하고 물으셔서 고운인님이 말씀하시길, "혹시 불시에 하사품을 받게 되면 종자들이 귀국할 때 어떻게든 소문을 내서, 후일 그쪽 국왕이 듣기에도 바람직하지 않을 거라 생각한다고 합니다. 이는 일리가 있다고 여겨집니다"고 했다. 로주님들도 "맞는 말이다.

左候ハヽ, 於日光ハ, 彌被成下物有御座間敷之由, 被仰ル.

一. 三使ゟ御三家様方へ, 進上物有之可然哉与之儀, 被相尋候.

此儀ハ, 先例も御座候付, 我迄被相尋候.

御答.

大納言様·中納言様, 御家老中へ可被仰談候.

一. 日光道中ゟ御注進之御證文, 御渡可被成哉与之御事.

御答.

得其意候.

一. 信使日光社參之日, 光雲院様ニハ, 何様之御裝束, 可被成哉与之御事.

그렇다면 닛코에서 하사품은 확실히 없을 것이다"라고 하셨다.

一. 삼사가 고산케님들께 진상물을 드려야 하는지 물어보았습니다. 이는 선례도 있어서 저에게 물어본 것입니다.

답변

다이나곤님과 주나곤님의 가로들과 상의하시오.

一. 닛코로 가는 도중 보고할 때 사용할 [역참파발] 사용증을 주시는가 하는 건.

답변

잘 알았다.

一. 신사가 닛코 참배를 하는 날, 고운인님은 어떤 복장을 해야 하는가 하는 건.

御答.

衣冠·太刀御帶可被成候.

一. 三使ゟ明後日歟, 又ハ日光ゟ歸府之日歟, 此方御屋敷へ可參由, 被申聞候与之御事.

御答.

日光ゟ歸府之日可然候.

一. 日光往還之節, 如最前新錢御渡可被成哉与之御事.

御答.

此儀ハ, 右京進様·淡路守様へ, 可被仰談候.

一. 同十五日, 御登 城被成候處, 御前へ被爲召出, 上意有之候ハ,

답변

의관(衣冠)에 다치를 착용하시오.

一. 삼사가 모레나 또는 닛코에서 에도로 돌아오는 날, 이쪽의 에도 번저로 가겠다고 물어본 건.

답변

닛코에서 에도로 돌아오는 날이 좋겠다.

一. 닛코를 왕복할 때 저번처럼 신전(新錢)을 주시는가 하는 건.

답변

이 건은 우쿄노조님·아와지노카미님과 상의하시오.

一. 동 15일, 등성하여 쇼군에게 불려 갔다. 쇼군이 말하시길,

一昨日信使登 城之節ハ, 光雲院様御務方宜敷御座候而, 御禮式首尾能相濟, 御滿悅ニ被思召上候. 且又信使日光社參之儀, 重疊御苦勞ニハ, 被思召上候得共, 被召連萬端宜敷様ニ, 御指圖被成候様ニ与之御事也. 其時掃部頭様御取合せ被仰上候ハ, 日光社參之儀ハ, 對馬守每度御望申事御座候. 尙更今日 上意を蒙り候上ハ, 別而難有奉存候与之御事, 相濟而御退被成ル.

〃 三使より御老中様方へ, 自分音物之儀, 明日爲差出可申哉之旨, 御窺被成候處, 成程明日御出させ可被成候. 其節ハ御家來一人被相添

候樣ニ与之御事被仰ル.

〃 御老中樣方被任御指圖, 大納言樣 · 中納言樣へ, 三使ゟ之御音物

"그저께 신사가 등성했을 때에는 고운인님이 맡은 바를 잘 해주어 예식이 무사히 끝나서 기쁘게 생각한다. 또한 신사의 닛코 참배가 대단히 고생스럽겠지만, 데리고 가서 만사가 잘 되도록 진행하시오"라고 하셨다. 그때 가몬노카미님이 덧붙여 "닛코 참배는 쓰시마노카미가 매번 바라던 일입니다. 더욱이 오늘 쇼군의 뜻을 들은 이상 대단히 감사한 일이라 생각할 것입니다"라고 하셨고, 끝난 뒤 물러났다.

〃 삼사가 로주님들께 드리는 선물을 내일 보내면 좋을지 문의하니, "내일 보내십시오. 그때 가신 1명을 붙여서 보내십시오"라고 말하셨다.

〃 로주님들의 지시에 따라 다이나곤님과 주나곤님에게 삼사가 보내는 선물

之儀, 彼方樣御家老中へ被仰談候處, 彌御音物被差出候樣ニ, 可被成与之儀ニ付, 其旨御老中樣方へ, 被仰上候得ハ, 左候ハヽ, 明日進上被仕候樣ニ, 可被成与之御事也.

〃 伊豆守樣 光雲院樣へ被仰達候ハ, 拙者儀信使へ, 先達而日光へ可罷越与之　上意ニ御座候故, 明日發足可仕与存候得ハ, 信使ハ先樣於今市一宿被致, 翌日日光社參可有御座候條, 拙者ハ今市へハ宿不仕, 直ニ日光へ可罷越候間, 左樣御心得被成候樣ニ与之御事也.

一. 同十六日, 三使ゟ之爲使者, 姜僉知 · 康判事, 進上物持參, 大納言樣 · 中納言樣へ罷出候付, 兩長老御同道被成ル. 此方ゟハ古川右馬助被

에 관해 그쪽 가로들과 상의했는데, 확실히 선물을 보내라고 해서 이를 로주님들께 보고

했더니, "그렇다면 내일 진상하시오"라고 하셨다.

〃 이즈노카미님이 고운인님에게 말하시길, "제가 신사보다 앞서 닛코로 이동하라는 쇼군의 뜻이 있어 내일 출발하려고 합니다. 신사는 귀하와 이마이치(今市)[350]에서 하루를 묵고서 이튿날 닛코를 참배하고, 저는 이마이치에서 묵지 않고 바로 닛코로 가겠으니, 그렇게 아십시오"라고 하셨다.

一. 동 16일, 삼사의 사자로 강첨지와 강판사가 진상물(進上物)을 가지고 다이나곤과 주나곤님께 갔다. 두 초로가 동행했다. 이쪽에서는 후루카와 우마노스케를 붙이셨다.

相添ル.

〃 三使ゟ自分進上物, 御老中樣へ被差出候付, 康判事持參仕ル. 依之此方ゟ平田將監被相添ル.

右音物之品, 左記.

鷹	一連
人參	三斤
白苧布	二疋
黃毛筆	三十柄
眞墨	二十笏

右者大納言樣·中納言樣へ.

〃 삼사가 자신들의 진상물을 로주님들께 보내니, 강판사가 가지고 갔다. 이쪽에서는 히라타 쇼겐을 붙이셨다.

위의 선물을 다음에 적는다.

---

350 이바라키현(茨城縣) 닛코시(日光市)에 있던 슈쿠바.

매	1연
인삼	3근
백저포[351]	2필
황모필	30병
진묵	20홀

위는 다이나곤과 주나곤님께

虎皮	一枚
豹皮	二枚
白苧布	二疋

右者掃部頭様·大炊頭様·讚岐守様·伊豆守様·豊後守様·加賀守様へ.

〃 同日, 日光往還之節, 人馬之儀ニ付, 御老中様御爲持被遣候御手形之案, 左記.

今度朝鮮人日光社參ニ付, 宗對馬守手前入候人馬之事, 六十三疋·人足二十人, 寄馬之內ニ而, 可被借渡候之旨, 御年寄衆被仰候之間, 可被得其意候. 以上.

호피	1매
표피	2매
백저포	2필

위는 가몬노카미님·오이노카미님·사누키노카미님·이즈노카미님·분고노카미님·

351 빛깔이 흰 모시.

가가노카미님에게

〃 같은 날, 닛코 왕복할 때의 사람·말과 관련하여 로주님들이 보내주신 확인증의 안을 다음에 적는다.

이번 조선인의 닛코 참배로 소 쓰시마노카미에게 필요한 사람과 말을, [말] 63필, 인부 20명을, 모아둔 말 중에서 빌려 주도록 로주님들이 명했으니, 그렇게 아시오. 이상.

子

一二月十六日　　源左衛門印

久兵衛印

江戸　大久保藤三郎殿

高野喜三郎殿

糟壁　伊奈半十郎殿

小山　土井大炊頭殿內衆

伊奈半十郎殿

宇津宮　奧平美作守殿

今市　市川孫右衛門殿

一. 同十七日晴天. 巳刻, 信使江戸發足.

자(子)

12월 16일　　겐자에몬(源左衛門) 인

규베에(久兵衛) 인

에도　오쿠보 도사부로(大久保藤三郎)님

다카노 기자부로(高野喜三郎)님

가스카베(糟壁)[352] 이나 한주로님

오야마(小山)[353] 도이 오이노카미님 가신들

이나 한주로님

우쓰노미야[354] 오쿠다이라 미마사카노카미(奥平美作守)[355]님

이마이치 이치카와 마고에몬(市川孫右衛門)님

一. 동 17일 맑음. 사각(巳刻)에 신사가 에도에서 출발했다.

〃 今朝發足之節ニ至, 信使人數兼而之御定ニ相增, 馬數不足ニ有之候付, 彼是と被成候內, 段々刻限も及延引候故, 此方ゟ騎り馬可被差出と被成候處, 右京進様·淡路守様御下知之由ニ而, 彼方御家老中ゟ, 不足之分引せ被差越ル.

〃 信使日光社參之人數, 左記.

三使

上々官 二人 洪同知

姜僉知

學士 一人 權式

判事官 二人 李判事

張判事

上官 十二人

352 사이타마현(埼玉縣) 가스카베시(春日部市) 가스카베마치(粕壁町)에 있던 슈쿠바.

353 도치기현 오야마시(小山市)에 있던 슈쿠바.

354 도치기현 우쓰노미야시(宇都宮市)에 있던 슈쿠바.

355 오쿠다이라 다다마사(奥平忠昌). 시모쓰케노쿠니 우쓰노미야번(宇都宮藩) 번주. (『日本人名大辭典』)

〃 오늘 아침 출발할 때가 되니 신사 인원수가 미리 정한 수보다 늘어나, 말이 부족하여 이것저것 도모하는 사이 점점 시간이 지체되었다. 그래서 [결국] 이쪽에서 타는 말을 내놓기로 하자, 우쿄노조님과 아와지노카미님의 지시로 그쪽 가로들이 부족한 수만큼 보내 주셨다.

〃 신사의 닛코 참배 인원수를 다음에 적는다.

삼사

상상관	2명	홍동지
		강첨지
학사	1명	권식
판사관	2명	이판사
		장판사
상관	12명	

中官	九十人	
下官	百八人	
	合二百十五人	

人夫騎り馬之員數.

人足	三百三人	內三十人, 長老·西堂之分也.
上馬	三十八疋	內二疋, 長老·西堂之分也.
中馬	百拾疋	
		內十五疋ハ長老.
乘掛馬	百三十疋	內十五疋ハ西堂.
		內三十疋ハ通詞.
荷馬	六十疋	

〃 信使日光往還ニ付, 乘り馬被差出候御大名樣方, 左記.

중관	90명	
하	108명	
합	215명	

인부가 타는 말의 수

인부	303명	이 중 30명은 초로, 세이도의 분
상급 말	38필	이 중 2필은 초로, 세이도의 분
중급 말	110필	
		이 중 15필은 초로
노리카케(乘掛)[356]	130필	이 중 15필은 세이도
		이 중 30필은 통사
짐을 싣는 말	60필	

〃 신사의 닛코 왕복에 타는 말을 보내주신 다이묘님들을 다음에 적는다.

水戶中納言樣	越前宰相樣
松平越前守樣	加藤式部少輔樣
松平越後守樣	上杉彈正樣
佐竹修理太夫樣	丹羽五郎左衛門樣
松平大和守樣	松平土佐守樣
一柳丹後守樣	一柳藏人樣
津輕土佐守樣	土井大炊頭樣

〃 同日, 越谷晝休.

〃 信使於茶屋御饗應有之. 七五三金銀之餙.

356 말의 양 옆구리에 아케니(明荷)라고 하는 쓰즈라(葛籠, 옷 넣는 옷고리짝)를 걸쳐 놓고, 그 위에 직물을 깔고 사람이 타는 것.

〃 御馳走奉行宮木主膳様·伊奈半十郎様·土方彦三郎様也.

미토 주나곤[357]님	에치젠 사이쇼님
마쓰다이라 에치젠노카미님	가토 시키부노쇼님
마쓰다이라 에치고노카미[358]님	우에스기 단조[359]님
사타케 스리노카미[360]님	니와 고로자에몬[361]님
마쓰다이라 야마토노카미[362]님	마쓰다이라 도사노카미님
히토쓰야나기 단고노카미[363]님	히토쓰야나기 구로도[364]님
쓰가루 도사노카미[365]님	도이 오이노카미님

〃 같은 날, 고시가야(越谷)[366]에서 낮에 휴식하셨다.

〃 신사를 다옥(茶屋)에서 향응했다. 시치고산에 금은 장식된 것이다.

〃 접대 담당은 미야기 슈젠(宮木主膳)님·이나 한주로님·히지카타 히코사부로(土方彦三郎)님이었다.

〃 同日, 糟壁泊.

---

357 도쿠가와 요리후사(德川賴房). 도쿠가와 이에야스의 11남.

358 마쓰다이라 미쓰나가(松平光長). 에치고노쿠니 다카다번(高田藩) 번주. (『日本人名大辭典』)

359 우에스기 사다카쓰(上杉定勝). 데와노쿠니 요네자와번(米澤藩) 번주. (『日本人名大辭典』)

360 사타케 요시타카(佐竹義隆). 데와노쿠니 구보타번(久保田藩) 번주. (『日本人名大辭典』)

361 니와 나가시게(丹羽長重). 무쓰노쿠니 시라카와번(白河藩) 번주. (『日本人名大辭典』)

362 마쓰다이라 나오모토(松平直基). 에치젠노쿠니 오노번(大野藩) 번주. (『日本人名大辭典』)

363 히토쓰야나기 나오시게(一柳直重). 이요노쿠니 사이조번(西條藩) 번주. (『日本人名大辭典』)

364 히토쓰야나기 나오요리(一柳直賴). 이요노쿠니 고마쓰번(小松藩) 번주. (『日本人名大辭典』)

365 쓰가루 노부요시(津輕信義). 무쓰노쿠니 히로사키번(弘前藩) 번주. (『日本人名大辭典』)

366 사이타마현 고시가야시(越谷市)에 있던 슈쿠바.

〃 信使於茶屋御饗應有之. 七五三金銀之餙.

〃 御馳走奉行池田出雲守様 · 谷大學頭様 · 伊奈半十郎様也.

〃 信使當所着之段, 江戸表御老中様方へ, 御次飛脚を以, 御案內
被仰上ル. 但, 御老中様方御印形之御證文ニ而被差立.

〃 御老中様方ゟ之御指圖ニ付, 日光往還之宿々へ, 錢や新錢を
持參仕ル.

一. 同十八日, 栗橋晝休.

〃 信使於茶屋御饗應有之. 七五三金銀之餙.

〃 御馳走人大俵左兵衛様 · 伊奈半十郎様也.

〃 같은 날, 가스카베에 묵었다.

〃 신사를 다옥에서 향응했다. 시치고산에 금은 장식된 것이다.

〃 접대 담당은 이케다 이즈모노카미(池田出雲守)[367]님 · 다니 다이가쿠노카미(谷大學頭)[368]님 · 이나 한주로님이다.

〃 신사의 이곳 도착을 에도의 로주님들께 역참파발로 보고했다. 단, 로주님들이 날인하신 사용증으로 보냈다.

〃 로주님들의 지시로 닛코를 왕복하는 길의 슈쿠(宿)[369]들에 동전과 신전(新錢)을 가지고 갔다.

一. 동 18일, 구리하시(栗橋)[370]에서 낮에 휴식했다.

---

367 이케다 나가쓰네(池田長常). 빗추노쿠니 마쓰야마번(松山藩) 번주. (『日本人名大辭典』)

368 다니 모리마사(谷衛政). 단바노쿠니 야마가번(山家藩) 번주. (『日本人名大辭典』)

369 슈쿠바.

370 사이타마현 구키시(久喜市) 구리하시마치(栗橋町)에 있던 슈쿠바.

〃 신사를 다옥에서 향응했다. 시치고산에 금은으로 장식된 것이다.

〃 접대 담당은 오타와라 사베에(大俵左兵衛)님과 이나 한주로님이다.

〃 同日, 小山泊.

〃 信使於茶屋御饗應有之. 七五三金銀之飾.

〃 當所之御馳走人ハ, 則御領主土井遠江守様也. 御馳走被入御念.

〃 今晩遠江守様御宅へ御招請ニ付, 御出被成ル. 兩長老·玄琢法印も
御同席也. 但, 往還共ニ如此.

〃 今日, 遠江守様ゟ之爲御馳走, 乗り馬數多, 古河村迄御迎ニ被
差出ル.

〃 信使當所着之段, 江戸表御老中様へ, 御次飛脚を以, 御案內
被仰上ル. 但, 御證文右同斷也.

〃 當所ニおゐて壽昌院玄琢法印, 三使へ對面有之, 三使へ延齢丹

〃 같은 날, 오야마에 묵었다.

〃 신사를 다옥에서 향응했다. 시치고산에 금은으로 장식된 것이다.

〃 이곳의 접대 담당은 영주 도이 도토미노카미님이었다. 정성스런 접대였다.

〃 오늘 밤 도토미노카미님이 댁에 초대받아 가셨다. 두 초로와 겐타쿠호인(玄琢法印)[371]도
동석했다. 단, 왕복 모두 이와 같았다.

〃 오늘 도토미노카미님의 접대로, 타는 말 여러 마리를 후루카와무라(古河村)까지 마중을

371 노마 겐타쿠(野間玄琢, 1590~1645)로 추정된다. 에도시대 초기의 의사이자 막부의 의관(醫官). 1617년 호겐(法眼)이 되어 주쇼인(壽昌院)이라는 호(號)를 받았고, 1623년에는 호인(法印)에 서임되었다. 호겐보다 상위 등급이 호인으로, 에도시대에 의사, 화가, 유학자 등에게 부여된 칭호이다.

위해 보냈다.

〃 신사의 이곳 도착을 에도의 로주님들께 역참파발로 보고했다. 단, 사용증은 위와 같다.

〃 이곳에서 주쇼인(壽昌院)[372] 겐타쿠호인이 삼사와 대면하고, 삼사에게 연령단을

被相贈ル. 従事官ち脈なと被相頼ル.

〃 右玄琢法印今度被罷越候譯ハ, 於日光大僧正様, 少々御痛被

成候由, 申來候付, 信使護行旁を兼被差越ル.

一. 同十九日, 石橋晝休.

〃 信使於茶屋御饗應有之. 七五三金銀之飾.

〃 御馳走人ハ, 則御領主奥平美濃守様也.

〃 同日, 宇都宮城下泊.

〃 信使於茶屋御饗應有之. 七五三金銀之飾.

〃 御馳走人ハ, 是又御領主奥平美濃守様也.

〃 信使當所着之段, 江戸表御老中様方へ, 以御次飛脚, 御案內

보냈다. 종사관이 진맥을 부탁했다.

〃 겐타쿠호인이 이번에 온 이유는 닛코에서 다이소조(大僧正)[373]님이 조금 몸이 아프다고 해서 신사 호행을 겸해 보낸 것이다.

---

372 겐타쿠호인의 호.

373 다이소조는 승강(僧綱)의 하나로 승려의 최고 계급. 여기의 다이소조는 승려 덴카이(天海)를 의미. 덴카이는 천태종 승려로, 존호는 난코보(南光坊), 원호는 치라쿠인(智樂院). 이에야스를 시작으로 에도시대 초기 막부의 정책 자문역을 맡았고, 외교 문제에도 관여했던 승려. 무사시(武藏) 가와고에(川越)의 기타인(喜多院)과 닛코 린노지(輪王寺)를 부흥했고, 1625년에는 간에이지(寛永寺)를 창건했다.

一. 동 19일, 이시바시(石橋)[374]에서 낮에 휴식했다.

〃 신사를 다옥에서 향응했다. 시치고산에 금은 장식된 것이다.

〃 접대 담당은 영주 오쿠다이라 미마사카노카미님이다.

〃 같은 날, 우쓰노미야의 성하(城下)에서 묵었다.

〃 신사를 다옥에서 향응했다. 시치고산에 금은 장식된 것이다.

〃 접대 담당 또한 오쿠다이라 미마사카노카미님이다.

〃 신사가 이곳에 도착했다고 에도의 로주님들께 역참파발로 보고드렸다.

被仰上ル.

一. 同廿日, 晝休.

〃 信使於茶屋御饗應有之. 七五三金銀之飾.

〃 御馳走人ハ, 眞田隼人正樣也.

〃 同日, 今市泊り.

〃 信使於客館御饗應有之. 七五三金銀之飾.

〃 御馳走人ハ, 水谷伊勢守樣也.

〃 當所之儀, 信使日光參詣ニ付, 新規ニ客館を御構被成, 御普請
御丁寧ニ有之, 三使ゟ以下一同, 此客館ニ寄宿被仕ル. 三使山野
之景并客館御普請之樣子なと, 見被申候而, 被致感謝, 若今度

一. 동 20일, 낮에 휴식했다.

〃 신사를 다옥에서 향응했다. 시치고산에 금은으로 장식된 것이다.

〃 접대 담당은 사나다 하야토노카미(眞田隼人正)님이었다.

---

374 도치기현 시모쓰케시(下野市) 이시바시(石橋)에 있던 슈쿠바.

〃 같은 날, 이마이치에 묵었다.

〃 신사를 객관에서 향응했다. 시치고산에 금은 장식된 것이다.

〃 접대 담당은 미즈노야 이세노카미(水谷伊勢守)[375]님이다.

〃 이곳에서는 신사의 닛코 참배에 따라 새로 객관(客館)을 준비하고 정성들여 공사했으며, 삼사 이하 일동이 이 객관에 묵으셨다. 삼사가 산야(山野)의 경치와 객관이 지어진 모양 등을 보시고 감사하며 말씀하기를, "만일 이번에

日光社參不仕候ハヽ, 何とてケ樣之御馳走を受ケ申儀, 可有御座候哉与, 被申候由也.

〃 同日, 光雲院樣ニハ, 暫時此所御旅宿ニ, 御休息有之. 且三使方へ先達而日光へ, 御越被成之旨, 御使者を以被仰遣, 今晚, 日光江御着被成, 直ニ伊豆守樣御旅宿へ, 御出被成候處, 松平右衛門太夫樣·秋元但馬守樣·阿部對馬守樣·板倉內膳正樣·玄琢法印ニも, 彼方へ御出被成御座, 御同然ニ御振舞御受ケ被成ル. 則此御座席ゟ江戶表御老中樣方へ, 御案內被仰上ル. 但, 此御狀伊豆守樣, 御狀箱之內ニ御入レ, 被差越ル.

〃 三使衆前日より被申候ハ, 日光社參相濟候ハヽ, 早々江戶表へ

닛코를 참배하지 않았다면 어떻게 이런 접대를 받겠습니까?"라고 하셨다고 한다.

〃 같은 날, 고운인님이 잠시 이곳 숙소에서 휴식하셨다. 또한 삼사에게 먼저 닛코로 가겠다고 사자를 보내 전하고, 오늘 밤 닛코에 도착해서 바로 이즈노카미님의 숙소로 가셨다. 마쓰다이라 우에몬노타이후님·아키모토 다지마노카미(秋元但馬守)님·아베 쓰시마노

375 미즈노야 가쓰타카(水谷勝隆). 히타치노쿠니 시모다테번(下館藩) 번주. (『日本人名大辭典』)

카미(阿部對馬守)[376]님 · 이타쿠라 나이젠노카미(板倉內膳正)[377]님 · 겐타쿠호인도 그곳에 오셔서 함께 향응을 받으셨다. 바로 그 자리에서 에도의 로주님들께 보고하셨다. 단, 이 서한은 이즈노카미님의 서한 상자에 넣어 보냈다.

〃 삼사들이 전날부터 말하시길 "닛코 참배를 마치면 서둘러 에도로

歸府被仕度候間, 歸路之節ハ, 日數をちゝめ罷歸可申候由ニ付, 其趣今晩伊豆守樣へ, 御物語被成候處, 何茂被仰談候上, 道中宿々·御馳走所ニも, 夫々被仰遣ル.

〃 大僧正樣へ 光雲院樣御出被成, 信使社參之節, 御儀式なと之儀被仰談, 夫ゟ伊豆守樣御同然ニ,　御靈社江御出被成, 信使社參之御儀式なと, 被仰談置ル. 尤右衛門太夫樣·但馬守樣·對馬守樣·內膳正樣ニも, 御同然ニ　御靈社へ御出被成ル.

一. 同廿一日辰刻, 信使日光　東照大權現之御廟へ社參被仕ル儀式之次第.

〃 信使山菅橋之前, 下馬所ニおゐて旗·吹物なと相留メ, 於橋外下輿

돌아가고 싶으니, 귀로는 일정을 단축해서 돌아가겠습니다"고 해서, 이것을 오늘 밤 이즈노카미님에게 말했더니 모두 상의한 후 돌아가는 길에 있는 슈쿠와 접대 장소에도 각각 연락하셨다.

〃 다이소조님에게 고운인님이 가서 신사(信使) 참배 시의 의식에 관해 상의하신 후, 이즈노

376 아베 시게쓰구(阿部重次).

377 이타쿠라 시게마사(板倉重昌). 미카와노쿠니 후코즈번(深溝藩) 번주. (『日本人名大辭典』)

카미님과 함께 영사(靈社)[378]로 가서 신사의 참배 의식에 관해 상의하셨다. 단, 우에몬노타이후님 · 다지마노카미님 · 쓰시마노카미님 · 나이젠노카미님도 함께 영사로 가셨다.

一. 동 21일, 진각에 신사가 닛코 도쇼다이곤겐(東照大權現)[379] 묘소를 참배한 의식의 순서.

〃 신사가 야마스게바시(山菅橋)[380] 앞 하마소에 깃발과 취악기 등을 남겨 두고, 다리 밖에서 가마를 내려

有之而, 步行ニ而橋を渡り, 又上輿被仕ル.

但, 三使橋を被渡候內ニ, 輿舁脇路を行キ, 橋向ニ相待罷在ル.

且又此所ニ番人として, 此方ゟ深見造酒助 · 松田六郞右衛門 · 藤松十右衛門 · 木村勘左衛門 · 林儀左衛門 · 伊藤五郞左衛門被附置ル.

〃 上々官ハ, 大手御門之外ニ而乘物ゟ下ル.

但, 此御門ニ番人として, 此方ゟ內野權兵衛 · 岩井治部右衛門被附置ル.

〃 三使ハ, 大手御門之內, 瑞籬之所ニおゐて, 下輿有之而, 蓋を被除ル.

但, 三使之輿此所ニ留置ク. 此所ニ爲番人, 此方ゟ平田將監 · 古川

걸어서 다리를 건넌 다음 다시 가마에 타셨다.

단, 삼사가 다리를 건너는 동안 가마꾼들은 옆길로 이동해서 다리 건너편에서 기다리고 있었다. 또한 이곳을 지키는 사람으로 이쪽에서 후카미 미키노스케(深見造酒助) · 마쓰다

378 영험이 강한 신사(神社). 조상의 영혼을 제사지내는 곳. 레이뵤(靈廟).

379 도쿠가와 이에야스의 신호(神號).

380 현재 닛코 국립공원의 입구인 다이야가와(大谷川) 청류(淸流)에 놓인 붉은색의 신교(神橋). 예전에는 야마시게노쟈바시(山菅の蛇橋)라고 불리었다.

로쿠로에몬(松田六郎右衛門)·후지마쓰 주에몬(藤松十右衛門)·기무라 간자에몬(木村勘左衛門)·하야시 기자에몬(林儀左衛門)·이토 고로자에몬(伊藤五郎左衛門)을 지정했다.

〃 상상관은 오테고몬(大手御門)[381] 밖에서 가마를 내렸다.

단, 이 문을 지키는 사람으로 이쪽에서 우치노 곤베에와 이와이 지부에몬(岩井治部右衛門)을 지정했다.

〃 삼사는 오테고몬 안쪽 울타리(瑞籬)가 있는 곳에서 가마를 내리고 양산을 치웠다.

단, 삼사의 가마는 이곳에 두었다. 지키는 사람은 이쪽에서 히라타 쇼겐·후루카와

式部并幾度九左衛門·三浦加左衛門被附置ル.

〃 夫より瑞籬之內之寺ニおゐて, 衣冠着有之而, 御鳥居ニ被越, 中官なとハ, 御鳥居之外ニ相留ル.

此所爲番人, 此方より古川瀨兵衛·吉村橘左衛門·今井新右衛門·波多新助被附置ル.

〃 上官なとハ, 二番目之御鳥居之邊ニ相留ル.

〃 三使左之方之手水鉢ニ而, 手水被仕, 貂皮冠を被除ケ, 直ニ石鳫木ニ上り, 御門之內ニ入, 外より一番目之假り拜殿ニ揚り, 各謹而列座被仕ル.

但, 正使ハ左之方, 副使ハ中, 從事ハ右之方ニ着座也.

시키부·기도 구자에몬·미우라 가자에몬이다.

〃 울타리 안쪽에 있는 절에서 의관을 갖춘 다음 도리이(鳥居)[382]로 가셨고, 중관 등은 도리

381 닛코 도쇼구의 정문.

382 신사(神社)의 참배로(參拜路) 입구나 사전(社殿) 주위의 담에 설치된 문. 2개의 기둥 위에 나무를 걸치고, 그 밑에 기둥을 연결

이 밖에 남았다.

이곳을 지키는 사람은 이쪽에서 후루카와 세베에(古川瀨兵衛), 요시무라 기치자에몬(吉村橘左衛門)·이마이 신에몬(今井新右衛門)·하타노 신스케를 지정했다.

〃 상관 등은 두 번째 도리이 근처에 남았다.

〃 삼사가 왼쪽의 조즈바치(手水鉢)[383]로 손을 씻고 초피관을 벗은 다음 바로 석단(石馬木)[384]을 올라 문 안쪽으로 들어가서, 밖에서 첫 번째 임시 배전(拜殿)에 올라 각자 정중하게 열을 지어 앉으셨다.

단, 정사는 왼쪽, 부사는 가운데, 종사는 오른쪽에 앉았다.

〃 此時, 光雲院様ニハ三使之向, 御机之左之方ニ御着座, 兩長老何茂拜殿ニ御揚り, 三使左之方ニ御着座也. 三使各御机ニ相進ミ, 香を燒キ, 元之所ニ退キ, 一同ニ並立テ, 拜禮一度有之而, 首を伏シ, 御香之煙盡キ候節, 起座被仕ル. 上々官ハ, 一番目之假り拜殿之下座, 二枚敷之席ゟ, 一同ニ拜禮仕ル. 此時大僧正様, 內之御門ゟ御出被成, 二番目之假拜殿ニ御立チ被成, 三使と御對禮有之.

但, 大僧正様ニも御蓋被具. 且又此時ハ, 諸樂人共廻廊ニ列り畏ル. 松平伊豆守様·松平右衛門太夫様·阿部對馬守様·秋元但馬守様·板倉內膳正様なとニハ, 右樂人之側ニ, 竊ニ被成御座ル.

〃 右之御禮式相濟而, 三使元之寺ニ退出被仕, 装束替へ有之, 御

하는 나무를 댄 것. 돌이나 동(銅)으로도 만들었다. (『대일외교사전』)

383 절이나 신사에서 손과 입을 깨끗하게 하기 위한 물을 두는 그릇. 수반(手盤).

384 계단 또는 그것과 유사한 형태의 건물. 기러기가 경사진 모습으로 모여서 나는 것이 계단 모양처럼 보인다는 데에서 유래했다. (근세 한일관계 사료집 Ⅲ)

〃 이때 고운인님은 삼사의 건너편 공물대 왼쪽에 앉으셨다. 두 초로는 배전으로 올라가 삼사의 왼쪽에 앉으셨다. 삼사가 각각 공물대로 나아가 향을 피우고 원래 자리로 물러나 다 같이 늘어서서 한번 배례했고, 머리를 숙여 향이 다 타자 다시 앉으셨다. 상상관은 첫 번째 임시 배전의 하단 두 번째 다다미 자리에서 다 같이 배례했다. 이때 다이소조님이 안쪽 문으로 들어와 두 번째 임시 배전에 서서 삼사와 대례했다.

단, 다이소조님도 양산을 구비했다. 이때 모든 악사(樂人)들이 회랑에 단정하게 열지었다. 마쓰다이라 이즈노카미님 · 마쓰다이라 우에몬노타이후님 · 아베 쓰시마노카미님 · 아키모토 다지마노카미님 · 이타쿠라 나이젠노카미님은 악사들 옆에 조용히 계셨다.

〃 위 예식을 마치고, 삼사가 원래 절로 돌아가 옷을 갈아입은 다음

饗應被受ケ, 卽興之詩作なと被仕ル.

〃 上官ゟ以下之朝鮮人共, 殊外 御神殿を拜見仕度由, 相願候付, 其趣を伊豆守様へ被仰達候得ハ, 拜見被仰付候様ニ与之御事ニ付, 其旨被仰渡候得ハ, 何茂石鳫木之下ゟ拜禮仕り, 御馳走所へ退出, 御饗應頂戴仕ル. 畢而 光雲院様石鳫木より御進ニ, 神殿ニ被爲上, 白銀十枚御獻上被成, 御敬拜, 御酒御頂戴被成. 相濟而, 御宿坊へ御退出, 御装束替へ被成, 御袴肩衣被爲召, 信使宿へ御出被成ル.

信使日光之詩, 左記.

日光山

향응을 받았고, 즉흥으로 시작(詩作) 등을 하셨다.

〃 상관부터 그 이하의 조선인들이 신전(神殿)을 구경하고 싶다고 요청하여 이를 이즈노카미님께 전했더니 구경하게 하셨다. 이를 전했더니 모두 석단 밑에서 배례했고, 접대 장소로 물러나 향응을 받았다. 끝나고 고운인님이 석단에서 나아가 신전에 올라 백은(白

銀)[385] 10매를 헌상하고, 경배(敬拜)하신 다음 술을 받으셨다. 마친 뒤 숙방으로 물러나 옷을 갈아입고, 하카마카타기누(袴肩衣)[386] 차림으로 신사 숙소로 갔다.

신사가 지은 닛코에 관한 시(詩)를 다음에 적는다.

일광산(日光山)

東武諸山望裏遙, 日光周匝獨岧嶤. 天開眞境排金殿, 洞闢靈川駕玉橋. 鈴饗却隨旗脚動, 篆香新惹雪花飄. 地因人勝今方驗, 功烈千秋未寂寥.

日光

急雪驕風萬木顚, 亂雪飛瀑入金田. 橋頭下瞰南冥盡, 檻外平臨北斗懸. 豈謂福庭尋妙訣, 只應吾輩卽眞仙. 東南極目寰區小, 不必乘槎說漢年.

中峯縹渺遏雲孤, 寂歷杉松近帝都. 壑轉琳

동무(東武)의 산들 바라보이는 멀리로 일광산 주위는 홀로 높네.
하늘이 열리고 참다운 지경(地境)에는 금 궁전이 늘어섰고,
마을이 열리고 신령스런 개천에는 옥으로 된 다리가 걸렸네.
방울이 울려[387] 문득 깃발을 따라 발길을 옮기니,

385 은화.

386 에도시대 무사의 공적인 예복. 가타기누(肩衣)와 한바카마(半袴)를 입는 것.

387 원문의 글자는 '饗'이나 '響'의 뜻으로 해석.

전향(篆香)이 새로이 피어나고 눈꽃이 나부끼네.

땅이 사람으로 인해 승한다는 것을 이제 바야흐로 증험했으니,

큰 공로는 오랜 세월이 지나도 적막하지 않구나.

일광(日光)

갑작스런 눈과 굳센 바람에 수많은 나무들이 쓰러지고,

어지러운 눈과 나는 소나기가 금 밭으로 들어오네. 다리 아래 굽어보니

남쪽에 어둠이 다했고, 난간 밖을 바라보니 북두칠성이 걸렸네.

어찌 신선의 경지에 비결이 필요하다 하겠나, 그저 우리들이 곧 신선인 것을.

동남쪽 저 멀리 바라보면 천하가 작으니,

꼭 배를 타고서 역사를 말해야 하는 것은 아니겠지.

가운데 봉우리 끝없이 먼데 구름이 홀로 머물러 있고,

적막한 삼나무가 천상에 가깝네. 골짜기는 절(琳宮)이 되어 불상을 놓았고,

宮開法像, 橋廻玉蝀閟靈符. 曾聞秘笈三山
記, 宛對眞形五岳圖. 下界不須驚皷吹, 看予
箕坐嘯天衢

中天寺刹壓嶙峋, 喜見 將軍法像眞. 白馬
尚懸金鎖甲, 紅雲全露玉官身. 千岭力鎭山
河定, 百戦功留宇宙新. 權現古今同一揆, 宏
圖不復讓前人.

親提萬甲出西方, 釼客黃金盡解裝. 一怒山
河歸掌握, 百年天地屬熙康. 當空玉盖開神
化, 繞日銅龍擁瑞光. 飛騰總爲生民計, 權現

다리는 옥무지개 되어 영부(靈符)[388]를 숨겼네.

일찍이 비밀리에 전한다는 〈삼산기(三山記)〉를 들었는데,

완연히 진정한 모습의 〈오악도(五岳圖)〉[389]를 대하는구나.

하계(下界)에서는 북 치고 피리 부는 소리에 놀라지 말 것이며,

걸터앉아 하늘 길을 읊조리는 나를 보게.

중천(中天)의 사찰(寺刹)은 겹겹이 우뚝한 산이 내려다보이고,

희견천(喜見天)[390]의 장군의 불상은 참되었네.

백마는 아직껏 금쇄갑(金鎖甲)을 달아맸고,

홍운(紅雲)[391]은 온전히 옥 같은 관리들을 드러내는구나.

천 개의 고개의 힘으로 산하(山河)를 평정했고, 백전(百戰)의 공으로 세상을 새롭게 했네.

권현(權現)[392]은 고금에 한결같은데, 큰 계획이 더는 이전 사람보다 못하지 않다.

친히 이끄는 만 군이 서방(西方)에서 나오고, 검객과 황금이 모두 행장을 풀었네.

한 번 노하면 산하(山河)가 손아귀로 들어가고,

백 년 동안 천지(天地)가 빛나고 평안하구나.

하늘에 걸린 옥뚜껑이 열리면 신기하게 변하여,

---

388 신령한 증거, 증표, 부적.

389 송욱(宋旭)의 오악도(五岳圖). 명대(明代) 산수화(山水畵). 중국에는 예로부터 산악(山岳) 신앙이 있었는데 전국시대(戰國時代) 이후 오행사상(五行思想)의 영향을 받아 오악(五岳)의 관념도 생겼다. 한대(漢代)의 5악은 동쪽의 태산(泰山: 山東省), 서쪽의 화산(華山: 陝西省), 남쪽의 형산(衡山: 湖南省), 북쪽의 항산(恒山: 河北省), 중부의 숭산(嵩山: 河南省)이며, 나라에서 제사를 지냈다.

390 희견천=희견궁. 수미산(須彌山) 꼭대기 삼십삼천(三十三天) 가운데 있는 제석천(帝釋天)이 산다는 궁전(宮殿). 앞 구절의 중천(中天)과 대구를 이룬다고 보아, 희견천으로 해석했다.

391 선인(仙人)이 머무는 곳에는 항상 붉은 구름이 에워싸고 있다는 전설에 의거해서, 제왕(帝王)의 궁궐을 형용할 때 홍운(紅雲)이라는 표현을 많이 쓴다. (한국고전종합DB)

392 보살이 인간들을 구원하기 위해 다른 모습으로 나타나는 것. 도쇼다이곤겐(東照大權現). 도쿠가와 이에야스를 보살에 비유하여 칭하는 신호(神號).

해를 둘러싼 동룡(銅龍)에 서광이 끼는구나.

날아올라서 백성의 생계를 살리니,

권현(權現)의 뛰어난 명성이 나란히 가는도다.

雄名已雁行.

日照祇園霽色寒, 衆峯如玉擁危欄. 珠簾半捲諸天近, 繡戶平分碧海寬. 千樹影迴金殿合, 万鈴聲徹鐵圍殘. 仙遊不盡登臨興[393], 雪積層崖蹈遍難

壘嶂煙收曉日紅, 化城登眺倚長風. 波光迴接滄溟濶, 岳勢遙連富士雄. 絶頂靈杉凌積雪, 亂岩飛瀑落晴空. 明朝扙節西南去, 方丈仙遊一夢中.

扙錫西從白馬迴, 法容雙對雨花臺. 摩天日

해가 내리쬔 기온(祇園)[394]은 시리도록 맑게 개었고,

여러 봉우리는 옥과 같고 높은 난간을 가졌네.

구슬로 만든 발(珠簾)은 반이 걷혀 모두 하늘과 가까웠고,

수놓은 집은 광활한 푸른 바다를 공평히 나눴네.

천 그루의 나무 그늘이 황금 궁전을 휘감았고, 만 개의 방울 소리가 철위산을 뚫는구나.

신선놀음의 흥을 다하지 못했는데, 눈 쌓인 언덕 두루 밟기 어렵구나.

393 '興'자의 이체자 형태는 한국고전종합DB 이체자 정보 참조.

394 인도의 샤에국(舍衛國)에 있던 기다(祇陀) 태자의 임원(林苑). 교토(京都) 야사카(八坂)신사의 구칭, 또는 그 부근의 유곽.

보루 같은 산봉우리에 안개가 걷혀 아침 해가 붉으니,
화성(化城)에 올라 조망하며 긴 바람에 기대노라.
물빛은 큰 바다의 넓음과 멀리 닿았고,
산세는 후지산의 씩씩함과 멀리 이어졌네.
절정의 신령스러운 삼나무는 눈 속에 빼어나고,
어지러운 바위 나는 폭포수는 맑은 하늘로 떨어지네.
내일 아침 지팡이 짚고 서남쪽으로 떠나면,
방장(方丈)[395]의 신선놀이가 꿈속이겠구나.
석장 짚고 서쪽으로 백마를 따라 돌아가니,
부처의 모습은 우화대(雨花臺)를 마주했네.

月金輪轉, 繞筆風雷鐵鉢催. 獅座共推迦葉妙, 鳳毛誰識惠連才. 他時兜率宮中見, 笑問桑田變幾廻.

仙都衆木總芬芳, 傳道靈杉自太荒. 氣接扶桑增黛色, 影通丹桂播淸香. 虬鱗百丈排霄漢, 翠葉千齡傲雪霜. 入夜簫笙來絶頂, 願從高處駕鸞鳳.

日光寺 青丘

山靈邀我上層臺, 綺席前臨万仞崖. 雲外羽裳王母至, 空中寶盖老君來. 陽鳥動彩窺瓊

395 화상(和尙), 국사(國師), 주실 등 지위가 높은 승려의 처소. 또는 한 절을 주관하는 승려.

하늘에 닿는 일월은 금륜(金輪)[396]을 돌리고,

붓을 휘감는 풍뢰(風雷)는 철발(鐵鉢)[397]을 재촉한다.

사좌(獅座)[398] 모두가 가섭(迦葉)[399]의 오묘함을 추앙하는데,

뛰어난 자질(鳳毛)을 누가 알아줄 것인가, 혜련(惠連)[400]의 재능을.

다음에 도솔(兜率)[401]의 궁중(宮中)을 본다면

뽕나무 밭이 몇 번이나 변했는지 웃으며 물어야지.

선도(仙都)의 나무들은 아름다운 향 내음 나고,

도를 전하는 신령한 삼나무는 태고부터라네.

기운은 부상(扶桑)[402] 나무를 접해 먹색을 더했고,

그림자는 붉은 계수나무 통해 맑은 향기를 흩뜨리네.

규룡(虬龍)[403]의 비늘은 백 길이라 하늘을 밀어내고,

비취색 잎은 천 세(齡)라 눈서리를 이기네.

밤이 되어 소생(簫笙)[404] 소리가 절정에 이르니,

원컨대 높은 곳에서 난새와 봉황새(鸞鳳)[405]를 타보았으면.

---

396 세계를 받들고 있다는 삼륜(三輪) 가운데 하나.

397 쇠로 만든 바리때. 승려의 밥그릇으로 사용한다.

398 좌두(座斗)나 대두(大斗)라고도 불린다. 통량 위에 위치하는 사자조각으로, 기둥과 대들보를 잇는 기능 외에도 8선인이 사자 등에 앉아 있는 모습을 조각하기도 한다. 대부분 수사자이고, 자세는 대들보에 엎드려 있는 형태가 가장 많다.

399 1. 과거칠불(過去七佛)의 여섯 번째 부처. 가섭파(迦葉波 · 迦攝波)나 음광(飮光)이라고도 한다. 2. 석가(釋迦) 제자인 우루빈라 가섭(優樓頻羅迦葉) · 나제 가섭(那提迦葉) · 가야 가섭(伽耶迦葉)의 세 형제.

400 남북조 송대 시인이자 문장가인 사혜련(謝惠連)으로 추정된다.

401 도솔천(兜率天). 도솔천은 불교에서 말하는 삼계 중 욕계의 네 번째 하늘로, 미륵보살이 머물고 있는 정토(淨土).

402 일본을 달리 일컫는 말. 해가 뜨는 동쪽 바다.

403 양쪽 뿔이 있는 새끼 용, 또는 뿔 없는 용으로 모순되게 정의되는 중국 용.

404 목관악기 퉁소와 관악기 생황(笙簧).

405 상상의 신령(神靈)스러운 새인 난새와 봉황(鳳凰). 덕이 높은 군자(君子)의 비유.

일광사(日光寺) 청구(靑丘)

산신령이 나를 높은 층대에서 맞아주니, 비단 자리는 만 길 언덕을 앞에 두었네.

구름 너머 깃털 옷 입은 서왕모(西王母)[406]가 왔고,

하늘의 보개(寶盖) 태상노군(太上老君)[407]이 왔도다.

기러기는 광채를 드러내며 아름다운 집을 엿보고,

戶, 海若吹波凸玉盃. 披拂三珠香藥散, 人間半夜雪千堆.

山菅橋

盈々一水隔塵緣, 曲々奔流繞岸邊. 何日茅龍蟠絶磵, 有時巢鶴舞層巔. 天臺石路通諸洞, 河漢銀橋會列仙. 此去尋眞知不遠, 誰將鐵鎖解高懸.

日光山

贔屭靈鰲障海欄, 蹁躚仙鳳立雲間. 上頭杉檜傳千古, 半腹雲煙隔九寰. 對起士峯雄北

바다의 신(神) 해약(海若)이 파도를 뿜어 일렁이는 옥배.

삼주(三珠) 열어 펼쳐 향약이 흩어지면, 한밤중 세상에는 천 겹의 눈이 쌓이네.

산관교(山菅橋)

---

406 서왕모는 머나먼 서쪽, 신들의 영역인 곤륜산에 위치한 '요지'라는 호수에 살고 있는 여신.

407 태상노군(太上老君)은 노자(老子)를 신격화한 것. 장자와 함께 도가의 시조이다.

넘실거리는 물이 속세의 인연을 가로막고,[408]

굽이굽이 달리는 물줄기가 언덕 가를 감싸네.

어느 날에 모룡(茅龍)[409]은 깊은 계곡을 두를 것인가,

둥지의 학이 봉우리에서 춤추는 때도 있겠지.

천태산의 돌길은 모든 고을로 통하고,

은하수 다리는 신선들을 모은다네.

이번에 돌아갈 때 알아보면 참으로 멀지 않음을 알 것이니,

누가 장차 높이 걸린 철쇄(鐵鎖)를 풀 것인가.

일광산(日光山)

힘쓰는 영오(靈鰲)[410]는 바다를 가로막고,

춤추는 봉황은 구름 사이에 섰네.

꼭대기의 삼나무와 전나무는 영구한 세월을 전하고,

산 중턱의 구름 안개는 온 하늘을 가렸네.

양쪽으로 솟아난 후지산 북쪽으로 웅장하고,

固, 抱回江戶鎭東關. 却忘萬里歸途遠, 又借

肩輿訪此山.

瀑布

峯頭玉井接天潢, 帝女揚波溢素光. 白日陰

崖雷勢壯, 玄冬氷堅帶形長. 曾吟廬岳飛流

408 '영영일수(盈盈一水)'는 서로 바라보이는 거리에서 마음속으로만 생각할 뿐 만나서 말 한 마디도 건네지 못하는 것을 의미한다. 견우와 직녀를 읊은 고시에서 "찰랑찰랑 은하수물 사이에 두고…"라고 한 것에서 비롯되었다.

409 신선이 타는 신물(神物).

410 봉래산(蓬萊山)을 등에 지고 있다는 전설 속의 큰 자라.

句, 今到蓬萊隔海鄕. 那得謫仙携斗酒, 與渠

同賞和新章.

東照殿

寺殿崔嵬聳翠空, 靈旗肅々起寒風. 雄心

躍馬存遺 像, 顯號 尊神見大功. 已覺山

둘러싸는 강호(江戶)는 동쪽 관문을 진압했네.

만 리 돌아갈 길이 멀다는 것을 문득 잊었는데,

또다시 견여(肩輿)[411]를 빌려 이 산을 찾겠노라.

폭포(瀑布)[412]

산꼭대기의 옥정(玉井)은 은하수와 접하고,

제녀(帝女)가 물결을 일으켜 흰 빛이 넘치는구나.

밝은 해에 그늘진 언덕엔 우뢰의 위세가 굳세고,

검은 겨울 얼음 굳어 띠의 형상이 기다랗다.

일찍이 여산비류구(廬岳飛流句)[413]를 읊었는데,

지금 바다 고을에 막힌 봉래(蓬萊)[414]에 당도했다네.

어떻게 하면 적선(謫仙)[415]의 휴두주(携斗酒)[416]를 얻을까.

---

411 장례 행렬에서 좁은 길을 지날 때 임시로 쓰는 간단한 상여(喪輿). 사람 어깨로 매는 가마.

412 닛코 국립공원에 있는 '게곤(華嚴)폭포'로 추정된다.

413 이백(李白)의 〈망여산폭포(望廬山瀑布)〉의 '비류직하삼천척(飛流直下三千尺)'.

414 봉래산. 신선이 산다는 전설 속의 산.

415 선계에서 벌을 받아 인간계로 쫓겨 내려온 선인. 시인 이백을 아름답게 이르는 말.

416 이백(李白)의 '중도의 소리가 한 말의 술과 한 손의 물고기를 가지고 여관에 와서 준 데 수답(酬答)하다[酬中都小吏攜斗酒雙魚於逆旅見贈]'에서, 산둥(山東)의 관리가 술 한 말과 고기 두 마리를 들고 와서 나누었을 때를 시로 읊었다.

그와 함께 새 시를 감상하리.

동조전(東照殿)

사전(寺殿)은 높다랗게 푸른 하늘에 솟았고, 영기(靈旗)는 엄숙하게 찬바람을 일으키네.
장한 마음 말을 달려 불상을 남기고, 현호(顯號)하고 존신(尊神)하는 큰 공을 보았네.
이미 산하(山河)에도 운수(運數)가 있음을 알았으니,

河歸有數, 定知基緒到無窮. 晩來暘谷騰晴
旭, 彩靄常浮萬壑中.

僧正

三生仙契有前因, 一笑相看意便親. 爐火鍊
丹師道骨, 鬢霜垂白我陳人. 欲評靈草難憑
譯, 試揀香茶爲勸賓. 他日逢迎蓬島上, 瀛洲
清淺幾千春.

〃 其後, 三使ゟ姜僉知を以, 大僧正様へ御音物被差出候付, 此方ゟ古川
式部被差添ル.

目錄

근본이 무궁에 도달함을 알 것이다.
느지막이 동천[暘谷]에 오르는 아침 해, 늘 오색 안개가 모든 골짜기 안에 떠있네.

승정(僧正)[417]

---

417 삼강(三綱)의 하나. 삼강은 사원(寺院)의 관리와 운영의 임무를 맡은 세 가지 승직(僧職)으로, 가장 높은 지위가 승정(僧正), 그 아래로 승도(僧都), 율사(律師)가 있다.

삼생(三生)[418]에 신선과 교제함은 전생의 인연이 있는 것이니,

한 번 웃음에 서로 보아 뜻이 맞고 친했네.

화롯불의 연단사(鍊丹師)[419]는 도인의 골격을 했고,

귀밑머리에 서리를 하얗게 늘어뜨렸으니, 나는 진인(陳人)이네.

영초(靈草)를 평하고자 하나 풀이하기 어렵고,

향차(香茶)를 시험함은 손님에게 권하기 위해서라네.

뒷날 봉래산(蓬島)에서 만나면, 영주(瀛洲)[420]는 몇 천 년을 맑고 얕겠네.

〃 그 후, 삼사가 강첨지를 통해 다이소조님에게 선물을 보내셨으므로, 이쪽에서 후루카와 시키부를 함께 보냈다.

목록

人參　　　貳斤

照布　　　貳疋

眞墨

黃毛筆

右大僧正様へ

照布　　　五疋

眞墨

黃毛筆

右毘沙門堂之御門迹江

418 과거·현재·미래의 세상이라는 뜻에서, 전생(前生)과 현생(現生)과 후생(後生)의 총칭.

419 연단술(鍊丹術)을 구사하는 사람. 연단술은 중국의 도사술(道士術)의 하나. 복용하면 불로불사의 신선이 될 수 있는 영약(靈藥[仙丹])을 만든다.

420 영주는 신선(神仙)이 있다는 곳으로, 명예로운 지위에 오름을 가리키는 말이기도 하다.

〃 江戶表御老中様方ゟ御奉書到來, 則左記.

인삼　　　2근

조포　　　2필

진묵

황모필

위는 다이소조님에게

조포　　　5필

진묵

황모필

위는 비샤몬도(毘沙門堂) 몬제키(門迹)[421]에게

〃 에도 로주님이 보내신 봉서가 도착했다. 다음에 적는다.

度々御狀令拜見候. 三使路次中無爲之由, 得其意候. 示給候趣,

具達 上聞候. 委細期後音之時候. 恐惶謹言.

十二月廿日　　　阿部豊後守

酒井讚岐守

土井大炊頭

421 덴카이(天海)의 제자 고카이(公海)로 추정된다. 비샤몬도(毘沙門堂)는 교토시(京都市) 야마나시구(山科區)에 있는 천태종 사원. 산호(山號)는 호법산(護法山) 본존은 비샤몬텐(毘沙門天). 천태종 교토오몬제키(天台宗京都五門跡)의 하나. 소실되었다가 게이초(慶長) 연간(1596~1615)에 이르러 천태종 승려이자 이에야스의 측근이었던 덴카이에 의해 부흥이 시작되어 1643년, 덴카이 사후에는 제자인 고카이가 인계하여 1665년에 완성되었다. 고카이는 덴카이 사후에 도에이잔(東叡山) 간에이지(寬永寺)에 머무르며, 이에야스를 신으로 모시는 도쇼구가 있는 닛코산을 관리하고 천태종을 통괄하는 닛코산 2세 관주(貫主)가 되었다.

宗對馬守殿

때때로 보내주신 서한을 보았습니다. 삼사가 가는 길에 아무 일 없었음을 잘 알았습니다. 말씀하신 내용을 자세히 쇼군께 보고했습니다. 자세한 것은 다음 연락 때를 기하겠습니다. 삼가 말씀드립니다.

12월 20일　　아베 분고노카미

사카이 사누키노카미

도이 오이노카미

소 쓰시마노카미님

『관영병자신사기록』 6

朝鮮信使記錄卷之六　　　信使退歸

〃 寛永十三年丙子十二月廿一日, 申刻, 信使 日光發足.
行列なと參詣之節同然也. 光雲院様ニ者信使
跡ゟ御立被成ル. 御發足之砌小雪降ル.

〃 同日, 今市泊り. 夜ニ入大雪降ル.

〃 御馳走人并御馳走之次第, 前日同然也.

〃 伊豆守様, 此方御旅宿江御出被成, 被仰候者, 今晩中
雪止ミ不申候者, 信使明日發足之儀, 路次惡敷可被
致難儀候. 假令逗留ニ及候共, 別而不苦儀ニ候間, 强而
發足被仕ニ及申間敷候. 其趣江戸表へ御案內申上

〃 간에이(寛永) 13년(1636) 병자(丙子) 12월 21일, 신각(申刻)에 신사가 닛코에서 출발했다. 행렬 등은 참배하러 갈 때와 같았다. 고운인님은 신사보다 늦게 출발하셨다. 출발할 때 조금 눈이 내렸다.

〃 같은 날, 이마이치에 묵었다. 밤이 되어 큰 눈이 내렸다.

〃 접대 담당자와 접대 내용은 지난번과 동일했다.

〃 이즈노카미님이 이쪽 숙소로 오셔서 말씀하시길, "오늘 밤중에 눈이 그치지 않으면 신사가 내일 출발할 때 길이 나빠서 고생스러울 겁니다. 만약 체류하게 되더라도 딱히 안 될 것은 없으니, 무리해서 출발하지 마십시오. 이런 사정을 에도에 보고해도

候得者, 相濟申事候. 此段爲可申達, 致伺公候与之御事ニ而, 夫ゟ直ニ鹿沼ニ御越被成ル.

〃 今夜深更ニ及候而, 大僧正并毘沙門堂御門跡より, 三使方爲御返禮, 御使僧二人來り, 白銀五十枚御目錄相添, 持參被仕ル. 併今晩夜も深ケ候付, 明日御返答可仕之由被申ル.

一. 同廿二日, 晴天. 信使早朝ニ今市發足, 宇都宮ニ而晝休有之.

〃 御馳走人并御馳走之次第, 前日同然也.

〃 同日, 暮方小山江着泊り.

〃 御馳走人并御馳走之次第, 前日同然也.

괜찮습니다. 이 말씀을 드리려고 찾아뵈었습니다"라고 하고, 바로 가누마(鹿沼)[1]로 이동하셨다.

〃 오늘 심야에 다이소조와 비샤몬도 몬제키가 삼사에 대한 답례를 하려고 보낸 승려 2명이 와서 백은 50매를 목록과 함께 가져왔다. 하지만 오늘은 밤이 깊어서 내일 답변하겠다고 했다.

一. 동 22일, 맑음. 신사가 이른 아침 이마이치를 출발해서 우쓰노미야[2]에서 낮에 휴식했다.

〃 접대 담당과 접대 내용은 지난번과 같았다.

〃 같은 날, 저녁때 오야마에 도착해서 묵었다.

〃 접대 담당과 접대 내용은 지난번과 같았다.

〃 三使於此所, 昨夜之御使僧并御返物之爲御禮, 大僧正様·毘沙門堂御門跡江, 書翰被差越ル. 且五拾枚之御音物之內, 壹枚宛受納有之, 其餘者返上也. 依之此方ゟ, 深見造酒助日光江被差越ル.

一. 同廿三日, 栗橋晝休.

〃 御馳走人并御馳走之次第, 前日同然也.

〃 同日, 夜糟壁泊り.

一. 同廿四日, 大雪降ル. 越谷晝休.

〃 同日, 申上刻, 信使江戶參着. 此節雨雪漸晴ル.

〃 삼사가 이곳에서 어제 온 승려와 답례품에 대한 인사를 하기 위해 다이소조님과 비샤몬도 몬제키에 서한을 보냈다. 또한 [백은] 50매 선물 중 1매씩을 받고, 나머지는 돌려보냈

1 가누마번(鹿沼藩). 당시 번주는 아베 마사쓰구. 현재의 이바라키현 가누마시(鹿沼市).

2 도치기현 우쓰노미야시(宇都宮市)에 있던 슈쿠바.

다. 이에 이쪽에서 후카미 미키노스케를 닛코로 보냈다.

一. 동 23일, 구리하시에서 낮에 휴식했다.

〃 접대 담당과 접대 내용은 지난번과 같았다.

〃 같은 날, 밤에 가스카베에서 묵었다.

一. 동 24일, 큰 눈이 내렸다. 고시가야에서 낮에 휴식했다.

〃 같은 날, 신상각(申上刻)[3]에 신사가 에도에 도착했다. 이때 눈비가 드디어 갰다.

〃 右京進樣·淡路守樣ゟ三使爲御迎, 途中迄御使者
被差出ル. 且江戶殘り之上官なとも, 爲迎罷出.

一. 同廿五日, 晴天.

〃 今朝, 御登　城被成候處,　御前ニ被爲召,　上意有之候者,
信使　日光參詣首尾能相濟,
且往還之御護行,
御苦勞ニ被思召上与之御事也.

一. 同廿六日.

〃 今日御登　城被成候處, 信使江御暇被成下候日限之儀,
被仰渡ル. 此節御老中樣方へ被仰上候ハ, 長老·西堂儀,
當夏依御差圖信使ニ相附, 御當地江參着被仕候.

〃 우쿄노조님과 아와지노카미님이 삼사를 마중하기 위해 [에도로 오는] 도중까지 사자를 보냈다. 또한 에도에 남아있던 상관 등도 마중하러 나왔다.

一. 동 25일, 맑음.

〃 오늘 아침 등성해서 쇼군에게 불려 갔는데, 쇼군께서 "신사의 닛코 참배를 순조롭게 마

---

3 오후 3시~3시 40분경.

치고, 또한 왕복 길을 호행하느라 수고했다"고 하셨다.

一. 동 26일.

〃 오늘 등성하시니, 신사가 에도를 출발하는 날짜에 대해 말씀하셨다. 이때 로주님들께 말씀드리길, "초로와 세이도는 이번 여름 [막부의] 지시에 따라 신사와 동행하여 이곳에 왔습니다.

信使下向之節も, 兩人共ニ對州迄, 同道候樣ニ可仕候哉. 尤
召長老事ハ, 當年對州書役之當番ニ而御座候故,
不及差圖, 對州迄可被罷越候. 璘西堂儀, 如何被仕
可然哉之旨, 御窺被成候處, 御老中樣方被仕 被仕[4]候者,
西堂儀對州迄, 不被罷越候共, 別而差支候儀, 有御座
間敷候哉与之御事ニ付, 御返答ニ被仰上候者, 對州迄
不被差越候而も, 別而差支候儀ハ, 有御座間敷と奉
存候. 併道中大坂迄ハ, 同道被仕度儀ニ奉存候.
對州迄と申候而ハ, 最前も爲被罷越ニ候得者,
此度又々被罷越候段, 別而苦勞成儀ニ御座候. 併

신사가 돌아갈 때도 두 사람 모두 쓰시마까지 동행하도록 해야 합니까? 쇼초로는 올해 쓰시마 서역(書役) 당번이기 때문에 지시가 없어도 쓰시마까지 가야 합니다. 린세이도는 어떻게 해야 할까요?"라고 여쭈었더니, 로주님들이 답하시길 "린세이도가 쓰시마까지 가지 않더라도 달리 지장이 없겠는가?"라고 하셨다. 답변드리길, "쓰시마까지 가지 않아도 달리 지장은 없을 거라 생각됩니다. 하지만 [린세이도가] 오사카까지는 동행하고자

4 뒤에 '御返答' 등의 단어가 누락된 것으로 추정된다.

할 거라고 생각합니다. 쓰시마까지 가라고 하면 저번에도 갔기 때문에 이번에 또 가는 것이 대단히 고될 겁니다. 그러나

夫ともニ御指圖次第之儀ニ, 御座候由, 被仰上候得者,
御老中様方被仰候ハ, 如仰對州迄と申候而ハ, 別而
苦労成ル儀ニ御座候間, 大坂迄被罷出候様ニ, 可被成候.
對州江ハ, 當番之召長老斗ニ而, 相済可申与之御事也.
光雲院様又々被仰上候ハ, 私儀先年ハ, 秋之内御暇ヲ
被成下候得共, 遠路之儀ニ御座候へハ, 漸冬ニ至歸州
仕候. 此度書簡役被仰付候長老三人, 交代時節
之儀, 多ハ秋冬ニ掛り申候故, 海上風波悪敷, 船
中殊外難儀被仕儀ニ御座候. 自今以後ハ, 何とそ
春之内交代有之候様ニ仕, 如何可有御座哉之旨,

모두 지시에 따를 일입니다"라고 하시자, 로주님들이 말하시길 "말씀처럼 다이슈(對州)[5]까지 가기가 매우 힘들테니 오사카까지 가도록 하십시오. 다이슈에는 당번인 쇼초로만 가면 됩니다"라고 하셨다. 고운인님이 다시 아뢰기를, "제가 지난해에는 가을 중에 쓰시마로 돌아가도 된다는 허가를 받았는데, 가는 길이 멀다보니 결국 겨울이 되어서야 쓰시마에 도착했습니다. 이번에 서간역(書簡役)으로 임명된 초로 3명의 교대 시기는 보통 가을과 겨울에 걸쳐있기 때문에, 해상(海上)의 풍파(風波)가 거칠어 배에서 고생이 컸을 겁니다. 앞으로는 부디 봄에 교대하도록 하는 것이 어떨까요?"라고

5 쓰시마노쿠니(對馬國)의 이칭. 쓰시마.

被仰上候得ハ, 其儀者御自分御了簡次第ニ,

被成候様ニ, 与之御事被仰渡ル.

一. 同廿七日, 晴天.

〃 今日信使江御暇被成下候爲 上使, 大炊頭様·讃岐守様

信使屋江御入被成候付, 如最前先右京進様御宿

坊江御出被成, 彼所ニ而御襲束被成ル. 依之

光雲院様·淡路守様·道春老·永喜老ニも御同然ニ,

右京進様御宿坊江, 御出被成ル. 彼所ニ而御吸物·

御酒なと, 御出し被成ル.

但, 右 上使御兩人様, 信使屋江御出不被成以前ニ, 御兩人之

여쭈었더니, "그 일은 귀하가 판단해서 처리하십시오"라고 하셨다.

一. 동 27일, 맑음.

〃 오늘 신사에게 에도 출발을 전하는 조시로 오이노카미님과 사누키노카미님이 신사 숙소로 가시니, 저번처럼 우선 우쿄노조님의 숙방에 가서 그곳에서 장속을 갖추셨다. 이에 고운인님·아와지노카미님·도슌님·에이키님도 함께 우쿄노조님의 숙방으로 가셨다. 그곳에서 장국(吸物)[6]과 술 등을 제공했다.

단, 위의 조시 두 분이 신사 숙소로 가시기 전에 두 분의

御差圖ニ而, 三使以下江之被成下物, 悉ク信使屋江配置之也.

〃 朝鮮國王江之御返物者, 繡箔之御小袖五十, 臺五つニ

6 스이모노. 어패류와 야채를 넣고 그 국물에 중심을 둔 국물 요리. (『日本國語大辭典』)

積, 上段之左之方ニ配之. 御屛風二十雙, 櫃十ニ入ル. 上段之右之方ニ配之, 銀之臺子二飾, 金具右之方ニ配之. 三使江被成下候御銀·綿なと者, 廣緣ニ置之, 上々官·判事官へ被成下候白銀ハ, 本堂奥之間之左右, 上官中へ被成下候御銀者本堂, 中官·下官中江, 被成下候御銀ハ, 本堂之庭之前ニ配置之. 右被成下物之員數ハ, 跡ニ記之.

但, 信使, 上使を被受候儀式, 何茂前日同然也.

〃 右京進様御返翰を御持, 上使ニ先達御歩行

지시가 있어, 삼사 이하에 대한 하사품을 모두 신사 숙소에 배치했다.

〃 조선 국왕에게 보내는 답례품은 누이하쿠(繡箔)[7] 고소데(小袖)[8] 50[벌]을 받침대 5개에 쌓아 상단 좌측에 놓았다. 병풍 20쌍은 궤(櫃) 10[짝]에 넣어 상단 우측에 배치했다. 은으로 된 다이스(臺子)[9] 2식(飾)을 가나구(金具)[10] 우측에 놓았다. 삼사에게 하사하는 은(銀)과 면직물 등은 히로엔에 배치하고, 상상관과 판사관에게 지급하는 백은은 본당 오쿠노마(奥之間)[11] 좌우, 상관들에게 지급하는 은은 본당, 중관과 하관에게 하사하는 은은 본당 뜰 앞에 놓았다. 위 하사품 수는 나중에 적는다.

단, 신사가 조시에게서 수령하는 의식은 모두 이전과 동일하다.

---

7 의복 등의 모양을 수놓을 때 금실이나 은실을 섞는 것. 혹은 자수(刺繡)를 하고 금박이나 은박을 입히는 것. 또는 그렇게 장식된 의상. (『日本國語大辭典』)

8 소맷부리가 좁은 형태의 전통 일본옷. 처음에는 궁중 예복에서 입는 오소데(大袖) 아래에 입는 소박한 통소매의 속옷이었으나 차츰 웃옷으로 발전되어, 현대 기모노의 기원이 되었다.

9 정식 다도에서 사용하는 다리 4개의 상. (『日本國語大辭典』)

10 의미 불명. 무엇을 지칭하는지 분명하지 않다.

11 집 안쪽에 있는 방. (『日本國語大辭典』)

〃 우쿄노조님이 답서[일본의 국서]를 가지고 조시보다 앞서 걸어갔다.

被成ル. 三使ハ, 本堂之緣迄被出迎, 上々官·判事官なとハ,
庭江出罷有ル.　光雲院樣并兩長老ニも, 御出迎被成ル.
〃 上使, 三使と廣間之中段ニ, 御立向被成, 二度半之御對禮
有之而, 互ニ裀ニ御着座.
但, 上段ニハ, 被成下物配有之ニ付, 中段ニ而御對禮也.
〃 右京進樣, 御返翰を御持被成, 中段ニ而　光雲院樣江
御渡し被成候を, 上段之床之上ニ被召置ル.
但シ, 御書翰箱, 紫之絹之袋ニ入, 檜木臺ニ載之. 且又
箱ハ惣銀ニ而, 毛雕なと有之候由.
〃 上使,　光雲院樣并上々官洪同知を被爲召,　上意之旨ヲ

삼사가 본당 툇마루까지 마중 나오셨고, 상상관과 판사관 등은 뜰로 나와 있었다. 고운인님과 두 장로도 마중 나오셨다.

〃 조시가 삼사와 히로마 중단에서 마주 서서 2번 반 대례가 있은 뒤, 서로 자리에 앉았다.
단, 상단에는 하사품이 놓여 있었기 때문에 중단에서 대례를 했다.

〃 우쿄노조님이 답서를 중단에서 고운인님에게 건네신 것을 상단 도코(床)[12] 위에 놓으셨다.
단, 서한 상자는 보라색 비단 주머니에 넣어서 노송나무(檜木)로 만든 받침대에 올려졌다. 상자는 전부 은이며 게보리(毛雕)[13]로 장식된 것이다.

〃 조시가 고운인님과 상상관 홍동지를 부르셔서 전달한

12 도코노마(床間)의 준말. 도코노마는 일본 건축의 객실 등에서 상석에 바닥(床)을 한 단 높게 만든 곳이다. (『日本國語大辭典』)

13 조금(彫金) 기법의 하나. 금속, 상아, 조개껍질 등에 날카로운 정을 이용해 얇은 선으로 모양과 글자를 판 것. (『日本國語大辭典』)

御傳被成候條々.

一. 遠路罷越, 其上 日光へも參詣, 旁以苦勞ニ被思召上候. 今日御暇被成下候間, 心次第ニ發足可仕候. 依之國王江之御返物, 并三使江之被下物, 御渡被成候趣, 被仰渡ル.

一. 對馬守儀, 柳川豊前誣訴ニ依而, 被遂御穿鑿候而, 罪過之輩盡ク刑戮, 又ハ流罪被仰付候. 此儀ハ, 定而先達而も, 被承たるニて可有之候. 歸國之節, 猶又一統へ, 可被申達候.

一. 今度技藝之者, 被相添渡候段, 御滿足被成候.

쇼군의 전언.

一. '먼 길을 온데다 닛코에도 참배하느라 여러모로 고생했을 것입니다. 오늘 귀국길에 오르도록 했으니 뜻대로 출발하시오. 이에 [조선] 국왕에게 보내는 답례품과 삼사에 보내는 하사품을 건넵니다'라고 하셨습니다.

一. 쓰시마노카미는 야나가와 부젠의 무고로 인해 조사를 받았는데, 죄과가 있는 자들은 모두 사형되거나 유배형에 처해졌습니다. 이 사건을 분명 지난번에도 들었을 겁니다. 귀국하면 모든 사람들에게 전하십시오.

一. 이번에 마상재 곡예사를 데리고 온 것에 만족하셨습니다.

依之 御上覽をも, 可被成候得共, 信使發足も無餘日候ニ付, 同然ニ歸鄉被仰付候. 其內 御上覽可被成与之御事ニ候ハヽ, 其節ハ可被仰遣候條, 又々可被差渡候.

右之趣大炊頭様·讚岐守様, 代々ニ被仰渡ル. 三使御返答ニ
被申上候ハ, 御丁寧之御音物, 國王ニも感喜可被仕候.
且又柳川豊前守誣訴之事, 并騎藝之者之事,
歸國仕候ハヽ, 委細ニ可申達候由被申, 相濟而人參
湯出ル. 通イ小童也. 三使, 上使江被申候ハ, 的場を
構へ, 射藝之者をも, 相選置候. 且又樂人も居

이에 [쇼군께서] 관람도 하셨지만, 신사의 출발이 머지않은 탓에 함께 귀국하게 했습니다. 가까운 시일에 관람하시겠다고 하면, 그때는 연락을 할 테니 다시 파견하십시오.

이 내용을 오이노카미님과 사누키노카미님이 교대로 말씀하셨다. 삼사가 대답하길, "정중한 선물을 국왕께서도 기뻐하실 것입니다. 또한 야나가와 부젠노카미의 무고 사건과 마상재인에 관해서는 귀국해서 자세히 전하겠습니다"라고 했다. 마친 뒤에 인삼탕이 나왔다. 소동이 시중을 들었다. 삼사가 조시에게, "활터를 준비하고 궁술인(射藝之者)을 골라 두었습니다. 또한 악사(樂人)도

申候間, 御心次第ニ, 可申付与之儀也. 上使被仰候ハ,
今日者最早暮ニも及候條, 樂を被申付候様ニ与之御事ニ付,
廣間ニおゐて音樂奏之. 相濟而 上使御歸り被成ル.
其禮式如前三使被送出, 本堂之奥之間ニおゐて
上々官·判事官·上中下官なとを, 夫々之被成下物
配有之所江被召出. 上使, 光雲院様江右之品
被成下之旨, 被仰渡候を, 三使江御達シ被成候時,
三使ゟ被申付, 銘々ニ被成下物有之所江參り, 頂戴仕ル.

三使， 上使江被申上候ハ，御禮之儀者，何分ニも，宜様ニ

被仰上被下候様ニ与之事也. 勿論 上使御歸り之節ハ，

있으니, 원하는 것을 말씀하십시오"라고 했다. 조시가 "오늘은 벌써 저녁이 되기도 했으니, 음악을 연주해 주십시오"라고 해서, 히로마에서 음악이 연주되었다. 끝나고 조시가 돌아갔다. 그 예식은 전처럼 삼사가 배웅 나가시고, 본당 오쿠노마에서 상상관, 판사관, 상중하관 등을 각각의 하사품이 배치된 곳으로 부르셨다. 조시가 고운인님에게 위의 물품을 [쇼군이] 하사하셨다고 말한 것을, [고운인이] 삼사에게 전달했다. 그러자 삼사의 지시로 각 인원들이 하사품이 있는 곳으로 가서 수령했다. 삼사가 조시에게 "감사의 인사를 부디 잘 말씀드려 주십시오"라고 하셨다. 물론 조시가 돌아갈 때는

三使本堂之縁迄，被送出ル. 其外之朝鮮人ハ，庭へ罷出ル.

上使御歸被成，直ニ右京進様御宿坊江御出，御襲束

替被成，御袴肩衣被爲召. 光雲院様ニも御同然ニ，

御出被成，其節道春老·永喜老， 光雲院様江，

今度朝鮮人江被成下候御音物之書付之由ニ而，

御渡シ被申ル.

其目錄

白銀　　五十兩

越前綿　三百純

右正使へ

삼사가 본당의 툇마루까지 배웅 나가셨다. 다른 조선인들은 뜰로 나왔다. 조시가 돌아가서 바로 우쿄노조님의 숙방으로 가 장속을 바꾸어 하카마카타기누를 입으셨다. 고운

인님도 함께 가셨는데 그때 도슌님과 에이키님이 고운인님에게 이번에 조선인에게 준 선물을 적은 문서라며 건네셨다.

그 목록

백은　　　　　　　　　　　　50량(兩)

에치젠와타(越前綿)[14]　　　300순(純)

위는 정사에게

同前

右副使へ

同前

右從事へ

白銀　　　貳千兩

右上々官貳人銘々ニ

白銀　　　五百兩

右判事官三人銘々ニ

白銀　　　五千兩

右上官四拾餘人へ

위와 같음

위는 부사에게

위와 같음

위는 종사관에게

14 에치젠노쿠니(越前國) 현재의 후쿠이현에서 생산되는 솜. 색이 하얗고 잘 뭉치지 않는 것이 특징이다. (『日本國語大辭典』)

백은　　　　　　　2,000량

　위는 상상관 2명 각각에게

백은　　　　　　　500량

　위는 판사관 3명 각각에게

백은　　　　　　　5,000량

　위는 상관 40여 명에게

白銀 一萬兩

　右中官·下官四百二十餘人江

　　　以上

〃 大炊頭様·讚岐守様へハ, 夫より信使御禮申上候段, 爲被仰上, 御登城被成ル.

〃 光雲院様ニハ, 御屋敷へ爲　上使伊豆守様御入被成候由, 申來候付, 是ゟ直ニ御屋敷へ御歸り被成候處, 伊豆守様ニハ, 敏ク御入, 兩長老与御對話被成ル.　光雲院様御對面被成候處,　上使被仰候ハ, 今日御暇被成下候間, 信使御同道御歸國被成候様ニ与之御事, 其外御懇之上意之旨蒙仰, 白銀五百枚·吳服二十御拜領被成ル. 長老·西堂

백은　　　　　　　10,000량

　위는 중관과 하관 420여 명에게

　　　이상

〃 오이노카미님과 사누키노카미님은 그 후 신사가 감사 인사 드렸음을 아뢰기 위해 등성하셨다.

〃 고운인님은 쓰시마번의 에도 번저에 이즈노카미님이 조시로 오신다는 연락을 받고 바로 번저로 돌아오셨는데, 이즈노카미님이 빨리 오셔서 두 장로와 대화하고 계셨다. 고운인

님과 만나셔서 조시가 "오늘 에도를 출발해도 된다고 허가하셨으니 신사와 함께 귀국하십시오"라고 하셨고, 그 외에 마음을 써주신 쇼군의 뜻을 들었으며, 백은 500매(枚)와 고후쿠(呉服)[15] 20[벌]을 받으셨다. 초로와 세이도

ニも　上意之旨有之, 白銀百枚·呉服十宛御拜領也. 伊豆守様
又々被仰候ハ, 御禮之儀ハ明日御登城, 被仰上候様ニ与之御事ニ而,
御歸り被成ル.

〃 今晩, 御老中様方へ御出被成, 三使へ　上使被成下候御禮, 且又　光雲院様
ニも 上使被成下候御禮被仰上ル. 讃岐守様ニ而者, 御逢被成候付, 御直ニ
御禮被仰上ル.

〃 同日, 大納言様·中納言様ゟ三使へ爲御返禮, 御使者并白銀貳百枚
被遣ル. 三使, 御使者へ對面有之.
但, 右之御使者, 長袴着被仕ル.

〃 右御同人様ゟ上々官·判事官へも, 銘々ニ白銀二十枚ツヽ被下之.

에게도 쇼군의 뜻이 전달되었고, 백은 500매와 고후쿠 20[벌]씩을 받았다. 이즈노카미님이 또 "감사 인사는 내일 등성해서 올리십시오"라고 하고 돌아가셨다.

〃 오늘 밤, 로주님들께 가서 삼사에게 조시를 보내주신 답례와 고운인님에게도 조시를 보내주신 감사 인사를 드렸다. 사누키노카미님 댁에서는 [직접] 만나셔서 답례를 올렸다.

〃 같은 날, 다이나곤님과 주나곤님이 삼사에 대한 답례로 사자(使者)와 백은 200매를 보내셨다. 삼사가 사자와 대면했다.
단, 위의 사자는 나가바카마를 입었다.

---

15 의복용 직물의 총칭. 옷감(反物). 에도시대에는 마(麻), 면직물 등을 후토모노(太物)라 칭했던 데 대해 견직물을 고후쿠라 불렀다. 고대 중국의 오나라에서 전해졌다고 하는 방식으로 지은 옷감. (『日本國語大辭典』)

〃 위의 분들이 상상관과 판사관에게도 각각 백은 20매씩을 주셨다.

〃 同日, 御老中樣方ゟ禮曹へ之御返簡并御返物, 三使方へ爲御持
被遣. 且又三使へも銘々ニ白銀百枚宛被遣候處, 三使ゟ立而御理り被
申上候得共, 御使者色々被申達候付, 御受ケ被申ル. 上々官へも, 銘々ニ白銀
十枚宛被下之. 三使右之御使者へ, 夫々ニ對面有之.

但, 掃部頭樣ゟ之御使者, 秋山勘右衛門, 大炊頭樣ゟ之御使者,
大野仁兵衛, 讚岐守樣ゟ之御使者, 深栖九郎右衛門, 伊豆守樣
ゟ之御使者, 篠田九郎左衛門, 讚岐守樣御使者, 平田彈右衛門,
加賀守樣御使者, 姓名不相知レ. 何茂長袴着.

一. 同廿八日, 晴天.

〃 今日御登　城被成候處,　御前へ被爲召候付, 昨日　上使御拜領之御禮

〃 같은 날, 로주님들이 예조에게 보내시는 답서 및 답례품을 삼사 쪽에 보내셨다. 또한 삼사 각각에게도 백은을 500매씩 보내셨는데, 삼사가 굳이 거절했지만, 사자가 여러모로 이야기해서 받으셨다. 상상관에게도 각각 백은 10매씩 지급하셨다. 삼사가 위의 사자와 각각 대면했다.

단, 가몬노카미님이 보낸 사자는 아키야마 간에몬(秋山勘右衛門), 오이노카미님이 보낸 사자는 오노 진베에(大野仁兵衛), 사누키노카미님이 보낸 사자는 후카스 구로에몬(深栖九郎右衛門), 이즈노카미님이 보낸 사자는 시노다 구로자에몬, 사누키노카미님이 보낸 사자는 히라타 단에몬(平田彈右衛門), 가가노카미님이 보낸 사자는 이름을 모른다. 모두 나가바카마 착용.

一. 동 28일, 맑음.

〃 오늘 등성하셨는데, 쇼군께 불려가서 어제 조시를 통해 받은 선물에 대한 감사 인사를

御老中樣方迄被仰上ル.　上意有之候ハ, 今度朝鮮國ら諸禮式

を丁寧ニ被相改, 三使被差渡候處, 光雲院樣御導引, 始終宜敷

有之候. 且又今年ハ兩度御參勤, 剩日光江も御參詣之段, 彼是

御苦勞, 別而　御感ニ被思召候. 三使へ御暇被成下候間, 海陸諸事宜樣ニ,

御導引被成候樣ニ与之御事也.　光雲院樣謹而御聞被成, 御禮

被仰上, 御退被成候處, 又々　御前へ被爲召,　上意ニ,　光雲院樣

御心中御預暗キ儀, 無御座段, 深ク御察知被成候間, 向後御安心可被成候.

彼是御心遣, 御苦勞被成, 御休息之間も, 無御座候間, 來年ハ寛々

御休息, 御國之儀をも, 御取さばき被成候樣ニ与之御事也. 其節

掃部頭樣御取合被仰上候ハ, 對馬守儀難有　上意を蒙り, 寔ニ

로주님들에게 올렸다. 쇼군의 뜻이, “이번에 조선국이 여러 예식을 정중하게 개정해서 삼사를 파견했는데, 고운인님이 이끌어서 시종 문제가 없었다. 또한 올해는 2번 참근하고, 더욱이 닛코에도 참배하느라 이래저래 고생했으니 특히 기쁘게 생각한다. 삼사가 에도를 떠나는 것을 허락하니, 해로와 육로 모든 일에 문제없도록 이끄시오”라고 하셨다. 고운인님이 삼가 들으시고 인사를 올린 뒤 물러나셨는데, 다시 불려갔다. 쇼군께서 “고운인님의 마음속에 음험한 점이 없다는 것을 깊이 알았으니 앞으로 안심하시오. 이래저래 신경쓰느라 고생했고 쉴 틈도 없었으니, 내년에는 천천히 휴식하면서 쓰시마를 돌보도록 하시오”라고 하셨다. 그때 가몬노카미님이 첨언하시길 “쓰시마노카미가 쇼군의 감사한 말씀을 들어 참으로

御禮可申上樣も, 無御座候.　上意之趣御尤千萬, 乍憚感涙仕候

与之御事也. 又々　上意ニ, 先年　光雲院樣被仰上候所, 今日ニ

至御勘辨被成候得ハ, 一つとして齟齬不仕候与之御事也. 其時

大炊頭樣讃岐守樣, 御一同ニ被仰上候ハ, 對馬守儀不存寄　上意を
蒙候段, 誠神明之助有之候樣ニ奉存候由, 被仰上候節,　光雲院樣
謹而御聞被成, 御退座可被成与, 被遊候處, 又被爲召,　御右之側之御刀を,
御手ヲ御取り被成, 大炊頭樣へ御渡し被成,　光雲院樣へ被成下候間,
御指シ被成候而, 御退出被成候樣ニ与之御事ニ付, 大炊頭樣御渡被成候を,
御頂戴被成, 暫ク御次之間へ御退被成, 御拜領之御刀, 備前光忠御
指シ被成,　御前へ被爲出, 御禮被仰上ル. 掃部頭樣被仰上候ハ, 是實ニ

감사를 이루 다 말할 수가 없을 겁니다. 쇼군 말씀이 더할 나위 없이 지당하니, 송구스럽게도 감격의 눈물이 납니다"라고 하셨다. 또한 쇼군께서 "지난해 고운인님이 보고한 것을 오늘에 이르러 숙고해 보니 하나같이 어긋나지 않았다"고 하셨다. 그때 오이노카미님과 사누키노카미님이 함께 "쓰시마노카미가 생각지도 못한 쇼군의 뜻을 듣게 되니 참으로 신명(神明)의 도움을 받은 것이라 생각됩니다"라고 말하시어 고운인님이 삼가 듣고 물러나 앉으려고 했는데, [쇼군께서] 다시 부르셔서 오른쪽에 있던 검을 손에 드시고 오이노카미님에게 건네시며, 고운인님에게 하사하는 것이니 [허리에] 차고 물러나라고 하셨다. 오이노카미님이 건네주신 것을 [고운인님이] 받아 잠시 쓰기노마로 물러나, 하사받은 검 비젠미쓰타다(備前光忠)[16]를 차고 쇼군께 나아가 감사 인사를 올렸다. 가몬노카미님이 "이는 참으로

世上之聞へと申家之重寶, 御禮之申上樣も, 無之儀ニ御座候与之
御事也. 相濟而　光雲院樣,　御前を御立被成, 御次之間ニ

16 도공(刀工) 미쓰타다가 제작한 검. 미쓰타다는 가마쿠라시대(鎌倉時代) 비젠노쿠니(備前國, 현재의 오카야마현) 오사후네(長船)의 도공이다. 1247~1278년경의 사람으로, 오사후네파(長船派)를 열었다. 작풍은 호장, 화려함. (『日本國語大辭典』)

おゐて, 右之御刀を御脱キ可被成と, 被遊候處, 掃部頭様被仰候ハ, 上ゟ之御賜物ニ候得ハ, 御指し被成御座候とても, 少も不苦儀ニ候間, 其儘御指し被成, 直ニ信使屋へ御出被成, 三使へも旁之趣, 被仰聞候様ニ与之御挨拶也.

〃 同日, 於 御殿中御老中様方へ, 御窺被成候趣, 左記.

一. 各様中ゟ之御返簡, 御寫させ可被下哉之事.

御答

得其意候.

세간의 평판이 될 집안의 보물이니 감사의 인사를 드릴 방법이 없겠습니다"라고 하셨다. 마친 뒤 고운인님이 쇼군 앞에서 물러나 쓰기노마에서 위의 검을 벗으려 하자, 가몬노카미님이 "쇼군의 하사품이라 차고 있어도 조금도 문제가 되지 않으니, 그대로 차고 바로 신사의 숙소로 가서 삼사와도 이런저런 얘기를 나누십시오"라고 하셨다.

〃 같은 날, 에도성에서 로주님들께 문의한 내용을 다음에 적는다.

一. 로주님들이 보내시는 답서의 사본을 만들어도 되는가에 관하여.

답변

알겠다.

一. 朝鮮國之被擄, 御返し被成候御奉書之事.

御答

先年之通, 被仰付ニ而, 可有御座候. 併各中得与可申談候.

一. 以酊庵并柳川豊前送使船之事.

御答

御序次第ニ, 遂言上候而, 可申達候.

一. 朝鮮人へ被成下候白銀之儀, 何方ゟ請取候様ニ, 可仕哉之事.

御答

於大坂可被成下候. 手形從是遣し可申候.

一. 三使より井上筑後守様殿·金地院·道春·永喜へ, 音物之事.

一. 조선국의 포로(被擄)를 쇄환[17]한다는 봉서에 관하여.

답변

예전처럼 명할 것이나 로주들이 긴밀히 상의할 것이다.

一. 이테이안 및 야나가와 부젠 송사선에 관하여.

답변

적절한 기회가 되는 대로 보고하고 전달하겠다.

一. 조선인에게 하사하는 백은은 어디에서 수령해야 하는가에 관하여.

답변

오사카에서 지급한다. 확인증을 이제 보낼 것이다.

一. 삼사가 이노우에 지쿠젠노카미님·곤치인·도슌·에이키에게 보내는 선물에 관하여.

御答

三使心次第ニ候.

一. 海陸所々ゟ, 最前之通註進可仕, 次飛脚·次飛船之御證文, 可被下哉之事.

御答

17 임진왜란 때 일본에 끌려간 조선인 포로들, 피로인(被擄人) 중 귀국하기를 원하는 자들을 모아 통신사의 귀국 길에 동행하여 조선으로 돌아가게 하는 조치를 말한다.

次飛脚之證文ハ, 此方ゟ遣し可申候. 次飛船之證文ハ, 於京都, 板倉周防守殿方ゟ可被相請取候. 且又註進之儀, 隔日ニ可被成候.

〃 同日, 御渡し被成候御手形之寫, 左記.

今度朝鮮之官使ニ, 銀三千五百五拾枚被下候. 間宮忠左衛門·

답변

삼사의 뜻에 맡기시오.

一. 해로와 육로 곳곳에서 이전처럼 보고를 올리도록 역참파발과 쓰기비센(次飛船)[18] 사용증을 제공해 주시는가에 관하여.

답변

역참파발 사용증은 이쪽에서 보낼 것이다. 쓰기비센 사용증은 교토에서 이타쿠라 스오노카미님에게서 받고, 보고는 격일로 하시오.

〃 같은 날, 건네주신 [하사품에 대한] 확인증 사본을 다음에 적는다.

이번 조선인 관사(官使)에게 은 3,550매를 하사한다. 마미야 주자에몬(間宮忠左衛門)·

横山藤左衛門, 手形を以被相渡, 重而可有御勘定. 但, 是ハ當座之添状ニ候. 以來之證文ニ成間敷候. 恐々謹言.

寬永十三子　　　　松平伊豆守

十二月廿八日　　　　信綱判

酒井讃岐守

18 쓰기부네(次船, 繼船).

忠勝判

土井大炊頭

利勝判

久貝因幡守殿

曾我又左衛門殿

요코야마 도자에몬(横山藤左衛門)[19]은 확인증으로 [백은을] 건네고, 후에 계산하시오. 단, 이것은 이 건에 한정된 첨부 문서이므로 이후의 증서는 될 수 없다. 삼가 전합니다.

간에이 13 子[1636년] 12월 28일

마쓰다이라 이즈노카미
노부쓰나 판(判)
사카이 사누키노카미
다다카쓰 판
도이 오이노카미
도시카쓰 판

구가이 이나바노카미님
소가 마타자에몬님[20]

新見彦左衛門殿

---

19 상세 미상. 『德川實記』 1635년 12월 26일자에, 마미야 주자에몬 시게노부(間宮忠左衛門重信)와 요코야마 도자에몬 가즈시게(横山藤左衛門一重)를 하라이카타난도(拂方納戶)의 오가시라(大頭), 즉 쇼군가(將軍家)의 지출 관련 업무 책임자로 임명했다는 기사가 있다. 하라이카타난도가시라(拂方納戶頭)는 에도 막부의 직명(職名)으로, 와카도시요리(若年寄)의 지배에 속하여, 쇼군 가문의 의복·세간 집물, 다이묘나 관리들에게 하사하는 금은·의복 지출을 관장하는 직책. 모토가타난도가시라(元方納戶頭)와 함께 난도가시라(納戶頭)라 칭한다.

20 두 사람 모두 오사카 마치부교.

深津彌左衛門殿

請取申銀子之事

合百五拾貳貫六百五拾目ハ, 丁銀也.

但, 此枚三千五百五拾枚也.

右, 是ハ今度朝鮮人ニ被下候御用ニ, 請取申者也. 仍如件.

寬永十三子　　　　　間宮忠左衛門判

極月　　　　　橫山藤左衛門判

久貝因幡守殿

曾我又左衛門殿

신미 히코자에몬(新見彦左衛門)[21]님

후카쓰 야자에몬(深津彌左衛門)[22]님

수령하는 은자에 관한 것

합 152간(貫) 650메(目)는 조긴(丁銀)[23]임.

단, 이는 매수로 하면 3,550매임.

위, 이는 이번에 조선인에게 지급하기 위한 용도로 수령하는 것임. 위와 같음.

간에이 13자(子)　　　　　마미야 주자에몬 판

극월　　　　　요코야마 도자에몬 판

21 『德川實記』 1633년 윤 7월 25일 자에 오사카 가네부교(大坂金奉行)로 등장. 신미 히코자에몬은 1640년에 은거. 오사카 가네부교는 에도 막부의 직명으로, 오사카성(大坂城) 안의 금장(金藏)을 관리하는 일을 맡았다. 매월 5·16·23일이 금전 출납일이었다. 간조부교의 지휘하에 있었다.

22 오사카 가네부교 深津正但(深津彌左衛門正吉의 아들)으로 추정된다.

23 에도시대에 통용된 은화의 일종. 해삼 모양으로 다이코쿠텐(大黑天) 형상이나 주조자의 이름·주조 연차를 새긴 극인(極印)이 눌려져 있었다. 무게가 정해지지 않았기 때문에 저울에 달아 사용했다. (『日本國語大辭典』)

구가이 이나바노카미님

소가 마타자에몬님

新見彦左衛門殿

深津彌左衛門殿

〃 今日, 三使方ゟ玄琢法印へ, 先比約束被致置候病症之書付, 遣之被申候而, 此書付ニ醫按配剤いたし給り候様ニ与之儀ニ付, 相達候得ハ, 卽夜玄琢ゟ書付, 被差越候故, 三使方へ達之.

〃 同日, 三使方ゟ井上筑後守様·金地院·道春老·永喜老方へ, 左之通音物, 被相贈ル.

一. 人參　　壹斤

一. 黃毛筆　　四拾柄

一. 豹革　　貳張

신미 히코자에몬님

후카쓰 야자에몬님

〃 오늘, 삼사가 겐타쿠호인에게 이전에 약속한, 병증(病症)을 적은 문서를 보내시고 [겐타쿠호인에게] 이 문서에 소견을 쓰고 약을 지어달라고 해서 전달했더니, 그날 밤 겐타쿠가 문서를 보내와 삼사에게 전달했다.

〃 같은 날, 삼사가 이노우에 지쿠고노카미님·곤치인·도슌님·에이키님에게 다음과 같이 선물을 보내셨다.

一. 인삼　　1근

一. 황모필　　40병

一. 표피　　2장

右ハ井上筑後守様へ

一. 人參　　　　　壹斤

一. 照布　　　　　貳疋

一. 黃毛筆

一. 眞墨

右ハ金地院へ

一. 人參　　　　　壹斤

一. 照布　　　　　貳疋

一. 黃毛筆　　　　貳十柄

一. 眞墨　　　　　十挺

위는 이노우에 지쿠고노카미님에게

一. 인삼　　　　　1근

一. 조포　　　　　2필

一. 황모필

一. 진묵

위는 곤치인에게

一. 인삼　　　　　1근

一. 조포　　　　　2필

一. 황모필　　　　20병

一. 진묵　　　　　10정

右ハ道春老·永喜老銘々へ

〃 三使方ゟ右京進様·淡路守様へ, 使者并音物被相贈ル. 則左記.

一. 虎革

一. 花席

一. 黃毛筆　　一封

一. 眞墨　　一封

〃 同日, 右京進様·淡路守様方, 三使へ爲御返禮, 蒔繪重箱二組, 越前綿百把被遣之ル. 卽晩又々爲御暇乞, 右御兩人様, 信使屋へ御出, 三使へ御對面被成ル.

一. 同廿九日, 晴天. 巳刻信使江戶發足仕ル. 行列ハ, 參向之節

위는 도슌님과 에이키님 각각에게

〃 삼사가 우쿄노조님과 아와지노카미님께 사자와 선물을 보내셨다. 다음에 적는다.

一. 호피

一. 화석(花席)[24]

一. 황모필　　1봉

一. 진묵　　1봉

〃 같은 날, 우쿄노조님과 아와지노카미님이 삼사에게 답례로 마키에 주바코 2벌(組)과 에치젠와타 100파(把)를 보내셨다. 이날 밤 다시 작별 인사를 하러 위 두 분이 신사 숙소로 오셔서 삼사와 만나셨다.

一. 동 29일, 맑음. 사각(巳刻)에 신사가 에도를 출발했다. 행렬은 에도로 올 때와

24 꽃무늬를 놓아 짠 돗자리. 화문석(花紋席)이라고도 한다. 왕골을 여러 가지 색으로 물들여 무늬가 들어가게 짠 것이다. 화석에는 만화석(滿花席), 각색세화석(各色細花席), 잡채화석(雜彩花席), 황화석(黃花席) 등이 있는데 모두 화석의 이칭으로 쓰이기도 한다. (『대일외교사전』)

同然也.

〃 今日發足之節, 下々之者, 朝鮮之下官与乘馬之儀ニ付, 致爭

論候上ニ而, 下官を致刃傷候得共, 輕キ儀ニ候故, 其通りニ而相濟,

信使發足之障りハ, 不罷成也.

〃 同日, 晝品川御着.

〃 御馳走人參向同然也.

〃 信使於寺宿, 御饗應有之, 七五三金銀之飾.

〃 同日, 夜神奈川御着.

〃 御馳走人參向同然也.

〃 信使於町宿, 御饗應有之, 七五三金銀之飾.

같았다.

〃 오늘 출발할 때, 아랫사람들이 조선의 하관과 말 타는 일로 다투고, 하관이 자상을 입었지만 가벼운 일이라서 그대로 끝냈다. 신사의 출발에 지장이 생기지는 않았다.

〃 같은 날, 낮에 시나가와에 도착했다.

〃 접대 담당이 나오는 것은 동일했다.[25]

〃 절에 마련된 신사의 숙소에서 향응이 있었다. 시치고산에 금은 장식된 것이다.

〃 같은 날, 밤에 가나가와에 도착했다.

〃 접대 담당이 나오는 것은 동일했다.

〃 상가에 마련된 신사의 숙소에서 향응이 있었다. 시치고산에 금은으로 장식된 것이다.

25 통신사 일행의 귀국 길에서도 에도로 향할 때처럼 접대를 받았다는 의미로 추정된다.

〃 同日, 江戶表御老中樣方, 道中御次飛脚之御證文, 并御添狀到來. 則左記之.

一筆申入候. 今日ハ天氣も能, 信使被相立, 珍重存候. 然ハ宿次之手形十五枚調遣候. 相殘用之儀ハ, 被殘置候. 使者へ申渡候. 恐々謹言.

十二月廿九日 堀田加賀守

正盛

阿部豊後守

忠秋

松平伊豆守

信綱

〃 같은 날, 에도의 로주님들이 보낸, 가는 길에서 사용할 역참파발 사용증과 첨부 서한이 도착했다. 다음에 적는다.

글을 드립니다. 오늘은 날씨도 좋고, 신사가 출발해서 다행입니다. 슈쿠쓰기 사용증 15매를 마련하여 보냅니다. 남는 것은 남겨 두십시오. 사자에게 건넸습니다. 삼가 줄입니다.

12월 29일 홋타 가가노카미

마사모리

아베 분고노카미

다다아키

마쓰다이라 이즈노카미

노부쓰나

酒井讃岐守

忠勝

土井大炊頭

利勝

宗對馬守殿

一筆申入候. 信使泊之所々ゟ註進狀之儀, 一日宛間置尤候.

乍去滯留之所·難所を, 越申候刻ハ, 日々ニ而も不苦候. 爲其如此候.

恐々謹言.

十二月廿九日 阿部豐後守

忠秋

사카이 사누키노카미

다다카쓰

도이 오이노카미

시카쓰

소 쓰시마노카미님

글을 보냅니다. 신사가 숙박하는 곳에서 올리는 보고는 하루씩 간격을 두십시오. 하지만 길게 체류하는 곳과 [이동하기] 어려운 곳을 지날 때는 매일 보고해도 괜찮습니다. 이와 같습니다. 삼가 줄입니다.

12월 29일 아베 분고노카미

다다아키

松平伊豆守

信綱

酒井讚岐守

忠勝

土井大炊頭

利勝

宗對馬守殿

〃 當所之御馳走人, 松下左助樣方へ之御奉書も, 此方へ之御狀箱ニ, 入來り候付, 爲持被遣ル.

〃 井上筑後守樣·金地院·道春老·永喜老方ゟ, 三使へ爲御返禮

마쓰다이라 이즈노카미

노부쓰나

사카이 사누키노카미

다다카쓰

도이 오이노카미

도시카쓰

소 쓰시마노카미님

〃 이곳의 접대 담당 마쓰시타 사스케님에게 보낸 봉서도 이쪽에 보내는 서한 상자에 담겨 왔으므로 [마쓰시타에게] 보냈다.

〃 이노우에 지쿠고노카미님·곤치인·도슌님·에이키님이 삼사에 대한 답례로

御使者·御返物, 當所へ被遣ル.

〃 右筑後守樣ゟハ小袖十, 金地院ゟハ杉原三束, 道春老·永喜老ゟハ, 小袖六宛也.

一. 寬永十四丁丑歲正月朔日.

〃 正朔賀儀之爲, 信使當所逗留.

〃 三使ゟ爲賀儀, 姜僉知·康判事御旅宿へ罷出ル.

〃 加藤民部太輔様爲御慶, 御出被成ル.

〃 兩長老爲御慶, 御出被成ル.

〃 今晩, 民部太輔様御旅宿へ御招請ニ付, 御出被成ル. 兩長老御同席也. 朝鮮書役之人も, 被召寄ル.

사자와 답례품을 이곳으로 보내셨다.

〃 지쿠고노카미님으로부터 고소데 10[벌], 곤치인이 스기하라(杉原)[26] 3속(束), 도슌님과 에이키님으로부터 고소데 6[벌]씩이었다.

一. 간에이 14 정축년(1637) 정월 1일.

〃 정월 1일(正朔)을 축하하는 의례를 위해 신사가 이곳에 머물렀다.

〃 삼사가 축하 의례를 위해 강첨지와 강판사를 [번주가 묵고 있는] 숙소로 보냈다.

〃 가토 민부노타이후님이 새해 인사를 하러 오셨다.

〃 두 장로가 새해 인사를 하러 오셨다.

〃 오늘 밤, 민부노타이후님이 여숙으로 초청하셔서 [번주님이] 가셨다. 두 장로도 동석했다. 조선서역(朝鮮書役)[27]도 부르셨다.

一. 同二日, 晴天. 未刻, 藤澤御着.

〃 御馳走人參向同然也.

〃 信使於町宿, 御饗應有之. 膳部·其外諸事之御馳走, 右同然也. 但, 今日ハ晝休無之.

〃 信使當所着之段, 江戸表へ御次飛脚を以, 御案內被仰上ル.

---

26 전술한 스기하라가미(杉原紙)를 말함.

27 조선서계역승(朝鮮書契役僧). 조선에 보낼 서계 작성을 담당할 승려.

一.　同三日, 晴天. 晝, 大垣御着.

〃 御馳走人參向同然也.

〃 信使於町宿, 御饗應有之. 膳部·其外諸事之御馳走, 右同然也.

〃 今朝, 藤澤ゟ年頭之御使者, 被差越ル. 依之御老中樣方へも, 御慶之御狀被遣ル.

一. 동 2일, 맑음. 미각에 후지사와에 도착했다.

〃 접대 담당이 나오는 것은 동일했다.

〃 신사는 상가에 마련된 숙소에서 향응이 있었다. 상차림과 그 외의 접대는 위와 같았다. 단, 오늘 낮 휴식은 없었다.

〃 신사가 이곳에 도착했다고 에도에 역참파발로 보고했다.

一. 동 3일, 맑음. 낮에 오가키에 도착했다.

〃 접대 담당이 나오는 것은 동일했다.

〃 신사는 상가에 마련된 숙소에서 향응이 있었다. 상차림과 그 외 접대는 위와 같았다. 단, 오늘은 낮 휴식이 없었다.

〃 오늘 아침, 후지사와에서 새해 [인사를 위한] 사자를 보냈다. 이에 로주님들에게도 신년 인사 서한을 보내셨다.

〃 同日, 夜, 小田原御着.

〃 御城主稻葉美濃守樣, 御家老堀平右衛門, 爲御迎途中迄, 被罷出ル.

〃 信使於町宿, 御饗應有之. 膳部·其外諸事之御馳走, 右同然也.

一. 同四日, 晴天. 晝, 箱根御着.

〃 御馳走人參向同然也.

〃 信使於町宿, 御饗應有之. 膳部·其外諸事之御馳走, 右同然也.

〃 同日, 夜, 三嶋御着.

〃 御馳走人參向同然也.

〃 信使於町宿, 御饗應有之. 膳部·其外諸事之御馳走, 右同然也.

〃 當所之儀, 夜ニ入, 信使到着ニ付, 爲御馳走, 家每ニ挑燈なと燈之.

〃 같은 날, 밤에 오다와라에 도착했다.

〃 성주 이나바 미노노카미님의 가로 호리 헤이에몬(堀平右衛門)이 도중까지 마중 나오셨다.

〃 상가에 마련된 숙소에서 신사의 향응이 있었다. 상차림과 그 외 접대는 위와 같았다.

一. 동 4일, 맑음. 낮에 하코네에 도착했다.

〃 접대 담당이 나오는 것은 동일했다.

〃 상가에 마련된 신사의 숙소에서 향응이 있었다. 상차림과 그 외 접대는 위와 같았다.

〃 같은 날, 밤에 미시마에 도착했다.

〃 접대 담당이 나오는 것은 동일했다.

〃 상가에 마련된 신사의 숙소에서 향응이 있었다. 상차림과 그 외 접대는 위와 같았다.

〃 이곳은 밤이 되어 신사가 도착했는데, 접대를 위해 집마다 등불을 켰다.

〃 信使當所着之段, 江戶表へ以御次飛脚, 御案內被仰上ル.

〃 右京進様·淡路守様ゟ, 信使下行殘有之候を, 銀子ニ而古川式部方迄, 被遣候付, 則上々官洪同知·姜僉知へ, 相渡候處, 右兩人より請取候与之手形, 相認遣候付, 右京進様·淡路守様方へ遣之.

手形之寫, 左記.

丁丑正月初五日

用餘雜物, 換小判百柒十三兩壹步, 銀子四十六文目六分, 依受者也.

洪同知　在判
姜僉知　　同

〃 신사가 이곳에 도착했다고 에도에 역참파발로 보고했다.

〃 우쿄노조님과 아와지노카미님이 신사에 대한 지급품 남은 것을 은자로 [바꾸어] 후루카와 시키부에게 보내시기에, 바로 상상관 홍동지와 강첨지에게 건넸다. 위 두 사람이 받았다는 확인서를 작성하여 보내와서, 우쿄노조님과 아와지노카미님에게 보냈다.

확인서의 사본을 다음에 적는다.

정축 정월 초5일

남은 잡물을 이용하여 고반(小判)[28] 173료(兩) 1부(步), 은자(銀子) 46몬메(文目) 6부(分)로 바꾸고 이를 수령했음.

홍동지 재판(在判)[29]

강첨지 같음

康判事　　同
李判事　　同
韓判事　　同
松木市左衛門 公
脇坂内膳 公
脇坂伊織 公
下河邊甚左衛門 公

---

28 에도 막부가 발행한 표준 화폐. 금화로 1매(枚) 1료(兩)로 통용되었다.

29 아리한. 고문서의 사본에서 원본에 수결(花押)이 있음을 나타내는 말. (『日本國語大辭典』)

近藤久太夫 公

一. 同五日, 晴天.

〃 從事官少々風氣ニ而, 滯留有之候付, 其旨江戶表へ, 以御次飛脚

강판사 같음

이판사 같음

한판사 같음

마쓰키 이치자에몬(松木市左衛門) 공(公)

와키자카 나이젠(脇坂內膳) 공

와키자카 이오리(脇坂伊織) 공

시모코베 진자에몬(下河邊甚左衛門) 공

곤도 규다유(近藤久太夫) 공

一. 동 5일, 맑음.

〃 종사관이 조금 감기 기운이 있어, 이를 에도에 역참파발로

御案內被仰上ル.

一. 同六日, 終日少宛雨降ル.

〃 今日, 信使發足之段, 江戶表へ以御次飛脚, 御案內被仰上ル.

〃 同日, 晝吉原御着.

〃 御馳走人參向同然也.

〃 信使於町宿, 御饗應有之. 膳部·其外諸事之御馳走, 右同然也.

〃 同日, 夜亥刻, 江尻御着.

〃 御馳走人參向同然也.

〃 信使於町宿, 御饗應有之. 膳部·其外諸事之御馳走, 右同然也.

一. 同七日, 晴天. 晝駿府御着.

보고했다.

一. 동 6일, 종일 조금씩 비가 내렸다.

〃 오늘, 신사가 출발했다고 에도에 역참파발로 보고했다.

〃 같은 날, 낮에 요시와라에 도착했다.

〃 접대 담당이 나오는 것은 동일했다.

〃 신사는 상가에 마련된 숙소에서 향응이 있었다. 상차림과 그 외 접대는 위와 같았다.

〃 같은 날, 밤 해각에 에지리에 도착했다.

〃 접대 담당이 나오는 것은 동일했다.

〃 상가에 마련된 신사의 숙소에서 향응이 있었다. 상차림과 그 외 접대는 위와 같았다.

一. 동 7일, 맑음. 낮에 슨푸에 도착했다.

〃 御馳走人參向同然也.

〃 信使於寺宿, 御饗應有之. 膳部·其外諸事之御馳走, 右同然也.

〃 同日, 申下刻, 藤枝御着.

〃 御馳走人參向同然也.

〃 信使於町宿, 御饗應有之. 膳部·其外諸事之御馳走, 右同然也.

〃 今日岡崎より藤枝迄之間ニ, 水野監物様ゟ爲御馳走, 二ケ所ニ
茶屋御建被成ル.

〃 信使當所着之段, 江戸表へ以御次飛船, 御案內被仰上ル.

一. 同八日, 晴天. 晝金谷御着.

〃 御馳走人參向同然也.

〃 접대 담당이 나오는 것은 동일했다.

〃 절에 마련된 신사 숙소에서 향응이 있었다. 상차림과 그 외 접대는 위와 같았다.

〃 같은 날, 신하각(申下刻)에 후지에다에 도착했다.

〃 접대 담당이 나오는 것은 동일했다.

〃 상가에 마련된 신사 숙소에서 향응이 있었다. 상차림과 그 외 접대는 위와 같았다.

〃 오늘 오카자키에서 후지에다 사이에 미즈노 겐모쓰님이 접대를 위해 두 곳에 다옥을 세우셨다.

〃 신사가 이곳에 도착했다고 에도에 역참파발로 보고했다.

一. 동 8일, 맑음. 낮에 가나야에 도착했다.

〃 접대 담당이 나오는 것은 동일했다.

〃 信使於町宿, 御饗應有之. 膳部·其外諸事之御馳走, 右同然也.

〃 光雲院様ニハ, 今朝信使ゟ先達而, 御發足被成, 於大井川信使を御待請被成, 信使川渡り相濟候を, 御覽被成候而, 御渡り被成ル. 且又頃日ゟ之雨ニ而, 大井川之水相增し, 下官之內, 川中ニ而致落馬候者も, 有之候得共, 無何事川渡り相濟也.

〃 同日, 申上刻, 懸川御着.

〃 御馳走人參向同然也.

〃 信使於町宿, 御饗應有之. 膳部·其外諸事之御馳走, 右同然也.

〃 信使當所着之段, 江戶表へ御次飛脚を以, 御案內被仰上ル.

一. 同九日, 晴天. 晝見付御着.

〃 신사는 상가에 마련된 숙소에서 향응이 있었다. 상차림과 그 외 접대는 위와 같았다.

〃 고운인님은 오늘 아침 신사보다 먼저 출발해서 오이가와에서 신사를 기다렸다가 신사가 도강한 것을 보고 도강하셨다. 또 얼마 전부터 내린 비 때문에 오이가와의 물이 불어나

하관 중에 강을 건너다 낙마한 사람도 있었지만, 아무 일 없이 도강을 마쳤다.

〃 같은 날, 신상각에 가케가와에 도착했다.

〃 접대 담당이 나오는 것은 동일했다.

〃 상가에 마련된 신사 숙소에서 향응이 있었다. 상차림과 그 외 접대는 위와 같았다.

〃 신사가 이곳에 도착했다고 에도에 역참파발로 보고했다.

一. 동 9일, 맑음. 낮에 미쓰케에 도착했다.

〃 御馳走人參向同然也.

〃 信使於町宿, 御饗應有之. 膳部·其外諸事之御馳走, 右同然也.

〃 同日, 酉刻, 浜松御着.

〃 御馳走人參向同然也.

〃 信使於町宿, 御饗應有之. 膳部·其外諸事之御馳走, 右同然也.

〃 信使爲御馳走, 江戸表ゟ當所迄, 錢屋新錢を持來ル. 當所より
京都迄ハ, 京都之錢屋新錢を持來ル.

〃 今日, 備前御領主新太郎様ゟ, 御飛札來ル. 意趣ハ, 信使下向之節ハ,
如先例膳部·御饗應之式, 少々御減少被成候様ニ与, 江戸表御老中様方ゟ,
御奉書を以被仰越候. 併御減少之次第, 何程ニ被成可然哉与, 被思召候付,

〃 접대 담당이 나오는 것은 동일했다.

〃 상가에 마련된 신사 숙소에서 향응이 있었다. 상차림과 그 외 접대는 위와 같았다.

〃 같은 날, 유각(酉刻)에 하마마쓰에 도착했다.

〃 접대 담당이 나오는 것은 동일했다.

〃 상가에 마련된 숙소에서 신사 향응이 있었다. 상차림과 그 외 접대는 위와 같았다.

〃 신사 접대를 위해 에도에서 이곳까지 제니야(錢屋)[30]가 신전(新錢)을 가져왔다. 이곳에서 교토까지는 [사용할 분량에 대해서] 교토의 제니야가 신전을 가져왔다.

〃 오늘 비젠(備前)의 영주 신타로[31]님이 보낸 히사쓰(飛札)[32]가 도착했다. '신사가 [쓰시마로] 내려갈 때 전례대로 상차림이나 향응 예식을 조금 줄이라는 에도 로주님들의 봉서를 받았습니다. 하지만 축소를 어느 정도로 해야 할지 몰라

被得御指圖候与之御事也.

一. 同十日, 晴天.

〃 今朝ハ, 信使ニ先達而, 浜松御發足, 勿論今切之渡りも, 御先ニ御渡り被成ル. 舟ハ御馳走所ゟ出ル.

〃 信使·兩長老乘り舟も, 右同然也.

〃 同日, 晝荒井御着.

〃 御馳走人參向同然也.

〃 信使於町宿, 御饗應有之. 膳部·其外諸事之御馳走, 右同然也.

〃 同日, 酉上刻, 吉田御着.

〃 御馳走人參向同然也.

의견을 구합니다'라는 내용이었다.

一. 동 10일, 맑음.

〃 오늘 아침은 신사보다 먼저 하마마쓰를 출발하시고, 이마기레노와타리도 먼저 건너셨

30 근세에 오직 소액 동전의 환전만 취급했던 가게. 정규 환전상의 하청에 가까운 업무를 했다. 그런 업무를 하는 사람.

31 앞에 나온 마쓰다이라 신타로(松平新太郞)로 추정된다. 비젠노쿠니 오카야마번(岡山藩) 번주 이케다 미쓰마사(池田光政).

32 파발꾼(飛脚)을 통해 보내는 급한 편지. 긴급을 요하는 편지. 비서(飛書). (『日本國語大辭典』)

다. 배는 접대 장소에서 내주었다.

〃 신사와 두 장로가 탄 배도 위와 같았다.

〃 같은 날, 낮에 아라이에 도착했다.

〃 접대 담당이 나오는 것은 동일했다.

〃 신사는 상가에 마련된 숙소에서 향응이 있었다. 상차림과 접대는 위와 같았다.

〃 같은 날, 유상각(酉上刻)[33]에 요시다에 도착했다.

〃 접대 담당이 나오는 것은 동일했다.

〃 信使於寺宿, 御饗應有之. 膳部·其外諸事之御馳走, 右同然也.

〃 今晩, 水野隼人正様ゟ御招請ニ付, 御出被成ル.

〃 信使當所着之段, 江戸表へ御次飛脚を, 以御案内被仰上ル.

〃 今日, 三使衆今切被相渡候節, 金銀等數枚水ニ被入候由, 相聞へ候付, 其譯御尋被遣候處, 返答ニ, 我國ニ而, 名山·大川を越候節ハ, 禮物を以祭之申事ニ御座候. 只今此難所を渡り申儀ニ, 御座候故, 金子少斗を禮物として, 江神を祭り候与之事也.

一. 同十一日, 陰天. 晝, 赤坂御着.

〃 御馳走人參向同然也.

〃 信使於町宿, 御饗應有之. 膳部·其外諸事之御馳走, 右同然也.

〃 절에 마련된 숙소에서 신사 향응이 있었다. 상차림과 접대는 위와 같았다.

〃 오늘 밤 미즈노 하야토노카미님의 초청을 받아 가셨다.

〃 신사가 이곳에 도착했다고 에도에 역참파발로 보고했다.

---

33 오후 5시~5시 40분경.

〃 오늘 삼사들이 이마기레를 건널 때 금과 은 몇 장을 물에 넣었다고 하기에 그 이유를 물었더니, "우리나라에서는 명산(名山)과 큰 강(大川)을 건널 때 예물로 제사를 지냅니다. 지금 이 험한 곳(難所)을 건너니 돈 조금을 예물로 삼아 강의 신(江神)에게 제사를 지냈습니다"라고 대답했다.

一. 동 11일, 흐림. 낮에 아카사카에 도착했다.

〃 접대 담당이 나오는 것은 동일했다.

〃 신사는 상가에 마련된 숙소에서 향응이 있었다. 상차림과 접대는 위와 같았다.

〃 同日, 酉刻, 岡崎御着.

〃 御馳走人參向同然也.

〃 信使於町宿, 御饗應有之. 膳部·其外諸事之御馳走, 右同然也.

〃 今日, 水野隼人正様ゟ送之爲御使者, 吉田より當所迄, 御家來二人被差越ル.

一. 同十二日, 早朝御發駕之砌, 江戸表へ以御次飛脚, 御案內被仰上ル.

〃 同日, 晝鳴海御着.

〃 御馳走人參向同然也.

〃 信使於町宿, 御饗應有之. 膳部·其外諸事之御馳走, 右同然也.

〃 今日, 尾張大納言様被仰付置候由ニ而, 彼方御家老清水甲斐守ゟ,

〃 같은 날, 유각에 오카자키에 도착했다.

〃 접대 담당이 나오는 것은 동일했다.

〃 신사는 상가의 숙소에서 향응이 있었다. 상차림과 접대는 위와 같았다.

〃 오늘, 미즈노 하야토노카미님이 배웅하는 사자로, 요시다에서 이곳까지 가로 2명을 보내셨다.

一. 동 12일, 이른 아침에 출발하셨을 때 에도에 역참파발로 보고를 올리셨다.

〃 같은 날, 낮에 나루미에 도착했다.

〃 접대 담당이 나오는 것은 동일했다.

〃 신사는 상가의 숙소에서 향응이 있었다. 상차림과 접대는 위와 같았다.

〃 오늘, 오와리 다이나곤님이 조처하셨다며 그쪽 가로 시미즈 가이노카미(清水甲斐守)가

御料理被差上候付, 御受被成ル.

〃 同日, 申刻, 名古屋御着.

〃 御馳走人參向同然也.

〃 信使於寺宿, 御饗應有之. 膳部·其外諸事之御馳走, 右同然也.

〃 今晩, 京都板倉周防守樣ゟ, 御飛札到來. 則左記之.

貴札拜見. 如仰改年之御慶, 目出度申納候. 然ハ朝鮮信使, 首尾

能　御目見被仕, 臘月廿九日江戶を被罷立, 神奈川ニ而越年,

當月四日ニ, 三嶋ニ被致參着候所ニ, 官使之內三番目, 少咳氣心ニ

御座候而, 彼地ニ逗留ニて, 六日ニ可被罷立之由, 得其意奉存候.

天氣能御座候ハヽ, 今月廿日前ニ, 京着可被仕之由, 何茂得其意

요리를 보내셔서 받았다.

〃 같은 날, 신각에 나고야에 도착했다.

〃 접대 담당이 나오는 것은 동일했다.

〃 절에 마련된 신사 숙소에서 향응이 있었다. 상차림과 접대는 위와 같았다.

〃 오늘밤, 교토 이타쿠라 스오노카미님이 보내신 히사쓰가 도착했다. 다음에 적는다.

편지를 읽었습니다. 말씀대로 신년 인사를 드리니 경사스럽습니다. 조선 신사가 순조롭게 [쇼군을] 알현하고 12월 29일 에도를 출발해서 가나가와에서 새해를 맞고 이달

4일에 미시마에 도착했는데, 관사 중 세 번째[34]가 조금 기침을 해서 그곳에 체류하다 6일에 출발했다고 들었습니다. 날씨가 좋으면 이번 달 20일 전에 교토에 도착한다고 하니 모두 잘

奉存候. 將又從朝鮮國, 拙者方へ之書簡, 爰元にて可被渡候由, 御尤存候. 被入御念被仰聞, 本望之至ニ御座候. 猶期後音之時候. 恐惶謹言.

正月十二日　　　　板倉周防守

重宗

宗對馬守樣

貴報

〃 江戶表へ御殘シ被置候內野權兵衛, 今晩到着. 江戶表御老中樣方ゟ之御奉書, 并御同人樣方ゟ, 禮曹へ被遣候御返翰之寫シ, 且又安藤右京進樣ゟ之御狀, 并御覺書持來ル.

알았습니다. 그리고 조선국에서 저에게 보낸 서한을 이곳에서 건네주신다고 하시니 좋습니다. 신경을 써서 말씀해주셔서 기쁩니다. 다음 연락 때를 기하겠습니다. 삼가 줄입니다.

정월 12일　　　　이타쿠라 스오노카미

시게무네

소 쓰시마노카미님에게

답장

34 종사관.

〃 에도에 남겨둔 우치노 곤베에가 오늘 밤 도착했다. 에도 로주님들이 보낸 봉서와 그 분들이 예조로 보내는 답서의 사본, 안도 우쿄노조님이 보낸 서한과 각서를 가져왔다.

但シ, 前日御在府之節, 右御返翰之寫, 御見せ被成被下候得かし.
私返簡爲相認候節, 心得ニも罷成儀ニ御座候由, 被仰上候處, 御心得ニ
罷成可申樣ハ, 無御座候得共, 任御望寫可被進与之御事ニ付, 右之
通權兵衛ニ, 御渡被遣候也.

〃 右御奉書并右京進樣御狀·御覺書, 且御老中樣方ゟ, 禮曹へ
被遣候御返簡之寫, 左記之.

信使發足以後, 打續天氣能珍重ニ存候. 貴殿御滿足察入候.
從道中切々註進之趣, 達　上聞候. 然者使者被殘置候段
承候. 委細使者へ申渡候. 猶期後音之節可申入候. 恐々謹言.

正月五日　　　　堀田加賀守

단, "지난번 에도에 계셨을 때, '답서를 보여주십시오. 제가 답서를 작성할 때 참고가 될 수도 있습니다'라고 [로주님들께] 말하셨는데, 참고될 만한 건 없겠지만 바라시는 대로 사본을 보내드립니다"라고 하시며, 위와 같이 곤베에 편에 보내주셨다.

〃 위의 봉서와 우쿄노조님이 보낸 서한, 각서, 그리고 로주님들이 예조로 보내는 답서의 사본 등을 다음에 적는다.

신사가 출발한 이후 계속 날씨가 좋아 다행입니다. 귀하도 만족하시리라 생각합니다. 가시는 길에 때때로 전해주신 내용은 쇼군께 보고했습니다. 그런데 사자를 남겨 두셨다고 들었습니다. 자세한 것은 사자에게 말했습니다. 다음 연락 때를 기합니다. 삼가 말씀드립니다.

정월 5일　　　　홋타 가가노카미

正盛

阿部豊後守

忠秋

松平伊豆守

信綱

酒井讚岐守

忠勝

土井大炊頭

利勝

宗對馬守殿

마사모리

아베 분고노카미

다다아키

마쓰다이라 이즈노카미

노부쓰나

사카이 사누키노카미

다다카쓰

도이 오이노카미

도시카쓰

소 쓰시마노카미님

一筆致啓上候. 先以此中者打續天氣能, 路次中信使御同道

可被成与, 目出度存候. 然者當地ニ而, 御老中へ被成御相談候三ケ

條之覺書ニ, 樣子御書付被仰遣候. 御使者へも申通, ケ樣之儀ハ,
急ニ者罷成間鋪候. 追而被成相談, 可被仰遣候間, 先々爰元へ
被殘置候使者之儀, 返し可申旨, 御老中被仰候ニ付, 其段
申渡, 被罷上候. 御城ニ而大炊殿·讚岐殿·伊豆殿·豊後殿
御逢被成, 御返事ニ被仰越候. 則書簡之寫者被遣候. 委細內野
權兵衛口上ニ申含候間, 可爲演說候. 恐惶謹言.

正月七日　　　　　　　　安藤右京進

宗對馬守樣

글을 올립니다. 우선 요즘 좋은 날씨가 계속되는 가운데 가시는 길 신사와 동행하고 계시니 경사스런 일입니다. 그런데 이곳에서 로주님들께 상담드리셨던 3개조[35] 각서에 상황을 써서 보냅니다. 사자에게도 말했듯이, 그런 사안은 갑자기 답변하기 어렵습니다. 상의해서 연락할 테니, 이전에 이곳에 남겨 두신 사자는 돌려보내라고 로주님들이 말하셔서 그것을 전달했고, 사자는 [교토 방면으로] 갔습니다. 성에서 오이님·사누키님·이즈님·분고님을 만나 뵈었더니 답변을 전달해 주셨습니다. 서한의 사본을 보냅니다. 자세한 것은 우치노 곤베에에게 구두로 말해 두었으니 그가 설명할 것입니다. 삼가 말씀드립니다.

정월 7일　　　　　　　　안도 우쿄노조

소 쓰시마노카미님

35 12월 28일 자 내용 참조. 여러 건의 상담 내용을 3개조로 추려서 작성했다는 뜻으로 보인다.

覺

一. 書簡之寫事　　　是ハ只今遣申候.

一. 朝鮮人いけとり奉書事

此以前者歸度者者, 心次第と候得共, 此度ハ歸國と云ものも,

無之候之間, 若歸度と申者有之者, 重而かへし可遣との

書簡之面候間, 就其奉書ハ不參候. 其心得尤候.

一. 以酊庵·柳川送使事

右ハ重而可申遣候. 以上.

正月五日

日本國臣　伊豆守源信綱　　　敬答

오보에(覺)

一. 서한의 사본　　　이것은 지금 보냅니다.

一. 조선인 포로 관련 봉서의 건

이 이전에는 귀국하기를 원하는 사람은 [본인] 의사에 맡겼지만, 이번에는 귀국하겠다는 사람이 없으니 만일 돌아가겠다는 사람이 있으면 다음에 또 보내겠다는 서한이므로 이에 관한 봉서는 없습니다. 그렇게 아십시오.

一. 이테이안 및 야나가와 송사에 관한 건

이 건은 다시 전달할 것입니다. 이상.

정월 5일

일본국 신하(臣)　이즈노카미 미나모토노 노부쓰나(伊豆守源信綱)[36]　경답(敬答)

36 로주 마쓰다이라 노부쓰나(松平信綱).

朝鮮國禮曹參判朴公 閣下

一封手帖, 千里面譚, 幸々. 茲

三官使遠至, 捧齎

國書, 賀我源大君繼前緖致太平, 兼獻許多奇産如別

幅, 旣奏達之. 其修聘禮惇舊好休哉. 抑去

歲義成·調興相懟時, 察有造贋書者, 糺決

焉. 是行也,

殿下改往相新, 可嘉奬矣. 故以

本邦所出, 見投贈之到, 宜啓稟. 況如予亦拜

조선국 예조참판 박 공(朴公)[37] 합하(閤下)

편지를 보내주시니 천 리를 떨어져 있어도 면담하는 듯 기쁩니다. 삼관사(三官使)[38]가 먼 곳에서 국서를 가지고 와 우리 미나모토노 다이쿤(源大君)[39]께서 전서(前緖)[40]를 이어받아 일본을 태평하게 하심을 축하해 주시고 별폭에 있듯이 귀한 선물을 많이 보내주시니 이를 이미 [쇼군께] 아뢰었습니다. 그 빙례(聘禮)를 거행하고, 오랜 정의를 돈독히 함이 아름다웠습니다. 또한 지난해 요시나리와 시게오키가 서로 다투었을 때 위서(贋書)를 만든 자가 있다는 것을 알고 바로잡는 결단을 내렸습니다. 전하께서는 옛것을 고치고 쇄신함을 칭찬하시며 바람직하다 여기실 것입니다. 우리나라에서 나는 물건을 보내드리오니 도착하면 잘 아뢰어 주십시오. 하물며 저에게까지

37 예조참판 박명부(朴明榑).

38 삼사.

39 쇼군 도쿠가와 이에미쓰.

40 선대(先代)로부터 물려받은 사업.

佳貺乎, 感謝之至也. 因呈薄物, 以表寸心.

統希

領收. 且所請生口, 先是皆刷還之, 今無遺

焉. 縱纔存者, 爲子爲孫, 無欲還者. 若願

還者, 須待他年, 餘事勤官使還. 維時祁寒,

順序

自嗇, 不宣.

寬永十三年十二月二十七日

日本國臣　　　　　　　伊豆守源信綱

右之跡ニ

훌륭한 선물을 주시니 대단히 감사한 일입니다. 보잘것없는 물건을 드리면서 작은 뜻을 표하오니 부디 받아주시길 바랍니다. 또한 포로[의 쇄환]를 바라셨으나 전에 모두 쇄환하여 지금은 보낼 자가 없습니다. 설령 생존자가 있다고 해도 수가 적으며, 자식이나 손주를 낳아서 돌아가기를 바라는 자가 없습니다. 혹시 귀국하길 바라는 자가 있다면 다른 해에 다른 일로 온 관사(官使)와 돌아가기를 기다려야 할 것입니다. 추위가 심하니 스스로 몸을 돌보십시오. 마칩니다.

간에이 13년 12월 27일

일본국 신하　　　　　　　이즈노카미 미나모토노 노부쓰나

위의 다음에

阿部豊後守·堀田加賀守返簡同文章也.

又其上包ミニ

掃部殿·大炊殿·讃岐殿返簡ハ此書と相替事無之候. 生口之

事無之斗ニ候間, 別ニ寫候而進不申候.

一. 同十三日, 陰天.

〃 今朝御發駕之砌, 江戸表御老中様方ゟ御奉書到來ニ付, 御返書御認被成, 則右之飛脚ニ御渡被差上ル. 御奉書之案, 左記之.

新春之御慶追日目出候. 公方様一段御機嫌能被成御座候之間, 可御心安候. 將又從路次中度々預御狀示給候之趣, 達 上聞候. 次三番目之官使咳氣相煩候得共, 能候而相上之由珍重候. 委曲

아베 분고노카미, 홋타 가가노카미의 답서도 같은 문장이었다.

또한 그 겉 종이에

가몬님 · 오이님 · 사누키님의 답서는 이 서한과 다를 것이 없습니다. 포로에 관한 내용이 없을 뿐이라 따로 필사본을 보내지 않습니다.

一. 동 13일, 흐림.

〃 오늘 아침 출발할 때 에도의 로주님들이 보내신 봉서가 도착했다. 답서를 작성해서 바로 파발(飛脚) 편에 보냈다. 봉서의 안을 다음에 적는다.

신춘의 축하 인사를 드리니 나날이 경사스럽습니다. 쇼군께서는 한층 잘 지내시니 안심하십시오. 그리고 가시는 길에서 때때로 서한으로 알려주신 내용은 쇼군께 보고했습니다. 세 번째 관사가 기침을 앓았지만 회복되어 간다고 하니 다행입니다. 자세한 것은

期後音候. 恐々謹言.

正月十日 堀田加賀守

正盛

阿部豊後守

忠秋

松平伊豆守

信綱

酒井讚岐守

忠勝

土井大炊頭

다음 연락을 기합니다. 삼가 말씀드립니다.

정월 10일 홋타 가가노카미

마사모리

아베 분고노카미

다다아키

마쓰다이라 이즈노카미

노부쓰나

사카이 사누키노카미

다다카쓰

도이 오이노카미

利勝

宗對馬守殿

〃 同日, 晝洲俣御着.

〃 御馳走人參向同然也.

〃 信使於町宿, 御饗應有之. 膳部·其外諸事之御馳走, 右同然也.

〃 今日, 名古屋ゟ大垣迄之間, 四ケ所之舟橋, 參向同然也.

〃 今日, 大久保加賀守様ゟ御振舞ニ付, 御受ケ被成ル.

〃 同日, 酉刻, 大垣御着.

〃 御馳走人參向同然也.

〃 信使於寺宿, 御饗應有之. 膳部·其外諸事之御馳走, 右同然也.

도시카쓰

소 쓰시마노카미님

〃 같은 날, 낮에 스노마타에 도착했다.

〃 접대 담당이 나오는 것은 동일했다.

〃 신사는 상가에 마련된 숙소에서 향응이 있었다. 상차림과 접대는 위와 같았다.

〃 오늘, 나고야와 오가키 사이에 있는 4곳의 주교(舟橋)[41]는 에도로 갈 때와 같았다.

〃 오늘, 오쿠보 가가노카미님이 향응을 베푸셔서 받았다.

〃 오늘, 유각에 오가키에 도착했다.

〃 접대 담당이 나오는 것은 같았다.

〃 절에 마련된 숙소에서 신사의 향응이 있었다. 상차림과 접대는 위와 같았다.

一. 同十四日, 雨天. 晝今洲御着.

〃 御馳走人參向同然也.

〃 信使於町宿, 御饗應有之. 膳部·其外諸事之御馳走, 右同然也.

〃 今日, 岡田將監様ゟ御振舞ニ付, 御受ケ被成ル.

〃 同日, 酉下刻, 彦根御着.

---

41 앞에서 언급한 선교를 말한다.

〃 御馳走人參向同然也.

〃 信使於寺宿, 饗應有之ル.

〃 今日, 雨天ニ付, 當所ゟ爲御馳走, 途中迄雨具數多御爲持被差出.

且又信使へ御饗應之膳具, 并料理之諸物, 并通イ之者共ニ至迄,

三使衆望ニ可被任候條, 御聞合被下候樣ニ与之御事ニ付, 信使方御聞

一. 동 14일, 비. 낮에 이마스에 도착했다.

〃 접대 담당이 나오는 것은 동일했다.

〃 상가에 마련된 숙소에서 신사의 향응이 있었다. 상차림과 그 외 접대는 위와 같았다.

〃 오늘, 오카다 쇼겐님이 향응을 베푸셔서 받으셨다.

〃 같은 날, 유하각(酉下刻)[42]에 히코네에 도착했다.

〃 접대 담당이 나오는 것은 동일했다.

〃 상가에 마련된 숙소에서 신사의 향응이 있었다.

〃 오늘, 비가 내린 탓에 이곳에서 접대를 위해 도중에 우비를 많이 보내주셨다. 또한 신사에게 베푸는 향응의 식기, 요리에 쓸 물건들, 시중에 이르기까지 삼사가 바라는 대로할 테니 문의해 달라고 하셔서 신사 쪽에 문

合被遣候故, 則望之通, 料理物悉ク燔物ニ被盛之ル. 通イハ, 朝鮮之

小童也. 膳部·諸事之御馳走, 御丁寧ニ有之候付, 三使衆ゟ厚ク

御禮被申上ル.

〃 信使當所着之段, 江戸表へ以御次飛脚, 御案内被仰上ル.

42 오후 6시 20분~7시경.

一. 同十五日, 晝, 八幡山御着.

〃 御馳走人參向同然也.

〃 信使於客屋, 御饗應有之. 膳部 · 其外諸事之御馳走, 右同然也.

〃 同日, 暮方, 森山御着.

〃 御馳走人參向同然也.

〃 信使於寺宿, 御饗應有之. 膳部 · 其外諸事之御馳走, 右同然也.

의해서 전했더니, 바로 요청한 대로 요리를 모두 도자기에 담아주셨다. 시중은 조선의 소동(小童)이 들었다. 상차림과 접대를 정성껏 해주셔서 삼사들이 깊은 감사의 인사를 드렸다.

〃 신사가 이곳에 도착했다고 에도에 역참파발로 보고했다.

一. 동 15일, 낮에 하치만야마에 도착했다.

〃 접대 담당이 나오는 것은 동일했다.

〃 객사에서 신사의 향응이 있었다. 상차림과 접대는 위와 같았다.

〃 같은 날, 저녁에 모리야마에 도착했다.

〃 접대 담당이 나오는 것은 동일했다.

〃 절에 마련된 숙소에서 신사의 향응이 있었다. 상차림과 접대는 위와 같았다.

〃 信使當所着之段, 江戸表へ以御次飛脚, 御案内被仰上ル.

一. 同十六日, 晝大津御着.

〃 御馳走人參向同然也.

〃 信使於寺宿, 御饗應有之. 膳部 · 其外諸事之御馳走, 右同然也.

〃 今晝, 小野惣左衛門様ゟ御振舞ニ付, 御受ヶ被成ル.

〃 今日, 菅沼織部正様, 此方御旅宿へ, 爲御見廻御出被成ル.

〃 同日, 酉上刻, 京都御着.

〃 御馳走人參向同然也.

〃 信使於本國寺, 御饗應有之. 膳部五々三, 諸事御馳走之式, 結構ニ被仰付ル.

〃 신사가 이곳에 도착했다고 에도에 역참파발로 보고하셨다.

一. 동 16일, 낮에 오쓰에 도착했다.

〃 접대 담당이 나오는 것은 동일했다.

〃 신사는 절에 마련된 숙소에서 향응이 있었다. 상차림과 접대는 위와 같았다.

〃 낮에 오노 소자에몬님이 향응을 베푸셔서 받으셨다.

〃 오늘, 스가누마 오리베노카미님이 이쪽 숙소로 문안을 오셨다.

〃 같은 날, 유상각에 교토에 도착했다.

〃 접대 담당이 나오는 것은 동일했다.

〃 신사는 혼코쿠지에서 향응이 있었다. 상차림은 고고산(五々三)[43]이었고, 접대 예식이 적절하게 진행되었다.

一. 同十七日, 京都御滯留.

〃 信使御當地逗留之日數, 爲御相談, 周防守様へ古川右馬助被遣之.

〃 今日, 淀之御城主永井信濃守様ゟ, 信使御馳走之儀ニ付, 爲御聞合, 御使者來ル.

一. 同十八日, 京都御滯留.

〃 三使ゟ洪同知を以, 禮曹ゟ周防守様へ之書翰, 并音物被差出候付,

43 상차림 방식의 하나. 시치고산(七五三) 상차림에서 시치(七)에 해당하는 상차림을 줄인 것. (『日本國語大辭典』)

古川右馬助被相添ル.

但, 音物之品ハ, 江戶御老中樣方へ之御音物書載有之所ニ, 書付

有之也.

〃 今日, 周防守樣へ爲御屆, 御出被成ル.

一. 동 17일, 교토에 체류했다.

〃 신사가 이곳에 체류하는 기간(日數)을 상의하기 위해 스오노카미님에게 후루카와 우마노스케를 보냈다.

〃 오늘, 요도의 성주 나가이 시나노노카미님이 신사 접대에 관해 문의하기 위해 보낸 사자가 도착했다.

一. 동 18일, 교토에 체류했다.

〃 삼사가 홍동지를 통해 예조에서 스오노카미님에게 보낸 서한과 선물을 보냈길래, 후루카와 우마노스케를 같이 보냈다.

단, 선물 내역은 에도의 로주님들에게 드린 선물을 기재한 곳에 적었다.

〃 오늘, 스오노카미님에게 보고하러 가셨다.

〃 信使京都着之段, 今日江戶表へ被仰上ル. 則御狀周防守樣御狀箱之內ニ, 御入被差上ル.

〃 今日, 江戶表御老中樣方ゟ之御奉書到來. 則左記之.

一筆令啓候. 公方樣今十四日西丸へ被成御移徙, 天氣迄能候而, 御機嫌不大形候. 將又從路次中度々預御狀候, 官使之衆無爲罷上候由, 珍重之事候. 委曲期後音之時候. 恐々謹言.

正月十四日　　　　堀田加賀守

正盛

阿部豊後守
忠秋

〃 신사가 교토에 도착했다고 오늘 에도에 보고하셨다. 서한을 스오노카미님의 서한 상자 속에 넣어서 보내셨다.

〃 오늘, 에도의 로주님들이 보내신 봉서가 도착했다. 다음에 적는다.

글을 보냅니다. 쇼군께서 현재 14일에 니시노마루(西丸)[44]로 이동하셨으며,[45] 날씨까지 좋아서 대단히 기분이 좋으십니다. 또한 가시는 길에 때때로 서한으로 알려주신 관사들이 무사히 교토로 이동했다는 소식도 다행입니다. 자세한 것은 다음 연락을 기하겠습니다. 삼가 줄입니다.

정월 14일 홋타 가가노카미
마사모리
아베 분고노카미
다다아키

松平伊豆守
信綱
酒井讃岐守
忠勝
土井大炊頭
利勝

44 쇼군이 은거한 뒤의 거처 혹은 세자의 거처.

45 『德川實記』 1637년 1월 14일 자에 의하면, 혼마루(本丸) 보수 공사를 이유로 도쿠가와 이에미쓰가 거처를 옮겼다고 한다.

宗對馬守殿

一. 同十九日, 京都御滯留.

〃 板倉周防守樣本國寺へ御出, 三使衆へ御對面有之而, 直ニ此方御宿坊へ御出被成, 朝鮮射藝之者, 并樂人なと被召寄, 射藝なと之儀, 御尋被成ル.

마쓰다이라 이즈노카미

노부쓰나

사카이 사누키노카미

다다카쓰

도이 오이노카미

도시카쓰

소 쓰시마노카미님

一. 동 19일, 교토에 체류하셨다.

〃 이타쿠라 스오노카미님이 혼코쿠지로 가서 삼사들과 만나신 후 바로 이쪽 숙방으로 오셨고, 조선 궁술인과 악사 등을 불러 궁술 등에 관해 물어보셨다.

然處三使衆, 周防守樣此方へ御出被成御座候儀を, 被承及, 洪同知を以, 周防守樣へ被申上候ハ, 此度ハ朝鮮被擄之者, 一人も御還シ不被成候. 若罷歸り度与申者, 御座候ハヽ, 御手前樣御肝入を以, 御歸し被下候樣ニ与之事也. 周防守樣御返答ニ, 江戶表ゟも被仰付有之, 被擄之者歸國之儀, 相願申者有之候ハヽ, 此節差還し候樣ニ与之御事ニ候得共, 最早年久敷儀ニ而, 只今ニハ, 子又ハ孫共ニ而, 朝鮮國へ參り度と申者, 曾而無之候得ハ, 押而可申付樣も, 無之候. 若又其內參り度と願申者も, 有之候ハヽ, 何州何地之者たり共, 急度差還し可申与之御事也.

〃 今日, 御次飛船之御證文, 周防守様𠮷御請取被成ル.

그런데 삼사들이 스오노카미님이 이곳에 와 계신 것을 듣고 홍동지를 통해 스오노카미님에게 말하길, "이번에는 조선인 포로를 1명도 돌려보내지 않았습니다. 혹시 돌아가고 싶다는 사람이 있으면 귀하가 주선해서 돌려보내 주십시오"라고 했다. 스오노카미님이 답변하시길, "에도에서도 지시가 와서 포로들 중 귀국을 바라는 사람이 있으면 지금 돌려보내라고 하셨지만, 이미 세월이 많이 흘러서 지금은 [포로의] 자식이나 손자들 세대인지라 조선으로 가고 싶다는 사람이 전혀 없습니다. 그래서 억지로 가라고 할 수도 없습니다. 혹시 머지않은 시일에 조선으로 가기를 원하는 사람이 있으면, 어느 주(州) 어느 지역 사람이라도 반드시 돌려보내겠습니다"라고 하셨다.

〃 오늘, 쓰기비센의 사용증(證文)을 스오노카미님에게 받으셨다.

〃 昨日江戸表𠮷到來候御奉書之御返書, 今日被差上ル.

〃 今日, 三使𠮷仙長老へ音物として, 人參壹斤·團扇三握·松實被相贈ル. 仙長老𠮷爲返物, 三使銘々ニ, 胡椒三斤宛被相贈ル.

一. 同廿日, 雨降ル. 辰刻, 信使京都發足, 晝淀へ着.

〃 御馳走人參向同然也.

〃 信使於客館御饗應有之. 膳部·其外諸事之御馳走, 御丁寧ニ被仰付ル.

〃 今日, 雨天ニ付, 御城主信濃守様𠮷爲御馳走, 被仰候ハ, 今日ハ雨天ニも候條, 逗留被致度候ハヽ, 信使心次第ニ可被成与之御事ニ候得共, 逗留之儀, 不被相望候付, 御舟艤有之, 出舟被仕ル.

〃 어제 에도에서 도착한 봉서에 대한 답서를 오늘 보내셨다.

〃 오늘, 삼사가 센초로에게 선물로 인삼 1근, 부채 3악(握), 잣을 보냈다. 센초로가 답례품으로 삼사 각각에게 후추 3근씩을 보냈다.

一. 동 20일, 비 내림. 진각에 신사가 교토에서 출발하여 낮에 요도에 도착했다.

〃 접대 담당이 나오는 것은 동일했다.

〃 신사는 객관(客館)에서 향응이 있었다. 상차림과 접대를 정성껏 해주셨다.

〃 오늘, 비가 내려서 성주 시나노노카미님[46]이 "오늘은 비가 오기도 하니, 머물고 싶으면 신사 마음에 맡깁니다"라고 하셨지만, 체류를 원하지 않아 배를 준비하여 출선했다.

〃 同日, 暮方枚方御着.

〃 御馳走人參向同然也.

〃 淀之御城主信濃守樣, 又々此所へ御出, 諸事御指圖被成ル.

〃 今日, 終日之雨天ニ而, 三使殊外被致勞倦候付, 舟揚り不被仕. 勿論御饗應之儀も及御理候處, 爲御馳走, 御丁寧之膳部, 舟へ被遣候得ハ, 三使衆殊外忝被存, 舟中ニおゐて, ケ樣之御丁寧成ル御饗應, 御禮可申上樣も, 無御座与之事也. 其後右御馳走之爲御禮, 副使詩作被仕, 此方へ被差出候付, 則信濃守樣へ爲持被遣ル. 則詩作左記之.

奉謝

〃 같은 날, 저녁에 히라카타에 도착했다.

〃 접대 담당이 나오는 것은 동일했다.

46 전술한 나가이 시나노노카미를 말함.

〃 요도의 성주 시나노노카미님이 다시 이곳에 오셔서 여러 일을 지시하셨다.

〃 오늘, 종일 비가 내려 삼사가 대단히 지쳤기 때문에 뭍으로 올라오지 않았다. 물론 향응도 거절하셨는데, 정성껏 차린 접대 상차림을 배로 보냈더니 삼사들이 대단히 고마워하며, “배에서 그렇게 정중한 향응을 베풀어 주시니 감사 인사를 이루 다 드릴 수가 없습니다”라고 하셨다. 그 후 접대에 대한 답례로 부사가 시(詩)를 지어 이쪽으로 보낸 것을 바로 시나노노카미님께 보냈다. 시를 다음에 적는다.

감사

春江漠々白鴎飛兩岸樓臺厭翠微捻爲主

人能敬客五更風雨欲忘歸.

〃 今晚, 信濃守様㠯御振舞ニ付, 御請取被成ル.

〃 今晚ハ, 殊外晴夜ニ候故, 霽之內ハ, 枚方へ御泊船ニ而, 夜半過少々晴レ候而御出船被成ル.

一. 同廿一日, 晴天, 辰刻大坂御着.

〃 御馳走人參向同然也.

〃 信使於寺宿御饗應有之. 膳部五々三, 諸事御丁寧ニ被仰付ル. 尤乗り馬·荷馬なと之御馳走ニ至而も, 悉ク參向之時之通御用意被仰付ル.

봄날의 강은 쓸쓸한데 강둑 양쪽을 흰 두루미가 날아다니네. 누대에 지루하게 지쳐 기다리는데 주인된 자가 손님을 공경할 줄 아니 새벽녘 비바람이 부는데도 집에 가는 것을 잊고 싶어 하네.

〃 오늘 밤, 시나노노카미님이 향응을 베푸셔서 받으셨다.

〃 오늘 밤은 대단히 맑은 하늘이라 비가 개이는 동안은 히라카타에 배를 정박하고, 한밤중이 지나 점점 맑아진 후에 출선했다.

一. 동 21일, 맑음. 진각에 오사카에 도착했다.

〃 접대 담당이 나오는 것은 동일했다.

〃 신사는 절에 마련된 숙소에서 향응이 있었다. 상차림은 고고산이었고, 정성껏 진행해 주셨다. 단, 타는 말이나 짐말을 먹이는 것도 모두 에도로 갈 때처럼 준비해 주셨다.

〃 光雲院様ニハ, 信使到着之砌, 卽刻御堂へ御出被成, 曾我又左衛門様御同席ニ而, 江戸表御註進之御狀, 御同然ニ御認被成ル.

一. 同廿二日, 晴天. 大坂御滯留.

〃 三使衆ゟ此方へ被申上候ハ, 此度往還諸事共ニ, 首尾能相濟, 御當地迄歸着, 大悅仕候. 依之今日ハ小酌を相設度存候. 御出被下候ハヽ, 忝可奉存旨, 申來候付, 長老·西堂御同然ニ, 信使屋へ御出被成候處, 朝鮮料理之膳部被出之, 音樂なと被申付ル.

但, 此節町御奉行ニも, 御出被成, 屛風越しニ御聞被成ル.

〃 璘西堂ニハ, 御當地ゟ御歸京被成ニ付, 互ニ離別之詩作なと有之. 詩ハ別紙ニ記之.

〃 고운인님은 신사가 도착했을 때, 바로 미도로 가셔서 소가 마타자에몬님과 동석하여 에도에 보고하는 서한을 함께 작성하셨다.

一. 동 22일, 맑음. 오사카에 체류하셨다.

〃 삼사가 이쪽에 말씀하시길, "이번 왕복 길에 모든 일을 순조롭게 마치고 이곳까지 돌아오니 대단히 기쁩니다. 그래서 오늘은 간단한 술자리를 마련하고자 합니다. 와주시면 감사하겠습니다"라고 해서 초로·세이도와 함께 신사 숙소로 가셨다. 조선 요리로 상을 차려내주시고 음악도 연주하게 했다.

단, 이때 마치부교도 오셔서 병풍 너머로 들으셨다.

〃 린세이도는 이곳에서 교토로 돌아가게 되어 서로 작별시를 읊었다. 시는 별지에 쓴다.

〃 此方ゟ御座興ニ, 御當地之能役者, 年少キ者二三人被召寄, つぼおりニ而仕舞, 三使衆へ御見せ被成候處, 殊外被歡, 頃日ゟ相願居候音曲ニ而候由被申ル.

一. 同廿三日, 晴天. 大坂御滯留.

〃 年寄中ゟ古川式部·杉村伊織, 町人庄司小右衛門·小嶋忠五郎召連, 曾我又左衛門様御宿所へ罷出, 今度於江戶表三使, 并諸官人へ被成下候銀子, 相請取候而, 則請取手形, 相認差出ス.

〃 今日, 京都板倉周防守様ゟ御使札到來. 彼方ゟ禮曹へ被遣候御返翰·御音物, 并三使へ被遣候御音物, 被遣之候而, 被仰越候ハ, 禮曹へ之御返翰ハ, 一應御披見被成候而, 彼方へ御渡し被下候様ニ. 依之不被封候而

〃 이쪽에서 흥을 돋우기 위해 이곳의 노(能)[47] 배우로 나이가 어린 사람으로 2~3명을 불러 쓰보오리[48] 차림으로 하는 공연을 삼사들에게 보여주었는데, 대단히 기뻐하며 얼마 전부터 바랐던 음곡이라고 했다.

一. 동 23일, 맑음. 오사카에 체류했다.

〃 도시요리[49]들 중에서 후루카와 시키부, 스기무라 이오리가 조닌(町人)[50] 쇼지 쇼에몬(庄司小右衛門), 고지마 주고로(小嶋忠五郎)를 데리고 소가 마타자에몬님의 숙소로 가서, 이번 에도에서 삼사와 여러 관인에게 하사하시는 은자를 수령하고, 수령 확인증을 작성하여

---

47 일본의 전통 무대극.

48 노(能)에서 여장 의상을 입는 방식의 명칭. 가라오리(唐織)나 마이기누(舞衣) 같은 겉옷의 옷단을 허리까지 말아 올려서 안쪽에 찔러 넣어 입는 것. (『日本國語大辭典』)

49 쓰시마번의 가로.

50 조(町, 상공업 지구)에 사는 사람. 조에 사는 상인이나 장인. 협의로는 집을 가진 조의 주민을 말함. (『日本國語大辭典』)

제출했다.

〃 오늘 교토 이타쿠라 스오노카미님이 보내신 사찰(使札)[51]이 도착했다. 그쪽에서 예조에 보내는 답서와 선물, 삼사에 선물을 보내고 전하시길, "예조에 보내는 답서는 일단 살펴 보시고 그쪽에 보내주십시오. 그래서 [답서를] 봉하지 않고

被遣与之御事ニ付, 長老·西堂御同然ニ, 御披見被成ル. 其御返翰并
御音物, 且又三使へ之御音物, 左記之.

日本國臣 周防守源重宗 謹拜覆

朝鮮國禮曹參判朴公 閣下

華緘展覩. 雖阻洋海, 恰如接儀容. 爰三
使三輩, 遙逾溟渤, 遠歷艱險, 恭齎

國書聘問, 以祝我君

源大樹克纘洪業, 能述先志, 包括宇內, 綏撫
兆民. 誠講鄰好, 尋舊盟, 兩邦之歡心, 何以
加焉. 往歲義成·調興爭訟間, 有矯誣造僞

보냅니다"라고 하셔서 초로 및 세이도와 같이 보셨다. 그 답서와 선물, 그리고 삼사에게 보내는 선물을 다음에 적는다.

일본국 신하 스오노카미 미나모토노 시게무네 삼가 배복(拜覆)

조선국 예조참판 박 공 합하

귀중한 서한(華緘)을 펴서 읽어 보았습니다. 비록 큰 바다가 가로막고 있지만 마치 실제로 뵙고 있는 듯합니다. 이곳에 삼사 3명이 멀리서 바다를 건너고 험준한 곳을

51 '사신을 보내 전달한 서찰'로 추정된다.

지나 국서(國書)를 가지고 방문하여, 우리의 군주 미나모토노 다이주(源大樹)[52]께서 나라를 세우는 큰 뜻을 이어받아 선군의 뜻을 펴시고, 천하를 통치하시며 온 백성을 어루만져 위무하심을 축하했습니다. 실로 이웃의 정의를 돈독히 하고 오랜 맹약을 계승하니, 두 나라의 기쁨이 이보다 더할 수 있겠습니까. 지난해 요시나리와 시게오키가 다투는 동안 남을 속여 위서를 만든 일이 있었습니다.

書者, 簡五辭, 正五罰, 糺慝繩愆, 而斷決之,
平治焉. 於是乎,
閤下改往自新, 最堪嘉尚矣. 又於予祇承屋
貺, 不勝欣慰之至者也. 回獻不腆方物, 以
表微忱, 敬依回价, 聊摛謝悰, 伏希 采納.
且所求之俘虜, 前回悉刷還之, 無有孑遺
焉. 雖有存活者, 其末裔庶孽者, 而各土着
親睦, 無鄉念之動. 曼乙或願還者, 須在他
期, 乞垂
炤督, 時維孟春, 餘寒尚劇, 爲

오사(五辭)를 간별하고 오벌(五罰)을 바로잡아, 악행을 바로잡고 잘못을 판단하는 결단을 내려 다스렸습니다. 이에 합하께서는 옛것을 고치고 쇄신함을 가상히 여기실 것입니다. 또한 제가 후한 선물을 받았으니 이보다 기쁠 수 없습니다. 보잘 것 없지만 우리나라에서 나는 산물을 보내니 작은 정성입니다. 귀국하는 사자[통신사] 편에 감사의 마음을 보내오니, 부디 받아 주시길 바랍니다. 또한 포로[의 쇄환]를 바라

52 다이주(大樹)란 대수장군(大樹將軍)에서 온 것으로 세이이타이쇼군(征夷大將軍), 즉 쇼군을 뜻한다.

셨으나 이전에 모두 쇄환하여 남아있는 자가 없습니다. 생존자가 있다 해도 그 후손과 서얼이 각자 이 땅에 정착하고 사람들과 친화하며 지내고 있어 고향으로 돌아가려는 움직임이 없습니다. 만일 돌아가길 바라는 자가 있으면 다른 시기를 기다려 돌봄(炤督)을 구해야 할 것입니다. 맹춘(孟春)[53] 추운 시기에

國家, 保愛珍重, 不旣.

寬永十四年正月十九日

日本國臣 周防守源重宗

禮曹へ之御目錄

白銀	百枚
金地扇	百握
銀地扇	百握
蒔繪提錫	一皆具

右

三使へ之御音物

나라를 위해 몸을 잘 돌보십시오. 이만 마칩니다.

간에이 14년 정월 19일

일본국 신하 스오노카미 미나모토노 시게무네

예조에 보내는 목록

백은 100매

53 음력 1월.

금지선(金地扇)[54] 100악

은지선(銀地扇)[55] 100악

마키에(提錫)[56] 일식

위

삼사에 대한 선물

白銀 百枚

右

一. 同廿四日, 大坂御滯留.

〃 今日, 三使ゟ玄琢法印へ音物被相贈候付, 三竹老方迄遣之. 其音物左記之.

人參 壹斤

照布 貳疋

54 금박 부채.

55 은박 부채.

56 마키에(提錫)는 일본 국립역사민속박물관에서 공개하고 있는 사진과 설명에 의하면, 상단에 놋쇠로 만든 향로가 있고 하단에 문양을 넣은 서랍장이 한세트로 구성된 물건.

(https://khirin-ld.rekihaku.ac.jp/rdf/nmjh_rekimin_h/14149006)

黄毛筆　　一封

眞墨　　一封

〃 今日, 三使·璘西堂音物之御取遣有之.

백은　　100매

위

一. 동 24일, 오사카에 체류했다.

〃 오늘, 삼사가 겐타쿠호인에게 보낸 선물을 산치쿠로(三竹老)[57] 쪽에 보냈다. 그 선물을 다음에 적는다.

인삼　　1근

조포　　2필

황모필　　1봉

진묵　　1봉

〃 오늘, 삼사와 린세이도의 선물 증답이 있었다.

〃 曾我又左衛門様ゟ御使札を以, 今日風呂御立させ被成候間, 御出被下候様ニ与之御事ニ付, 御出被成, 御料理なと被召上ル.

一. 同廿五日, 晴天. 大坂御滯留.

〃 三使方へ明日出船之儀, 爲御相談, 御堂へ御出被成, 三使へ御對面被成. 相濟而信使乗り船なと之儀, 爲可被仰談, 小浜民部少輔様へ, 御出被成候處, 曾我又左衛門様·末吉孫左衛門様·伊東傳七様, 御同席ニ而御料理出ル. 且又今日

57 노마 산치쿠(野間三竹). 1608년생. 노마 겐타쿠의 장남. (『日本人名大辭典』)

民部少輔様ニ而, 信使明日乗船之儀, 船中所々御馳走所へ, 被仰遣候御狀, 御認被成, 則彼方御家老衆へ御渡被成, 右御馳走所, 御大名様方之御當地御屋敷へ被遣ル.

〃 今日, 三使ゟ曾我又左衛門様へ, 御音物被相贈ル. 則左記之.

〃 소가 마타자에몬님이 사찰로 "오늘 목욕할 수 있도록 준비했으니 오십시오"라고 하셔서, 가서 요리를 드셨다.

一. 동 25일, 맑음. 오사카에 머물렀다.

〃 삼사와 내일 출선에 관해 상의하기 위해 미도로 가서 삼사와 대면하셨다. 마치고 신사가 타는 배에 관해 상의하러 오하마 민부노쇼님께 가셨는데, 소가 마타자에몬님·스에요시 마고자에몬님·이토 덴시치(伊東傳七)님이 동석하셨고, 요리가 나왔다. 또한 오늘 민부노쇼님 댁에서 신사가 내일 승선하는 것과 관련하여 배가 이동하는 경로에 있는 접대 장소로 보내는 서한을 작성하시고, 바로 그쪽 가로들에게 건네서 위 접대 장소의 다이묘들이 이곳에 갖고 있는 번저[58]에 보내셨다.

〃 오늘, 삼사가 소가 마타자에몬님에게 선물을 보냈다. 다음에 적는다.

人參　壹斤

黃毛筆　一封

眞墨　一封

一. 同廿六日, 晴天.

〃 今午刻, 信使大坂出船, 難波橋ゟ川舟ニ而, 三間屋迄被罷越ル. 但シ,

58 각 다이묘들이 오사카에 소유하고 있던 번저(藩邸). 자신의 영지에서 생산된 쌀과 특산품을 판매하기 위해 오사카에 갖고 있던 구라야시키(藏屋敷)를 말함.

御見送之川舟, 并長老·西堂乗り舟, 參向同然也.

〃 光雲院様ニハ, 跡ゟ御出船, 信使御同然ニ, 三間屋へ御滯船被成ル.

〃 暮方, 曾我又左衛門様·末吉孫左衛門様·伊東傳七様, 此方御乗り船へ御出被成, 寛々御語り被成候而, 御歸り被成ル.

〃 召長老ニも, 此方御乗り船へ御出ニ付, 御對面被成ル.

인삼	1근
황모필	1봉
진묵	1봉

一. 동 26일, 맑음.

〃 오각에 신사가 오사카에서 출선하여, 나니와바시(難波橋)[59]에서 하천용 배로 미마야(三間屋)[60]까지 가셨다. 단, 배웅하는 하천용 배 및 장로와 세이도가 타는 배는 에도로 갈 때와 같았다.

〃 고운인님은 나중에 출선해서 신사와 같이 미마야에서 배에 머무셨다.

〃 저녁에 소가 마타자에몬님·스에요시 마고자에몬님·이토 덴시치님이 이쪽이 타신 배로 와서 천천히 이야기를 나누고 돌아가셨다.

〃 쇼초로도 이쪽이 타신 배로 오셔서 대면하셨다.

---

59 오사카시를 흐르는 요도가와(淀川)의 지류인 도지마가와(堂島川)와 도사보리가와(土佐堀川)에 걸친 다리. 나카노시마(中之島)를 지난다. (『日本國語大辭典』)

60 황호의 『동사록(東槎錄)』 1637년 1월 26일 자에 '승루선도하구(乘樓船到河口)'라고 되어 있는 것을 보면 현재 아지가와의 하구인 것으로 추정됨. 혹은 1월 30일까지 계속 미마야에 머무르고 있다가 2월 1일이 되어서 '천구어출선(川口御出船)'이라고 하는 것을 보면, 가와구치에 있던 특정 지역인가?

〃 璘西堂ニハ, 爲御暇乞, 信使乘り船ニ御出被成候處, 詩作·酒興ニ而及夜深候付, 此方御乘り船へハ, 御出無之, 直ニ大坂へ御歸被成ル.

〃 今日, 信使へ御船奉行ゟ可爲御馳走, 信使乘り船之船脚, 輕ミ候樣ニ与之思召ニ而, 大船數艘を以, 彼方之荷物を御乘せ移させ被成候而, 兵庫迄被遣ル.

〃 信使御當地乘船之段, 江戶表へ御案內被仰上候御狀, 曾我又左衛門樣方へ被遣之.

〃 今朝, 末吉孫左衛門樣ゟ招請ニ付, 御出被成ル.

〃 今日, 曾我又左衛門樣ゟ三使へ, 爲御返物, 居風爐一, 蒔繪手燭壹, 蒔繪重箱一組, 銘々ニ乘り船へ被遣之.

〃 린세이도가 작별 인사를 하러 신사가 탄 배로 갔는데, 시를 읊고 술자리를 갖느라 밤이 깊어져 이쪽이 타신 배로는 오지 않고 바로 오사카로 돌아갔다.

〃 오늘, 후나부교가 신사 접대를 위해 신사가 탄 배를 가볍게 하려는 생각으로 대형선 여러 척에 그쪽 짐을 옮겨 싣게 해서 효고까지 보내주셨다.

〃 신사가 이곳에서 승선했다고 에도에 보고하는 서한을 소가 마타자에몬님에게 보내셨다.

〃 오늘 아침, 스에요시 마고자에몬님의 초청을 받아 가셨다.

〃 오늘, 소가 마타자에몬님이 삼사에 대한 답례품으로 화로(居風爐)[61] 하나, 마키에로 장식한 수촉(手燭)[62] 하나, 마키에로 장식한 주바코 한 벌을 [삼사] 각자가 탄 배로 보내셨다.

61 일반적으로 스에후로(居風爐, 커다란 나무통 밑에 화덕을 설치하여 물을 데워 목욕하는 도구)의 정의에 따르면 부자연스럽다. 황호의 『동사록』 1637년 1월 26일 자에 '오사카 성수관(大坂城守官)'이 '선로촉대등물(仙爐燭臺等物)'을 보냈다고 되어 있어, '스에후로'는 '선로(仙爐, 일본식 화로)'에 해당된다고 보아 '화로'로 국역했다.

62 들고 다닐 수 있도록 손잡이가 달린 촛대.

一. 同廿七日, 晴天. 不順ニ付, 三間屋御滯船.

〃 曾我又左衛門様·小浜民部少輔様ゟ爲御見廻, 御使者來ル.

一. 同廿八日, 晴天. 不順ニ付, 三間屋御滯船.

〃 今日, 江戶表ヘ御註進之御狀, 曾我又左衛門様方迄爲持被遣ル.

〃 大猷院様御事, 先月廿一日ゟ, 少々御不例ニ被成御座候得共, 御典藥頭道三玄鎭老御藥被召上, 段々御快然被遊之由ニ付, 爲御祝詞, 御老中様方ヘ御狀被差上ル. 但, 是ハ御手飛脚ニ而, 被差越ル.

一. 同廿九日, 晴天. 不順ニ付, 三間屋御滯船.

〃 江戶表方々ゟ, 朝鮮人之手跡并畵御所望有之ニ付, 書畵なと之者, 御船ヘ被召寄, 御書を被成ル.

一. 동 27일, 맑음. 날씨가 좋지 않아 미마야에 배가 머물렀다.

〃 소가 마타자에몬님과 오하마 민부노쇼님이 보내신 문안 사자가 도착했다.

一. 동 28일, 맑음. 날씨가 좋지 않아 미마야에 배가 머물렀다.

〃 오늘, 에도에 보고하는 서한을 소가 마타자에몬님 쪽에 보내셨다.

〃 다이유인님께서 지난달 21일부터 조금 병환이 있었지만, 덴야쿠노카미(典藥頭)[63] 도산 겐친(道三玄鎭)의 약을 먹고 점차 나아지셨다고 해서 축하 말씀을 드리고자 로주님들께 서한을 보내셨다. 단, 이는 오테비캬쿠(御手飛脚)[64]로 보내셨다.

一. 동 29일, 맑음. 날씨가 좋지 않아 미마야에 배가 머물렀다.

〃 에도에 계신 분들이 조선인의 글과 그림을 원한다고 해서, 서화하는 사람을 배로 불러서

63 에도 막부의 직명. 와카도시요리의 지배를 받으며, 관의(官醫)의 최상위에 해당한다. (デジタル大辭泉)

64 다이묘비캬쿠(大名飛脚)를 말하는 것으로 보임. 다이묘비캬쿠란 에도시대 여러 다이묘가 각자의 번과 에도번저 사이의 통신을 위해 설치한 전용 히캬쿠(파발)를 말함. (『日本國語大辭典』)

글을 쓰게 하셨다.

一. 同晦日, 晴天. 不順ニ付, 三間屋御滯船.

〃 今日も朝鮮畫工御船へ被召寄, 御書を被成ル.

一. 二月朔日, 晴天. 順風ニ付, 辰上刻, 川口御出船.

〃 副使乗り船, 三之洲ニ而すわり候得共, 曾我又左衛門様·小浜民部少輔様ゟ為御馳走, 御出し被成候數艘之舟, 并此方ゟも御加勢有之候付, 乗り船無何事浮フ.

〃 今朝, 御出船之砌, 江戸表へ御案內之御狀, 御認被成, 曾我又左衛門様方へ被遣之.

〃 同日, 申上刻兵庫御着.

〃 青山大藏亮様ゟ為御迎, 海上へ漕舟御出し被成ル.

一. 동 30일, 맑음. 날씨가 좋지 않아 미마야에 배가 머물렀다.

〃 오늘도 조선 화공을 배로 불러 글을 쓰게 하셨다.

一. 2월 1일, 맑음. 순풍이 불어 진상각에 가와구치에서 출선하셨다.

〃 부사가 탄 배가 산노스(三之洲)[65]에서 바닥이 해저에 닿아 움직이지 못했지만, 소가 마타자에몬님과 오하마 민부노쇼님이 접대를 위해 보내신 수 척의 배와 함께 이쪽에서도 가세해서 배가 무사히 떴다.

〃 오늘 아침, 출선하실 때 에도에 보고하는 서한을 작성하시고, 소가 마타자에몬님 쪽으로 보내셨다.

〃 같은 날, 신상각에 효고에 도착했다.

〃 아오야마 오쿠라노스케님이 마중하러 바다 위로 예인선을 보내주셨다.

---

65 혹은 미쓰노스. 의미불명. 다만 당사자인 김세렴의 『해사록』 2월 1일 자에 '여선각잔류(余船閣淺流)'라고 되어 있다.

〃 信使船揚り有之, 於客館御饗應出ル. 膳部五々三, 其外諸事之

御馳走, 參向同然也.

〃 馳走人是又參向同然也.

〃 信使當所着之段, 江戶表へ御次飛船を以, 御案內被仰上ル.

〃 今晚, 大藏亮樣ゟ御招請ニ付, 御出被成ル. 小川藤右衛門樣·村上孫左衛門樣

御同席也. 此節彼方依御望, 朝鮮能書被召寄, 御書を被成ル.

一. 同二日, 終日雨天ニ付, 兵庫御滯船.

一. 同三日, 晴天. 兵庫御出船, 和田之御崎迄, 御出被成候得共, 風惡敷, 御缺戾シ

被成ル.

一. 同四日, 晴天. 辰刻兵庫御出船.

〃 신사가 뭍으로 올라와 객관에서 향응이 있었다. 상차림은 고고산이었고, 그 외 접대는 에도로 갈 때와 같았다.

〃 접대 담당은 에도로 갈 때와 같았다.

〃 신사가 이곳에 도착했다고 에도에 쓰기비센으로 보고하셨다.

〃 오늘 밤, 오쿠라노스케님의 초청을 받아 가셨다. 오가와 도에몬님과 무라카미 마고자에몬님이 동석하셨다. 이때 그쪽의 요청으로 조선의 글에 능한 자(能書)를 부르셔서 글을 쓰게 하셨다.

一. 동 2일, 종일 비가 내려서 효고에 체선하셨다.

一. 동 3일, 맑음. 효고에서 출선하셔서 와다노미사키(和田之御崎)[66]까지 가셨지만, 바람이 나빠서 돌아오셨다.

66 고베시 효고구의 고베항을 감싸는 곳. (『日本國語大辭典』)

一. 동 4일, 맑음. 진각에 효고에서 출선하셨다.

〃 當所ゟ之爲御馳走, 信使船ニ不殘, 明石之沖迄漕舟御付ヶ被成ル. 明石ゟ室津迄ハ, 松平丹波守様ゟ爲御馳走, 漕舟御付ヶ被成ル.

〃 同日, 酉刻室津御着船.

〃 三使ハ, 船揚り無之, 上官以下之者, 於御馳走所御饗應有之. 尤御馳走之格式, 參向同然也.

〃 信使當所着船之段, 江戸表へ御次飛船を以, 御案內被仰上ル.

一. 同五日, 雨天. 辰刻室津御出船, 午刻, 牛窓御着.

〃 正使ハ, 船心持惡敷由ニ而, 船揚り無之, 副使·從事斗船揚り有之, 於客館御饗應被受之, 押付又船へ被乘ル.

〃 膳部五々三, 其外諸事之御馳走, 參向同然也.

〃 이곳의 접대로 신사가 탄 모든 배에 아카시의 먼바다까지 예인선을 붙여주셨다. 아카시에서 무로쓰까지는 마쓰다이라 단바노카미님이 접대로 예인선을 붙여주셨다.

〃 같은 날, 유각에 무로쓰에 착선했다.

〃 삼사는 뭍으로 올라오지 않고, 상관 이하의 사람들은 접대 장소에서 향응이 있었다. 단, 접대 격식은 에도로 갈 때와 같았다.

〃 신사가 이곳에 도착했다고 에도에 쓰기비센으로 보고했다.

一. 동 5일, 맑음. 진각에 무로쓰를 출선해서 오각에 우시마도에 도착했다.

〃 정사는 뱃멀미가 난다며 뭍에 올라오지 않았고, 부사와 종사관만 뭍에 올라와서 객관에서 향응을 받고 바로 배에 탔다.

〃 상차림은 고고산이고, 다른 접대는 에도로 갈 때와 같았다.

〃 松平新太郎様ゟ御招請ニ付, 長老御同然ニ御出被成ル. 御歸り掛ニ, 三使乘り船へ, 御見廻御通り被成候處, 從事官ゟ立而彼船ニ御乘り被成候様ニ与之事ニ付, 御乘り被成候處, 酒肴被出之, 其上ニ而, 詩作なと被仕ル. 則詩作左記之.

江天漠々渚鴻飛, 嵐翠空濛遠峀微, 却憶東
湖尋古刹, 三竿斜日直舟歸.

〃 今日, 松平長門守様ゟ, 信使船彼御領内へ到着之日限, 爲御聞合, 御使者來ル.

一. 同六日, 晴天. 辰刻牛窓御出船, 當所ゟ爲御馳走, 漕舟數多被相添ル. 申刻鞆へ御着船.

〃 마쓰다이라 신타로님의 초청을 받아 초로와 함께 가셨다. 돌아오는 길에 삼사가 탄 배에 문안을 가셨더니, 종사관이 굳이 그 배에 타시라고 해서 타셨다. 그러자 술과 요리를 내주셨고, 그러고서 시를 지었다. 시를 다음에 적는다.

봄날의 강은 쓸쓸한데 강둑 양쪽을 흰 두루미가 날아다니네.
산은 비취색 아지랑이에 휩싸이고 공허한 가랑비 내려 먼 산은 작게만 보이네.
동호(東湖)를 기억하며 고찰(古刹)을 찾으니,
날이 밝아 해가 높이 뜨더니 저물어 배로 돌아가네.

〃 오늘, 마쓰다이라 나가토노카미님이 그 영내에 신사의 배가 도착하는 날짜를 문의하러 보내신 사자가 도착했다.

一. 동 6일, 맑음. 진각에 우도시마도에서 출선했고, 이곳에서 접대를 위해 예인선을 많이 붙여주셨다. 신각에 도모에 착선하셨다.

〃 今日, 洋中ニ而, 正使乘り船艢折レ, 船板も損シ候所有之候得共, 無何事着船也.

〃 信使船揚り有之, 於客館御饗應被受之. 膳部膳部五々三, 其外諸事之御馳走, 參向同然也.

〃 從事官ニハ, 今日正使之船, 難儀被致候儀を不被存, 順風ニ任せ, 直ニ蒲刈着船ニ付, 此方ゟも爲御警固, 御供船之內二三艘, 跡ゟ被遣之.

〃 當所水野日向守樣御事, 光雲院樣へ御對面爲可被成, 泉水嶋迄御出迎被成, 御對面有之而, 先達御歸り被成, 彼方へ御招請ニ付, 御出被成ル.

〃 今日, 當所之沖ニ而, 正使乘り船之艢なと損し候段, 江戶表へ御次飛船を以, 御案內被仰上ル.

〃 오늘, 바다 가운데에서 정사가 탄 배의 돛이 부러지고, 갑판도 손상된 곳이 있었지만, 무사히 착선했다.

〃 신사가 뭍으로 올라와 객관에서 향응을 받으셨다. 상차림은 고고산이고, 다른 접대는 에도로 갈 때와 같았다.

〃 종사관이 오늘 정사의 배에 큰일이 났던 것을 모르고 순풍을 타고 바로 가마가리에 착선했기 때문에, 이쪽에서도 경호를 위해 부선 중 2~3척을 나중에 보냈다.

〃 이곳의 미즈노 휴가노카미님이 고운인님을 만나러 센스이지마(泉水嶋)[67]까지 오셔서 대면하고 먼저 돌아가신 뒤 그쪽으로 초청하셔서, [고운인님이] 가셨다.

〃 오늘, 이곳 먼바다에서 정사가 탄 배의 돛 등이 손상됐다고, 에도에 쓰기비센으로 보고했다.

67 센스이지마(仙酔島)라고도 표기. 히로시마현 남동부 후쿠야마시(福山市)의 도모노우라(鞆の浦)에 있는 작은 섬. (日本大百科全書)

一. 同七日, 雨天. 辰刻鞆御出船, 未刻蒲刈御着.

〃 今日, 雨天ニ付, 信使船揚り無之.

〃 當所御領主, 松平安藝守様ニハ, 江戸表へ御參勤被成御座候付, 御家老御馳走之儀, 被相勤ル. 且又當所之御船奉行淺野左門儀, 上關迄御見送として被罷越ル.

一. 同八日, 晴天. 早朝信使當所着之段, 江戸表へ御次船を以, 御案內被仰上ル.

〃 今未刻, 蒲刈御出船, 津和之沖ニ而日暮, 夜ニ入, 子刻上關御着.

〃 今晩ハ晴夜ニ付, 當所ゟ爲御馳走, 狼煙を被爲擧ル.

〃 今日, 松平長門守様御家老吉川美濃守, 於賀室使者被差出ル.

一. 동 7일, 비. 진각에 도모에서 출선해서 미각에 가마가리에 도착했다.

〃 오늘, 비 때문에 신사는 뭍으로 올라오지 않았다.

〃 이곳의 영주 마쓰다이라 아키노카미님이 에도에 참근하고 계셨기 때문에 가로가 접대를 맡았다. 또한 이곳의 후나부교 아사노 사몬님이 가미노세키까지 배웅하러 오셨다.

一. 동 8일, 맑음. 이른 아침에 신사가 이곳에 도착했다고 에도에 쓰기비센으로 보고했다.

〃 미각에 가마가리를 출선해서 쓰와(津和)의 먼바다에서 해가 졌다. 밤이 되어 자각(子刻)에 가미노세키에 도착했다.

〃 오늘 밤은 날씨가 맑아 이곳에서 접대를 위해 봉화를 올렸다.

〃 오늘, 마쓰다이라 나가토노카미님의 가로 요시카와 미노노카미가 가무로(賀室)[68]에서 사자를 보내셨다.

68 오키카무로지마(沖家室島)로 추정.

一. 同九日, 晴天. 辰刻 上關御出船被成候處, 少々風惡敷罷成候付, 防州之內
泉水山へ御繫り被成ル.

〃 今日, 江戶表へ御註進之御狀, 御馳走所之漕舟奉行へ, 御渡し被成ル.

〃 今日ハ, 長門守樣御家老吉川美濃守, 痛所有之由ニ而, 家來之者被相附置ル.

〃 今日, 右御同人樣御家老毛利上野介, 爲御使者被參ル.

一. 同十日, 晴天. 未刻泉水山御出船, 申上刻, 下關御着.

〃 信使於阿彌陀寺, 御饗應有之. 膳部五々三, 其外諸事之御馳走,
參向同然也

〃 今日, 長門守樣ゟ之爲御使者, 御家老毛利山城守被參ル.

一. 동 9일, 맑음. 진각에 가미노세키에서 출선했는데, 바람이 조금 나빠져서 보슈에 있는 센스이야마(泉水山)[69]에 계류했다.

〃 오늘, 에도에 올리는 보고 서한을 접대 장소의 예인선 담당(漕舟奉行)에게 건넸다.

〃 오늘은 나가토노카미님의 가로 요시카와 미노노카미가 몸이 아프다며 부하를 붙여 두셨다.

〃 오늘, 위 분의 가로 모리 고즈케노스케(毛利上野介)가 사자로 왔다.

一. 동 10일, 맑음. 미각에 센스이야마를 출선해서 신상각에 시모노세키에 도착했다.

〃 신사 향응이 아미다지에서 있었다. 상차림은 고고산이었고, 그 외 접대는 에도로 갈 때와 같았다.

〃 오늘, 나가토노카미님이 보내신 사자 가로 모리 야마시로노카미가 오셨다.

69 지명 특정 불가. 참고로 황호의 『동사록』 1637년 2월 9일자에 '以風逆。故行一百二十里。下碇于仙水浦。卽非泊船之所而無人處也'라고 되어 있어서, 가미노세키에서 120리 정도 떨어진 곳이고 한적한 곳이란 것만 단편적으로 알 수 있다.

〃 今日, 小笠原右近太夫様, 江戸表ゟ被仰越候由ニ而, 御家老丸田左馬允·
下條三郎兵衛, 漕舟數十艘引連レ, 御音物なと三使へ被相贈ル.

一. 同十一日, 雨天. 辰刻下關御出船.

〃 當所ゟ爲御馳走, 被差出候送之漕舟与, 小倉ゟ被差出候迎之漕舟ニ而,
黑崎迄漕到ル. 勿論筑前ゟも爲迎漕, 舟被差出, 申刻相嶋御着.

〃 信使船揚り有之, 於客館御饗應被受之. 膳部五々三, 其外諸事
之御馳走, 參向同然也.

〃 同所へ寺澤兵庫頭様ゟ, 御使者來ル.

一. 同十二日, 晴天. 不順ニ付, 相嶋御滯留.

〃 御馳走所ゟ御賄之品, 信使船ニ被遣之. 惣而海陸往還ニおゐて, 或ハ

〃 오늘, 오가사와라 우콘다유님이 에도에서 지시가 왔다며 가로 마루타 사마노조와 시모조 사부로베에가 예인선 수십 척을 이끌고 선물 등을 삼사에게 보내셨다.

一. 동 11일, 비. 진각에 시모노세키에서 출선했다.

〃 이곳에서 접대로 보내주신 배웅을 위한 예인선과 고쿠라에서 보내주신 마중하는 예인선으로 구로사키(黑崎)까지 나아갔다. 물론 지쿠젠에서도 마중하는 예인선을 보내주셔서 신각에 아이노시마에 도착했다.

〃 신사가 뭍으로 올라와 객관에서 향응을 받으셨다. 상차림은 고고산이고, 다른 접대는 에도로 갈 때와 같았다.

〃 같은 곳에 데라사와 효고노카미님이 보내신 사자가 도착했다.

一. 동 12일, 맑음. 날씨가 좋지 않아 아이노시마에 체류하셨다.

〃 접대소에서 보내주신 음식을 신사의 배로 보냈다. 해로와 육로를 왕복하면서

三使病氣なと有之, 御饗應御理り有之候歟, 又ハ風雨船心持惡敷候而
船揚り無之, 又ハ其地滯船之節ハ, 於何方も, 從御馳走所御賄之品,
乘り船へ爲持被遣ル.

〃 今日, 江戸表へ御註進之御狀, 御次飛船を以被差越之.

〃 今日, 松平右衛門佐様御家老, 毛利又左衛門佐·谷五郎太夫, 御馳走所
爲見廻, 博多ゟ被來候由ニ而, 此方御旅宿へも, 被罷出候付, 御對面被成ル.
但, 兩人共太刀折紙持參.

一. 同十三日, 晴天. 辰刻相嶋御出船.

〃 信使船名護屋へ, 乘り掛ケ候得共, 順風ニ付, 直ニかけ乘り被仕ル.
夜子刻,壹州勝本之沖ニ到而, 尙又順能候付, 信使船江被仰談, 勝本御

삼사가 병이 있어서 향응을 거절하거나, 또는 비바람 때문에 뱃멀미를 해서 뭍으로 올라오지 않거나, 또는 그곳에 체선했을 때는 어느 곳에서든 접대 장소에서 음식을 신사가 타고 있는 배로 보내셨다.

〃 오늘, 에도에 보고를 올리시는 서한을 쓰기비센으로 보내셨다.

〃 오늘, 마쓰다이라 에몬노스케님의 가로 모리 마타자에몬노스케(毛利又左衛門佐)와 다니 고로다유(谷五郎太夫)가 접대소 문안을 위해 하카타에서 오셨다. 이쪽 여숙에도 오셨으므로 만나셨다.
단, 두 사람 모두 다치오리가미(太刀折紙)[70]를 지참했다.

一. 동 13일, 맑음. 진각에 아이노시마에서 출선하셨다.

〃 신사의 배가 나고야(名護屋)로 향하려 했지만, 순풍이 불어서 바로 원래 계획대로 항해했

70 일본도 '다치(太刀)'의 감정서 또는 다치나 말을 진상할 때 사용하는 품목과 수량을 적는 종이. (『日本國語大辭典』) 다만, 두 사람이 왜 이걸 가져왔는지 알 수 없다.

다. 밤 자각에 잇슈 가쓰모토의 먼바다에 이르러 다시 바람이 좋았져 신사가 탄 배와 상의해서 가쓰모토의

駞走所へ御屆被仰付, 直ニ御國へ御乗り被成ル.

〃 今日, 康判事乗り船, 并寺田主水乗り船ハ, 風合イに依而, 名護屋之方へ乗ル.

一. 同十四日, 巳刻御國御着船.

〃 御國ゟ漕舟二十艘, 舟毎ニ爲上乘, 侍壹人宛乗り, 御迎罷出ル.

〃 未刻, 信使船揚り有之, 信使屋へ被罷越ル. 其行列ハ, 前日同然也.

〃 信使へ着岸之爲御使者, 俵主税被遣之.

〃 信使御國着船之段, 江戸表へ御次飛船を以, 御案內被仰上ル.

〃 今晩ハ如先例, 三使ゟ上々官 · 上官ニ至迄, 於信使屋御饗應有之, 中 · 下官なとハ, 於太平寺御料理被成下ル.

접대 장소에 보고한 뒤, 바로 쓰시마로 향했다.

〃 오늘, 강판사가 탄 배와 데라다 몬도(寺田主水)가 탄 배가 바람 상황에 따라 나고야로 향했다.

一. 동 14일, 사각에 쓰시마에 착선하셨다.

〃 쓰시마에서 예인선 20척이 배마다 책임자로 사무라이 1명씩 태워 마중 나왔다.

〃 미각에 신사가 뭍으로 올라와 신사 숙소로 가셨다. 그 행렬은 저번과 같았다.

〃 신사에게 도착을 축하하는 사자로 다와라 지카라(俵主税)를 보냈다.

〃 신사가 쓰시마에 도착했음을 에도에 역참파발로 보고했다.

〃 오늘 밤은 전례대로 삼사부터 상상관 · 상관에 이르기까지 신사 숙소에서 향응이 있었고, 중 · 하관 등은 다이헤이지(太平寺)[71]에서 요리가 제공되었다.

---

71 현재의 나가사키현 쓰시마시 이즈하라마치(嚴原町) 나카무라(中村)의 시미즈야마(淸水山) 동쪽 기슭에 위치한 조동종(曹洞宗)

〃 壹州之儀ハ, 御馳走所ニ而候得共, 順能候而, 信使船直ニ, 御國江着船被致候付, 御領主松浦肥前守様, 御家老中ゟ以使者, 信使方へ酒肉·肴物·菓子 など被相贈, 今日相達ス.

〃 今日, 三使へ御音物被遣之. 目録別紙ニ記之.

一. 同十五日, 信使無恙御國歸着ニ付, 爲御祝詞, 暮方召長老御同然ニ, 信使屋へ御出被成ル. 但御供之騎馬五六人.

一. 同十六日, 晴天. 昨日信使屋へ御出被成候爲御禮, 洪同知罷出ル. 於御書院 御逢被成ル.

〃 今日, 康判事乘り船, 并寺田主水乘り船歸着. 去十三日, 風ニよつて, 右之二艘名護屋へ乘り, 康判事儀, 御馳走所へ揚り候而, 新規ニ客館を

〃 잇슈는 접대 장소였지만 바람이 좋아서 신사가 탄 배가 바로 쓰시마에 도착했기 때문에, 영주 마쓰라 히젠노카미님의 가로들이 사자를 통해 신사에게 보낸 술과 고기, 후식, 과일 등이 오늘 도착했다.

〃 오늘, 삼사에게 선물을 보내셨다. 목록은 별지에 적었다.

一. 동 15일, 신사가 무사히 쓰시마로 돌아왔으니, 축사를 위해 저녁때 초로와 함께 신사 숙소로 가셨다. 단, 수행하는 기마(騎馬)는 5~6명이었다.

一. 동 16일, 맑음. 어제 [번주님이] 신사 숙소로 가신 것에 대한 답례로 홍동지가 왔다. 쇼인에서 만나셨다.

〃 오늘, 강판사가 탄 배와 데라다 몬도가 탄 배가 돌아왔다. 지난 13일, 바람 때문에 이 2척이 나고야로 향했고, 강판사는 접대소로 올라갔는데, 새로 객관을

소지지(總持寺)의 말사(末寺) 사원. (『대일외교사전』)

御建被成, 御饗待御丁寧ニ, 被仰付候段, 御禮申達候由, 申出ル.

〃 名護屋寺澤兵庫頭様ゟ御使者來ル. 且又名護屋之儀, 御馳走所ニ而候得共, 信使往還共ニ順能, 彼所着船無之ニ付, 信使方へ酒肴なと, 御贈り被成ル. 目錄別紙ニ記之.

一. 同十七日, 晴天.

〃 今日, 於御書院兵庫頭様御使者へ御逢被成, 御盃被成下ル. 相濟而古川式部所ニ而, 御料理被成下, 夫より御使者, 式部致同道, 信使屋へ罷出ル.

一. 同十八日, 晴天.

〃 三使ゟ下官ニ至迄, 於御城御饗應有之. 三使屛重門ニ被到候節,

세워 향응을 정성껏 해주셔서 감사 인사를 올렸다고 말했다.

〃 나고야의 데라사와 효고노카미님의 사자가 도착했다. 나고야는 접대 장소였지만, 신사가 왕복할 때 모두 바람이 좋아서 그곳에 배가 머물지 않았기 때문에 신사 쪽에 술과 음식 등을 보내주셨다. 목록은 별지에 적었다.

一. 동 17일, 맑음.

〃 오늘, 쇼인에서 효고노카미님의 사자와 만나 술을 내려주셨다. 마치고 후루카와 시키부의 집에서 요리를 내려주셨고, 사자가 시키부와 동행하여 신사 숙소로 갔다.

一. 동 18일, 맑음.

〃 삼사에서 하관까지 성에서 향응이 있었다. 삼사가 헤이주몬에 이르렀을 때

爲迎古川右馬助·平田將監, 門內迄罷出ル. 其外拜禮なと之儀式, 舊冬同然也. 且又膳部·諸事之儀, 是又舊冬同然也. 饗座之奉行ハ, 古川式部·杉村伊織相務ル.

一. 同十九日, 晴天.

〃 召長老於以酊菴, 三使御饗應被成ル. 上々官·上官·中官·下官之內, 少々相從イ罷出ル.

〃 膳部ハ, 木具を被用ル.

〃 御饗應之時分, 光雲院様ニも御出被成ル.

〃 今日, 光雲院様御出, 前ニ於以酊庵, 召長老·三使へ被仰達候趣, 左記.

一. 今度朝鮮國諸式を被相改, 信使被差渡候事.

마중하러 후루카와 우마노스케와 히라타 쇼겐이 문 안쪽까지 나갔다. 그 외 배례 의식은 지난겨울과 같았다. 또한 상차림과 다른 것들도 지난겨울과 같았다. 향응 자리의 통솔은 후루카와 시키부와 스기무라 이오리가 맡았다.

一. 동 19일, 맑음.

〃 쇼초로가 이테이안에서 삼사를 향응하셨다. 상상관, 상관, 중관, 하관 가운데 약간 명이 따라 나왔다.

〃 상차림은 나무로 만든 식기를 사용했다.

〃 향응이 있을 때 고운인님도 나오셨다.

〃 오늘, 고운인님이 오셔서 직접 이테이안에서 쇼초로와 삼사에게 말씀하신 내용[72]을 다음에 적는다.

一. 이번 조선국에서 여러 예식을 고쳐서 신사를 파견했다는 것.

一. 先年柳川豊前, 於中途非法之働有之候事.

---

72 황호의 『동사록』 1637년 2월 19일 자를 보면, 소 요시나리가 이테이안으로 온 뒤에 본인이 직접 '願將大君至誠接待等事。歸達朝廷。千萬幸甚(본문의 '公儀御丁寧之御心方, 右之通ニ候條, 御感心可被成儀ニ候与之事'에 해당)'이라고 언급했다고 한다.

一. 今度朝鮮國ゟ之書簡, 大明之年號を記シ, 一字下りニ書
載致候事.

一. 御國朝鮮國与御贈答之御書簡, 只今迄ハ, 支干斗被相記候得共,
向後ハ, 此方ゟ之御書簡ニハ, 日本之年號を可被記与之事.

一. 今度於江戶表, 御暇被成下候節, 馬藝之者之事被仰渡候
御意趣ハ, 必重而　御上覽可被成与之思召入与, 相聞へ候間, 失念
なく, 可被申達置候与之事.

一. 日本國へ御通交之儀, 被相承候御役, 禮曹·東萊を初, 段々ニ
交代有之由, 相聞へ候. 右交代之節ハ, 御通交之儀ニ付, 諸事不

一. 지난해 야나가와 부젠이 중간에서 비법(非法)을 저질렀다는 것.

一. 이번에 조선국이 보내는 서한에는 대명(大明)의 연호를 적고, 한 글자 아래에 기재했다는 것.

一. 일본이 조선국과 주고받는 서한에 지금까지는 간지(干支)만 기재했지만, 앞으로 이쪽이 보내는 서한에는 일본의 연호를 기재한다는 것.

一. 이번에 에도에서 [쇼군에게서] 출발 허락을 받았을 때 마상재 곡예사에 관해 말씀하신 것은 분명 다시 관람하시려는 생각에서라고 판단되니, 잊지 말고 [조선에 돌아가서] 전달해야 한다는 것.

一. 일본국과의 통교를 담당하는 관리들이 예조와 동래부사를 비롯해서 점차 교체되고 있다고 들었다. 그러한 교체 시에는 통교에 관한 사안이므로 모든 일에

差支樣ニ, 能々被仰付候樣ニ与, 歸國之節被申上候樣ニ与之事.

一. 今度信使歸國ニ付,　公義ゟ　朝鮮國王へ, 御音物被遣候儀,
先例ハ無之候得共,　公儀御丁寧之御心ゟ, 右之通ニ候條, 御

感心可被成儀ニ候与之事.

右之趣被仰達候節, 年寄中折節以酊庵へ, 罷出居候付,

座へ御招キ候而, 御聞せ被成候由.

一. 同廿日, 晴天.

〃 江戸表へ御註進之御狀, 御次飛船を以, 被差越ル.

〃 今日, 江戸表御老中樣方ゟ之御奉書, 御次船を以到來. 依之大坂御城代阿部備中守樣·稻垣攝津守樣, 并曾我又左衛門樣ゟも, 御添狀

지장이 없도록 잘 임명해 주시기를 귀국해서 말씀해 달라는 것.

一. 이번에 신사가 귀국하니 쇼군께서 조선 국왕께 선물을 보내신 일이 전례는 없었지만, 쇼군이 정중한 마음에서 하신 것이니 감사히 여기실 거라는 것.

이 내용을 말하셨을 때 도시요리들이 마침 이테이안에 나와 있었으므로 자리로 불러서 듣게 하셨다고 한다.

一. 동 20일, 맑음.

〃 에도에 보고하는 서한을 쓰기비센으로 보내셨다.

〃 오늘 에도의 로주님들이 보내신 봉서가 쓰기부네로 도착했다. 이에 오사카조다이(大坂城代)[73] 아베 빗추노카미님, 이나가키 셋쓰노카미[74]님, 소가 마타자에몬[75]님에게서도 첨부 서한이

來ル. 御返書ハ, 則此船を以被差越ル. 右御奉書并御添狀之寫, 左記之.

---

73 에도 막부의 직명. 오사카성에 주재하며 오사카성의 수호와 서국(西國) 다이묘들의 동향을 감독했다. (『日本國語大辭典』)

74 오사카조반(大坂定番) 이나가키 시게쓰나(稻垣重綱).

75 오사카마치부교(大坂町奉行).

一筆令啓候. 公方樣此比少々御虫氣御座候得共, 早速御快然御座候間, 可御心安候. 將又去月廿八日之御狀, 令拜見候. 朝鮮之信使大坂川口迄罷出, 日和次第出船可仕之旨, 示預候趣, 達　上聞候. 恐惶謹言.

猶以, 從道中も切々預示候, 何も歷 上覽候.

二月五日　　阿部豊後守

松平伊豆守

酒井讃岐守

土井大炊頭

왔다. 답서는 바로 이 배로 보내셨다. 위 봉서와 첨부 서한의 사본을 다음에 적는다.

글을 보냅니다. 쇼군께서는 요즘 조금 복통을 앓으셨지만 바로 회복되었으니 안심하십시오. 또한 지난달 28일 자 서한을 읽었습니다. 조선의 신사가 오사카 가와구치까지 갔고, 날씨를 봐서 출선할 것이라는 말씀을 쇼군께 보고했습니다. 삼가 줄입니다.

아울러 가시는 길에서 때때로 알려주신 내용은 모두 쇼군께서 보셨습니다.

2월 5일　　아베 분고노카미

마쓰다이라 이즈노카미

사카이 사누키노카미

도이 오이노카미

宗對馬守殿

一筆申入候. 先以江戶相替儀も無御座,　公方樣彌御機嫌能, 被成御座候由, 申來候間, 御心易可被思召候. 然ハ御年寄衆ゟ御狀參候間, 次船ニ而進之候. 去四日播州室津ゟ之御狀, 同六日ニ相屆候間, 則

次飛脚にて, 江戸へ進上申候. 同七日ニ備州鞆之津𠀋之御狀箱,
今日相屆申候間, 則江戸へ遣申候. 順風能御渡海珍重ニ存候. 追々
御註進尤ニ存候. 猶期後音之時候. 恐惶謹言.

二月十日　　　　　　曾我又左衛門

稲垣攝津守

阿部備中守

소 쓰시마노카미님

글을 보냅니다. 우선 에도는 별일이 없고 쇼군께서는 잘 계신다고 하니 안심하십시오. 그리고 도시요리[76]들이 보내신 서한이 도착해서 쓰기부네로 보냅니다. 지난 4일 반슈(播州)[77] 무로쓰에서 보내신 서한이 동 6일에 도착해서 바로 역참파발(次飛脚)[78]로 에도에 보냈습니다. 동 7일, 비슈(備州)[79] 도모노쓰(鞆之津)[80]에서 보낸 서한 상자가 오늘 도착하여 에도로 보냈습니다. 순풍을 타고 도해하셔서 다행입니다. 계속 보고해 주십시오. 다음 연락 때를 기하겠습니다. 삼가 말씀드립니다.

2월 10일　　　　　　소가 마타자에몬

이나가키 셋쓰노카미

아베 빗추노카미

宗對馬守殿

---

76 에도의 로주들.

77 하리마노쿠니(播磨國)의 이칭. 현재의 효고현 남부.

78 쓰기비캬쿠(次飛脚, 繼飛脚)는 에도 막부가 각 역참에 배치한 파발꾼.

79 비젠노쿠니(備前國), 빗추노쿠니(備中國), 빈고노쿠니(備後國)의 이칭. 여기서는 빈고노쿠니를 의미. (『日本國語大辭典』)

80 도모(鞆)를 말함. 도모노우라(鞆浦), 도모노쓰(鞆津) 등으로도 불렸다.

人々御中

一. 同廿一日, 雨天.

〃 今日, 爲御送行, 三使を初下官ニ至迄, 御饗應有之.

〃 今日, 三使ハ車寄せ𠷡入來, 年寄中𠷡古川右馬助爲迎罷出ル.

〃 御料理ハ, 於御書院御出し被成ル. 後段ハ鉸り之間也.

〃 今日ハ別宴ニ付, 三使何も詩作なと有之, 夜深ケ歸宅有之.

〃 今晩, 朝鮮𠷡御役人歸着, 申出候ハ, 舊冬羌胡之者共, 朝鮮國を相侵シ候得共, 却而其利を失イ, 逃歸り候故, 朝鮮國も段々靜謐ニ罷成候由, 風聞有之候与之儀也. 三使此儀を被承, 殊外之大悅ニ而, 寬々酒

소 쓰시마노카미님

가신들께

一. 동 21일, 비.

〃 오늘 작별 인사로 삼사를 비롯해 하관에 이르기까지 향응이 있었다.

〃 오늘 삼사는 현관으로 들어와, 도시요리 중에서 후루카와 우마노스케가 마중 나갔다.

〃 요리는 쇼인에서 내주셨다. 후식은 하사미기리노마(鉸り之間)[81]이다.

〃 오늘은 별연(別宴)[82]이라서 삼사가 모두 시를 읊고 심야에 돌아갔다.

〃 오늘 밤 조선에서 [쓰시마번의] 관리가 돌아와 말하길, "지난겨울 오랑캐들이 조선국을 침략했지만, 도리어 패배하여 도망갔기 때문에 조선국도 점차 태평해졌다는 풍문을 들었

81 번주 소씨의 가네이시성의 한 구역으로 추정. 『신선한화사전』에 의하면 하사미키리노마, 가자리노마, 시보리노마 등으로 읽을 수는 있겠으나, 어느 것도 확실치 않다.

82 사행 중 조선 사신을 위해 쓰시마 번주가 특별히 자신의 별원(別院)에서 베풀어 주는 연향. 먼 길을 온 외교사절을 위해 특별히 베풀어 준 비교적 규모가 큰 잔치. (『대일외교사전』)

습니다"라고 했다. 삼사가 이를 듣고 대단히 기뻐하며 천천히 술

燕なと被致ル. 詩作左記之.

席上奉贈

門屛兩國馬州公, 一島兵權掌握中, 尊俎卽

今談咲[83]地. 英豪自有將家風

又

春潮衮々打樓船, 客子忩々赴別筵後, 會不

知何處, 是此生唯有夢魂牽

席上奉贈

家世旌旄對馬州, 一心葵向我兩周, 從前只

爲生民計, 長荷朝廷寵渥稠

자리를 가졌다. 시작(詩作)을 다음에 적는다.

좌석에서 올리다

양국 사이의 문병(門屛) 대마도주 공, 한 섬의 병권(兵權)을 손 안에 쥐었네.

연회석은 곧 담소를 나누는 곳, 영걸이여 장가(將家)의 풍모를 지녔네.

또

봄 조수는 곤곤히 누선(樓船)을 치고, 객자는 총총히 송별 연회에 다다랐네.

후일의 만남이 어디일지 알지 못해, 이번 생에는 다만 꿈결에 그리겠지.

좌석에서 올리다

가문이 대대로 대마주에 깃발을 휘날리며 일심으로 양쪽에 충성을 다하였네.

83 '소(笑)'의 고자.

이제까지 다만 백성을 살릴 계책을 위하니, 오랫동안 조정의 두터운 총애를 입었네.

又

紅燭離筵情別辰, 不關住雨解留人, 明朝片
帆西歸後, 空憶君家小院春　　白麓

席上奉

馬州太守

一心徇邦久勞々, 文彩當今絶代豪, 共說此
行功最重,　大君新贈萬金刀

丁丑仲春　　　　　　東溟

醉中奉

馬州太守

또

홍촉(紅燭)은 송별연 이별해야 하는 때에, 그친 비에도 불구하고 사람을 붙들 줄을 아는구나.
내일 아침 한 조각 돛단배로 서쪽으로 돌아간 후에는 그대 집 작은 뜰의 봄이 부질없이 떠오르겠지.　　　　백록(白麓)

자리에서 대마도태수(馬州太守)에게 올리다

일심으로 나라를 좇은 오랜 공로, 문채(文彩)도 당금의 호걸이라네.
이번의 공이 가장 중하다고 입모아 이야기하여, 대군이 만 금의 칼을 새로이 증정했네.

정축(丁丑) 중춘(仲春)　　　　동명(東溟)

취중에 대마도태수에게 올리다

燈前細雨夜沉々, 一曲勞歌遠別心, 欲識主人情義重, 滄溟百丈未爲深

丁丑仲春　　　　　　東溟

忠孝由來不異信, 兩邦交際爲生民, 百年舊事應深議, 聞說高堂有老親

丁丑仲春　　　　　　東溟

席上奉

馬州太守

海外人豪宗馬州, 醉中談咲亦風流, 金盃滿酌葡萄酒, 細雨相尋漢使舟

등불 앞에 가는 비에 밤은 고요한데, 한 곡조 멀리 이별하는 마음을 노래하네.

주인의 정의(情義)가 중함을 알고자 한다면, 너른 바다 백 길도 그보다는 깊지 못할 것이다.

정축(丁丑) 중춘(仲春)　　　　　　동명(東溟)

충효의 유래는 신(信)과 다르지 않으니, 두 나라의 교제는 백성을 살리기 위한 것이로다.

백 년이나 오랜 일을 깊이 이야기할 것이나 집에는 늙은 부모님만 있다고 들었네.

정축(丁丑) 중춘(仲春)　　　　　　동명(東溟)

자리에서 대마도태수에게 올리다

해외(海外)의 호걸 종(宗) 대마도주, 취중에 담소 나누니 또한 풍류가 있네.

금잔에 포도주 가득 채워 마시는데 가는 비가 사신의 배를 찾는구나.

丁丑仲春　　　　　　青丘

又奉

馬州太守

江戶層樓近百尋, 大君高坐翠帳深, 馬州

太守新承寵, 腰間寶劍直千金

丁丑仲春 青丘醉書

醉中贈別

馬州太守

府中浦外萬重波, 芳草春風別恨多, 東道主

人相送罷, 回頭奈此夕陽何

정축(丁丑) 중춘(仲春) 청구(青丘)

또한 대마도태수에게 올리다

강호(江戶)의 층루는 백 길에 가깝고, 대군의 높은 자리에 푸른 휘장이 우거졌구나.

대마도태수(馬州太守)가 새로이 총애를 받으니, 허리의 보검이 천금의 가치로다.

정축(丁丑) 중춘(仲春) 청구(青丘) 취하여 쓰다

취중에 대마도태수에게 이별 선물로 드리다

부중(府中)의 포구 밖에는 만 겹의 파도가 치지만, 향기로운 봄풀에 봄바람 부니 이별의 한도 많아라.

동도주인(東道主人)이 전송을 마치고 되돌아본들 이 석양을 어떻게 하리.

丁丑仲春 青丘稿

酒席敬呈

馬州太守閣下

一曲驪駒夜已分, 此生何地更逢君, 西歸別

有相思處, 滄海達天日欲曛

菊軒撰

梅隱書

一. 同廿二日, 雨天. 晝時晴ル.

〃 禮曹へ之御書簡并御返物なと, 三使方へ被遣之. 且又三使へも, 銘々ニ御音物被遣之. 目錄別紙ニ記之.

정축(丁丑) 중춘(仲春) 청구(靑丘)의 글

술자리에서 대마도태수 각하(閣下)에게 공손히 드리다

이구곡(驪駒曲)[84] 한 가락에 밤은 이미 깊었는데 이번 생에 어느 곳에서 그대를 만날까.

서쪽으로 돌아가는 이별에 서로 생각할 때, 창해가 하늘에 닿아 해가 저문다.

국헌(菊軒) 찬(撰)[85]하다

매은(梅隱) 쓰다

一. 동 22일, 비. 낮에 갬.

〃 예조로 보내는 서한과 답례품을 삼사에게 보내셨다. 또한 삼사에게도 각각 선물을 보내셨다. 목록은 별지에 적었다.

〃 今辰刻, 信使乘船被致候得共, 逆風ニ付, 府內浦滯船.

〃 今日, 三使へ御樽肴被遣之. 目錄別紙ニ記之.

一. 同廿三日, 信使府內浦出船.

〃 光雲院樣, 召長老同然ニ, 南室浦口迄, 爲御見送, 御出被成ル.

〃 御馳走之漕舟, 舊冬同然也.

---

84 여구(驪駒)는 검은 말. 한시에서는 '이구(驪駒)'라 읽고, 송별의 노래라는 뜻을 지닌다. (네이버 한시어사전)

85 시가(詩歌)·문장을 골라서 서물(書物)로 정리하는 것. 혹은 문장이나 서물을 저술하는 것. 술작(述作), 찬술(撰述), 저술(著述).

〃 鰐浦ニ而之馳走役, 大浦權右衛門·中原勘兵衛, 出船被仰付ル.

一. 同廿四日, 晴天. 信使琴浦出船之由, 飛脚到來.

〃 今日, 三使へ御樽肴被遣之. 目録別紙ニ記之.

一. 同廿五日, 晴天. 信使昨日鰐浦着船之由, 飛脚到來.

一. 同廿六日, 晴天. 信使昨日鰐浦出船之由, 飛脚到來. 依之副使ゟ被差

〃 진각에 신사가 승선하셨지만, 역풍 때문에 후나이우라에 배가 머물렀다.

〃 오늘, 삼사에게 술통과 음식을 보내셨다. 목록은 별지에 적었다.

一. 동 23일, 신사가 후나이우라에서 출선했다.

〃 고운인님이 쇼초로와 함께 나무로(南室)의 포구까지 배웅하러 가셨다.

〃 접대를 위한 예인선은 지난겨울과 같았다.

〃 와니우라의 접대역 오우라 곤에몬과 나카하라 간베에에게 출선을 명하셨다.

一. 동 24일, 맑음. 신사가 고토우라(琴浦)[86]에서 출선했다는 파발이 도착했다.

〃 오늘, 삼사에게 술통과 음식을 보냈다. 목록은 별지에 적었다.

一. 동 25일, 맑음. 신사가 어제 와니우라에 도착했다는 파발이 도착했다.

一. 동 26일, 맑음. 신사가 어제 와니우라를 출선했다는 파발이 도착했다. 이에 부사(副使)가 보낸

上候詩作相達ス.

〃 信使昨日渡海之段, 江戸表御老中様方, 并京都·大坂御奉行所へも, 御次飛船を以, 御案内被仰上ル.

---

86 쓰시마의 항구.

副使之詩作, 左記.

漢客歸槎豈再逢, 故人相送惜離容, 一時握手惟如夢, 萬里論心恨莫從, 敢謂文章驚海內, 各將誠信保堯封, 林烏欲起樓船嚴, 回首扶桑意萬重

丁丑仲春

馬州太守頭

시문(詩文)이 도착했다.

〃 신사가 어제 도해했다고 에도의 로주님들과 교토·오사카의 부교쇼에 쓰기비센으로 보고했다.

부사의 시문을 다음에 적는다

조선의 손님이 돌아가면 다시 만날 수 있을지,
그래서 사람들은 이별함에 헤어짐을 아쉬워하네.
한때 손잡은 것이 꿈과 같으니, 만 리 멀길 떨어져 있어 이야기할 방법이 없네.
감히 문장이 세상을 놀라게 했다고 말하니,
제각기 바야흐로 성신으로 요봉(堯封)을 보호하네.
숲 까마귀가 일어나려고 하고 뱃길이 엄하니,
일본에서 배를 돌려 [조선으로] 돌아가는 뜻이 깊다.

정축(丁丑) 중춘(仲春)

대마도태수두(馬州太守頭)

一. 同廿九日, 少シ雨降ル. 東風.

〃 今戌刻, 江戸表御老中様方ゟ之御奉書, 且又伊豆守様御一判之

御狀, 并大阪御奉行所ゟ之御添狀, 御次飛船を以到來ニ付, 御返書則其船ニ而被差越ル. 右御奉書并御添狀, 左記之.

去二日之御狀, 令拜見候. 公方樣彌御機嫌克, 御膳も御快被召上候間, 可御心安候. 然者牛窓出船之處, 少々風烈候而, 一番目之官使之船損候得共, 無差儀至備後鞆津着船之由, 被入御念示給候. 右之趣達 上聞候處, 日和惡時分ハ, 何方ニ而も, 逗留有之而, 官使無恙送屆候樣ニ, 可申遣旨, 被仰出候. 可被得其意候. 恐惶謹言.

一. 동 29일, 조금 비가 내림. 동풍.

〃 술각에 에도의 로주님들이 보내신 봉서, 이즈노카미님이 단독으로 날인하신 서한, 오사카부교쇼에서 보낸 첨부 서한이 쓰기비센으로 도착해서 답서를 바로 그 배편에 보냈다. 위의 봉서와 첨부 서한을 다음에 적는다.

지난 2일 자 서한을 읽어보았습니다. 쇼군께서는 잘 지내시고 식사도 잘 드시니 안심하십시오. 그리고 우시마도에서 출선했는데 바람이 조금 강해서 첫 번째 관사[87]의 배가 손상되었지만, 무사히 빈고 도모노쓰에 도착했다고 정성껏 보고해 주셨습니다. 이 내용을 쇼군께 보고했더니 "날씨가 나쁠 때는 어느 곳에든 체류한 뒤 관사를 무사히 돌려보내라고 전하라"고 하셨으니, 그렇게 아십시오. 삼가 말씀드립니다.

猶々, 道中所々馳走以下無殘所之由, 得其意存候. 以上.

二月十五日　　　　阿部豊後守

87 정사를 말함.

忠秋

松平伊豆守

信綱

酒井讚岐守

忠勝

土井大炊頭

利勝

宗對馬守殿

아울러, 가시는 길 곳곳에서 접대 이하에 남김이 없었다는 것도 잘 알았습니다.[88] 이상.

2월 15일 아베 분고노카미

다다아키

마쓰다이라 이즈노카미

노부쓰나

사카이 사누키노카미

다다카쓰

도이 오이노카미

도시카쓰

소 쓰시마노카미님

88 2월 12일 자를 참조.

去二日之御狀箱屆, 拜見仕候. 上樣彌御機嫌能被成御座, 御膳も
御快被召上候間, 可御心安候. 隨而信使乘船, 破損仕候得共, あやまちも
無御座候由, 一段之儀ニ御座候. 預示候通達 上聞候處, 念を入被申越
候由, 上意ニ御座候. 日和惡時分者, 何かたに成共, 何ほとも逗留
仕, 無恙送屆可申旨, 被 仰出候ニ付而, 連狀ニ而申入候. 萬事御心盡
察入候. 猶追而可得御意候間, 不能一二候. 恐惶謹言.
猶以, 先日宿所ゟ之たより, 如申入候, 御無心之申事ニ候得共, 成
申儀ニ候ハヽ, 三使ニ一紙ニ三筆にて, 掛物御かゝせ候て, 可被下候.
以上.
二月十五日 松平伊豆守
信綱

지난 2일 자 서한 상자가 도착하여 읽었습니다. 쇼군께서는 잘 계시고 식사도 잘 드시니 안심하십시오. 그리고 신사가 탄 배가 손상되었지만 부상이 없었다니 일단 다행입니다. 보고하신 내용을 쇼군께 아뢰었더니, "꼼꼼하게 보고했다"고 하셨습니다. "날씨가 나쁠 때는 어느 곳에든 얼마든지 머물러서 무사히 [통신사를] 돌려보내야 한다"고 하셨기 때문에 연장(連狀)으로 말씀드립니다. 만사에 마음을 다해서 생각하십시오. 나중에 뵙겠으니 자세히 적지 않겠습니다. 삼가 줄입니다.
아울러, 일전에 숙소에서 편지로 말씀드린 대로 무심한 부탁이기는 하나 가능하다면 삼사에게 종이 1장에 3명의 필체로 족자를 쓰게 해서 [제게] 보내주십시오. 이상.
2월 15일 마쓰다이라 이즈노카미
노부쓰나

宗對馬守様

人々御中

一筆申入候. 仍江戸御年寄衆ゟ御狀箱參候條, 次船ニ而進之候.

去十日ニ從下關之御狀箱, 去十六日致上着候間, 則宿次ニ江戶へ

進上申候. 此間者日和能御座候間, 漸御國近ク可有御越と, 目出度

存候. 信使衆無事被參候哉, 無御心許存候. 尙期後音之時候. 恐惶謹言.

二月十九日　　曾我又左衛門

稻垣攝津守

阿部備中守

宗對馬守様

人々御中

소 쓰시마노카미님

가신들께

글을 드립니다. 에도 도시요리님들이 보내신 서한 상자가 도착해서 쓰기부네로 보내드립니다. 지난 10일 시모노세키에서 보내신 서한 상자가 지난 16일 도착하여 바로 슈쿠쓰기로 에도로 보냈습니다. 요즘은 날씨가 좋아서 이윽고 쓰시마 근처까지 가셨으니 경사스럽습니다. 신사 일행도 무사히 도착했는지 염려됩니다. 또한 다음 연락 때를 기하도록 하겠습니다. 삼가 줄입니다.

2월 19일　　소가 마타자에몬

이나가키 셋쓰노카미

아베 빗추노카미

소 쓰시마노카미님

가신들께

『관영병자신사기록』 7

朝鮮信使記錄卷之七　　附錄檢使之略

一. 寬永十二乙亥年十二月十九日南風雨降

〃 今日多田源右衛門儀, 兩檢使之導キいたし, 少先達而
府内浦着船. 引續檢使横田角左衛門·篠田九郎左衛門
着. 角左衛門ニ者住永甚三郎所宿, 九郎左衛門ニ者
嶋庄右衛門所宿也. 着岸之爲御使者, 角左衛門方江
嶋尾左太右衛門, 九郎左衛門方江者柳川三左衛門遣之.
檢使西山寺江被罷出, 此所宿ニ仕度与之事ニ付,
今晚早速宿移之.

一. 同廿日晴天

一. 간에이 12년(1635)[1] 을해(乙亥) 12월 19일 남풍, 비 옴.

〃 오늘 다다 겐에몬이 두 검사(檢使)를 이끌어 조금 앞서서 [쓰시마] 후나이 포구에 배로 도착했다. 이어서 검사 요코타 가쿠자에몬(橫田角左衛門)·시노다 구로자에몬(篠田九郎左衛門)이 도착했다.[2] 가쿠자에몬은 스미나가 진자부로(住永甚三郎) 쪽에 묵게 하고, 구로자에몬은 시마 쇼에몬(嶋莊右衛門) 쪽이 숙소였다. 기슭에 대기 위해 사자(使者)로 가쿠자에몬에게 시마오 사다에몬(嶋尾左太右衛門)을, 구로자에몬에게는 야나가와 산자에몬(柳川三左衛門)을 보냈다. 검사가 세이잔지(西山寺)[3]로 가 여기를 숙소로 하고 싶다고 해서 오늘 밤에 급히 숙소를 옮겼다.

一. 동 20일 맑음

〃 檢使多田源右衛門江被申聞候者, 御當地御留守居之御家老, 其外之諸役之衆罷出候樣ニ, 可申達与之

---

1 간에이 11년(1634)의 오기(誤記).

2 1634년 11월 8일, 로주 오이노카미가 자신의 가신인 요코타 가쿠자에몬과 이즈노카미의 가신 시노다 구로자에몬을 '검사' 자격으로 쓰시마에 보내, 기하쿠 겐포(規伯玄方)를 비롯하여 쓰시마의 사건 관계자들을 에도로 데려오기로 했음을 통보했다. 이에 쓰시마도 다다 겐에몬을 그들과 함께 쓰시마로 향하도록 조처했다. 7권「부록 검사지략(檢使之略)」은 요코타와 시노다가 다다 겐에몬과 함께 쓰시마에 도착해서 잇켄 관계자들을 불러서 심문하고, 그들과 함께 쓰시마를 출선하는 순간까지를 담고 있다. 그 이후의 전개, 즉 보초로를 비롯한 쓰시마의 관계자들이 에도에 도착해서 로주들과 대면하여 조사받는 상황은『관영병자신사기록』1권 변무(辨誣)에 수록되어 있다. (『근세 한일관계 사료집 V(상)』 참조)

3 쓰시마 후추에 있었던 사원. 본래 종파는 진언종(眞言宗)이었으나, 1511년 도주(島主) 소 사다구니(宗貞國)의 부인의 보다이지(菩提寺)가 되면서 '세이잔지(西山寺)'라 칭하고 진언종에서 임제종(臨濟宗)으로 바꾸었다. 교토 고잔(五山)에서 파견된 승려가 머무르는 사원이던 이테이안(以酊庵)이 1732년 후추의 화재로 소실된 뒤에 이테이안 승려의 거소를 세이잔지로 옮겼다. 이테이안 승려가 외교문서 작성에 관여했던 것과 마찬가지로, 세이잔지의 주지 승려도 종종 외교문서 작성이나 외교 문제 처리에 자문을 수행했다. 경내(境內)에는 게이테쓰 겐소(景轍玄蘇)의 묘가 있다.

事ニ付, 杉村采女·柳川勘解由·古川式部·多田監物
西山寺江罷出候處, 檢使右之面々江被申聞候者,
對馬守樣御事, 御家來柳川豊前守と, 御上訴
之儀有之, 豊前守家來松尾七右衛門, 江戶表江訴狀
差上候ニ付, 拙者共儀檢使被仰付, 罷越候与之事ニ而,
大炊頭樣·伊豆守樣御封印被成候　光雲院樣ゟ之
御書二通被相渡候付, 拜見仕, 其後方長老朝鮮
上京之儀,　公儀之御名を假り被申候而之儀ニ, 無

〃 검사가 다다 겐에몬에게 말하길, "이곳 루스이(留守居) 가로[4]와 그 외의 관리들에게 나오라고 전하라"고 해서, 스기무라 우네메(杉村采女)·야나가와 가게유(柳川勘解由)·후루카와 시키부·다다 겐모쓰(多田監物)가 세이잔지로 갔다. 그러자 검사가 그 사람들에게 말하길, "쓰시마노카미님이 가신 야나가와 부젠노카미와 재판이 있을 것인데, 부젠노카미의 가신인 마쓰오 시치에몬이 에도로 소장(訴狀)을 제출하여 우리들이 검사로 임명되어 왔다"고 하며, 오이노카미님·이즈노카미님이 봉인하신 고운인님이 보낸 문건 2통을 건넸다. [그것을] 받아본 후 보초로(方長老)[5]가 조선의 도읍에 갔던 일은 막부(公儀)의 이름을

---

4 루스이 가로는 에도 막부 및 제번(諸藩)에 두었던 직명(職名)의 하나. 쇼군 또는 번주가 외출할 때 성(城)에 머물면서 성의 경비 및 제반 업무를 관리했다. 여기에서의 루스이 가로는 쓰시마에 남아있는 가로로 추정된다.

5 기하쿠 겐포(規伯玄方, 1588~1661). 일명 보초로(方長老). 규슈 하카타(博多) 무나가타(宗像)군 출신으로 출가한 시기 등은 알 수 없으나 쓰시마로 건너가 외교승으로 활약했던 동향(同鄕) 출신의 선승(禪僧) 게이테쓰 겐소의 제자가 되었다. 겐소는 쓰시마의 후추(府中)에 이테이안을 창설하였고, 1611년 10월 겐소가 75세의 나이로 사망하자 겐소의 뒤를 이어 이테이안의 2대 주지가 되어 대조선 외교문서를 기초하는 작업을 담당하였다. 1621년과 1629년에 조선에 건너와 교섭을 직접 수행하기도 했으며, 1629년에는 이례적으로 도읍 한성에 상경하기도 했다. 이는 임진왜란 이후 일본의 사절이 한성 상경을 허가받은 유일한 사례가 되었다. 야나가와 잇켄 때에 실무자로서 실책이 있었음이 인정되어 난부(南部)에 유배되었다가 1658년에 사면되어 에도로 돌아왔다.

가칭한 것이 아니었다고

御座段, 申達候得者, 檢使被申聞候者, 拙者共奉り
來候旨趣, 其儀ニ而ハ無御座, 七右衛門申上候儀ニ付,
委細ニ相尋, 彼者申出候趣ニよつて, 段々遂吟味候様ニ与之
御事ニ而罷越候. 偖又方長老儀, 江戸表江被罷登候様ニ
与之御事, 被仰付候故, 其旨可申渡候條, 只今可被
罷出旨, 各ゟ被相達候様ニと, 申聞候ニ付, 其譯申遣候へハ,
方長老事早速西山寺江被罷出ル. 檢使對面有之,
江戸表江被罷登候様ニ与之儀, 被申渡相濟而, 七右衛門·
十右衛門·加左衛門を, 次之間迄被呼出, 事之次第を
被相尋ル. 障子越シ之儀ニ候得者, 委細ニハ不承届

말했더니, 검사가 "우리들이 받들고 온 취지는 그것이 아니다. 시치에몬이 아뢴 것을 상세하게 심문하고, 그가 말한 내용을 조목조목 조사하기 위해 온 것이다. 또한 보초로는 에도로 올라오게 하라는 명이 있어서 그것을 전달하는 것이니, 지금 나오라고 각자 [보초로에게] 전달하라"고 했다. 이에 그 말을 전했더니 보초로가 신속히 세이잔지로 나왔다. 검사가 대면하여 에도로 올라가라고 전했고, 시치에몬·주에몬(十右衛門)·가자에몬(加左衛門)을 쓰기노마에 불러 사건의 경위를 심문했다. 미닫이문 너머로 이루어졌기에 상세하게 듣지는 못했지만

候得共, 大略相聞へ候分, 左記之.
〃 七右衛門申出候者, 豊前守儀先年知行千石之儀ニ付,
州主之御不興, 蒙り候といへ共, 御老中様方之

御扱を以, 無何事相濟候ニ付, 豊前守ゟ御膳なと差上,
主從之際舊日之通ニ罷成候. 然處州主御暇御拜領
被成, 江戶表御發駕之節, 不圖豊前守江, 私儀
御供ニ可被召連之旨, 被仰付候付, 豊前守申上候者,
私儀旣ニ御不興を被差許候上者, 七右衛門儀御供ニ
被召連ニハ, 及申間敷御事ニ候へ共, 定而碁·養父御
知行所々勘定役之儀, 無相違可被仰付与之御事と

대략 들린 내용을 아래에 기록한다.

〃 시치에몬이 말하길, "부젠노카미는 작년 지행(知行)[6] 1천 석 건으로 번주의 노여움을 샀다고 하나 로주님들이 돌봐주셔서 아무 일 없이 끝났고, 부젠노카미가 식사를 올려 주종의 관계가 이전처럼 되었습니다. 그런데 번주님이 귀국 허가를 받아 에도를 출발했을 때, 문득 부젠노카미에게 저를 수행원으로 삼겠다고 명하셨습니다. 그래서 부젠노카미가 '저와 이미 화해를 해주신 이상 시치에몬을 수행원으로 부르시는 것은 불필요하지만, 아마 기이(基肄)[7] · 야부(養父)[8]의 영지 회계 담당(勘定役)에 임명하실 것으로

奉存候. 先者御意之通, 奉畏候旨申上ケ, 扨御供之儀
申付候ニ付, 爲御屆寺田與左衛門殿江參り, 右之譯御咄
申入候へハ, 大炊頭様達御耳, 御羽織なと被成下候. 與左衛門殿

6 에도시대 막부나 번에서 가신에게 봉록으로 토지를 지급한 것. 또는 그 토지나 봉록. (『日本國語大辭典』)

7 원문에는 '기(碁)'로 쓰여져 있으나 히젠 지역의 실제 지명은 '기이(基肄)'이다.

8 기이와 야부는 규슈 히젠(肥前)에 소씨가 소유하고 있던 2,800석의 영지(飛び地). 야나가와 시게오키는 그 2,800석 중에 1,000석을 혼다 마사즈미가 야나가와 도시나가(智永)에게 부여했다고 주장했다.

より右之譯, 州主江被申越候書狀, 私江被相渡候ニ付,
州主江跡ゟ追付キ, 道中ニ而其書狀差上申候.
然處私儀勘定役を被仰付候ニ而ハ無之, 却而被
召捕, 親戚共江御預ケ被成, 他出不仕樣ニ被仰付候由,
申上候得ハ, 檢使被申候者, 此儀者承ニ不及候, 其方
江戸表江差上候訴狀之儀, 彌申上候趣ニ相違無之
段, 慥成證跡を口上書ニ相認, 差上候樣ニ与之事ニ而,

생각합니다. 우선은 뜻하신 대로 알고 있겠습니다'라고 했고, 한편 수행하라는 하명을 받았다는 사실을 알리러 데라다 요자에몬(寺田與左衛門)님께 가서 이를 말씀드렸더니 오이노카미님이 들으시고 하오리(羽織)[9] 등을 내려주셨습니다. 요자에몬님이 이런 내용을 쓰시마 번주에게 전하는 서한을 저에게 건네셔서 번주님을 나중에 쫓아가 도중에 그 서한을 드렸습니다. 그런데 저를 회계 담당에 임명하시는 게 아니라 오히려 구금하고 친척들에게 맡겨서 외출하지 못하게 하셨습니다"라고 말하니, 검사가 "그건 들을 필요가 없다. 그대는 에도에 제출된 소장의 내용에 틀림이 없음을 증명하는 명확한 행적을 구상서에 써서 올리도록 하라"고 하며

9 하오리(羽織)는 상의 겉옷. 하카마(袴)는 하반신에 입는 의류의 총칭. 하오리와 하카마 착용은 정식 복장을 의미한다.

別所江遣し被申ル. 檢使其座を罷出, 不機嫌成ル
顔色ニ而, 彼者申分, 何共難落付キ候由, 被申ル. 佫
七右衛門儀ハ, 江雲軒江參り候處, 檢使被申候ハ, 兎角
七右衛門罷有候所ニ而, 可被遂吟味与之事ニ而, 江雲軒江
被罷越, 暮方西山寺江歸宅. 方長老釆女, 朝鮮
上京之節, 相附罷越候面々, 七右衛門申上候趣を以, 悉ク
名ヲ被差, 此内御當地江居合候者者, 卽刻召寄可申候.
他方へ罷有候者者, 早々呼寄セ候樣ニと之事也. 且又
方長老釆女儀歸宅不仕, 是より直ニ江戶表へ被
罷登候樣ニと, 被申聞ル.

별도의 장소로 보냈다. 검사가 그 자리를 나와 기분이 나빠진 얼굴색으로, "저자의 말은 다 납득하기 어렵다"고 했다. 한편 시치에몬이 고운켄(江雲軒)으로 갔더니 검사가 말하기를 어쨌든 시치에몬이 있는 곳에서 조사할 것이라며 고운켄으로 갔고, 해가 질 무렵 세이잔지로 돌아왔다. 보초로·우네메가 조선[도읍]에 상경했을 때 따라갔던 사람들을, 시치에몬이 진술한 내용을 가지고 모두 이름을 대서 그 중 이곳에 있는 자는 즉각 데려오고, 다른 곳에 있는 자는 조속히 불러들이게 했다. 그리고 보초로와 우네메는 귀가하지 말고 지금 곧바로 에도로 올라가라고 하셨다.

〃 同日, 朝鮮渡海之船, 被差停候段, 高札合認掛之ル.
一. 同卄一日, 勘解由·式部·監物, 西山寺江罷出候處, 檢使方長老·
釆女朝鮮上京之節, 相附罷越候者共被呼寄, 事之
次第, 被相尋之上ニ而, 此者共父母妻子兄弟之員數
被書留, 且又十一月十二月中ニ, 朝鮮江致渡海候船數

之儀, 被相尋候付, 書付差出ス. 檢使より又々被相尋
候者, 江戸表ゟ之使者大浦甚兵衛儀, 何比御當地へ
到着ニ而候哉. 是又書付差出候様ニ, 偖又山川小左衛門
儀者, 如何様之儀ニ而, 何比朝鮮江渡海仕候哉と,
被相尋候付, 我々中返答仕候者, 朝鮮馬藝之

〃 같은 날, 조선에 도항하는 배는 도항을 중단한다는 고사쓰(高札)[10]를 써서 걸었다.

一. 동 21일, 가게유·시키부·겐모쓰(監物)가 세이잔지로 갔더니 검사가 보초로·우네메의 조선 상경 때 따라갔던 자들을 불러들여 일의 경위를 심문했고, 그 자들의 부모·처자·형제의 인원수를 적었으며, 11월·12월 중에 조선으로 도해한 선박의 수를 물어보셔서, 적어서 제출했다. 검사가 또 물어보기를 "에도에서 오는 사자 오우라 진베(大浦甚兵衛)는 언제 이곳에 도착하는지 이것도 적어서 제출하라. 또한 야마카와 고자에몬(山川小左衛門)은 어떠한 일로 언제 조선에 도해하는가?"라고 심문했다. 우리들이 답변하기를, "조선의 마예(馬藝)[11]를

者, 御上覧可被成与之御事, 被仰出候付, 有田
杢兵衛与申者を差渡候處, 右杢兵衛朝鮮ゟ
書狀を以, 申越候ハ, 馬藝之者之事, 若彼方ゟ返答
有之候ハヽ, 早速註進可仕候. 併彼地江相應之小船無之
候故, 爲飛船用壹艘差渡置候様ニと, 申越候. 依之去
十三日飛船を以, 差渡申候. 右杢兵衛方ゟ之書狀, 願者

---

10 법도·법령·규정, 또는 효수·중죄인의 죄목을 적어 사람의 이목을 끄는 곳에 높이 세운 판자.

11 조선의 마상재(馬上才).

> 御一覽被下度存候由, 申候得共, 立而辭退ニ而, 見不被
> 申也. 檢使又々被申聞候ハ, 高札者いまた建テ不申候哉
> 与之事ニ付, 返答ニ昨日早速建テ申候由申達, 下書
> 差出ス. 檢使又々被申聞候者, 少々様子有之候間, 町

관람(上覽)하실 것이라는 명을 받아, 아리타 모쿠베에(有田杢兵衛)[12]라는 자를 [조선에] 보냈는데 이 모쿠베에가 조선에서 서한을 보내 전하기를 '마예를 하는 재인(才人)에 관해 만약 저쪽에서 답변이 오면[13] 신속하게 보고할 것입니다. 그러나 그곳에 상응하는 작은 배가 없으니 비선용(飛船用)으로 1척을 보내 주십시오'라고 해서, 지난 13일에 비선을 보냈습니다. 모쿠베에가 보낸 서한을 봐주셨으면 합니다"라고 했지만, 한결같이 거절하며 보지 않았다. 검사가 또한 "고사쓰는 아직 세우지 않았는가?"라고 물어서, 답변으로 어제 급히 세웠다고 써서 보냈다. 검사가 또한 묻기를 "잠시 상황을 봐야 하니

> 年寄并村々之庄屋·田長なと之者, 呼寄セ候樣ニ与之
> 事ニ付, 得其意候旨申入, 退出仕ル. 暮ニ及方長老·
> 釆女儀茂, 退出仕ル.
> 〃 右相濟而, 檢使七右衛門を被呼出, 被相尋事有之たる由.
> 〃 此日風聞有之候ハ, 七右衛門儀嚴敷吟味有之候得者,

---

12 1587년 출생. 아리타씨(有田氏)의 계보에 의하면 후지 사콘(藤左近)의 3남으로 태어나 아리타 모쿠노조(有田杢允)의 양자가 되었다고 한다. 또한 쓰시마의 외교승 게이테쓰 겐소와 기하쿠 겐포 밑에서 조선통교를 배웠다. 그 후 규슈를 돌며 상업에 종사하다가 쓰시마로 돌아왔고, 1624년 마치도시요리(町年寄)를 거쳐 1632년에 사이한야쿠(裁判役, 외교 담당관)에 임명되었다. 1651년 건강 문제로 사직이 받아들여질 때까지(1646년부터 중풍 기미가 보여서 사직을 요청했지만 이때는 받아들여지지 않았음) 왜관을 왕래하며 각종 교섭을 맡았다.

13 '마상재인을 일본에 파견하는 문제에 관해 조선이 답변을 하면'이라는 뜻으로 추정된다.

謀書之筆者, 并印を彫り候者者, 何茂朝鮮上京
十七人之內ニ有之候. 此儀者於江戶表, 其名を顯シ
可申由申候段, 承之.

一. 同卄二日, 檢使ゟ杉村采女被呼出, 追付退出.

〃 檢使又々勝田孫七を被呼出候而, 寬永元年甲子·

마치도시요리(町年寄)[14]와 각 무라(村)의 쇼야(莊屋)[15]·다오사(田長)[16] 등을 불러들이라"고 해서, 알겠다고 하고 물러났다. 저녁이 되어 보초로·우네메도 물러났다.

〃 위 일이 끝나고 검사가 시치에몬을 불러 심문했다고 한다.

〃 이 날 풍문이 돌았는데, 시치에몬이 혹독한 조사를 받더니 "위서(謀書)의 필자와 인장을 새긴 자가 모두 조선에 상경했던 17인 중에 있다. 이 일은 에도에서 그 이름을 밝히겠다"라고 말했다고 한다.

一. 동 22일, 검사가 스기무라 우네메를 불렀고, 뒤이어 물러났다.

〃 검사는 또한 가쓰타 마고시치(勝田孫七)를 불러 "간에이(寬永) 원년(1624) 갑자(甲子)·

同六年己巳, 兩歲之書翰之印, 其方彫り候哉と, 被
相尋候得者, 御返答ニ, 兩度共ニ私儀ハ, 曾而存知
不申候. 子細ハ兩度共, 豊前守內證之賄方之儀を

14 에도시대, 주요 도시에서 시중의 공무(公務)를 처리하던 벼슬아치.

15 쇼야(庄屋)는 나누시(名主), 기모이리(肝煎)와 함께 에도시대 촌역인(村役人) 무라가타산야쿠(地方三役)의 하나. 에도시대 영주가 임명한 지방 관리로서 군다이(郡代)·다이칸(代官) 휘하에서 촌정(村政)을 담당하던 촌의 수장이며, 마을의 납세와 사무를 맡아봤다. 신분은 백성이다.

16 농부의 우두머리.

承り, 江戸表江罷有候付, 存知可申様無御座由,
申出ル.

〃 今日, 與良·佐須·豆酘, 三郷之給人なと罷登候ニ付, 西山寺江差出シ候處, 檢使町年寄并給人なと江, 被申渡候者, 朝鮮渡海之船御停止被成候間, 若竊ニ渡海をも仕者有之候ハヽ, 早速申聞候様ニ与之事也.

동 6년(1629) 기사(己巳), 두 해의 서한에 찍힌 인장을 그대가 만들었는가?" 하고 물으니, 답변하기를 "두 차례 모두 저는 아예 모릅니다. 자세한 것은 두 번 모두 부젠노카미의 비밀스런 조달(賄方)[17]에 관한 일이라고 듣고 에도에 있었기 때문에 알 도리가 없었습니다"라고 했다.

〃 오늘 요라(與良)·사스(佐須)·쓰쓰(豆酘)[18] 세 지역의 급인(給人)[19] 등이 올라와서 세이잔지로 보냈더니, 검사가 마치도시요리와 급인 등에게 "조선 도해의 배를 중지시킬 것이니 만약 몰래 도해하는 자가 생기면 신속히 알리도록 하라"고 했다.

〃 右相濟而, 柳川圖書·同勘解由·古川式部, 西山寺江罷出候處, 檢使被申聞候者, 大浦甚兵衛到着日限之書付并, 有田杢兵衛·下田源右衛門, 朝鮮ゟ致歸國候ハヽ, 早速可差登与之書付, 且又今度

17 식사 제공을 담당하는 사람. 혹은 부엌 등 요리하는 장소에 식료품을 제공하는 역할.

18 쓰시마의 지명.

19 중세 때 막부로부터 영지를 받아 그것을 지배하던 자. 에도시대에 다이묘의 가신이면서 후치마이(扶持米)를 받던 하급 무사.

拙者共召連來り候人數之書付, 何茂印判を
押候得与之事ニ付, 則押印いたし差出ス.
〃 圖書 · 勘解由, 檢使江致挨拶候者, 我々共儀, 豊前守と
同姓ニ而御座候處, 彼者逆意を以, 我々共迄天
下ニ惡名を得候段, 殘念之至, 面目次第も無御座
由, 申入候得者, 檢使挨拶ニ各被仰候段, 御尤千万成ル

〃 위의 일이 끝나고 야나가와 즈쇼(柳川圖書) · 야나가와 가게유 · 후루카와 시키부가 세이잔지로 갔더니, 검사가 "오우라 진베의 도착 일정을 쓴 문서, 아리타 모쿠베에 · 시모다 겐에몬(下田源右衛門)이 조선에서 귀국하면 조속히 올라와야 한다는 문서, 또한 이번에 우리가 데려온 인원수를 적은 문서 모두에 인판(印判)을 날인하라"고 해서 곧바로 날인해 주었다.

〃 즈쇼 · 가게유가 검사에게 인사하기를, "우리는 부젠노카미와 같은 성(姓)인데 그가 역심(逆意)을 갖는 바람에 우리까지 천하에 오명을 얻으니 유감스럽기 짝이 없고, 면목도 없습니다"라고 했다. 그러자 검사가 인사에 각기 응하여 "너무나 지당하다.

儀ニ存候. 偖又御當地之人々, 何茂數代御厚惠を
被相蒙居事ニ候へハ, 此外誰人ニよらす, 豊前守儀ニ付,
訴訟申上度存候人有之候ハヽ, 早速委細ニ可被仰聞
事ニ候与之事也. 我々共又々申入候者, 七右衛門
申上候謀書之筆者, 并印を彫り候者ハ, 誰ニ而
御座候哉. 御知らセ被下度由, 申入候得ハ, 返答ニ
最前ニも申達候通, 右筆者 · 彫印之者者, 於
江戶表可申上由, 七右衛門申出候付, 其通りニいたし

置候与之事也. 檢使又々聞候者, 先頃於江戸表
被仰付候者, 方長老ハ船之艫ニ被乘, 七右衛門ハ艣ニ

이곳(쓰시마) 사람들 모두 수 대에 걸쳐 두터운 은혜를 입어 왔으니, 이 외에 누구든 부젠노카미에 관해 소송을 하고자 생각했던 사람이 있다면 빨리 상세하게 아뢰도록 하시오" 라고 했다. 우리들이 다시 "시치에몬이 진술한 위서의 필자와 인장 새긴 자는 누구입니까? 알려주셨으면 합니다"고 하니, 답변에 "아까도 말했듯이 위서 필자와 인장 새긴 자를 에도에서 말하겠다고 시치에몬이 말했으니 그렇게 하도록 둘 것이다"라고 했다. 검사는 또 "얼마 전 에도에서 지시받기를, 보초로는 배의 뒷부분에 태우고 시치에몬은 뱃머리에

乘せ, 中程ニ罷有, 雙方密意を不通様ニ, 仕候得与之
御事ニ, 御座候得共, 船上之者大分成ル儀ニ, 御座
候得者, 物談被仕候儀茂, 容易ニ罷成間敷候へハ,
密意を被通候儀候儀[20]者, 猶更可罷成様も
無之候. 先者只今存候得ハ, 方長老·采女一船ニ
被乘, 七右衛門儀者別船ニ乘せ, 偖又拙者とも
家來二十四人之者, 是又別而一艘ニ乘せ, 拙者共
湊々ニおゐて, 代々ニ雙方之船ニ, 乘り可申与之
事也. 檢使又々被申聞候者, 年寄中并多田
源右衛門ゟ方長老江可申達候者, 若江戸表ニ而

20 원문에 '후의(候儀)'가 두 번 반복되어 있다.

태워서 도중에 서로 밀담을 통하게 해서는 안 된다고 했다"고 했으나, "선상에 사람이 상당수 타게 되니 얘기를 나누기가 쉽지 않을 테고, 밀담을 나누는 건 더욱이 안 될 겁니다. 우선 지금 생각으로는 보초로와 우네메를 한 배에 태우고, 시치에몬은 별도의 배에 태우며, 저희 가신 24인은 또 다른 한 척에 타서, 우리가 항구들에서 상대방 배로 바꿔 탈 것입니다"라고 했다. 검사가 또 말하기를, "도시요리들과 다다 겐에몬은 보초로에게[21] '만약 에도에서

御尋事有之時之爲ニ, 誰人を同道仕度なとヽ, 被存
事茂有之候ハヽ, 只今其段被申出, 同道被仕候樣ニ,
江戶表ゟ又々被召寄候樣ニなと, 有之候而ハ, 段々間延ニ
罷成候故, 此段申達候間, 其旨方長老江相達候樣,
此趣檢使直ニ可被申達候得共, 人柄も違候得者,
指付ケ候而者, 難被申渡与之事也. 今日年寄中者,
殊外御用取込候付, 多田源右衛門以酊菴江遣し,
右之趣申達ス

〃 同卄三日　上使ゟ圖書·勘解由·式部·監物, 何茂
罷出候樣, 可申達旨, 源右衛門方迄被申越候ニ付,

심문받을 때에 대비해서 누구와 동행하고 싶은지 생각한 바가 있으면 지금 그것을 말하고 동행하시오.' [나중에] 에도에서 다시 불러들이려고 하면 점점 시간이 지연되기 때문에 알리는 것이니 이 뜻을 보초로에게 전하시오"라고 검사가 곧바로 전달했지만, 인품

21 이 부분은 해석이 매끄럽지 않다. 검사의 발언으로 생각되나 '도시요리와 다다 겐에몬~' 부분이 불필요하게 중첩된 것으로 추정된다.

이 다르기도 해서 갑자기 지명하는 건 어렵다고 했다. 오늘 도시요리들이 의외로 공무 때문에 바빠서 다다 겐에몬을 이테이안에 보내 위 내용을 전달했다.

〃 동 23일, 조시(上使)가 즈쇼 · 가게유 · 시키부 · 겐모쓰 모두 나오라고 하셔서 이를 겐에몬에게 전달하고

西山寺江罷出候處, 檢使被申聞候者, 元和丁巳歲,
信使來聘之節者, 方長老裁判不被相勤候段,
七右衛門申出候. 元和辛酉歲, 御所丸送使ニ被罷渡候
人數, 宗讃岐守 · 大原縫殿助 · 同勝助 · 渡部與七左衛門
なと, 呼寄せ候樣ニ与之事也. 然處縫殿助父子者,
江戶表江罷有候ニ付, 讃岐守與七左衛門江, 其段申達ル.
且又嶋川內匠儀茂, 右人數之內ニ而候得共, 豊前守
領內之者ニ候故, 七右衛門江被申渡候樣ニと, 申入候へ者,
夫ニ及不申候間, 此方ゟ呼ニ遣し候樣ニと, 立而被申
聞候付, 瀧判右衛門 · 大石瀧之助, 右之御使ニ申渡ス.

세이잔지로 갔다. 검사가 말하기를, "겐나(元和) 정사년(1617) 신사 내빙 때[22]는 보초로가 일을 관장하지 않았다고 시치에몬이 말했다. 겐나 신유년(1621)에 고쇼마루(御所丸) 송사[23]로 [조선에] 건너간 사람들, 소 사누키노카미(宗讃岐守)[24] · 오하라 누이노스케(大原縫殿

---

22 1617년 통신사(회답겸쇄환사).

23 고쇼마루(御所丸)는 원래 쇼군이 파견한 사송선(使送船)을 의미. 기유약조의 조문에는 쇼군이 외교 사항이 있을 때만 조선에 파견하는 선박으로 규정하고 있다. 이 기록에서는 1621년, 야나가와 시게오키가 사사롭게 막부의 이름을 가칭하여 조선에 송사선을 보낸 일을 가리킨다.

24 소 사누키(宗讃岐). 번주 요시나리의 사촌으로 본명은 소 도시노부(宗智順).

助)·오하라 가쓰스케(勝助)·와타나베 요시치자에몬(渡部與七左衛門)을 부르시오"라고 했다. 그런데 누이노스케 부자는 에도에 있어서 사누키노카미·요시치자에몬에게 그 내용을 전했다. 또한 시마카와 다쿠미(嶋川內匠)[25]도 위의 인원에 포함되지만 부젠노카미 영지 내의 사람이라서 시치에몬에게 전하게 했지만 그렇게 되지는 못했다. 그러자 이쪽에서 부를 사람을 보내라고 특별히 지시하셨기 때문에, 다키 한에몬(瀧判右衛門)·오이시 다키노스케(大石瀧之助)가 이 건의 사자로 지명되었다.

檢使右兩人江被申渡候者, 途中嚴敷警固候而
豊前守一身同心之者共, 密語等不仕樣ニ, 可致与之
事也.
〃 檢使又々被申聞候者, 夜前今朝ニ至り, 七右衛門を
呼寄, 色々遂吟味候得共, 謀書之筆者并彫印
之者不存由, 申出候付, 彌不存之趣, 證文相認候樣ニと
申付候. 只今ハケ樣ニ申候へ共, 江戸表ニおゐてハ, 申出ル
事茂可有之哉と, 被存候与之事ニ付, 我々共
申候者, 彼者只今不存之由, 證文相認候上者, 於
江戸表又々名を指シ申出候共, 御取揚可被成とも

검사가 위 두 사람에게 "도중에 엄하게 경호해서 부젠노카미와 일심동체인 자들이 비밀 대화를 나눌 수 없게 하라"고 말했다.

〃 검사가 또 말하기를, "어젯밤부터 오늘 아침까지 시치에몬을 불러서 이것저것 조사했지만 위서의 필자와 인장을 새긴 자를 모른다고 말해서, 모른다는 취지로 증문(證文)을 작

25 소씨 가문의 문서 작성 담당자(祐筆役).

성하게 했다. 지금은 이렇게 말했지만, 에도에 가서는 실토할 수도 있을 거라 생각된다"고 했다. 이에 우리들이 "그가 지금 모른다는 내용의 증문을 쓴 이상, 에도에 가서 다시 이름을 지명해서 말하더라도 받아들여질 거라고

不被存候. 先者此儀最初御尋之節ハ, 右筆者彫印之
者者, 十七人之內ニ有之候と申, 只今ニハ, 全不存候と申候
得者, 畢竟今度被召連候十七人之者共儀者, 何之
爲ニ而, 可有御座候哉と, 申候得ハ, 檢使返答ニ, 成程御尤ニ
存候. 拙者共も, 其通りニ存候得共, 七右衛門申分ニ, 十七人
之者共江ハ, 於 公儀對決仕度儀, 有之由申候付,
召連不申候而ハ, 不叶事ニ候. 兎角此儀者, 拙者共
存寄有之候間, 我々江任セ被成候樣ニ与之事也. 我々
又々申入候者, 右之十七人之者共儀者, 只今不殘
被召連儀ニ候. 有田杢兵衛 · 下田源右衛門儀ハ, 朝鮮江

생각되지 않습니다. 전에 이 일을 처음 심문하셨을 때는 그 필자와 인장 새긴 자가 17인 가운데 있다고 했는데, 지금 와서 전혀 모른다고 하면 이번에 데려가는 17인은 무엇 때문에 가는 것입니까?"라고 하니, 검사가 답하기를 "과연 지당한 의견이다. 우리도 그렇게 생각하지만, 시치에몬의 진술에 17인이 막부에 가서 대질할 거라서 데려가지 않으면 안 된다. 어쨌거나 이 일은 우리에게 생각이 있으니 우리에게 맡기시오"라고 했다. 우리가 또 말하기를, "위 17인은 바로 지금 모조리 데려갈 것입니다. 아리타 모쿠베에와 시모다 겐에몬(下田源右衛門)은 조선에

罷有事ニ候得者, 死生之儀も難計候. 萬一歸國不仕

内ニ, 不圖病死なと仕候節, 七右衛門彼者共へ虚事を
申掛ケ候共, 必御取揚被下間敷之由, 申入候得ハ,
檢使返答ニ, 拙者共も其儀を存事ニ御座候.
併左様之節ハ, 此方ニ存寄も有之候間, 御心安可被
思召旨, 被申聞ル.

〃 同日, 伊奈·豊崎·佐護·仁位·峰, 五郷之給人上府仕候付,
西山寺江差出し候處, 朝鮮渡海之船御停止
之段, 檢使被申渡ル. 相濟而, 松尾庄兵衛を側へ被呼,
彼者實意を被承候而, 其座を出, 稱美被致候ハ,

가 있어서[26] 생사를 알기 어렵습니다. 만일 귀국하지 않은 동안 예기치 않게 병사라도 할 때 시치에몬이 그들에게 거짓을 뒤집어씌우더라도 절대 들어주셔서는 안 됩니다"라고 하니, 검사가 대답하여 "우리도 그것을 알고 있다. 그러나 그렇게 되면 이쪽도 생각하는 바가 있으니 안심하시오"라고 말했다.

〃 같은 날, 이나(伊奈)·도요사키(豊崎)·사고(佐護)·니이(仁位)·미네(峰) 다섯 지역의 급인이 후추로 올라와 세이잔지로 오니, 조선 도해선을 중지한다고 검사가 전했다. 그 후 마쓰오 쇼헤에(松尾莊兵衛)를 곁으로 불러 그의 본심을 듣고, 그 자리를 나와 칭찬하며

---

26 쓰시마번은 조선의 마상재인(馬上才人)을 데려오기 위해 아리타 모쿠베에를 조선에 급파했다. 1634년 9월 에도를 출발한 아리타는 11월에 쓰시마를 거쳐 12월 말에 부산 왜관에 도착했다. 그런데 야나가와잇켄으로 인해 에도에서 본격적인 심리가 시작되어 사건에 연루된 쓰시마의 관계자들이 에도로 소환되기 시작하자, 소환자 명단에 들어있던 아리타는 조선과 교섭을 하던 도중 서둘러 쓰시마로 돌아가 1635년 정월 쓰시마에서 에도로 향했다. (宗家記錄, 「裁判有田杢兵衛覺書」, 『分類紀事大綱』 34, 일본국회도서관 소장. 『邊例集要』 권1, 별차왜, 甲戌(1634) 12월조)

御自分御志之段, 寔以感入申候. 併最早　公儀わさニ
罷成たる事ニ候へハ, 如何程御立腹被召候而も, 內證ニ而
七右衛門江仇をはらされ候樣ニなと, 有之候而ハ, 却而太守
御爲ニも, 不罷成事ニ候由, 被申聞ル. 庄兵衛申達候者,
七右衛門儀, 其身不覺悟を以, 囚人と罷成, 江戶表江
罷登り候段, 私ニ至而も, 心外ニ奉存候. 兎角私儀も
跡より罷登可申候間, 於江戶表御見棄不被下候ハヽ,
忝可奉存由, 申入ル.

〃 今暮佐護分右衛門方江, 七右衛門方ゟ手紙を以, 檢使
より御吟味被成候儀, 有之候間, 西山寺江罷出候樣ニと,

"그대의 뜻에 참으로 감복했다. 그러나 이미 막부가 결정할 일이기 때문에 아무리 화가 나더라도 몰래 시치에몬에게 원한을 풀려는 사태가 생기면, 도리어 태수(번주)를 위하는 길이 되지 못한다"고 말했다. 쇼헤에가 "시치에몬이 그 어리석음으로 인해 죄인이 되어 에도로 올라가게 된 것이 저에게도 뜻밖의 일입니다. 어쨌든 저도 나중에 올라가니 에도에서 본체만체하지 않으시면 감사하겠습니다"라고 했다.

〃 오늘 저녁 사고 분에몬(佐護分右衛門)에게 시치에몬이 편지를 보내, 검사가 조사할 게 있으니 세이잔지로 오라고

申遣候處, 分右衛門返答申越候者, 拙者儀數年
田舍江罷有, 頃日致上府候得ハ, 世上之儀一切不存候.
左候得ハ, 何そ檢使ゟ御尋被成候儀, 可有之と不被
存候旨, 返答申遣候へハ, 又々七右衛門方ゟ御手前出座
無之候而ハ, 相濟不申儀, 有之候間, 早々被罷出候樣ニと,

申越候付, 西山寺江罷出候處, 七右衛門·十右衛門·大郎右衛門
同席ニ而, 檢使被相尋候ハ, 元和七年御所丸
送使被差渡候節ハ, 諸事之儀御手前被取計
たる由ニ而, 國書之儀も委細存知被居候哉と, 被
申候へハ, 分右衛門返答ニ, 成程存申候. 委細之儀者,

전했다. 그러자 분에몬이 답하기를, '저는 몇 년 동안 시골에 있다가 최근에 후추로 올라온 터라 세상일을 전혀 모릅니다. 그러니 검사께서 질문하실 게 없을 겁니다'라고 했다. 다시 시치에몬이 '당신이 출석하지 않으면 해결되지 않는 일이니 서둘러 나오시오'라고 전했고, 세이잔지로 나왔다. 시치에몬·주에몬(十右衛門)·다로에몬(大郎右衛門)이 동석한 자리에서 검사가 "겐나 7년(1621)에 고쇼마루 송사를 파견했을 때 만사를 그대가 처리했는데 국서에 관해서도 자세하게 알고 있는가?"라고 물으니, 분에몬이 "알고 있습니다. 자세한 것은

江戶表ニ而, 可申上旨, 申候由也.
一. 同卄四日, 檢使方江罷出居候付, 外之儀ハ不記之.
〃 今暮方嶋川内匠參着仕ル.
一. 同卄五日, 昨夜戌刻江戶表ゟ飛船到來. 大浦助太夫并
豊前守家來, 太田勘兵衛參着仕り, 直ニ西山寺江
罷出, 兩檢使江致對面, 相濟而御城江罷出ル. 助太夫
光雲院様御意之趣を申聞候ハ, 朝鮮渡海之船
被差停候儀, 朝鮮國ニ而, 必被相疑候事も, 可有之
候故, 別而相替儀ニ而, 無之候之趣, 飛船を以被仰遣候間,
右助太夫江ハ, 黑木惣左衛門を相添差渡可申候. 豊前守

에도에서 말씀드리겠습니다"라고 대답했다.

一. 동 24일, 검사에게 가 있었기 때문에 다른 일은 기록하지 않았다.

〃 오늘 저녁 시마카와 다쿠미가 도착했다.

一. 동 25일 어젯밤 술시 에도 쪽에서 비선이 왔다. 오우라 스케다유(大浦助太夫)와 부젠노카미의 가신 오타 간베(太田勘兵衛)가 도착해서 곧바로 세이잔지로 가 두 검사와 대면을 마치고 성으로 갔다. 스케다유가 고운인님의 의견을 들으니, "조선 도해선을 중지하는 일을 조선국에서 필경 의아하게 생각할 수 있으니, 특별히 달라진 게 없다는 내용을 비선으로 보낼 것이다. 스케다유에게는 구로키 소자에몬(黑木惣左衛門)을 딸려 보내고, 부젠노카미의

家來勘兵衛ニも, 彼者家來之內相添可申候. 勿論船頭水夫なとニ至而も, 銘々ニ支度申付, 渡海爲仕候樣ニと之御事, 則御書も致到來候付, 源右衛門を以檢使披見ニ入ル.

〃 同日, 亥刻檢使より申來候付, 勘解由・監物・源右衛門・式部, 西山寺江罷出候處, 被申聞候ハ, 朝鮮在館之御役人江, 被差越候書狀ニ, 我々證印を可致, 無左候ハヽ, 朝鮮表并御當地鄕々ニおゐて, 拔船ニ而も, 有之候哉与之不審も, 可有之与之儀ニ付, 何茂申達候ハ, 先比も御噂仕候通, 朝鮮往還之船ハ, 常ニ吹嘘を相添,

가신 간베에게도 그의 가신 중에서 딸려 보낼 것이다. 물론 선두(船頭)와 수부에 이르기까지 각자 준비하게 해서 도해하라"고 하셨고, 곧 서한도 도착해서 겐에몬 편에 검사에게 보여드렸다.

〃 같은 날 해각 검사로부터 전갈이 와서, 가게유・겐모쓰・겐에몬・시키부가 세이잔지로

갔다. 말하기를, "조선에 재관(在館)하는 관리에게 보내는 서한에 우리의 증인(證印)을 찍지 않으면 조선과 쓰시마의 각지에서 누케부네(拔船)[27]가 발생할지 모른다는 의심이 든다"고 했다. 모두 말씀드리기를 "전에 말하신 대로 조선을 오가는 배는 항상 도항증명서(吹噓)를 첨부하여

對馬守印を押, 差渡申事ニ御座候. 無左候而者,
朝鮮表江着船仕儀, 難成御座候間, 朝鮮表之
儀者, 常之通ニ而, 差渡し候様ニ仕度存候.
併最前御指圖を以, 朝鮮渡海之船御停止之段, 所々江高札
を以申觸し置, 各様ゟも町中鄉々之者江, 被
仰付置たる事ニ候ヘハ, 此度差渡候飛船之儀, 若ハ
拔船ニ而も御座候哉と, 不審ニ存事も, 可有御座
候條, 願ハ町中鄉々之者被召出, 其譯被仰聞
被下度存候由, 申入候ヘハ, 被仰聞候通, 御尤ニ存候.
併左様ニ仕候而ハ, 飛船渡海之儀, 段々可及延引

쓰시마노카미 인(印)을 찍어서 보냅니다. 그렇지 않으면 조선에 배가 입항할 수 없기 때문에 조선과의 일은 상례대로 해서 보내고자 합니다. 그러나 앞서 내리신 지시에 따라 조선 도항선을 중지한다는 사실을 곳곳에 고사쓰를 세워 알렸고, 여러 사람을 통해 마치(町)와 농촌 고을 주민에게도 지시했으니, 이번에 파견하는 비선이 어쩌면 누케부네인가 하고 의심스럽게 생각할 수도 있을 겁니다. 바라건대 마치와 여러 고을 주민들을 불러서 연유를 들려주었으면 합니다"라고 하니, "들어보니 맞는 말이다. 하지만 그렇게 하면 비선의 도해가 점점 지연되니

---

27 해외 도항을 금지하는 에도 막부의 법령을 어기고 밀무역을 목적으로 외국에 도항하는 행위.

候間, 先飛船ハ渡海被仰付, 村々江ハ, 各中ゟ委細ニ
被仰聞可然存候与之事也. 依之如例, 吹嘘ニ御印
押之.

〃 檢使より惣左衛門·助太夫·勘兵衛·服部彌右衛門, 并
船頭水夫なとニ至迄, 今度朝鮮渡海仕候者共,
誓旨血判被申付ル.

〃 七右衛門ゟ加左衛門を以, 此方へ申聞候ハ, 豊前守下人
共之儀, 悉ク暇をくれ申候付, 當地江居申者, 無
御座候, 願者此度之水夫なとハ, 此方ゟ出シくれ候様ニと
申聞候付, 檢使江其噂仕候處, 賃銀を以雇セ

우선 비선은 도해하게 하고, 마을에는 각자가 자세하게 들려주는 게 좋다고 생각된다" 고 했다. 이에 전례대로 도항증명서에 인장을 찍었다.

〃 검사로부터 소자에몬·스케다유·간베·핫토리 야에몬(服部彌右衛門)·선두·수부에 이르기까지, 이번에 조선에 도해하는 자들에게 맹세 혈판(血判)[28]을 하게 했다.

〃 시치에몬이 가자에몬(加左衛門)을 통해 이쪽에 알리기를, 부젠노카미의 하인들을 모두 집에 돌아가게 해서 이곳에 있는 자가 없으니, 원컨대 이번에 고용하는 수부 등을 이쪽에서 내어달라고 했다. 검사에게 이를 말했더니, 임금을 주어 고용해서

差渡可然由, 被申候付, 其通りニ相濟ル.

〃 檢使嶋川內匠を乘り物之儘ニ而, 庭江被呼尋事なと

28 손가락 끝에 피를 내어 서명 아래에 찍는 것.

有之.

〃 檢使勘解由江被申聞候ハ, 承り候へハ, 十三年前御所丸
送使被差渡候節ハ, 諸事之儀御自分御取計候由,
承之候. 其節豊前守方之取計ハ, 分右衛門相務候由ニ付,
今度江戸表江致同道候. 左候へハ, 御自分ニも江戸表へ御登り
候様ニと存候. 偖又其節之印ハ, 誰人彫之候哉与之
儀也. 勘解由返答ニ, 江戸表江罷登り候様ニ与之儀ハ,
委細承知仕候. 印を彫り候者者, 曾而存知不申候.

건너가게 하라고 하기에 그대로 처리했다.

〃 검사가 시마카와 다쿠미를 탈 것에 탄 채로 뜰로 불러 질문하는 일이 있었다.

〃 검사가 가게유에게 말하길, "들은 바로는 13년 전 고쇼마루 송사를 파견했을 때 모든 것을 그대가 처리했다고 들었다. 그때 부젠노카미 측의 일 처리는 분에몬이 담당했다고 해서 이번에 에도로 동행한다. 그러니 그대도 에도로 가시오. 그런데 그때 인장은 누가 새겼는가?" 하니, 가게유가 대답하기를 "에도에 가라는 말씀 잘 알겠습니다. 인장을 새긴 자는 원래부터 모릅니다.

此儀ハ, 分右衛門ニ御尋可被成由, 申入ル. 依之分右衛門ニ
被相尋候處, 返答ニ, 其印之儀豊前守方江有之,
出入之儀ハ, 私相務申候. 印を彫り候者ハ, 誰と申者,
曾而存知不申候. 多分前々之通, 只今ニも豊前守
藏之內ニ入り居可申歟と, 奉存候. 七右衛門ニ御尋御覽
可被成由, 申出ル. 依之勘解由并分右衛門へも, 口上書
被申付ル.

〃 檢使物語有之候ハ, 朝鮮上京之時之謀書, 其筆者
并印を彫り候者, 誰人ニ而候哉と, 七右衛門江相尋候へハ,
曾而存知不申由, 申出候付, 其通りニ口上書申付

이 일은 분에몬에게 물으셔야 합니다"라고 했다. 그래서 분에몬을 심문하니, "그 인장은 부젠노카미 쪽에 있었고, 출납을 제가 담당했습니다. 인장을 새긴 자가 누구인지 애초에 모릅니다. 아마 이전처럼 지금도 부젠노카미의 곳간 안에 있을까 하는 생각이 듭니다. 시치에몬에게 물어 보시지요"라고 말했다. 이에 가게유와 분에몬에게도 구상서를 작성하게 했다.

〃 검사의 말은 "조선 상경 때의 위서, 그 필자와 인장을 만든 자는 누구인가?"라고 시치에몬에게 물으니, "전혀 모릅니다"라고 해서 그대로 구상서를 작성하게 했다.

候處, 彼者又々申出候者, 筆者印工之儀ハ, 太守之
御役人江相尋候樣ニと, 申聞候付, 前後之申分致
齟齬候段, 如何樣之譯ニ候哉と, 相尋候へハ, 右筆者印
工之儀, 私存知不申候与之證據人, 太守御役人
之內ニ有之候由申候付, 其趣又々口上書相認させ
候与之事也.

〃 檢使又々被申聞候ハ, 大原縫殿助·杉村三之丞儀ハ,
既ニ七右衛門口上書之內ニ, 書載有之候故, 後日之
御僉議ニ可被仰付与之趣, 明日飛船を以, 江戶表へ
可申上与之事也.

그가 또 말하기를, 필자와 인공(印工)의 일은 태수의 관리에게 물어볼 일이라고 했다. "앞뒤 주장이 서로 어긋나고 있으니 어찌된 일인가?"라고 물으니 "필자와 인공에 관해 제가 모른다는 것을 증명해 줄 증거인(證據人)이 태수의 관리 중에 있습니다"라고 해서, 그 내용 또한 구상서로 작성하게 했다.

〃 검사는 또 "오하라 누이노스케·스기무라 산노조(杉村三之丞)는 이미 시치에몬 구상서에 기재되어 있으니 후일 조사할 것이라고 내일 비선을 통해 에도에 보고해야 한다"고 했다.

〃 檢使又々朝鮮江罷渡候面々江, 被申含候ハ, 有田杢兵衛儀公用相濟候者, 早々歸國仕候樣ニ, 且又何船ニ而も, 朝鮮江渡り候儀ハ, 御停止被仰付候へ共, 其以前ニ渡り居候船歸國之儀ハ, 少も不苦候間, 遠慮仕間敷之旨, 申達候樣ニ与之事也.

一. 同廿六日, 山川小左衛門昨夜朝鮮表ゟ歸着. 依之東萊ゟ之吹嘘, 并有田杢兵衛方ゟ之書狀到來ニ付ニ付,[29] 何茂以酊菴へ參り, 申談候上ニ而, 多田源右衛門を以, 檢使方へ申遣候ハ, 騎藝之者彌差渡申筈ニ候由, 朝鮮ゟ飛船を以申越候.

〃 검사가 조선으로 건너갈 사람들에게 당부하길, "아리타 모쿠베에는 공무(公用)를 마치면 빨리 귀국하도록 하고, 어떤 배라도 조선에 건너가는 것을 중지했지만 이 일이 있기 전에 건너간 배가 귀국하는 것은 조금도 상관없으니 걱정하지 말라고 전하라"고 했다.

一. 동 26일, 야마카와 고자에몬이 어젯밤 조선에서 돌아왔다. 이에 동래(東萊)에서 보낸 도

29 'ニ付'가 반복됨.

항증명서와 아리타 모쿠베에의 서한이 와서 모두가 이테이안에 가서 얘기를 나눈 후 다다 겐에몬을 검사에게 보내 전하길, "기예(騎藝) 하는 자를 [일본에] 파견하겠다고 조선에서 비선으로 알려왔습니다.

因玆東萊ゟ之吹噓, 并有田杢兵衛方ゟ之書狀,
到來仕候. 外之儀ニ付, 飛船渡海仕たるニ而, 無御座
候与之儀, 爲念ニ候條, 吹噓·書狀御披見被下候樣ニと,
申遣候處,
返答朝鮮歸國之船, 御禁制与申儀ハ,
我々江ハ, 不被仰付候へ者, 東萊ゟ之吹噓披見
仕候ニ及不申候. 勿論騎藝之者之儀, 是又我々共
相預り候事ニ無御座候へハ, 否之儀承り可
申樣, 無御座候間, 必不及御出候旨, 被申聞ル.
〃 今暮方方長老ゟ被申聞候者, 西山寺へ使僧
を以申遣候儀, 有之候間, 勘解由·式部彼方江

그래서 동래에서 보내온 도항증명서와 아리타 모쿠베에의 서한이 도착했습니다. 다른 일로 비선이 도해한 것이 아니니 만일을 위해 도항증명서와 서한을 보아 달라고 전했다. 답변이 오기를, "조선에서 귀국하는 배를 금지하는 것은 우리가 지시받지 않았으니 동래의 도항증명서를 볼 필요가 없다. 물론 기예하는 자에 관해서는 이것 역시 우리가 맡은 일이 아니라서 안 된다고 할 이유가 없으니 굳이 나가지 않겠다"고 했다.

〃 오늘 저녁 보초로가 전하길, 세이잔지로 사승(使僧)을 보낼 것이니 가게유·시키부는 그쪽으로

參り居候樣ニ与之儀ニ付, 兩人罷出候處, 方長老ゟ
徐藏司を以, 檢使江被申越候者, 朝鮮騎藝之
者, 御上覽可被成与之御事ニ付, 有田杢兵衛
を以被申越候處, 其趣都表江啓聞有之候得ハ,
朝廷方之評儀ニ, 此儀ハ, 例ハ無之候得共, 兩國
誠信与申, 殊外日本向御靜謐之御事ニ候ヘハ,
差渡申間敷樣, 無之との事ニ而, 當月廿七八日
之比ニハ, 釜山浦江可被差下之由, 申來候付, 又々
飛船差渡し, 彌早々可差下之旨, 不被申
越候而, 不叶事御座候. 然處朝鮮与當地之

가 있으라고 했다. 그래서 두 사람이 갔더니 보초로가 조조스(徐藏司)[30]를 통해 검사에게 전하기를, "조선의 기예하는 자를 [쇼군께서] 관람하신다고 아리타 모쿠베에를 보내 통보했더니 그것을 도읍에 보고했고, 조선 조정에서 평의(評議)되기를 '이 일은 전례가 없지만 양국 성신이라는, 특히 일본의 평화(靜謐)에 관한 일이므로 [일본에] 건너가지 못할 것이 없다. 그러하니 당월 27일, 28일 무렵에 부산포로 내려보낼 것이다'라고 결정되었습니다. 그러니 다시 비선을 [조선에] 보내서 빨리 내려보내 달라고 말하지 않으면 안 됩니다. 그런데 조선과 쓰시마가

約條ニ, 朝鮮江渡海之船ニ, 太守之印之吹噓を
相副候樣ニ, 無左候ハヽ, 賊船与心得召捕可申与之儀ニ
御座候. 左候ヘハ, 騎藝之者之儀, 彌早々可差渡之

30 조스(藏司, 藏主)란 선사(禪寺)의 경장(經藏)을 관리하는 승려.

旨, 不被申越候而ハ, 段々及延引, 畢竟日本御國
威も, 輕キ樣ニ罷成儀ニ候故, 太守之印之吹嘘
を以, 飛船可被差渡候間, 左樣御心得被成候樣ニ
与之事也. 相濟而勘解由 · 式部歸宅仕ル.

一. 同廿八日, 圖書 · 勘解由 · 式部 · 監物 · 源右衛門, 西山寺江
罷出, 此間被申聞候證文, 相認差出ス. 且又惣左衛門 ·
助太夫 · 勘兵衛 · 彌右衛門 · 船頭水夫ニ至迄, 御當地

맺은 약조에 의하면 조선에 도항하는 배는 태수의 인장을 찍은 도항증명서를 지참해야 하고, 만약 지참하지 않으면 적선(賊船)으로 간주해서 체포하게 되어있습니다. 기예하는 자를 빨리 보내달라고 말하지 않으면 점점 연기되어서, 필경 일본의 국가적인 위신도 가벼워질 것입니다. 그러므로 태수의 인장이 찍힌 도항증명서를 가지고 비선을 보내야 하니 그렇게 명심하시기 바랍니다"라고 했다. 마치고 가게유 · 시키부가 귀가했다.

一. 동 28일, 즈쇼 · 가게유 · 시키부 · 겐모쓰 · 겐에몬이 세이잔지로 가서 그간에 말했던 증문(證文)을 작성하여 제출했다. 또한 소자에몬 · 스케다유 · 간베 · 야에몬 · 선두와 수부에 이르기까지, 쓰시마와

朝鮮之間, 書狀之取遣仕間敷之旨, 誓旨血判
申付候由, 申達ル.

〃 右惣左衛門 · 助太夫, 今日當浦出船仕ル.

一. 寬永十三丁亥歲正月元日

〃 年始之爲御慶, 采女 · 勘解由 · 式部 · 監物 · 源右衛門,
西山寺江罷出候處, 檢使被出迎. 歸宅之節者,
門外迄被相送ル, 其後右之面々私宅へも被參.

夫より直ニ以酊菴江被罷越, 終日寛々被仕,

夜ニ入鶏鳴之時分, 被罷歸.

一. 同四日, 檢使ゟ一紙之下書を, 源右衛門方迄被差

조선 사이에서 서한을 교환해서는 안 된다는 내용을 맹세서에 혈판(血判)하게 했다고 아뢰었다.

〃 소자에몬 · 스케다유는 오늘 해당 포구로부터 출선했다.

一. 간에이(寬永) 13년(1636)[31] 정해년 정월 1일

〃 새해 축하 인사를 하러 우네메 · 가게유 · 시키부 · 겐모쓰 · 겐에몬이 세이잔지로 갔더니 검사가 맞이했다. 귀가할 때는 문밖까지 배웅했다. 그 후 위 사람들이 자택으로 갔다. 그리고 곧바로 이테이안으로 가 종일 여유롭게 시간을 보내다 밤이 되어 닭 우는 시간에 돌아갔다.

一. 동 4일, 검사가 한 장의 문서를 겐에몬에게 보내

越, 釆女差出候證文, 此通りニ相認候様ニ与之事也.

併釆女存寄有之, 彼方ゟ之指圖之通ニハ, 難相認

由ニ付, 圖書 · 式部 · 監物 · 源右衛門, 西山寺江罷出,

右之譯申談, 釆女望之通ニ, 相認申筈ニ相極ル也.

且又内匠ゟ差出候證文, 檢使ニ相渡ス.

〃 檢使ゟ又々一紙之下書を, 源右衛門方へ被差越候而,

宗讃岐守ゟ證文, 此通りニ相認差出候様ニ与之

事也. 折節方長老威德院様江, 參上被仕

---

31 간에이 12년(1635)의 오기(誤記).

居候付, 圖書·勘解由·式部, 彼方へ罷出, 此下書
方長老江入披見候處, 點削被仕ル. 相濟而御城江

우네메가 제출하는 증문을 이대로 작성하라고 했다. 그러나 우네메에게 생각이 있어 그쪽의 지시대로는 작성하기 어렵다고 해서, 즈쇼·시키부·겐모쓰·겐에몬이 세이잔지로 가 이 경위를 상담하여 우네메의 바람대로 작성하기로 결정했다. 또한 다쿠미가 제출한 증문을 검사에게 건넸다.

〃 검사가 또 한 장의 문서를 겐에몬에게 보내, 소 사누키노카미의 증문을 이대로 작성하라고 했다. 그때 마침 보초로가 이토쿠인(威德院)[32]님을 찾아뵙고 있었으므로, 즈쇼·가게유·시키부가 그쪽으로 가서 이 문서 초안을 보초로에게 보였더니 점삭했다. 마치고 성으로

罷出, 暮方證文相認, 右之面々西山寺江致持參, 相渡
候得ハ, 檢使ゟ七右衛門差出候采女誓旨之下書,
見セ被申ル.
一. 同八日, 檢使已下何茂當浦出船也.

가서 저녁에 증문을 작성했고, 위의 면면들이 세이잔지로 가져가 건넸다. 검사가 시치에몬이 제출한 우네메의 맹세서 초안을 보여주었다.
一. 동 8일, 검사 이하 모두가 해당 포구에서 출선했다.

32 소 요시나리의 생모.

『관영병자신사기록』 8

朝鮮信使記錄卷之八　　　賄目錄

信使於對馬之賄目錄合五日之分.

　高三口合白米壹石五升

右者三官使并上々官貳人前也.

　高三口合白米貳拾九石八斗七升五合

右者上官·下官之前也.

　高三口合酒拾石四斗五升

　高合味噌 貳石八斗五合六勺

　高醬油五斗八升

　高酢壹斗七升

통신사가 쓰시마에서 지급받은 식량 목록 5일분.

세 끼 합쳐서 백미 1석 5승

위는 삼관사 및 상상관 2명이 받은 것.

세 끼 합쳐서 백미 29석 8두 7승 5합

위는 상관 및 하관이 받은 것.

세 끼 합쳐서 술	10석 4두 5승
아와세미소[1]	2석 8두 5합 6작
간장	5두 8승
식초	1두 7승

高塩	壹石九斗五升五合七勺五才
高油	貳斗五升九合六勺
高鷄	一日三拾六
高かつを	拾節
高らうそく	七拾五挺
高かうの物.	七拾五切
高ふり	七拾喉
高鮑	三百八拾七盃
高たまこ	七拾五
高猪鹿足	百四拾貳

1 두 종류 이상의 미소(일본 된장)를 섞어서 만든 미소.

소금	1석 9두 5승 5합 7작 5재
기름	2두 5승 9합 6작
닭	하루 36
가다랑어	10토막
초	75자루
채소 절임	75개
방어	70마리
전복	387개
계란	75
멧돼지와 사슴 다리	142

高椎茸	貳斗
高山いも	貳斗
高芥子	壹升
高からし	貳升
高山椒	壹升
高蜜	壹斤
高わらひ	三拾三束
高わかめ	三拾九束
高ふき	三拾束
高牛	三疋

표고버섯	2두

참마[2]	2두
갓	1승
겨자[3]	2승
산초[4]	1승
꿀	1근
고사리	33묶음
미역	39묶음
머위	30묶음
소	3마리

高干魚六百三拾三枚

右若逗留重日, 則每五日如右相渡所也.

覺

生魚	六拾枚
たうふ	六拾五挺
せり	七盃
にんにく	拾把
ひともし	拾五把
葉大根	貳盆

2 맛과의 여러해살이 덩굴풀.

3 갓(겨자)의 씨앗을 가루로 만든 것. 노랗고 강한 매운 맛이 나는 향신료. (『廣辞苑』)

4 산쇼. 향신료.

말린 생선	633장	위는 체류하는 동안 5일마다 지급한 것이다.

오보에

생선	60장
두부	65모
미나리	7접시
마늘	10묶음
실파	15묶음
열무	2접시

以上

右六色者, 每日刷之也.

이상

위 6품목은 매일 지급함.

『관영병자신사기록』 9

朝鮮信使記錄卷之九　　所々御馳走目錄

爲朝鮮之信使饗待, 其地逗留中津々, 馳走

所ゟ被出賑賄目錄之寫.

壹州勝本　松浦壹岐守殿馳走所.

三使

上々官貳人

判事官三人

上官四拾三人

中官百五拾五人

下官貳百六拾六人

조선신사기록권지구　　곳곳의 접대 목록

조선 신사에 대한 접대로써 각지에 체류하는 동안 각 접대 장소에서 제공해 준 식량 목록의 사본.

잇슈(壹州) 가쓰모토(勝本)　　마쓰라 이키노카미(松浦壹岐守)[1]님의 접대소.

삼사

상상관　2명

판사관　3명

상관　43명

중관　155명

하관　266명

合四百七拾貳人賑賄一日分.

合白米八石四斗六升五合

合味噌參石四斗六升五合

合醬油八斗五升三合五勺

合酢八斗五升三合五勺

合塩壹石六斗九升八合

合酒五石五升九合

合油五斗四合

合蠟燭百拾三挺

---

1 마쓰라 다카노부(松浦隆信). 히라도번(平戶藩) 번주. 1607~1636년 통신사행 때까지 관반(館伴)이 되어 이키(壹岐) 가자모토우라(風本浦, 勝本浦)에서 조선 사신 접대 임무를 맡았다. (『근세 한일관계 사료집 V(상)』)

合茶拾三袋半.

472명에게 제공한 음식의 하루 분량.

백미	8석 4두 6승 5합
된장	3석 4두 6승 5합
간장	8두 5승 3합 5작
식초	8두 5승 3합 5작
소금	1석 6두 9승 8합
술	5석 5승 9합
기름	5두 4합
초	113자루
차	13봉지 반

右之前相渡申候.

松浦壹岐守內

丙子 竹下伊左衛門

十月廿五日 山川庄兵衛

長嶋吉左衛門

宗對馬守樣御內

中原勘兵衛殿

大浦權右衛門殿

위의 분량을 지급했음.

마쓰라 이키노카미의 가신

병자	다케시타 이자에몬(竹下伊左衛門)
10월 25일	야마카와 쇼베에(山川庄兵衛)
	나가시마 기치자에몬(長嶋吉左衛門)

소 쓰시마노카미님의 가신

나카하라 간베에님(中原勘兵衛殿)

오우라 곤에몬님(大浦權右衛門殿)

同廿五日賑賄物之覺.

大根	貳百把
雞鳥	貳拾五
生鮑	百三拾一
さゝい	貳百三拾一
牛房	拾八把
豆腐	拾七丁
鯛大小	千四拾八
胡椒	壹斤半
からし	壹升

동 25일에 제공한 식량 기록.

무	200묶음
닭	25
생전복	131
소라	231개
우엉	18묶음
두부	17모

크고 작은 도미	1048
후추	1근 반
겨자	1승

けし	壹升
雞卵	八拾
鹿足	三つ
猪脚足	三つ
薪	百八拾貳把
炭	拾六俵
しやうが	八把
蜜柑	三百

右之前相渡申候.

갓[2]	1승
계란	80
사슴 다리	3개
멧돼지 다리	3개
장작	182묶음
숯	16표
생강	8묶음
귤	300

2 갓, 겨자씨.

위의 분량을 지급했음.

松浦壹岐守內

丙子　　　　竹下伊左衛門

十月廿五日　　　　山川庄兵衛

長嶋吉左衛門

宗對馬守樣御內

中原勘兵衛殿

大浦權右衛門殿

覺

合白米七斗八升

마쓰라 이키노카미의 가신

병자　　　　다케시타 이자에몬

10월 25일　　　　야마카와 쇼베에

나가시마 기치자에몬

소 쓰시마노카미님의 가신

나카하라 간베에님

오우라 곤에몬님

오보에

백미　　7두 8승

合味噌貳斗六升

合醬油七升八合

合酢七升八升

合酒五斗貳升

合塩壹斗五升六合

右者通詞衆五拾貳人之賄一日分, 相渡申候.

松浦壹岐守內

丙子　　竹下伊左衛門

十月廿五日　　山川庄兵衛

長嶋吉左衛門

된장　2두 6승

간장　7승 8합

식초　7승 8합

술　5두 2승

소금　1두 5승 6합

위는 통사(通詞)[3] 52명의 하루 분량 식량으로 지급했음.

마쓰라 이키노카미의 가신

병자　　다케시타 이자에몬

10월 25일　　야마카와 쇼베에

나가시마 기치자에몬

宗對馬守樣御內

右只一日之賑賄也. 若有逗留, 則每日如此目錄,

3　조선어와 일본어의 통역을 위해 쓰시마번이 임명한 직책. 조선어통사(朝鮮語通詞)라고도 한다.

從馳走所被相賄之, 或其肴·菓·魚·菜なと, 依

日雖有異色, 大槩其分限數量不易此格.

盖逗留

勝本者二ケ日共, 每日如右.

朝鮮信使於筑前相嶋, 御賄方十月廿八日朝之分ニ

相渡申候事.

白米 四石壹斗八升七合五勺

소 쓰시마노카미님의 가신

위는 하루 동안 지급한 식량이다. 체류하는 동안 매일 위의 목록대로 접대 장소에서 지급했으며, 혹 요리, 과자, 생선, 야채 등은 그날에 따라 품목에 변화가 있었지만, 대개 그 신분에 따라 정해진 수량은 변화가 없었다. 대략 가쓰모토에 체류한 이틀 동안 매일 위와 같았다.

조선 신사에게 지쿠젠 아이노시마에서 식량으로 10월 28일 아침 분량으로 지급한 것.

백미 4석 1두 8승 7합 5작

味噌	壹石五斗貳升九合五勺
醬油	四斗貳升貳合
酢	四斗貳升貳合
酒	貳石五斗五合五勺
油	貳斗四升六合
蠟燭	五拾五丁

茶	七袋
雞鳥	百把
塩	八斗四升
蚫	五拾貝

된장	1석 5두 2승 9합 5작
간장	4두 2승 2합
식초	4두 2승 2합
술	2석 5두 5합 5작
기름	2두 4승 6합
초	55자루
차	7봉지
닭	100마리
소금	8두 4승
전복	50개

塩小鯛	百喉
同大鯛	五拾枚
大根	五百本
牛房	拾把
芹	壹把
ひともし	七把
こんにやく	百丁
たうふ	貳拾丁

奈良漬	六拾	但, 桶一つニ入.
塩漬大根	貳百本	

소금 절인 작은 도미	100마리	
소금 절인 큰 도미	50장	
무	500개	
우엉	10묶음	
미나리	1묶음	
실파	7묶음	
곤약	100모	
두부	20모	
나라즈케[4]	60	단, 통 1개에 넣어서
소금 절인 무	200개	

にんにく	三把
しやうか	貳升
ふかのミ	百五拾丁
ひふく	四拾七
かふら	七把
ねふか	七把
冬瓜	拾

4 술지게미에 월과(越瓜)와 가지 등의 야채를 절인 음식. 나라(奈良) 지방에서 처음 만들어졌음. (『日本國語大辭典』)

菓子杉重	壹組
薪	百五拾把
炭	三拾俵

마늘	3묶음
생강	2승
상어고기	150토막
말린 복어	47마리
무청	7묶음
파	7묶음
동아[5]	10
과자 스기주	1벌
장작	150묶음
숯	30표

人數四百六拾八人

松平右衛門佐內

十月廿八日　　　　毛利吉左衛門

朝鮮信使渡海ニ付, 通詞衆賄方, 十月廿八日之朝之分

相渡申候事.

---

5 박과의 한해살이 덩굴성 식물. 줄기는 굵고, 단면이 사각(四角)이며, 갈색 털이 있다. 잎은 어긋나고 5~7개로 얕게 갈라지며 심장 모양이다. 여름에 노란 종 모양의 꽃이 피고, 열매는 호박 비슷한 긴 타원형이고, 익으면 흰 가루가 앉는다. 과육과 종자는 약용한다. (『표준국어대사전』)

白米	三斗九升
味噌	壹斗三升

인원수 468명

마쓰다이라 우에몬노스케(松平右衛門佐)의 가신

10월 28일 모리 기치자에몬(毛利吉左衛門)

조선 신사의 도해에 따른 통사들의 식량으로 10월 28일 아침 분량으로 지급한 것.

백미	3두 9승
된장	1두 3승

醬油	三升九合
酢	三升九合
酒	貳斗六升
塩	七升八合
薪	三拾〆
炭	五俵
大根	百本
牛房	拾把
塩小鯛	五拾喉

合人數五拾貳人分.

간장	3승 9합
식초	3승 9합

술　　2두 6승

소금　　7승 8합

장작　　30묶음

숯　　5표

무　　100개

우엉　　10묶음

소금 절인 작은 도미 50마리

총인원 52명분

丙子　　松平右衛門佐內

十月廿八日　　毛利吉左衛門

宗對馬守様御內

中原勘兵衛殿

大浦權右衛門殿

右此所一日半逗留, 其賄每日如此.

目錄

白米　　八石三斗七升五合

味噌　　三石五升九合

병자　　마쓰다이라 우에몬노스케의 가신

10월 28일　　모리 기치자에몬

소 쓰시마노카미님의 가신

나카하라 간베에님

오우라 곤에몬님

위는 이곳에 하루 반 동안 체류했을 때의 식량으로 매일 이와 같았음.

목록

백미	8석 3두 7승 5합
된장	3석 5승 9합

醬油	八石四升四合五勺
酢	八斗四升四合五勺
塩	壹石六斗八升
酒	五石壹升壹合
油	四斗九升貳合
蠟燭	百九拾
茶	拾三袋
生鯛	二拾喉
蚫	五拾
めはる	貳百

간장	8석 4승 4합 5작
식초	8두 4승 4합 5작
소금	1석 6두 8승
술	5석 1승 1합
기름	4두 9승 2합
초	190
차	13봉지
생도미	20마리
전복	50
볼락	200

鴨	五羽
猪	四肢
ぶた	八枝
雞鳥	六拾
塩鯛	百
にし	三拾
大根	五百本
牛房	廿把
わけぎ	卅把
はしかミ	廿把

오리	5마리
멧돼지	4지(肢)
돼지	8지(枝)
닭	60
소금 절인 도미	100
고둥	30
무	500개
우엉	20묶음
실파	30묶음
생강	20묶음

たうふ	卅丁
せり	拾すほ

蜜柑　　　千五百
こせう　　壹斤半
炭　　　　拾五俵
薪　　　　百五拾把
冬瓜　　　三拾
　　已上
朝鮮信使衆上中下, 合四百六拾八人
右者十月晦日一日分, 御賄料トメ, 於赤間關

두부　　30모
미나리　10묶음
귤　　　1,500
후추　　1근 반
숯　　　15표
장작　　150묶음
동아　　30
　　이상
조선 신사 일행 상·중·하관 총 468명
위는 10월 30일 하루 분 식량으로 아카마가세키에서

相渡申所, 如件.
丙子　　　　松平長門守內
　十月晦日　　　柏村次郎左衛門
　　　　　　毛利甲斐守內

田邊次郎右衛門

宗對馬守様御內

中原勘兵衛殿

大浦權右衛門殿

지급한 것이다.

병자 마쓰다이라 나가토노카미(松平長門守)의 가신

10월 30일 가시무라 지로자에몬(柏村次郎左衛門)

모리 가이노카미(毛利甲斐守)의 가신

다나베 지로에몬(田邊次郎右衛門)

소 쓰시마노카미님의 가신

나카하라 간베에님

오우라 곤에몬님

目錄

白米	七斗八升
味噌	貳斗六升
醬油	七升八合
酢	七升八升
酒	五斗貳升
塩	壹斗五升六合
たうふ	拾丁
大根	貳百本
牛房	拾把

목록

백미	7두 8승
된장	2두 6승
간장	7승 8합
식초	7승 8합
술	5두 2승
소금	1두 5승 6합
두부	10모
무	200개
우엉	10묶음

せり	五すほ
わけき	五把
しやうか	三把
炭	五俵
薪	卌把
塩鯛	貳拾
生小魚	百

已上

右者十月晦日一日分, 通詞衆御賄領トメ於赤間關

相渡申候所, 如件.

미나리	5묶음
실파	5묶음
생강	3묶음

숯	5표
장작	30묶음
소금 절인 도미	20
작은 생선	100

이상

위는 10월 30일 하루 분 식량으로 통사들에게 아카마가세키에서 지급한 것이다.

丙子　　　　　　　　松平長門守內

　十月晦日　　　　　　柏村次郎左衛門

　　　　　　　　　　毛利甲斐守內

　　　　　　　　　　　田邊次郎右衛門

宗對馬守様御內

　　中原勘兵衛殿

　　大浦權右衛門殿

右此所一日逗留, 其賄如此.

병자　　　　　　　　마쓰다이라 나가토노카미의 가신

　10월 30일　　　　　　　　가시무라 지로자에몬

　　　　　　　　　　모리 가이노카미의 가신

　　　　　　　　　　　　　다나베 지로에몬

소 쓰시마노카미님의 가신

　　나카하라 간베에님

　　오우라 곤에몬님

위는 이곳에 하루 동안 체류했을 때 지급한 식량이다.

十一月二日之御■相渡申覺.

白米	七斗八升
味噌	貳斗六升
醬油	七升八合
酢	七升八升
酒	五斗貳升
油	壹斗五升六合
蠟燭	拾丁
茶	貳百本

11월 2일 식량을 지급한 기록.

백미	7두 8승
된장	2두 6승
간장	7승 8합
식초	7승 8합
술	5두 2승
기름	1두 5승 6합
초	10자루
차	200개

大根	五百本
たうふ	五拾丁
塩鯛	百喉

かつほ	五拾連	
蜜柑	千	
餅	五百	
■すし	壹桶	
ひともし	廿把	
炭	六百把	但, 小ゆひ.
薪	拾五俵	

무	500개	
두부	50모	
소금 절인 도미	100마리	
가다랑어	50마리	
귤	1,000	
떡	500	
초밥	1통	
실파	20묶음	
숯	600묶음	단, 작게 묶음
장작	15표	

生鯛	五拾
ふた	壹疋
庭鳥	六拾
猪	壹疋

右者一日分, 信使衆內上下四百六拾八人分御

■相渡申所, 如件.

丙子　　　　防州於上關吉川美濃守內

十一月二日　　　　　　朝枝隱岐守

宗對馬守様御內

생도미　　50

돼지　　1마리

닭　　60

멧돼지　　1마리

위는 하루 분량으로, 신사 일행 중 상하 468명 분량 식량을 제공한 것이다.

병자　　보슈 가미노세키에서 깃카와 미노노카미(吉川美濃守)[6]의 가신

11월 2일　　　　아사에다 오키노카미(朝枝隱岐守)

소 쓰시마노카미님의 가신

中原勘兵衛殿

大浦權右衛門殿

十一月二日通詞衆御賄渡申覺.

白米　　七斗八升

味噌　　貳斗六升

醬油　　七升八合

酢　　七升八升

6 깃카와 히로마사(吉川廣正).

酒	五斗貳升
鯛	貳拾
薪	拾把

나카하라 간베에님

오우라 곤에몬님

11월 2일 통사들에게 식량을 지급한 기록

백미	7두 8승
된장	2두 6승
간장	7승 8합
식초	7승 8합
술	5두 2승
도미	20
장작	10묶음

大根	五拾本
塩	壹斗五升六合

右者通詞衆五拾貳人分, 一日之御賑, 相渡申所, 如件.

丙子　　　　防州於上關吉川美濃守內

十一月二日　　　　朝枝隱岐守

宗對馬守樣御內

中原勘兵衛殿

大浦權右衛門殿

右此所一日逗留, 其賄如此.

무	50개
소금	1두 5승 6합

위는 통사 52명에게 하루 분량의 식량으로 지급한 것이다.

병자 보슈 가미노세키에서 깃카와 미노노카미의 가신

11월 2일 아사에다 오키노카미

소 쓰시마노카미님의 가신

나카하라 간베에님

오우라 곤에몬님

위는 이곳에 하루 동안 체류했을 때 지급한 식량이다.

覺

白米	八石三斗七升五合
味噌	三石五升九合
醬油	八斗四升四合五勺
酢	八斗四升四合五勺
塩	壹石六斗八升
酒	五石壹升壹合
油	四斗九升貳合
蠟燭	百九挺
茶	拾三袋

오보에

백미	8석 3두 7승 5합
된장	3석 5승 9합
간장	8두 4승 4합 5작
식초	8두 4승 4합 5작
소금	1석 6두 8승
술	5석 1승 1합
기름	4두 9승 2합
초	109자루
차	13봉지

ふた	三疋
雞	百羽
雉子	百羽
生鯛	百獻
塩鯛	貳百喉
鰹節	三百
干鰤	千
大根	千本
な	貳百把
牛房	百把

돼지	3마리
닭	100마리
꿩	100마리
생도미	100마리

소금 절인 도미 200마리

가쓰오부시[7] 300

말린 가다랑어 1,000

무 1,000개

무청 200묶음

우엉 100묶음

ねふか 百把

生姜 三籠

椎茸 貳斗

柚 貳百 但, 籠二ニ入.

なし 百五拾 但, 籠五ニ入.

つるし柿 千 但, 五籠

栗 千五百三箱

白砂糖 卌斤 壹箱

蜜柑 千 十籠

胡升 五拾兩 壹箱

파 100묶음

생강 3상자

표고버섯 2두

유자 200 단, 상자 2개에 넣어서

7 가다랑어의 살을 저며 쪄서 말린 조미료용 포.

배	150	단, 상자 5개에 넣어서
곶감	1,000	단, 5상자
밤	1,500	3상자
백설탕	30근	1상자
귤	1,000	10상자
후추	50냥	1상자

山椒	五斤壹箱
葛粉	貳斗貳箱
饂飩之粉	壹石五箱
昆布	五拾把
炭	三拾俵
薪	千把

右者今度朝鮮人船中御賄, 人數上中下四百六拾八人, 宗對馬守様ゟ御書付之通, 明四日一日之御賄ニ相渡申候.

산초	5근	1상자
칡가루	2두	2상자
밀가루	1석	5상자
다시마	50묶음	
숯	30표	
장작	1,000묶음	

위는 이번 조선인들이 배로 이동할 때 지급하는 식량이며, 총인원 상중하 468명에 대해 소 쓰시마노카미님의 지시서에 따라 오는 4일에 하루 분량으로 지급할 것임.

松平安藝守內

丙子　　　　　　淺野出羽守

十一月三日　　　　丹羽大膳亮

村尾豊前守

宗對馬守樣御內

中原勘兵衛殿

大浦權右衛門殿

覺

白米　　七斗八升

味噌　　五斗貳升

마쓰다이라 아키노카미의 가신

병자　　　　　　아사노 데와노카미(淺野出羽守)

11월 3일　　　　니와 다이젠노스케(丹羽大膳亮)

무라오 부젠노카미(村尾豊前守)

소 쓰시마노카미님의 가신

나카하라 간베에님

오우라 곤에몬님

오보에

백미　　7두 8승

된장　　5두 2승

味噌　　　　貳斗六合

酢　　　　　七升八合

醬油　　　　七升八合

塩　　　　　壹斗五升六合

右者通詞衆船中, 御賄ニ相渡申候一日分之賄.

丙子　　　　　　　　　松平安藝守內

十一月三日　　　　　　　町野縫殿助

植木三郎右衛門

宗對馬守様御內

中原勘兵衛殿

大浦權右衛門殿

된장　　　　2두 6합

식초　　　　7승 8합

간장　　　　7승 8합

소금　　　　1두 5승 6합

위는 통사들에게 배로 이동하는 동안 지급할 하루 분량의 식량.

병자　　　　　　　　마쓰다이라 아키노카미의 가신

11월 3일　　　　　　　마치노 누이노스케(町野縫殿助)

우에키 사부로에몬(植木三郎右衛門)

소 쓰시마노카미님의 가신

나카하라 간베에님

오우라 곤에몬님

右此所一日逗留, 其賄如此.

子ノ

十一月二日通詞衆御賄渡申覺.

白米	八石三斗七升五合
味噌	參石五升九合
醬油	八斗四升四合五勺
酢	八斗四升四合五勺
塩	壹石六斗八升
酒	五石壹升壹合
油	四斗九升貳合

위는 이곳에 하루 동안 체류했을 때 지급한 식량이다.

자(子)의

11월 2일 통사들에게 식량을 지급한 기록

백미	8석 3두 7승 5합
된장	3석 5승 9합
간장	8두 4승 4합 5작
식초	8두 4승 4합 5작
소금	1석 6두 8승
술	5석 1승 1합
기름	4두 9승 2합

蠟燭	百九丁
茶	拾三袋半
鯛	八拾枚內五拾塩
鰡	百參拾內五拾塩
蚫	百貳拾
塩はまち	貳百
庭鳥	百羽
雉子	貳拾三羽
たまこ	百
どちやう	壹斗

초	109자루	
차	13봉지 반	
도미	80장	그중 50은 소금에 절임
숭어	130	그중 50은 소금에 절임
전복	120	
소금 절인 새끼 방어	200	
닭	100마리	
꿩	23마리	
계란	100	
미꾸라지	1두	

猪	拾八疋
大根	貳千本

根深	貳拾束
牛房	四拾把
かふな	貳拾束
山のいも	四拾本
里いも	貳斗
にんにく	百把
柚	貳百
せり	三かご

멧돼지	18마리
무	2,000개
파	20묶음
우엉	40묶음
무청	20묶음
참마	40개
토란	2두
마늘	100묶음
유자	200
미나리	3상자

薪	千把
すみ	帀俵
小麥粉	壹石
蜜柑	千

右者信使上中下官, 四百六拾八人分, 一日之御賄ニ,

備後鞆ニ而, 相渡申候.

丙子　　　　　　　　水野日向守內

十一月五日　　　　　　　　廣田源之丞

原田七右衛門

宗對馬守樣御內

장작　　　　　　1,000묶음

숯　　　　　　30표

밀가루　　　　　　1석

귤　　　　　　1,000

위는 신사 상중하관 468명의 하루 분량 식량으로 빈고(備後) 도모(鞆)에서 지급했음.

병자　　　　　　미즈노 휴가노카미(水野日向守)의 가신

11월 5일　　　　　　히로타 겐노조(廣田源之丞)

하라다 시치에몬(原田七右衛門)

소 쓰시마노카미님의 가신

中原勘兵衛殿

大浦權右衛門殿

子

十一月二日通詞衆御賄渡申覺.

白米　　　　七斗八升

味噌　　　　貳斗六升

醬油　　　　七升八合

酢	七升八合
酒	五斗貳升
塩	壹斗五升六合
はまち	貳拾本

나카하라 간베에님

오우라 곤에몬님

자(子)

11월 2일 통사들에게 식량을 지급한 기록

백미	7두 8승
된장	2두 6승
간장	7승 8합
식초	7승 8합
술	5두 2승
소금	1두 5승 6합
새끼 방어	20마리

ほら	貳拾本
大根	五拾
薪	百把
かふな	拾把

右者通詞五拾貳人分一日之賑賄, 備後鞆ニ而

相渡申候. 以上.

丙子 水野日向守內

十一月五日　　　　廣田源之丞

原田七右衛門

宗對馬守樣御內

中原勘兵衛殿

大浦權右衛門殿

숭어　20마리

무　50

장작　100묶음

무청　10묶음

위는 통사 52명의 하루 분량 식량으로 빈고 도모에서 지급했음. 이상.

병자　미즈노 휴가노카미의 가신

11월 5일　　　　히로타 겐노조

하라다 시치에몬

소 쓰시마노카미님의 가신

나카하라 간베에님

오우라 곤에몬님

右此所一日逗留, 其賄如此.

御賄一日分目錄

白米　八石三斗九升五合

味噌　三石六升四合

醬油　八斗四升六合五勺

酢　八斗四升六合五勺

塩	壹石六斗八升四合
酒	五石貳升二合
油	五斗壹升貳合

위는 이곳에 하루 동안 체류했을 때 지급한 식량이다.

하루 분량 식량 목록

백미	8석 3두 9승 5합
된장	3석 6승 4합
간장	8두 4승 6합 5작
식초	8두 4승 6합 5작
소금	1석 6두 8승 4합
술	5석 2승 2합
기름	5두 1승 2합

らうそく	百九丁
くわし	三箱
蜜柑	三籠
玉子	壹箱
鹿	貳疋
ふた	貳疋
肴	三俵塩物
雞	貳百羽
大根	千本
な	卋把

초	109자루
과자	3상자
귤	3상자
계란	1상자
사슴	2마리
돼지	2마리
생선	3표　소금에 절임
닭	200마리
무	1,000개
무청	30묶음

ねふか	廿把
炭	八拾俵
薪	千把

右者朝鮮衆人數合四百六拾九人, 爲御馳走相渡申候.

丙子　　　　　　　　　松平新太郎內

十一月五日　　　　　　　　中村忠左衛門

岡田權佐

宗對馬守樣御內

大浦權右衛門殿

파	20묶음
숯	80표
장작	1,000묶음

위는 조선인 일행 총원 469명에게 접대를 위해 지급한 것임.

병자　　　　　마쓰다이라 신타로의 가신

11월 5일　　　　　　　나카무라 주자에몬

오카다 곤사

소 쓰시마노카미님의 가신

오우라 곤에몬님

通詞衆御賄一日分目錄

白米	七斗八升
味噌	貳斗六升
醬油	七升八合
酢	七升八合
酒	五斗貳升
塩肴	壹俵
大根	百本
な	貳拾把
炭	拾俵

통사들에게 제공하는 식사의 하루 분량 목록

백미	7두 8승
된장	2두 6승
간장	7승 8합
식초	7승 8합
술	5두 2승
소금 절인 생선	1표

무　　　　　　100개

무청　　　　　20묶음

숯　　　　　　10표

薪　　　　　　百束

蜜柑　　　　　壹籠

右者通詞衆五拾貳人, 爲御賄御馳走相渡申候.

丙子　　　　　松平新太郎內

十一月五日　　　　　　中村忠左衛門

岡田權佐

宗對馬守樣御內

大浦權右衛門殿

右此所一日逗留, 其賄如此.

장작　　　　　100묶음

귤　　　　　　1상자

위는 통사 52명에게 식량으로 지급하였다.

병자　　　　　마쓰다이라 신타로의 가신

11월 5일　　　　　　나카무라 주자에몬(中村忠左衛門)

오카다 곤사(岡田權佐)

소 쓰시마노카미님의 가신

오우라 곤에몬님

위는 이곳에 하루 동안 체류했을 때 지급한 식량이다.

註文

白米	八石三斗九升五合
味噌	三石六升七合
醤油	八斗四升六合五勺
酢	八斗四升六合五勺
塩	壹石六斗八升四合
酒	五石貳升貳合
油	五斗壹升貳合
らうそく	百九丁
茶	拾四袋

주문

백미	8석 3두 9승 5합
된장	3석 6승 7합
간장	8두 4승 6합 5작
식초	8두 4승 6합 5작
소금	1석 6두 8승 4합
술	5석 2승 2합
기름	5두 1승 2합
초	109자루
차	14봉지

りん	五袋
鯛	五拾枚

鯉	貳拾本
こち	五拾本
大蛤	三百
いな	五百
赤貝	百
雞	百
鰹節	三百
鹿	壹

린[8]	5봉지
도미	50장
잉어	20마리
양태	50마리
대합	300
새끼 숭어	500
피조개	100
닭	100
가쓰오부시	300
사슴	1

大根	五百本
ねふか	貳百把

8 불명.

菜	三百把
芹	五俵
炭	廿俵
薪	三百束

右者信使上中下, 四百六拾九人分之御賄, 一日分
相渡申候. 但, 七日晩ゟ八日之朝迄.

丙子　　本田甲斐守內

十一月七日　　都筑惣右衛門

무	500개
파	200묶음
무청	300묶음
미나리	5표
숯	20표
장작	300묶음

위는 신사 상중하 469명의 하루 분량 식량으로 지급한 것이다. 단 7일 밤부터 8일 아침까지.

병자　　혼다 가이노카미(本田甲斐守)의 가신

11월 7일　　쓰즈키 소에몬(都筑惣右衛門)

長坂太郎左衛門
日高右衛門兵衛
長坂茶利
今泉三郎兵衛

本田能登守內

石里勘左衛門

勝四郎左衛門

山本忠右衛門

本田內記內

窪田傳十郎

나가사카 다로사에몬(長坂太郎左衛門)

히다카 우에몬베에(日高右衛門兵衛)

나가사카 차리(長坂茶利)

이마이즈미 사부로베에(今泉三郎兵衛)

혼다 노토노카미(本田能登守)[9]의 가신

이시자토 간자에몬(石里勘左衛門)

가쓰 시로자에몬(勝四郎左衛門)

야마모토 주에몬(山本忠右衛門)

혼다 나이키(本田內記)[10]의 가신

구보타 덴주로(窪田傳十郎)

宗對馬守様御內

大浦權右衛門殿

註文

9 혼다 다다요시(本多忠義).

10 혼다 마사카쓰(本多政勝).

白米	七斗八升
味噌	貳斗六升
醬油	七升八合
酢	七升八合
酒	五斗貳升
塩	壹斗五升六合

소 쓰시마노카미님의 가신

오우라 곤에몬님

주문

백미	7두 8승
된장	2두 6승
간장	7승 8합
식초	7승 8합
술	5두 2승
소금	1두 5승 6합

鯛	拾枚
さハら	拾本
いな	百
鴨	五ツ
大根	百五拾本
菜	卅把
ねふか	五拾把

芹	壹俵
炭	五俵
薪	五拾俵

도미	10마리
삼치	10마리
새끼 숭어	100
오리	5개
무	450개
무청	30묶음
파	50묶음
미나리	1표
숯	5표
장작	50표

右者通詞五拾貳人一日分御賄相渡申候. 但, 十一月
七日之晩ゟ同八日之朝迄.

本田甲斐守內

十一月七日 大原四郎左衛門

本田能登守內

永井半助

本田內記內

刑土作右衛門

宗對馬守樣御內

大浦權右衛門殿

위는 통사 52명의 하루 분량 식사로 지급했다. 단 11월 7일 밤부터 동 8일 아침까지.

혼다 가이노카미의 가신

11월 7일 오하라 시로자에몬(大原四郎左衛門)

혼다 노토노카미의 가신

나가이 한스케(永井半助)

혼다 나이키의 가신

刑土[11] 사쿠에몬(刑土作右衛門)

소 쓰시마노카미님의 가신

오우라 곤에몬님

右此所一日半逗留, 其賄如此.

朝鮮衆御賄相渡申候覺

白米	四石壹斗九升七合五
味噌	壹石五斗三升三合五
醬油	四斗二升三合二五
酢	四斗二升三合二五
塩	八斗四升貳合
酒	貳石五斗壹升壹合
油	貳斗五升二合

11 읽는 방법 불명.

위는 이곳에 하루 반 동안 체류했을 때 지급한 식량이다.

조선인 일행에게 지급한 식량 기록

백미	4석 1두 9승 7합 5
된장	1석 5두 3승 3합 5
간장	4두 2승 3합 25
식초	4두 2승 3합 25
소금	8두 4승 2합
술	2석 5두 1승 1합
기름	2두 5승 2합

右者通詞五拾貳人, 一日分御賄相渡申候. 但, 十一月七日之晩ゟ, 同八日之朝迄.

本田甲斐守內

十一月七日　　大原四郎左衛門

本田能登守內

永井半助

本田內記內

刑土作右衛門

宗對馬守様御內

大浦權右衛門殿

위는 통사 52명의 하루 분량 식사로 지급했다. 단 11월 7일 밤부터 동 8일 아침까지.

혼다 가이노카미의 가신

11월 7일　　오하라 시로자에몬(大原四郎左衛門)

혼다 노토노카미의 가신

나가이 한스케(永井半助)

혼다 나이키의 가신

刑土 사쿠에몬(刑土作右衛門)

소 쓰시마노카미님의 가신

오우라 곤에몬님

右此所一日半逗留, 其賄如此.

朝鮮衆御賄相渡申候覺

白米	四石壹斗九升七合五
味噌	壹石五斗三升三合五
醬油	四斗二升三合二五
酢	四斗二升三合二五
塩	八斗四升貳合
酒	貳石五斗壹升壹合
油	貳斗五升二合

위는 이곳에 하루 반 동안 체류했을 때 지급한 식량이다.

조선인 일행에게 지급한 식량 기록

백미	4석 1두 9승 7합 5
된장	1석 5두 3승 3합 5
간장	4두 2승 3합 25
식초	4두 2승 3합 25
소금	8두 4승 2합
술	2석 5두 1승 1합
기름	2두 5승 2합

らうそく	五拾四丁半
茶	七袋
ふた	壹疋
いのしゝ	壹疋
きし	十羽
かも	十九羽
庭鳥	三拾
玉子	百五拾
かつをふし	貳百五拾
ひかます	四百

초	54자루 반
차	7봉지
돼지	1마리
멧돼지	1마리
꿩	10마리
오리	19마리
닭	30
계란	150
가쓰오부시	250
말린 꼬치고기	400

塩鯛	五拾枚
生鯛	五拾

こい	廿本
生貝	二十
ふな	三百
いせこひ	三十
五嶋するめ	拾連
塩あち	三百
ひさは	貳百五拾
塩さは	貳百六拾

소금 절인 도미	50마리
생도미	50
잉어	20마리
전복	20
붕어	300
숭어	30
고토오징어[12]	반 축
소금 절인 전갱이	300
말린 고등어	250
소금 절인 고등어	260

ひはも	五拾

12 고토열도(五嶋列島)의 창꼴뚜기를 말린 것. (『廣辞苑』)

くまひき	六拾
いりこ	八拾けた
たら	廿本
くらけ	二桶
薪	千五百把
炭	卅俵
しをたこ	六拾
大根	千本
午房	七拾把

말린 갯장어	50
만새기	60
말린 해삼	80
대구	20마리
해파리	2통
장작	1,500묶음
숯	30표
소금 절인 문어	60
무	1,000개
우엉	70묶음

にんにく	卅把
ねふか	五拾把
大くり	貳百

山のいも	百五拾本
九年母	五拾
からし	貳升
さんせう	一斤
けし	貳升
胡升	三斤
梨子	三拾

마늘	30묶음
파	50묶음
큰 밤	200
참마	150개
구넨보[13]	50
겨자	2승
산초	1근
갓	2승
후추	3근
배	30

まんちう	三百
やうかん	三さを

13 운향과에 속하는 상록 관목. 구년모(九年母). 향귤나무. 귤의 하나. (『대일외교사전』)

くしら餅	壹ツ
あるへいと	三斤
まき餅	三さを
やうひ	貳百
さたうかや	壹斤
蜜柑	五百

右信使衆上官·中官·下官四百六拾九人御賄

十一月九日之朝半日分, 攝州於兵庫相渡申候.

만주	300
양갱	3줄
구지라모치[14]	1개
아루헤이토[15]	3근
마키모치[16]	3줄
요히[17]	200
사토카야[18]	1근

---

14 쌀가루, 설탕, 호두 등을 주원료로 한 떡. (일본 농림수산성 홈페이지: https://www.maff.go.jp/j/keikaku/syokubunka/k_ryouri/search_menu/menu/kujiramochi_yamagata.html)

15 1600년 무렵 유럽에서 전래된 설탕 과자. 설탕에 엿을 추가하여 끓인 다음, 당겨서 늘린 뒤 하얗게 만들거나 색소로 색을 입힌다. 막대기 모양 외에도 여러 모양으로 만든다. (『日本國語大辭典』)

16 겐핀(卷餠)으로 추측된다. 겐핀은 밀가루에 설탕, 호두, 검은깨 등을 섞어서 반죽한 뒤 얇게 펴서 구운 다음에 간장을 발라서 둥글게 말아 만든 떡. (『日本國語大辭典』)

17 요히모치(羊皮餠).

18 비자나무의 열매에 설탕을 입힌 과자로 추측된다.

귤　　　　500

위는 신사 일행 상관·중관·하관 469명에 대한 식량이며, 11월 9일 아침 반나절 분량으로 셋슈(攝州) 효고에서 지급했음.

青山大藏少輔內

丙子　　　　縣 新左衛門

十一月九日　　　　田中平左衛門

宗對馬守樣御內

大浦權右衛門殿

通詞御賄相渡申覺

白米　　三斗九升

味噌　　壹斗三升

醬油　　三升九合

아오야마 오쿠라노쇼의 가신

병자　　　　아가타 신자에몬(縣新左衛門)

11월 9일　　　　다나카 효자에몬(田中平左衛門)

소 쓰시마노카미님의 가신

오우라 곤에몬님

통사에게 식량을 지급한 기록

백미　　3두 9승

된장　　1두 3승

간장　　3승 9합

酢	三升九合
酒	貳斗六升
塩	七升八合
薪	三百把
生鯛	廿枚
せいこ	百
炭	五俵
大根	四百本

右者通詞衆五拾二人ニ, 半日分之御賄, 攝州

兵庫ニ而相渡申候. 但, 十一月九日之朝半日分也.

식초	3승 9합
술	2두 6승
소금	7승 8합
장작	300묶음
생도미	20마리
새끼 농어	100
숯	5표
무	400개

위는 통사 52명에 대한 반나절 분량의 식량이며, 셋슈 효고에서 지급했음. 단, 11월 9일 아침 반나절 분량이다.

青山大藏少輔內

丙子 縣新左衛門

十一月九日　　　　　　　　　　田中平左衛門

宗對馬守樣御內

大浦權右衛門殿

右此所半日逗留, 其賄如斯.

아오야마 오쿠라노쇼의 가신

병자　　　　　　　　　　아가타 신자에몬

11월 9일　　　　　　　　　　다나카 효자에몬

소 쓰시마노카미님의 가신

오우라 곤에몬님

위는 이곳에 반나절 동안 체류했을 때 지급한 식량이다.

『관영병자신사기록』 10

朝鮮信使記錄卷之十

寬永十三年之信使, 於對州之賑賄目錄. 合五日之分也.

高三口合白米一石五升

右ハ三官使并上々官貳人前也.

高三口合白米貳拾九石八斗七升五合

右ハ上官·中官·下官之前也.

高三口合酒拾石四斗五升

간에이 13년 통신사에게 쓰시마에서 지급한 식량 목록. 모두 5일 동안의 분량이다.

세 끼 합쳐서 백미 1석 5승

위는 삼관사 및 상상관 2명 분량.

세 끼 합쳐서 백미 29석 8두 7승 5합

위는 상관·중관·하관 분량.

세 끼 합쳐서 술 10석 4두 5승

高合味噌貳石八斗五合六勺

高醬油五斗八升

高酢壹斗七升

高塩壹石九斗五升五合

高油貳斗五升九合六勺

高庭鳥百三拾六

朝鮮衆御扶持方渡申覺

白米	四拾壹石貳斗八升七合五勺
味噌	拾四石五斗壹升貳合五勺
酒	貳拾四石五斗貳升五合

섞은 된장	2석 8두 5합 6작
간장	5두 8승
식초	1두 7승
소금	1석 9두 5승 5합
기름	2두 5승 9합 6작

닭	136

조선인 일행에게 식량을 지급한 기록

백미	41석 2두 8승 7합 5작
된장	14석 5두 1승 2합 5작
술	24석 5두 2승 5합

醬油	四石壹斗貳升九合
酢	四石壹斗貳升九合
塩	八石貳斗五升八合
らうそく	四百丁
油	貳石壹斗貳升
生鯛	九拾枚
生鮑	三拾三
塩しいら	百本
塩大魚	八拾枚
塩あち	六百

간장	4석 1두 2승 9합
식초	4석 1두 2승 9합
소금	8석 2두 5승 8합
초	400자루
기름	2석 1두 2승
생도미	90마리
생전복	33
소금 절인 만새기	100마리

소금 절인 큰 물고기	80마리
소금 절인 전갱이	600

塩鯛	貳百卄五枚
塩小鯛	五百枚
塩ゑそ	五百
いせゑひ	三百
鰹節	八拾
鴨	拾二羽
庭鳥	七拾五羽
雉子	七拾羽
玉子	百
つくミ	三拾五羽

소금 절인 도미	235마리
소금 절인 작은 도미	500마리
소금 절인 매퉁이	500
닭새우	300
가쓰오부시	80
오리	12마리
닭	75마리
꿩	70마리
계란	100
개똥지빠귀	35마리

大根	貳千貳百本
鳩	貳拾羽
ねふか	貳百貳拾把
菜	貳拾五束
たうふ	九拾挺
蜜柑	七百
御所柿	三拾
かうの物	三桶
牛房	貳拾把
瓜かうの物	百五拾

무	2,200개
비둘기	20마리
파	220묶음
채소(菜)	25묶음
두부	90모
귤	700
고쇼가키[1]	30
채소 절임	3통
우엉	20묶음
월과 절임	150

---

1 감의 한 품종. 단감이며, 과실은 조금 편평한 구형으로 씨는 거의 없다. 나라현 고세시(御所市)가 원산지로 알려져 있으며, 일본에서 예전부터 재배했다. (『日本國語大辭典』)

大根かうの物　三百

柚　三拾

薪　三拾

炭　五拾四俵

茶　百袋

右者十一月十日之朝ゟ, 同十四日之朝迄, 日數四日半分, 御扶持方相渡申候.

寬永十三　豊嶋十左衛門內

十一月十四日　津田次太夫

末吉緒左衛門內

下村三右衛門

무 절임　300

유자　30

장작　30

숯　54표

차　100봉지

위는 11월 10일 아침부터 같은 달 14일 아침까지 일수 4일 반 분량의 식량으로 지급했음.

간에이 13　도시마 주자에몬(豊嶋十左衛門)의 가신

11월 14일　쓰다 지다유(津田次太夫)

스에요시 마고자에몬(末吉孫左衛門內)의 가신

시모무라 산에몬(下村三右衛門)

宗對馬守様御內

中原勘兵衛殿

大浦權右衛門殿

通詞御扶持方渡申覺

白米　三石七斗一升貳合五勺

味噌　壹石貳斗三升七合五勺

酒　貳石四斗七升五合

醬油　三斗七升壹合

酢　三斗七升壹合

소 쓰시마노카미님의 가신

나카하라 간베에님

오우라 곤에몬님

통사에게 식량을 지급한 기록

백미　3석 7두 1승 2합 5작

된장　1석 2두 3승 7합 5작

술　2석 4두 7승 5합

간장　3두 7승 1합

식초　3두 7승 1합

塩　七斗四升貳合

薪　四百五拾把

右者通詞御扶持方御渡申候. 十一月十日之朝ゟ

同十四日之朝迄日數四日半分.

丙子

十一月十四日　　　　　大坂ニ而右同名也.

宗對馬守樣御內

中原勘兵衛殿

大浦權右衛門殿

소금　　7두 4승 2합

장작　　450묶음

위는 통사에게 식량으로 지급한 것임. 11월 10일 아침부터 같은 달 14일 아침까지 일수 4일 반 분량임.

병자

11월 14일　　　　　오사카에서 위의 사람이 보냄.

소 쓰시마노카미님의 가신

나카하라 간베에님

오우라 곤에몬님

今度朝鮮衆於京都御賄之儀, 從江戶被 仰付候

通, 如何樣ニ茂御馳走仕, 逗留中每日御振廻可仕与

申上候得共, 唐人衆勝手次第可仕候間, 下行ニ而

相渡候樣ニ御理ニ付, 對馬國ニ而相渡候下行一倍

諸色共ニ每日逗留中相渡候. 此外御用次第ニ

相渡申候. 以上.

子

十一月十六日　　　　木村惣右衛門

藤村市兵衛

宗對馬殿內

古川式部少殿

이번 조선인 일행에게 교토에서 식량을 지급하는 것과 관련하여 에도의 지시처럼 극진히 접대하고 체류 중에는 매일 향응을 베풀겠다고 [이전부터 쓰시마 측에] 말씀 드렸지만, [쓰시마 측에서는] 조선인 일행이 멋대로 행동할 것이기 때문에 [향응으로 식량을 공급하는 것이 아닌] 지급품으로 [식량을] 공급하라고 하셨으므로, 쓰시마에서 지급한 식량의 두 배로 여러 품목을 [통신사 일행이 교토에] 체류하는 동안 매일 지급했습니다. 이 외에도 용무에 따라 지급했습니다. 이상.

자(子)

11월 16일 기무라 소에몬(木村惣右衛門)

후지무라 이치베에(藤村市兵衛)

소 쓰시마님 가신

후루카와 시키부노쇼(古川式部少)님

杉村伊織殿

御手形之覺

白米	八石四斗
味噌	三石壹斗
醬油	八斗四升
酢	八斗四升
塩	壹石六斗八升
酒	五石壹斗
油	五斗

스기무라 이오리(杉村伊織)님
지급 증서(御手形) 기록

백미	8석 4두
된장	3석 1두
간장	8두 4승
식초	8두 4승
소금	1석 6두 8승
술	5석 1두
기름	5두

眞鴨	百羽
鯛	百枚
鮭	三拾本
生かい	三百はい
雉子	五拾
庭鳥	三拾
赤かい	四百はい
鯉	拾五本
すゝき	拾五
鮒	貳百枚

청둥오리	100마리
도미	100장
연어	30마리
전복	300개

꿩	50
닭	30
피조개	400개
잉어	15마리
농어	15
붕어	200마리

うなき	百筋
いせゑひ	三百
うつら	貳百
しぎ	貳百
大根	五百本
牛房	五百本
にんにく	貳拾把
ひともし	五拾把
かふな	百把
しいたけ	壹斗

장어	100토막
닭새우	300
메추라기	200
도요새	200
무	500개
우엉	500개
마늘	20묶음

실파　　　　50묶음
무청　　　　100묶음
표고버섯　　1두

ひらたけ　　百かふ
くり　　　　百
柚　　　　　百
しやうか　　五升
あるへいと　三斤
やうかん　　十箱
ミかん　　　五百
まんちう　　五百
丙子　　　　木村惣右衛門代
十一月十六日　　木村太兵衛

느타리버섯　100송이
밤　　　　　100
유자　　　　100
생강　　　　5승
아루헤이토　3근
양갱　　　　10상자
귤　　　　　500
만주　　　　500
병자　　　　기무라 소에몬의 대리인
11월 16일　　기무라 다헤에(木村太兵衛)

藤村市兵衛代

藤村權右衛門

宗對馬守樣御內

大浦權右衛門殿

中原勘兵衛殿

通詞衆上下八拾壹人分

白米	六斗
味噌	貳斗
醬油	六斗
酢	六升

후지무라 이치베에의 대리인

후지무라 곤에몬(藤村權右衛門)

소 쓰시마노카미님의 가신

오우라 곤에몬님

나카하라 간베에님

통사들 상하 81명 분량

백미	6두
된장	2두
간장	6두
식초	6승

塩	壹斗貳升
酒	四斗

薪　　　千把

以上

子　　　　木村惣右衛門代

十一月十六日　　　　木村太兵衛

藤村市兵衛代

藤村權右衛門

宗對馬守樣御內

大浦權右衛門殿

소금　　1두 2승

술　　4두

장작　　1,000묶음

이상

자(子)　　　　기무라 소에몬의 대리인

11월 16일　　　　기무라 다헤에

후지무라 이치베에의 대리인

후지무라 곤에몬

소 쓰시마노카미님의 가신

오우라 곤에몬님

中原勘兵衛殿

覺

白米　　拾三石

味噌　　四石六升

醤油	壹石三斗
酢	壹石三斗
塩	貳石六升
酒	七石八升
油	七斗
眞鴨	百五拾羽

나카하라 간베에님

오보에

백미	13석
된장	4석 6승
간장	1석 3두
식초	1석 3두
소금	2석 6승
술	7석 8승
기름	7두
청둥오리	150마리

庭鳥	拾貳羽
生たら	四拾本
鶉	百羽
鯱	四百枚
たまこ	五百
生鯛	百枚

ふた	壹疋
鰹節	千
白魚	三斗
小鯛■	二百枚

닭	12마리
생대구	40마리
메추라기	100마리
임연수어	400장
계란	500
생도미	100장
돼지	1마리
가쓰오부시	1,000
뱅어	3두
작은 도미 초밥	200개

生かい	貳百
せり	百かこ
ひともし	百束
かふな	百五拾束
ちさ	貳百かこ
大根	千五百本
いも	三石
平たけ	五百かふ

しいたけ	三斗
かんひやう	百把

전복	200
미나리	100상자
실파	100묶음
무청	150묶음
상추	200상자
무	1,500개
토란	3석
느타리버섯	500송이
표고버섯	3두
박고지	100묶음

白砂糖	七斤
わるのミ	貳百
たうふ	五百丁
やうかん	五百斤
あるへいと	三拾斤
すあま	百竿
あんもち	四千五百
かすてら	五拾斤
らくかん	五拾斤

백설탕	7근
와루노미[2]	200
두부	500모
양갱	500근
아루헤이토	30근
스아마[3]	100줄
안모치[4]	4,500
카스테라	50근
라쿠간[5]	50근

丙子　　　　　　　　　　木村惣右衛門代

十一月十八日　　　　　　　　　大村太兵衛

藤村市兵衛代

藤村權右衛門

宗對馬守樣御內

中原勘兵衛殿

大浦權右衛門殿

右十七 · 十八兩日, 賄下行之目錄. 穀米八石四斗, 其

2 불명.

3 멥쌀가루를 쪄낸 후 설탕을 섞고 찧어서 만든 떡 모양의 전통 과자. (『日本國語大辭典』)

4 팥앙금을 안에 넣은 떡. 또는 팥앙금으로 감싼 떡. (『日本國語大辭典』)

5 찹쌀, 멥쌀, 밀, 보리, 조, 대두, 팥 등의 곡물을 빻아서 물엿, 설탕물 등을 넣고 반죽한 다음 틀에 넣어서 건조시킨 전통 과자. (『日本國語大辭典』)

餘雜味相添而, 雖被刷之後, 爲周防守下知,
再改前錄而, 以穀米十三石, 并雜味加益所
被相刷也.

병자 기무라 소에몬의 대리인
11월 18일 기무라 다헤에
후지무라 이치베에의 대리인
후지무라 곤에몬

소 쓰시마노카미님의 가신
나카하라 간베에님
오우라 곤에몬님

위는 17일과 18일 이틀 동안 식량을 지급한 목록임. 도정미 8석 4두와 여타 음식을 함께 지급했지만, 스오노카미[6]의 지시로 이전 기록을 다시 조사하여 도정미 13석과 여타 음식을 추가로 지급했음.

覺

白米	六斗
味噌	貳斗
醬油	六升
す	六升
塩	壹斗貳升

6 이타쿠라 시게무네(板倉重宗). 교토쇼시다이(京都所司代).

酒　　四斗

薪　　千把

右者通詞上下八拾壹人分, 相渡申候. 以上.

오보에

백미　　6두

된장　　2두

간장　　6승

식초　　6승

소금　　1두 2승

술　　4두

장작　　1,000묶음

위는 통사들 상하 81명 분량으로 지급했음. 이상.

丙子　　木村惣右衛門代

十一月十八日　　木村太兵衛

藤村市兵衛代

藤村權右衛門

宗對馬守樣御內

中原勘兵衛殿

大浦權右衛門殿

一. 貳拾石　　白米

一. 五石　　味噌

병자　　　　　　　　　　　　　　　　기무라 소에몬의 대리인

11월 18일　　　　　　　　　　　　　　　　기무라 다헤에

후지무라 이치베에의 대리인

후지무라 곤에몬

소 쓰시마노카미님의 가신

나카하라 간베에님

오우라 곤에몬님

一. 20석　　　　백미

一. 5석　　　　된장

一. 壹石五斗　　　　醬油

一. 壹石五斗　　　　酢

一. 三石　　　　塩

一. 八石　　　　酒

一. 七斗　　　　油

一. 百五拾羽　　　　鴨

一. 拾貳羽　　　　鳥

一. 四拾本　　　　はらふと

一. 四百　　　　鯵

一. 1석 5두　　　　간장

一. 1석 5두　　　　식초

一. 3석　　　　소금

一. 8석　　　　술

一. 7두　　　　기름

一. 150마리　　　오리

一. 12마리　　　까마귀

一. 40마리　　　숭어

一. 400　　　전갱이

一. 五百　　　たまこ

一. 百枚　　　あま鯛

一. 三斗　　　さこ

一. 貳百　　　鮎鮨

一. 貳百盃　　　さゝい

一. 五貫目　　　くぢら

一. 百籠　　　芹

一. 百束　　　ねふか

一. 百五　　　かふな

一. 貳百籠　　　ちさ

一. 500　　　계란

一. 100장　　　옥돔

一. 3두　　　잡어(雜魚)

一. 200　　　은어 초밥

一. 200개　　　소라

一. 5관　　　고래

一. 100상자　　　미나리

一. 100묶음　　　파

一. 105　　　무청

一. 200상자　상추

一. 三石　芋
一. 三斗　椎茸
一. 百把　かんへう
一. 五百丁　豆腐
一. 千五百本　大根
一. 千節　鰹
一. 壹疋　鹿
一. 七斤　白さとう
一. 四百　蜜柑
一. 五拾斤　やうかん

一. 3석　토란
一. 3두　표고버섯
一. 100묶음　박고지
一. 500모　두부
一. 1,500개　무
一. 1,000토막　가다랑어
一. 1마리　사슴
一. 7근　백설탕
一. 400　귤
一. 50근　양갱

一. 三拾斤　　あるへいと

一. 百さを　　すあま

一. 四千五百　あんもち

一. 五拾斤　　かすてら

一. 五拾斤　　らくかん

以上

極月七日　　田中與左衛門

松木市左衛門

極月七日通詞衆上下八拾壹人分.

一. 30근　　아루헤이토

一. 100줄　　스아마

一. 4,500　　안모치

一. 50근　　카스테라

一. 50근　　라쿠간

이상

12월 7일　　다나카 요자에몬(田中與左衛門)

마쓰키 이치자에몬(松木市左衛門)

12월 7일 통사들 상하 81명 분량.

一. 六斗　　白米

一. 貳斗　　味噌

一. 六升　醬油
一. 六升　す
一. 壹斗貳升　塩
一. 四斗　酒
一. 五百把　わり木
一. 貳拾本　はらふと
一. 拾本　鱈
一. 五羽　かも

一. 6두　백미
一. 2두　된장
一. 6승　간장
一. 6승　식초
一. 1두 2승　소금
一. 4두　술
一. 500묶음　장작
一. 20마리　숭어
一. 10마리　대구
一. 5마리　오리

一. 五拾本　大こん
一. 拾把　な
以上
極月七日　田中與左衛門

松木市左衛門

右條目之內, 蠟燭与茶之二種不足分限, 應

乞而所被相刷之也.

一. 50개　　무

一. 10묶음　　무청

이상

12월 7일　　다나카 요자에몬

마쓰키 이치자에몬

위의 항목 중에서 초와 차 두 종의 부족한 분량은 요청하는 바에 따라 지급했음.

『관영병자신사기록』 11

朝鮮信使記錄卷之十一　大坂残之朝鮮人へ賄目錄	
大坂所残居之朝鮮人上下九拾人, 并通詞	
者拾五人之賑賄之帳	
白米	壹石四斗八升五合
味噌	五斗三升
醤油	壹斗四升八合
酢	壹斗四升八合
塩	貳斗九升七合

조선신사기록권지십일　오사카에 잔류한 조선인에게 지급한 식량 목록

오사카에 남은 조선인 상하 90명 및 통사 15명에게 지급한 식량 기록

백미	1석 4두 8승 5합
된장	5두 3승
간장	1두 4승 8합
식초	1두 4승 8합
소금	2두 9승 7합

酒	九斗貳升八合
油	五斗四合
蠟燭	壹挺
茶	半袋
薪	六百把
炭	四俵
生鯛	六枚
塩鯛	拾三枚
せいこ	五拾枚
しいら	拾三枚

술	9두 2승 8합
기름	5두 4합
초	1자루
차	반 봉지
장작	600묶음
숯	4표
생도미	6마리
소금 절인 도미	13마리

새끼 농어	50마리
만새기	13마리

さは	百三拾
生鮑	壹盃
雉子	三羽
鴨	壹羽
雞	三羽
たまこ	壹ツ
このしろ	百三拾
たうふ	四拾五丁
大根	百七拾七本
ねふか	拾三把

고등어	130
생전복	1개
꿩	3마리
오리	1마리
닭	3마리
계란	1개
전어	130
두부	45모
무	177개
파	13묶음

菜	九拾把
鰹	拾三節
かうの物	七拾

爲正月祝相渡申候

餠	三百
猪	壹ツ
鰹	九拾
なまこ	九百
はまくり	壹石

무청	90묶음
가다랑어	13토막
채소 절임	70

새해 축하를 위해 지급하였음.

떡	300개
멧돼지	1개
가다랑어	90마리
해삼	900마리
대합	1석

小鯛	三百
牛房	九拾把

塩たこ	三百

通詞拾五人分

白米	貳斗貳升五合
味噌	七升五合
醬油	貳升貳合五勺
酢	貳升貳合五勺
塩	四升五合

작은 도미	300
우엉	90묶음
소금 절인 문어	300

통사 15명 분량

백미	2두 2승 5합
된장	7승 5합
간장	2승 2합 5작
식초	2승 2합 5작
소금	4승 5합

酒	壹斗五升
生鯛	貳枚
塩鯛	三枚
しいら	三枚

たうふ　　　八丁
大根　　　三拾本
菜　　　　拾五把
　爲正月祝相渡申候
小鯛　　　四拾五枚
鰹　　　　五拾節

술　　　　1두 5승
생도미　　　2장
소금 절인 도미　3장
만새기　　　3장
두부　　　　8모
무　　　　　30개
무청　　　　15묶음
　새해 축하를 위해 지급하였음.
작은 도미　　45마리
가다랑어　　50토막

かうの物　　百
鰤　　　　拾五本
たこ　　　拾五本
　　　已上
寛永十三年丙子　　　　　豊嶋十左衛門内
　霜月十四日　　　　　　　津田次太夫

末吉緖左衛門內

下村三右衛門

宗對馬守樣御內

채소 절임 100

방어 15마리

문어 15마리

이상

간에이 13년 병자 도시마 주자에몬의 가신

11월 14일 쓰다 지다유

스에요시 마고자에몬의 가신

시모무라 산에몬

소 쓰시마노카미님의 가신

小川加賀右衛門殿

古川彌一右衛門殿

右一日之賑廻也. 逗留中每日如此, 目錄所被

相賄也.

오가와 가가에몬(小川加賀右衛門)님

후루카와 야이치에몬(古川彌一右衛門)님

위는 하루 동안 지급한 것임. 체류하는 동안 매일 이 목록과 같이 지급했음.

『관영병자신사기록』 12

朝鮮信使記錄卷之十二　獻上之御鷹·御馬附之朝鮮人賄目錄

寛永十三年信使之時, 進上之鷹廿四居·馬五疋之餌·秣, 同所相添之上官三人·中官貳人·下官壹人·通詞三人, 從壹州至大坂, 津々之賑賄之日記

白米	貳斗六升貳合
味噌	九升九合
醬油	貳升六合
酢	貳升六合

조선신사기록권지십이　헌상용 매와 말에 딸려 보낸 조선인에게 지급한 식량 목록

간에이 13년 통신사가 왔을 때 진상한 매 24마리와 말 5필의 먹이와 이에 딸린 상관 3명, 중관 2명, 하관 1명, 통사 3명[에 대해] 잇슈부터 오사카에 이르는 곳곳에서 매일 지급된 식량 기록

백미	2두 6승 2합	
된장	9승 9합	
간장	2승 6합	
식초	2승 6합	

塩	五升貳合	
酒	壹斗五升壹合	
油	貳升四合	但, 上官·中官迄之分
蠟燭	九挺	但, 上官三人分
茶	半袋	但, 上官三人分
塩鯛	九枚	
あわひ	九盃	
さゝい	九ツ	
塩小鯛	拾貳枚	
にわとり	六羽	

소금	5승 2합	
술	1두 5승 1합	
기름	2승 4합	단 상관과 중관까지 지급한 분량.
초	9자루	단 상관 3명에게 지급한 분량.

차	반 봉지	단 상관 3명에게 지급한 분량.
소금 절인 도미	9장	
전복	9개	
소라	9개	
소금 절인 작은 도미 12장		
닭	60마리	

大根	六束	
たき木	拾八しめ	但, 三尺縄ニ而.
小うへ	拾壹	
ミかん	貳百貳拾	

右一日半之分相渡申候.

松浦壹岐守内

寛永十三年丙子　　竹下伊左衛門

十月廿二日　　山川庄兵衛

長嶋吉左衛門

宗對馬守様御内

무	6묶음	
장작	18묶음	단 3척 길이의 밧줄로[묶어서]
멀꿀[1]	11	
귤	220개	

1 멀꿀(むべ[郁子])로 추정된다.

위는 하루 반 분량으로 지급하였음.

마쓰라 이키노카미의 가신

간에이 13년 병자　　다케시타 이자에몬(竹下伊左衛門)

10월 22일　　야마카와 쇼베에(山川庄兵衛)

나가시마 기치자에몬(長嶋吉左衛門)

소 쓰시마노카미님의 가신

小川加賀右衛門殿

馬五疋之かい口之覺

大豆　　貳斗貳升五合

白米　　七升五合

もミ　　三升七合

草わら　　貳拾二束半.

右一日半之分相渡申候.

鷹廿四居之餌之覺

雉子　　五羽

오가와 가가에몬님

말 5필의 먹이 기록

콩　　2두 2승 5합

백미　　7승 5합

쌀겨　　3승 7합

짚풀　　22묶음 반

위는 하루 반 분량으로 지급했음.

매 24마리의 먹이 기록

꿩 5마리

庭鳥 七羽

右一日半之分相渡申候.

松浦壹岐守內

寬永十三年丙子 竹下伊左衛門

十月廿二日 山川庄兵衛

長嶋吉左衛門

宗對馬守様御內

小川加賀右衛門殿

此所二日逗留, 其賄每日如此.

닭 7마리

위는 하루 반 분량으로 지급하였음.

마쓰라 이키노카미의 가신

간에이 13년 병자 다케시타 이자에몬

10월 22일 야마카와 쇼베에

나가시마 기치자에몬

소 쓰시마노카미님의 가신

오가와 가가에몬님

이곳에 이틀 동안 체류했을 때 지급한 식량이며, 매일 이와 같았음.

覺

白米	壹斗七升五合
味噌	六升六合
醬油	壹升七合
酢	壹升七合
酒	壹斗壹升
蠟燭	六挺
油	壹升六合
塩	三升五合
鯛	五枚

오보에

백미	1두 7승 5합
된장	6승 6합
간장	1승 7합
식초	1승 7합
술	1두 1승
초	6자루
기름	1승 6합
소금	3승 5합
도미	5장

小鯛	貳拾枚
大根	五拾本

牛房	五把
かふら	五把
塩付大根	三拾本
なら付	拾
薪	貳拾〆
炭	三俵
にハとり	拾羽
菓子	貳重

작은 도미	20장
무	50개
우엉	5묶음
무청	5묶음
소금 절인 무	30개
나라즈케	10
장작	20묶음
숯	3표
닭	10마리
과자	2상자

茶	半袋

右之前一日分相渡申候.

馬之かい口之覺

大豆	壹斗五升

籾　　　　五升

米　　　　五合

草わら　　　　拾五束

右之前一日分相渡申候.

鷹廿四居之餌之覺

庭鳥　　　　拾羽

차　　　　반 봉지

위를 하루 분량으로 지급했음.

말 먹이 기록

콩　　　　1두 5승

쌀겨　　　　5승

쌀　　　　5합

짚풀　　　　15묶음

위를 하루 분량으로 지급했음.

매 24마리의 먹이 기록

닭　　　　10마리

すゝめ　　　　拾

右之前一日分相渡申候.

寬永十三年丙子　　　　松平右衛門佐內

十月廿五日　　　　森吉左衛門

宗對馬守樣御內

小川加賀右衛門殿

右之所三日之逗留, 每日如此.

覺

白米 三斗五升

참새 10

위를 하루 분량으로 지급했음.

간에이 13년 병자 마쓰다이라 우에몬노스케의 가신

10월 25일 모리 기치자에몬(森吉左衛門)

소 쓰시마노카미님의 가신

오가와 가가에몬님

위의 장소에 3일 동안 체류했으며, 매일 이와 같았다.

오보에

백미 3두 5승

味噌 壹斗三升貳合

醬油 五升貳合

酢 五升貳合

塩 壹斗五合

酒 三斗貳升八合

油 四升八合

蠟燭 拾貳丁

茶 貳袋

みかん	三百
大根	百貳拾本

된장	1두 3승 2합
간장	5승 2합
식초	5승 2합
소금	1두 5합
술	3두 2승 8합
기름	4승 8합
초	12자루
차	2봉지
귤	300
무	120개

庭鳥	拾八把
すミ	六俵
たき木	四拾二把
生鯛	拾貳
めはる	三拾
あわひ	三拾盃
かふら	六把
わけき	六把
生姜	三把
冬瓜	六ツ

닭	18묶음
숯	6표
장작	42묶음
생도미	12
볼락	30
전복	30개
무청	6묶음
실파	6묶음
생강	3묶음
동아	6개

たうふ	拾八丁
鹿足	三ツ

右二日分相渡申候.

馬五疋之かい口之覺

大豆	三斗
米	壹斗
籾	壹斗
草わら	三拾束

右二日分相渡申候.

鷹廿四居餌之覺

두부	18모
사슴 다리	3개

위는 2일 분량으로 지급하였음.

말 5필의 먹이 기록

콩　　3두

쌀　　1두

쌀겨　　1두

짚풀　　30묶음

위는 2일 분량으로 지급하였음.

매 24마리의 먹이 기록

庭鳥　　拾羽

はと　　八ツ

右二日分相渡申候.

寛永十三年丙子　　毛利甲斐守內

十月廿八日　　田邊次郎左衛門

宗對馬守様御內

小川加賀右衛門殿

此所二日逗留, 每日之賄如此.

覺

白米　　壹斗七升五合

닭　　10마리

비둘기　　8마리

위는 2일 분량으로 지급하였음.

간에이 13년 병자　　모리 가이노카미의 가신

10월 28일 다나베 지로에몬

소 쓰시마노카미님의 가신

오가와 가가에몬님

이곳에 이틀 동안 체류했으며, 매일 위와 같이 식량을 지급했다.

오보에

백미 1두 7승 5합

味噌	六升六合
醬油	壹升七合
酢	壹升七合
塩	三升五合
酒	壹斗
油	壹升六合
蠟燭	六挺
茶	半袋
鰹	壹連
大根	五拾本

된장 6승 6합

간장 1승 7합

식초 1승 7합

소금 3승 5합

술 1두

기름 1승 6합

초 6자루

차	반 봉지
가다랑어	1마리
무	50개

塩鯛	拾枚
炭	三俵
薪	百五拾把
蚫	拾五
にハとり	拾貳羽
たうふ	九丁
ミかん	五拾
餅	五拾

右一日分相渡申候.

馬五疋之かい口之覺

소금 절인 도미	10마리
숯	3표
장작	150묶음
전복	15
닭	12마리
두부	9모
귤	50
떡	50

위는 하루 분량으로 지급하였음.

말 5필의 먹이 기록

大豆　　　壹斗五升

米　　　五升

わら　　　五拾把

籾　　　五升

右一日分

鷹廿四居餌之覺

雞　　　拾貳羽

右一日分

寬永十三年丙子　　　毛利長門守內

十月卅日　　　朝枝隱岐守

콩　　1두 5승

쌀　　5승

짚　　50묶음

쌀겨　　5승

위는 하루 분량.

매 24마리의 먹이 기록

닭　　12마리

위는 하루 분량.

간에이 13년 병자　　　모리 나가토노카미 가신

10월 30일　　　아사에다 오키노카미

宗對馬守樣御內

小川加賀右衛門殿

覺

白米	壹斗七升五合
味噌	六升六合
醬油	壹升七合
酢	壹升七合
塩	三升五合
酒	壹斗
油	壹升六合

소 쓰시마노카미님의 가신

오가와 가가에몬님

오보에

백미	1두 7승 5합
된장	6승 6합
간장	1승 7합
식초	1승 7합
소금	3승 5합
술	1두
기름	1승 6합

蠟燭	六丁
茶	半袋
生鯛	拾枚
雉子	五羽

雞	三羽
みかん	壹折
大根	五拾本
とうしん	少
薪	三拾把
炭	三俵

초	6자루
차	반 봉지
생도미	10마리
꿩	5마리
닭	3마리
귤	1상자
무	50개
도신(灯心)[2]	약간
장작	30묶음
숯	3표

右一日分.

馬五疋之かい口之覺

大豆	壹斗五升

2 램프 등의 심지. 등유에 적셔서 불을 피울 때 쓰는 얇은 심지.

米　　　　　五升

ひゑ　　　　五升

わら　　　　四把

大根葉　　　拾把

右一日分.

鷹廿四居餌之覺

はと　　貳拾

위는 하루 분량.

말 5필의 먹이 기록

콩　　　　1두 5승

쌀　　　　5승

피　　　　5승

짚　　　　4묶음

무잎　　　10묶음

위는 하루 분량.

매 24마리의 먹이 기록

비둘기　　　20

小鳥　　三拾四

右一日分

寬永十三丙子　　松平安藝守內

十一月一日　　　　町野縫殿助

植木三郎右衛門

宗對馬守樣御內

小川加賀右衛門殿

覺

白米　　　壹斗七升五合

작은 새　34

위는 하루 분량임.

간에이 13 병자　　　마쓰다이라 아키노카미의 가신

11월 1일　　　마치노 누이노스케

우에키 사부로에몬

소 쓰시마노카미님의 가신

오가와 가가에몬님

오보에

백미　　　1두 7승 5합

味噌	六升六合
醬油	壹升七合
酢	壹升七合
塩	三升五合
酒	壹斗
油	壹升六合
蠟燭	六丁
茶	半袋
炭	三俵

薪	六拾把

된장	6승 6합
간장	1승 7합
식초	1승 7합
소금	3승 5합
술	1두
기름	1승 6합
초	6자루
차	반 봉지
숯	3표
장작	60묶음

大根	六拾本
牛房	六把
ほら	六ツ
はまち	六ツ
雉子	九羽
ねふか	三把
鯛	六枚
蚫	六盃
みかん	百五拾
さうめん	九百目

무	60개
우엉	6묶음
숭어	6마리
새끼 방어	6마리
꿩	9마리
파	3묶음
도미	6마리
전복	6개
귤	150
소면	900관

右一日分

馬五疋之かい口之覺

大豆	壹斗五升
白米	五升
籾	五升
わら	拾束
ほしは	拾連

右一日分

鷹廿四居之餌之覺

小鳥	九拾

위는 하루 분량임.

말 5필의 먹이 기록

콩	1두 5승

백미　　　5승

쌀겨　　　5승

짚　　　10묶음

말린 잎　　　10묶음

위는 하루 분량

매 24마리의 먹이 기록

작은 새　　　90마리

はと　　　貳拾

右一日分

寬永十三丙子　　水野日向守內

霜月二日　　　　橫川孫兵衛

廣田源之丞

小川加賀右衛門殿

覺

白米　　　壹斗七升五合

味噌　　　六升六合

비둘기　　　12

위는 하루 분량임.

간에이 13 병자　　　미즈노 휴가노카미의 가신

11월 2일　　　　요코가와 마고베에(橫川孫兵衛)

히로타 겐노조

오가와 가가에몬님

오보에

백미	1두 7승 5합
된장	6승 6합

醬油	壹升七合
酢	壹升七合
塩	三升五合
酒	壹斗五合
油	壹升六合
蠟燭	六丁
茶	半袋
炭	三俵
薪	三拾五束
鯛	六枚

간장	1승 7합
식초	1승 7합
소금	3승 5합
술	1두 5합
기름	1승 6합
초	6자루
차	반 봉지
숯	3표
장작	35묶음
도미	6장

蚫　　　　拾盃
さゝい　　六拾
かも　　　三羽
王餘魚　　三ツ
にハとり　六羽
大根　　　六拾本
ねふか　　六把
みかん　　百
右一日分
馬五疋之かい口之覺

전복　　　10개
소라　　　60개
오리　　　3마리
가자미　　3마리
닭　　　　60마리
무　　　　60개
파　　　　6묶음
귤　　　　100
위는 하루 분량
말 5필의 먹이 기록

大豆　　　壹斗五升
米　　　　五升
ひゑ　　　壹斗

右一日分

鷹廿四居之餌之覺

はと　　三拾

右一日分

寛永十三丙子　　本田甲斐守內

霜月三日　　近藤孫次右衛門

丹羽善太夫

콩　　1두 5승

쌀　　5승

피　　1두

위는 하루 분량

매 24마리의 먹이 기록

비둘기　　30

위는 하루 분량

간에이 13 병자　　혼다 가이노카미의 가신

11월 3일　　곤도 마고지에몬(近藤孫次右衛門)

니와 젠다유(丹羽善太夫)

宗對馬守樣御內

小川加賀右衛門殿

右之所二日逗留, 其賄每日如斯.

覺

白米　　壹斗七升五合

味噌	六升六合
醬油	壹升七合
酢	壹升七合
塩	三升五合
酒	壹斗五合

소 쓰시마노카미님의 가신

오가와 가가에몬님

위의 장소에 이틀 동안 체류했을 때 매일 이와 같이 식량을 지급했음.

오보에

백미	1두 7승 5합
된장	6승 6합
간장	1승 7합
식초	1승 7합
소금	3승 5합
술	1두 5합

油	壹升六合
蠟燭	六挺
茶	半袋
鯛	六枚
にハとり	三羽
かも	三羽
大根	六拾本

ねふか　三把
牛房　三把
薪　貳拾把

기름　1승 6합
초　6자루
차　반 봉지
도미　6장
닭　3마리
오리　3마리
무　60개
파　3묶음
우엉　3묶음
장작　20묶음

炭　三俵
みかん　百五拾
右一日分
馬五疋之かい口之覺
大豆　壹斗五升
白米　五升
籾　五升
わら　拾束
右一日分
鷹廿四居餌之覺

숯　　　　　3표

귤　　　　　150

위는 하루 분량임.

말 5필의 먹이 기록

콩　　　　　1두 5승

백미　　　　5승

쌀겨　　　　5승

짚　　　　　10묶음

위는 하루 분량임.

매 24마리의 먹이 기록

はと　　　　貳拾

にハとり　　四羽

右一日分.

寛永十三丙子　　　青山大藏內

霜月三日　　　　　　田中兵左衛門

　　　　　　　　　　縣新左衛門

宗對馬守樣御內

小川加賀右衛門殿

覺

白米　　　　四斗三升七合

비둘기　　　20

닭　　　　　4마리

위는 하루 분량임.

간에이 13 병자 아오야마 오쿠라[노쇼]의 가신

11월 3일 다나카 효자에몬

아가타 신자에몬

소 쓰시마노카미님의 가신

오가와 가가에몬님

오보에

백미	4두 3승 7합

味噌	壹斗六升五合
塩	八升七合
醬油	四升三合
酢	四升三合
酒	貳斗五升貳合
油	三升貳合
蠟燭	拾貳丁
茶	貳袋
鯛	拾枚
さわら	三本

된장	1두 6승 5합
소금	8승 7합
간장	4승 3합
식초	4승 3합
술	2두 5승 2합
기름	3승 2합

초	12자루
차	2봉지
도미	10마리
삼치	3마리

あわひ	拾五盃
雉子	四羽
かも	三羽
大根	七拾本
ねふか	五把
牛房	五把
ゆす	貳ツ
みかん	四百
炭	貳俵
薪	五拾把

전복	15개
꿩	4마리
오리	3마리
무	70개
파	5묶음
우엉	5묶음
유자	2개
귤	400
숯	2표

장작　　　　50묶음

とうしん　　　壹把

右二日半之分.

寛永十三年丙子　　　　　　　豊嶋十左衛門內

霜月六日　　　　　　　　　　　　津田治太夫

末吉孫左衛門內

下村孫三右衛門

宗對馬守様御內

小川加賀右衛門殿

鷹廿四折之餌·馬五疋之秣, 大坂御代官衆·

豊嶋十左衛門殿·住吉孫左衛門殿ゟ被仰付候.

도신　1묶음

위는 이틀 반 분량.

간에이 13년 병자　　　　　　도시마 주자에몬의 가신

11월 6일　　　　　　　　　　　쓰다 지다유

스에요시 마고자에몬의 가신

시모무라 마고산에몬

소 쓰시마노카미님의 가신

오가와 가가에몬님

매 24마리와 말 5필의 먹이에 관해서는 오사카의 다이칸들·도시마 주자에몬님·스미요시 마고자에몬님이 지시하셨다.

『관영병자신사기록』 13

朝鮮信使記錄卷之十三

寬永十三年朝鮮之信使來幣之時, 御返禮之覺

一. 金大屛風	壹雙
一. 金小屛風	壹雙
一. 蒔繪硯箱	貳ツ
一. 大繪鏡	貳ツ
一. 紫皮	壹枚
一. しやうふ皮	貳枚
一. 糸まき皮	貳枚

조선신사기록권지십삼

간에이 13년 조선 신사의 선물에 대한 답례 기록

一. 금대병풍[1] 1쌍

一. 금소병풍 1쌍

一. 시회연갑[2] 2개

一. 대회경[3] 2개

一. 자피(紫皮)[4] 1장

一. 창포피[5] 2장

一. 사권피[6] 2장

右三官使各錄.

一. 金小屛風 壹雙

一. 蒔繪鏡臺 貳ツ

右者洪同知江遣之.

一. 金小屛風 壹雙

---

1 종이처럼 얇은 금박을 한 면에 붙여서 채운 병풍. 금병풍(金屛風). 일본에서 만든 것이 더 화려했고, 특히 금박으로 만든 첩금병풍(貼金屛風)은 여러 차왜를 통해 진헌하는 대표적인 물품이었다.

2 마키에(蒔繪) 기법으로 장식한 벼룻집. 마키에란 옻 공예의 하나. 옻으로 문양을 그리고 아직 마르지 않았을 때 가루를 뿌려 부착시켜서 문양을 나타내는 것. (『日本國語大辭典』)

3 크고 둥근 거울. 김세렴의 『해사록』 1637년 2월 22일 자에는 '대원경(大圓鏡)'으로 기록되어 있다.

4 미상. 자색으로 물들인 가죽으로 추측됨.

5 창포혁(菖蒲革). 바탕을 쪽(藍)으로 염색하고, 풀과 꽃문양을 곳곳에 하얗게 배치한 사슴 가죽. (『日本國語大辭典』)

6 미상. 이토마키(糸巻) 문양이 들어간 가죽으로 추측됨. 김세렴의 『해사록』 1637년 2월 22일 자에는 위의 창포피, 자피와 함께 '色革五片'으로 기록되어 있다.

一. 蒔繪提鍋　　壹ツ

一. 蒔繪硯箱　　壹ツ

右姜僉知江遣之.

一. 金小屛風　　壹雙

一. 蒔繪提鍋　　壹ツ

위는 삼관사 각각

一. 금소병풍　　1쌍

一. 시회경대[7]　　2개

위는 홍동지에게 주었음.

一. 금소병풍　　1쌍

一. 시회제과[8]　　1개

一. 시회연갑　　1개

위는 강첨지에게 주었음.

一. 금소병풍　　1쌍

一. 시회제과　　1개

一. 蒔繪硯箱　　壹ツ

康判事

右, 李判事　　各錄遣之.

---

7 덮개 안쪽에 거울을 부착하고 화장품 및 화장도구를 넣도록 서랍을 만들어 꾸민 소형 가구로, 지지대가 있는 거울과 각종 화장품, 빗, 꾸미개, 실, 수건 따위를 넣을 수 있는 서랍을 갖춘 모양이다. (『대일외교사전』)

8 술병. 김세렴의 『해사록』 1637년 2월 22일 자에는 '提壺'로 기록되어 있다.

尹判事

一. いぼ懸硯　　　壹ツ

右, 馬藝貳人各錄.

一. いほ懸硯　　　壹ツ

一. 大柄鏡　壹ツ

右, 醫師へ遣之.

一. いほ懸硯　　　壹ツ

一. 시회연갑　　1개

강판사[9]

위는 이판사[10]　　　　각각 주었음.

윤판사[11]

一. 이보현연[12]　　1개

위는 마상재 곡예사 2명[13]에게 각각 [주었음].

一. 이보현연　　1개

一. 대병경[14]　　1개

---

9 강우성(康遇聖).

10 이장생(李長生).

11 윤대선(尹大銑).

12 괘연(掛硯)이라고도 한다. 괘연은 패물 등 귀중품을 넣어 두기 위하여 여닫이 문 안에 여러 개의 서랍을 설치한 일종의 금고이다. (『대일외교사전』) 또한 '이보(いぼ)'는 일본어로 표면에 작은 돌기들이 튀어나와 꺼끌꺼끌한 상태를 말한다. 표면을 거칠게 만든 괘연인 것으로 추측된다.

13 백천룡(白天龍)과 최귀현(崔貴賢). (『대일외교사전』)

14 병경(柄鏡, 에카가미)이란 손잡이가 달린 둥근 거울

위는 의사[15]에게 주었음.

一. 이보현연　　1개

一. 蒔繪硯箱　　壹ツ

一. 大柄鏡　　壹ツ

學士

繪士

梅院

右,　　各錄

西湖

東山

白眉

一. いほ懸硯　　壹ツ

右,　　馬醫壹人

學者六人　　遣之各錄

一. 시회연갑　　1개

一. 대병경　　1개

학사[16]

15 통신사 일행으로 파견된 의원(醫員) 혹은 의관을 일본에서 부르던 명칭. 1636년 통신사에는 한언협(韓彦協), 백사립(白士立) 등이 파견되었다. (『대일외교사전』)

16 제술관을 일본에서 부르던 명칭. 통신사행 때 전례문(典禮文) 등을 지어 바치는 임시 벼슬. 문장이 뛰어난 사람 중에서 선발했고, 정사가 타고 가는 제일선에 배속되었다. 여기서는 권식(權侙)을 말함. (『대일외교사전』)

회사[17]

매원[18]

서호[19]

동신[20]

백미[21]

위는 각각[에게 주었음].

一. 이보현연 1개

마의[22] 1명

학지[23] 6명

위는 각각에게 주었음.

一. 丹木 千斤

一. 明礬 三百斤

右, 上官·次官中ニ遣之.

一. 丹木 千斤

一. 明礬 三百斤

17 사행시 그림 그리는 일을 맡았던 화원(畫員)을 일본에서 부르던 명칭. 주로 일본의 문화적 수요에 응하고, 나아가 조선의 문화적 역량을 과시하는 것을 목적으로 파견되었다. 여기서는 김명국(金明國)을 말한다. (『대일외교사전』)

18 능서관(能書官) 전영(全榮).

19 사자관(寫字官) 박지영(朴之英).

20 서사(書寫) 조정현(趙廷玹).

21 상사서기(上使書記) 문홍적(文弘績).

22 한천상(韓天祥).

23 악공(樂工)의 일본 측 명칭인 악자(樂者)의 오타로 추정. 악공으로는 홍봉원(洪鳳元), 박허롱(朴許弄), 안맛손(安𢘿孫), 전군상(全君尙), 정윤박(丁潤璞), 설의립(薛義立)이 파견되었음.

右, 中官中へ遣之.

一. 小丹木　千斤

一. 明礬　　三百斤

右, 下官中へ遣之.

一. 단목[24]　　1,000근

一. 명반[25]　　300근

위는 상관 및 차관들에게 주었음.

一. 단목　　1,000근

一. 명반　　300근

위는 중관들에게 주었음.

一. 소단목　　1,000근

一. 명반　　300근

위는 하관들에게 주었음.

一. 金大屛風　　壹雙

一. 蒔繪硯箱　　貳ツ

一. 蒔繪提鍋　　壹ツ

一. 桐文紙　　千枚

---

24 속이 붉은 교목(喬木)의 일종. 속의 붉은 부분은 목홍(木紅)이라 하는 안료(顔料)의 재료로 쓰임. 홍색 물감과 약재로 주로 쓰이며, 뿌리는 황색 물감으로 쓴다. (『대일외교사전』)

25 무색투명의 결정으로 매염제나 제지(製紙)에 쓰이며, 모직물이나 비단 염색에는 꼭 필요한 물질이다. 백반(白礬)이라고도 한다. (『대일외교사전』)

一. 本丹木　　五百斤

右, 禮曹江遣之.

一. 金小屛風　　壹雙

一. 蒔繪文匣　　貳ツ

一. 蒔繪提鍋　　貳ツ

右, 東萊江遣之.

一. 금대병풍　　1쌍

一. 시회연상[26]　　2개

一. 시회제과　　1개

一. 동문지[27]　　1,000장

一. 본단목　　500근

위는 예조에 보냄.

一. 금소병풍　　1쌍

一. 시회문갑[28]　　2개

一. 시회제과　　2개

위는 동래부사에게 보냄.

一. 蒔繪提鍋　　壹ツ

26 벼룻집(硯匣)과 같음.

27 오동나무 문양을 넣은 종이.

28 문서와 문구 등을 넣어두거나 일상용품이나 완상품(玩賞品)을 진열하는 목가구. (『대일외교사전』)

一. 蒔繪硯箱　　　　貳ツ

一. 桐文紙　　　　　五百枚

右, 釜山江遣之.

以上

一. 시회제과　　1개

一. 시회연상　　2개

一. 동문지　　　500장

위는 부산첨사에게 보냄.

이상

『관영병자신사기록』 14

朝鮮信使記錄卷之十四

寬永十三年丙子十二月十三日, 朝鮮人御禮ニ登城之次第

一. 三使, 巳ノ下刻登　城, 三之丸之橋之際之御門ニ而, 樂を止る.

一. 二之丸御門より手輿を下ル. 但, 輿ニやねなし.

一. 朝鮮人殿上間ニ着. 但, 上段ハかこふてあり.

一. 將軍家出御. 御裝束, 御烏帽子·直衣.

一. 朝鮮王之進物を, 御緣ニ配列ス. 此時宗對馬守,

조선신사기록권지십사

간에이 13년 병자 12월 13일, 조선인이 의례를 위해 등성했을 때의 양상.

一. 삼사가 사하각[1]에 등성하여 산노마루[2]의 다리 끝에 있는 문에서 음악을 멈췄다.

一. 니노마루 문에서 가마를 내렸다. 단, 가마에 지붕은 없었다.

一. 조선인이 덴조노마에 도착했다. 단, 상단은 [발(簾)]로 둘러싸여 있었다.

一. 쇼군 가문의 분들이 나오셨다. 예복은 에보시(烏帽子)[3]와 노시(直衣)[4]를 갖춰 입으셨다.

一. 조선왕의 선물을 툇마루에 배열했다. 이때 소 쓰시마노카미가

國王之書を持て, 下段之間ニ跪く. 吉良少將, これ

を受取て, 御座之御左之脇ニをく.

一. 三使, 中之上段ニ而, 兩度禮拜, 連拜, 東三拜了て

---

1 오전 10시 20분~11시.

2 에도성의 외곽(外郭)을 구성하고 있으며, 정문인 오테고몬(大手御門)이 이곳에 있었다. 〈참고 자료 3〉

3 성인 남성이 쓰던 모자의 일종. 검게 칠한(烏塗) 모자(帽子)라는 뜻. (『日本國語大辭典』)

4 천황, 대신 등 공경(公卿)의 평상복. 호(袍)라는 의관과 같은 형태로 에보시(烏帽子), 사시누키(指貫)와 함께 착용했다. 의관과 달라서 위계(位階)에 의한 색 규정이 없어서 잣포(雜袍)라고 불린다.

(그림 출처: https://japanknowledge.com/lib/display/?lid=2001014385300)

下段ニ座ニ着ク. 東之ふすま彰子之際也. 井伊掃部頭·松平下総守·土井大炊頭·酒井讃岐守, 四人共ニ束帯を以, 信使太儀ニ来れる由を仰ス. 宗對馬守, 仰を承て通事ニ云ふ. 通事, 三使之一人宛之前ニ而, 其由を申ス. 通事, 又三使之返答を, 一人ツヽ之前ニ而きひて, 宗對馬守ニ御意忝之由を申ス.

국왕의 서한을 가지고 하단에서 무릎을 꿇었다. 기라 소쇼(吉良少將)가 이를 받아 들고 쇼군이 앉으신 자리 왼쪽 옆에 두었다.

一. 삼사가 가운데 상단에서 두 번 배례, 연배, 동삼배를 마치고 하단 자리에 앉았다. 동쪽 후스마 장지[5] 끝이었다. 이이 가몬노카미·마쓰다이라 시모우사노카미·도이 오이노카미·사카이 사누키노카미, 4명 모두 예복을 입고, 신사가 고생스럽게 오셨다고 말하셨다. 소 쓰시마노카미가 말씀을 듣고 통사에게 전했다. 통사가 삼사 한 사람 한 사람 앞에서 그 말을 전했다. 통사가 다시 삼사의 답변을 한 사람 한 사람 앞에서 듣고서 쓰시마노카미에게 감사의 뜻을 전했다.

對馬守, 卽掃部頭·下総守·大炊頭·讃岐守ニ其由を申せは, 右之四人進出て其由を言上せらる.

一. 御杯·御引わたし, 御前ニすハる. 三使之前ニ茂同引渡し, すわる. 大澤侍従御酌, 吉良侍従御加, 御杯を正使ニ被下. 中之上段, 正使, 御杯を跪て

5 방의 구역 구분을 위해 설치한 장지문.

請取て起て戴く. 座して又いたて, 酒を
うけて, これをのむ. 杯を持て本の座にかへる.
副使·従使, これに同し. 御前之引渡を取り,
同三使之前にもとる. 次又四人を召て, 日光へ
參之由, 御満足之旨を仰ス. 對馬守, 仰を承て

쓰시마노카미가 바로 가몬노카미 · 시모우사노카미 · 오이노카미 · 사누키노카미에게 그 뜻을 전하자, 위의 4명이 [쇼군 앞으로] 나와 그 내용을 아뢰었다.

一. 술잔과 히키와타시[6]가 어전에 놓였다. 삼사 앞에도 마찬가지로 히키와타시가 놓였다. 오자와 지주(侍従)[7]가 술을 따르고, 기라 지주가 술을 잔에 더하신 뒤 술잔을 정사에게 건네셨다. 가운데 상단에서 정사가 술잔을, 무릎을 꿇은 상태로 받아 일어나서 받들었다. [정사가] 앉은 뒤 술을 받아 마셨다. 술잔을 들고 본래 자리로 돌아갔다. 부사와 종사도 이와 같았다. [소 쓰시마노카미가] 어전의 히키와타시를 들고 마찬가지로 삼사 앞으로 돌아왔다. 다음으로 [쇼군이] 다시 4명을 불러, [통신사가] 닛코를 참배하기로 하여 기쁘다고 말씀하셨다. 쓰시마노카미가 말씀을 듣고

通事ニ云ふ. 其儀如前.
一. 三使立て中段にあかつて再拜, 連拜. それfar
次之殿江行く. 其間ニ王之進物を引, 三使之進物を
又御緣にならぶ. さて三使來て, 下段ニ而兩度

6 으뜸 상(本膳)에 술잔 3개를 곁들인 상차림. 또는 산보(三方, 나무 상)에 노시(熨斗, 말린 전복), 가치구리(勝栗, 말린 밤), 다시마를 올린 것. (『日本國語大辭典』)

7 오자와 모토시게(大澤基重).

再拜し了て, 座に着. 御緣之進物を引.

一. 上々官二人, 下段ニ而兩度再拜, 次之殿に至る.

一. 上官, 御緣ニ而兩度再拜.

一. 中官, 落緣ニ而兩度再拜.

一. 下官, 庭中ニ而兩度再拜. *庭中兩の脇に, 警蹕之者二人立て, 禮の聲を呼. 左之方ハ禮せよと, 右者立とよはふ. 但, 警蹕之字, 用所不當候. 引禮之字ニて可有之候.*[8]

통사에게 말했다. 이는 앞과 같았다.

一. 삼사가 일어나 중단에 올라가 재배, 연배했다. 그러고 나서 쓰기노마로 갔다. 그 사이에 [조선] 국왕의 선물을 다시 툇마루에 늘어놓았다. 그리고 삼사가 와서 하단에서 두 번 재배를 마치고 자리에 앉았다. 툇마루의 선물을 치웠다.

一. 상상관 2명은 하단에서 두 번 재배하고 쓰기노마로 이동했다.

一. 상관은 툇마루에서 두 번 재배했다.

一. 중관은 오치엔에서 두 번 재배했다.

一. 하관은 정원에서 두 번 재배했다. *정원 양쪽 끝에 경호(警蹕)하는 사람 두 명이 서서 의식을 진행하는 목소리를 냈다. 왼쪽 사람은 절하라고 했고, 오른쪽 사람은 일어나라고 했다. 단, '警蹕'라는 글자를 쓸 부분이 아니다. 의식을 인도할 때 쓰는 글자일 것이다.*

一. 三使又立て, 兩度再拜して, 又次之殿に行く. 此時

掃部頭·下総守·大炊頭·讚岐守を御使として

8 원문에서 이 문장은 다른 글자보다 작은 글자로 기재된 일종의 보충 설명문이다. 보통 크기의 글자와 구분하기 위해 편의상 기울임체로 처리했다. 이 문장 뒤에 나오는 기울임체도 마찬가지이다.

被遣, 對馬守ニ仰を, それより三使に達す.

御振廻之事也. 上々官以下ハ, 次之殿ニて, 御振舞有り.

一. 上段之御簾下ル. 尾張大納言殿, 裝束衣冠ニかさね, 下段之西に立て東に向ふ. 水戶中納言殿, 裝束ハ与大納言同し同立てり. 三使揖する事二度, 大納言·中納言, 揖一度して, 但少し即座す, 其向ひに正使·副使·從使, 座に着く.

一. 五之膳すハる. 湯を片口二ツにつき來て, 大納言とのと

一. 삼사가 다시 일어서서 두 번 재배하고, 다시 쓰기노마로 갔다. 이때 가몬노카미·시모우사노카미·오이노카미·사누키노카미를 사자로 보내서 쓰시마노카미에게 말씀을 전하고, 그다음에 삼사에게 전달했다. *향응에 관한 것이었다. 상상관 이하는 쓰기노마에서 향응이 있었다.*

一. 상단의 발이 내려왔다. 오와리 다이나곤님이 장속에 의관을 갖추고, 하단 서쪽의 서서 동쪽을 향했다. 미토 주나곤님이 장속은 다이나곤님과 같음, 똑같이 섰다. 삼사가 읍(揖)하길 두 번이었고, 다이나곤과 주나곤은 한 번 읍하고, 단 바로 자리에 앉음, 그 맞은편에 정사·부사·종사가 자리에 앉았다.

一. 고노젠[9]이 놓였다. 데운 술을 가타쿠치[10] 두 개에 담아 와서, 다이나곤님과

正使とに, 二ツにわかれてつく. 次第につぎ下す.

一. 杯を持來て, 膳前にすゆる. 吸物を持來て, 又膳

---

9 정식 일본요리 구성인 혼젠요리(本膳料理)에서 가장 정성을 들이는 대접을 위해 마지막에 나오는 요리 구성. (『廣辭苑』)

10 주둥이가 하나만 달린 술을 따르는 도구. (『廣辭苑』)

之前にすゆる.

一. 初獻 大納言 正使 中納言 副使 從使

一. 二獻 中納言 正使 大納言 副使 從使

一. 三獻 大納言 中納言 正使 副使 從使

三獻にて湯は前のことく片口二ツにつく. 膳引て菓子いづ. 菓子引て後に三使立て揖することニ度して退出.

諸大名并諸大夫, 皆衣冠也.

정사에게 둘로 나누어 따랐다. 차례로 따랐다.

一. 술잔을 가져와 상 앞에 놓았다. 장국을 가져와 또 상 앞에 놓았다.

一. 첫 번째 잔 다이나곤 정사 주나곤 부사 종사

一. 두 번째 잔 주나곤 정사 다이나곤 부사 종사

一. 세 번째 잔 다이나곤 주나곤 정사 부사 종사

세 번째 잔에서 데운 술은 전과 같이 가타쿠치 2개에 부었다. 상을 물리고 과자가 나왔다. 과자를 물리고 난 뒤 삼사가 일어서서 읍하기를 2번 하고 퇴장했다. 여러 다이묘와 다이부(大夫)[11]들이 모두 의관을 갖췄다.

11 오위(五位)의 위계를 수여 받은 하타모토(旗本) 등의 무사.

참고 자료 1 | 에도성 평면도 1

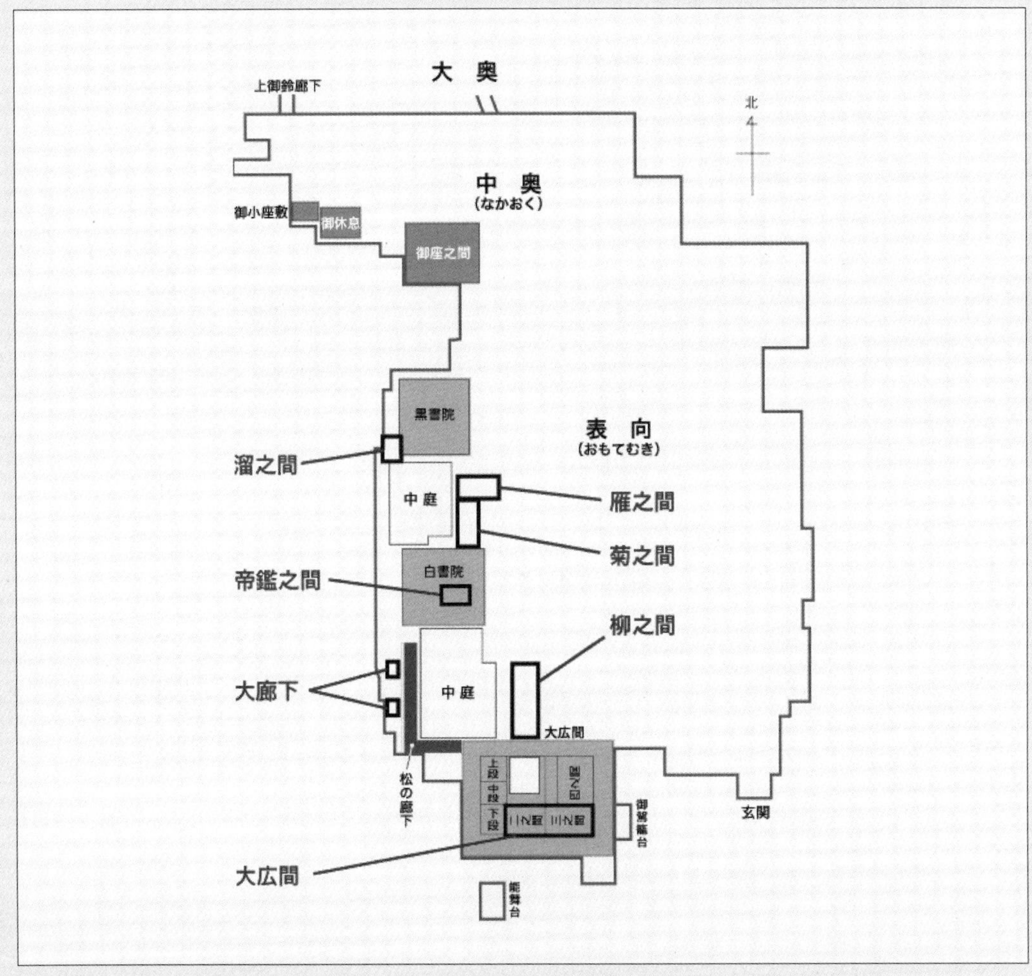

위 그림은 에도성 혼마루고텐(本丸御殿)의 내부 구조를 간략화한 것이다. 그림에서 가장 아랫부분의 커다란 회색 공간이 오히로마(大廣間)와 히로마(廣間)이다. 히로마는 왼쪽이 조단(上段), 추단(中段), 게단(下段)으로 나뉘어 있고, 계단 옆의 니노마(二之間), 산노마(三之間), 욘노마(四之間)가 나카니와(中庭)를 둘러싸는 형태로 되어 있다. 에도성 안에서의 통신사 의례는 이 오히로마(大廣間)에서 거행되었다.

혼마루고텐은 쇼군의 주거공간이자 막부의 정무와 의례를 행하는, 에도성에서 중심적인 역할을 하는 공간이었다. 혼마루는 3개의 구역으로 나뉘어 있었다. 그림의 중간에서 아래에 해당하는 오모테무키(表向)에는 쇼군 알현, 막부 관리들의 집무에 사용하는 공간이 위치하고, 그 뒤의 나카오쿠(中奥)는 쇼군의 사적인 생활공간이며, 나카오쿠 뒤의 오오쿠(大奥)는 쇼군의 부인이나 시녀들이 생활하는 공간이다.

(https://wako226.exblog.jp/16483689/ 참조)

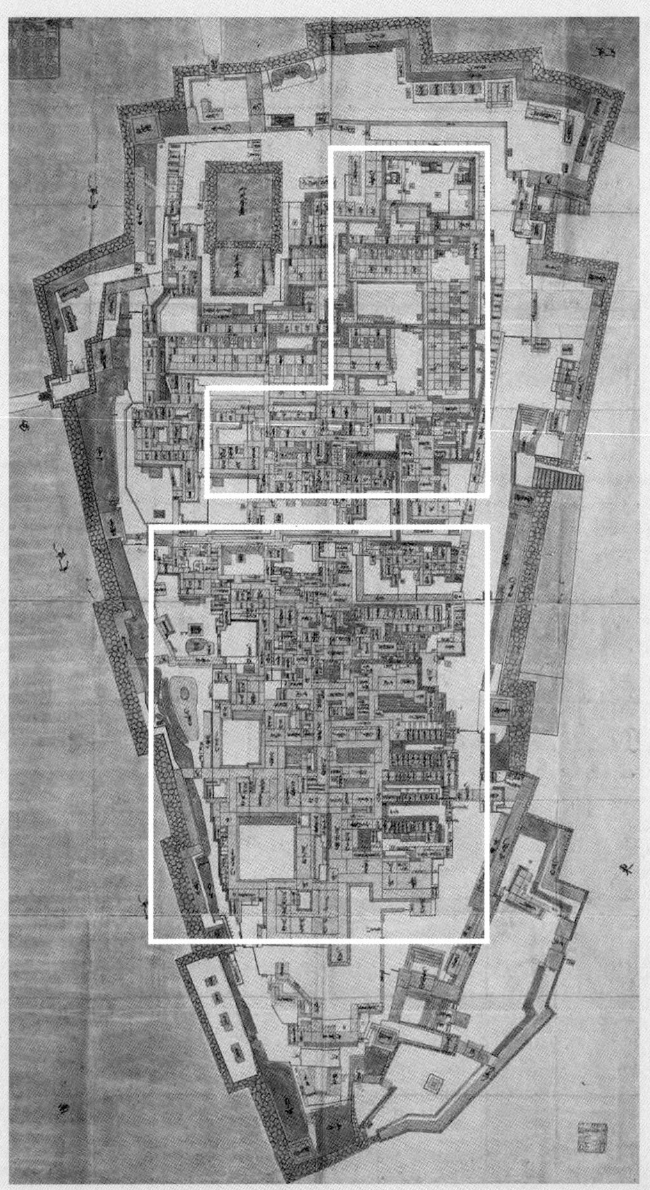

「江戸城御本丸御表御中奥御大奥総絵繪圖」

(중요문화재 「江戸城造營關係資料」)

쇼군의 주거이자 막부의 정청이기도 한 에도성 혼마루고텐(本丸御殿)은 에도 시대에 수차례 화재로 인한 소실과 재건이 반복되었다. 그림은 1657년 대화재(明暦の大火)로 소실되었다가 1659년에 재건된 혼마루 전체를 묘사한 평면도이다.

이 평면도는 남쪽에서 북쪽 방향으로 배열된 오모테, 나카오쿠, 오오쿠, 이 3구역이 각각 다른 색깔로 처리되어 있다. 아래 박스 안쪽이 막부의 중앙정청인 오모테와 쇼군의 주거공간인 나카오쿠이고, 위의 박스 안쪽이 오오쿠이다. 오모테와 나카오쿠는 엄밀하게 분리되어 있지 않지만, 나카오쿠와 오오쿠 사이에는 벽이 있고 '오스즈로오카(お鈴廊下)'라 불리는 2개의 복도로만 연결되어 있었다.

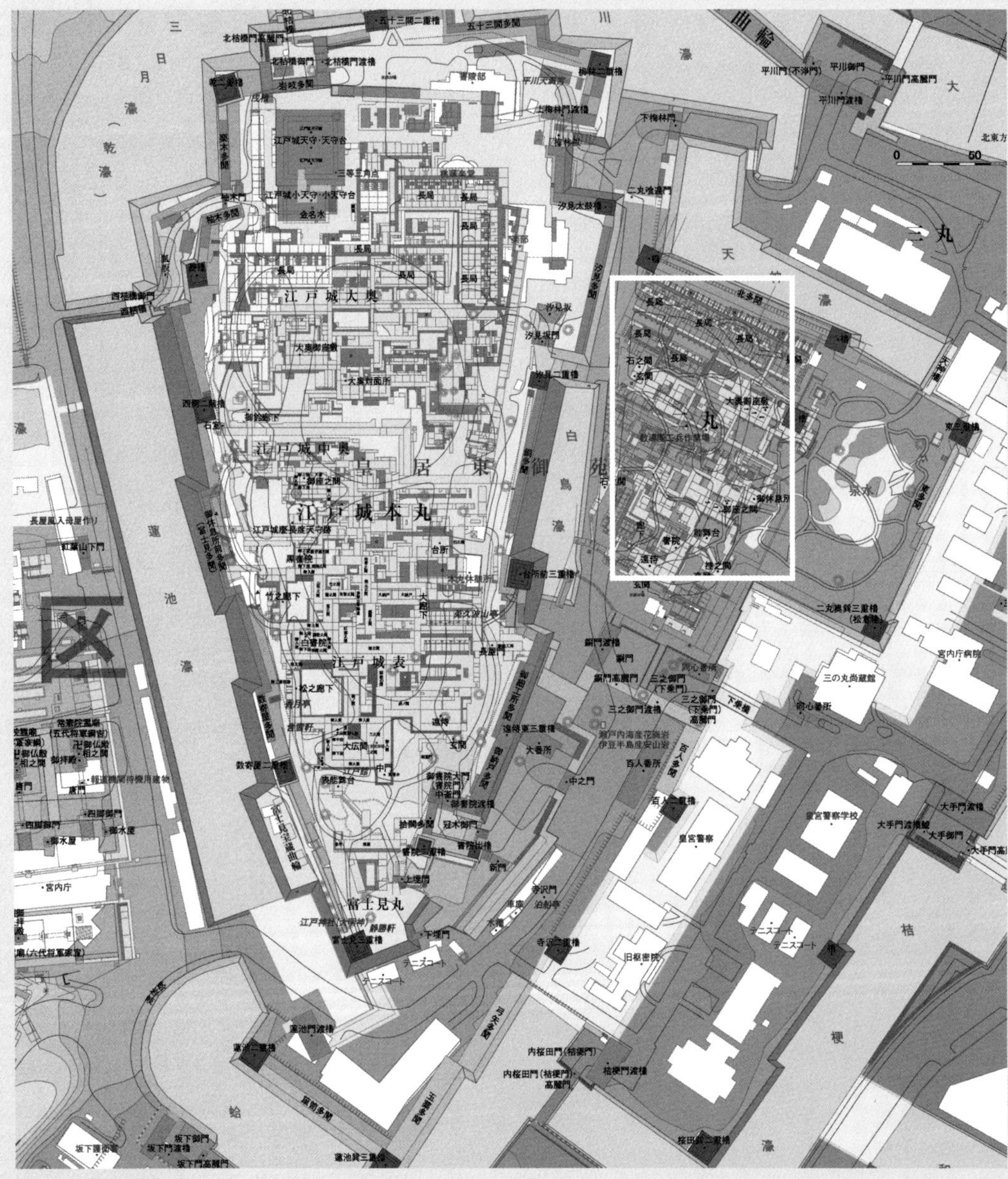

「江戸城寬永度繪圖」

제목은 '寬永期(1624~1643)의 에도성'이라고 되어 있지만 실제로 이 그림은 万治期(1658~1660)의 모습을 그린 것이라고 한다. 그림 한 가운데가 에도성 혼마루(本丸), 혼마루 오른쪽 박스 부분이 니노마루(二丸), 니노마루에서 사선으로 오른쪽 위가 산노마루(三丸)이다.

(http://www.max.hi-ho.ne.jp/khori/Edo_castle_plan.htm 참조)

참고 자료 4 | 에도성 히로마(廣間) 전경

오히로마 측면도

오히로마 정면도

오히로마는 에도성 안에서 가장 큰 서원(書院)이다. 쇼군 임명 의식, 부케쇼핫토(武家諸法度) 발포, 새해 정월의 배하(拜賀) 등 공적 행사를 행하던 가장 격식이 높은 고텐(御殿)이다. 가장 높은 자리인 조단노마(上段之間, 측면도의 가장 왼쪽 공간)에 쇼군이 북쪽을 등지고, 추단노마(中段之間)와 게단노마(下段之間)를 향해 앉는다. 각각 단차가 있어서 가장 높은 조단노마는 게단노마보다 42㎝ 높다. 권위를 연출하는 공간인 오히로마에서는 다이묘가 앉는 장소가 격식에 의해 엄격하게 정해져 있었고, 추단노마, 게단노마, 니노마(二之間), 산노마(三之間), 욘노마(四之間), 고노마(五之間), 난도(納戸)가 나카니와(中庭)를 둘러싸는 형태로 총 500조(畳)로 구성되어 있었다. (https://wako226.exblog.jp/16483689/ 참조)

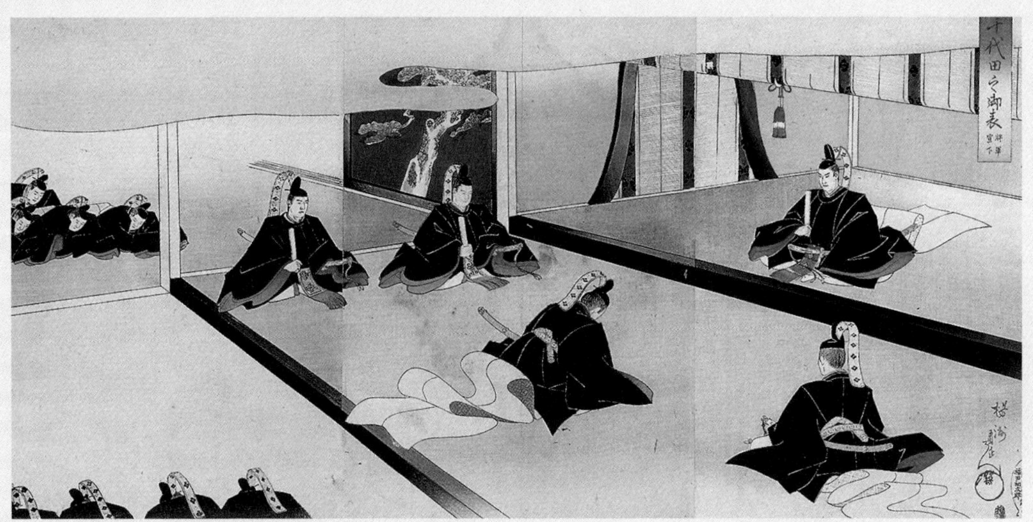

「千代田之御表」(楊州周延畵)

1636년 조선통신사 기록

사료 원문

『관영병자신사기록』 5

表紙

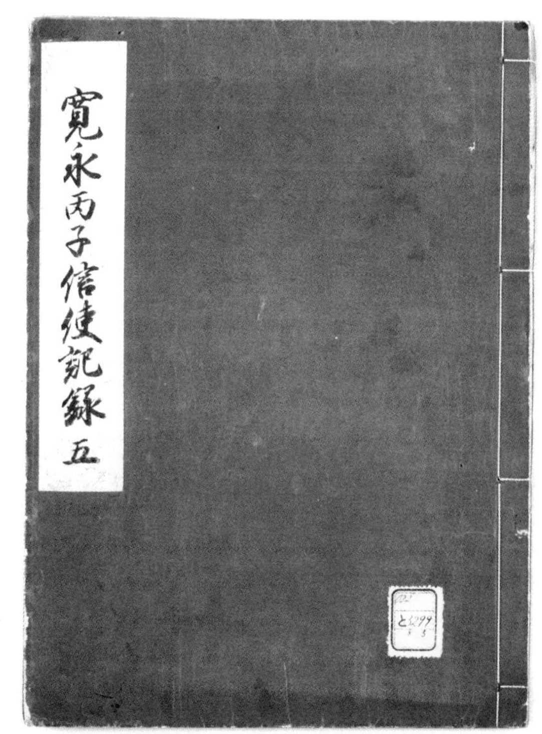

朝鮮信使記録巻之五　信使来聘登城日光参詣

一　信使一行之人数從行録ニ書付有リ以写之記之

正使通政大夫兼政院同副承旨知製教兼經筵參贊官春秋館修撰官任絖

副使通訓大夫行弘文館應教知製教兼經筵侍講官春秋館編修官世子侍講院輔德金世濂

從事通訓大夫行司憲府執義知製教兼春秋館記注官黄㦿

上々官

嘉善大夫同知中樞府事洪喜男

折衝大夫僉知中樞府事姜渭賓

上官

中直大夫司譯院僉正康遇聖

奉正大夫司譯院僉正李長生

奉列大夫司譯院僉正尹大銑

中直大夫前會寧判官朴弘疇

前鎭川縣監李惟澗

前所斤僉使金子文

朝散大夫通禮院引儀景大裕

張文俊

訓鍊院習讀趙迁命

忠佐衛部將鄭漢驥

前造山萬戸李浣

忠義衛副司果任紈

奉正大夫前黄州判官金光立

行玉浦萬戸白士哲

前青水萬戸崔成及

忠武衛副司果李俊望

權瓊

尹愛信

尹涯

金繼猷

學士
中直大夫詩學教官權侙

唐通事
奉正大夫司譯院教授皮得忱

判事
司譯院判官韓相國

物書
講肄習讀文弘績

薛義立

林許弄

安起孫

金群祥

侍者　五人

中官一百五十五人

下官二百六十七人

一 寛永十三丙子十月六日之夜丑刻從對馬鹿脚[illegible]出船之
今度信使船渡海、依波高依須奈へ着船[illegible]
正使乗船之船板少し損し候由申來

一 平生往還之津ハ對馬[illegible]風悪敷候故依須奈へ着之
由也

一 同七日三使[illegible]依須奈[illegible]信使[illegible]
[illegible]相尋候[illegible]上々官文判事中[illegible]信使
[illegible]

一 同八日去六日信使[illegible]渡海之[illegible]江戸表[illegible]中[illegible]

京都大坂[illegible]
[illegible]松田[illegible]
同日古川式部[illegible]
[illegible]別紙[illegible]大坂町[illegible]
同日亥刻江戸表[illegible]
久貝因幡守[illegible]
[illegible]

一 [illegible]　公方様[illegible]
[illegible]去十三日[illegible]相[illegible]
一 [illegible]浦對馬[illegible]相[illegible]日限[illegible]

[illegible]加判[illegible]

九月十三日

堀田加賀守

阿部豊後守

土井大炊頭

宗對馬守殿

大坂町[illegible]

一 [illegible]
十七日[illegible]
[illegible]信使[illegible]

可然樣ニ御披露候

九月廿八日

久貝因幡守
稲垣攝津守
阿部備中守

宗對馬守殿

〃 [illegible]

[illegible]

[illegible]

[illegible]

月日

因幡守

從大坂

備中守

青山大藏少輔領分　尼崎 兵庫
松平[illegible]領分　明石
[illegible]領分　室
松平[illegible]領分　牛窓 下津井
水野日向守領分　鞆
松平安藝守領分　鎌刈
松平長門守領分　上ノ関 下ノ関
小笠原右近大夫領分　小倉

松平[illegible]領分　藍島
松浦肥前守領分　壱岐

右船次第替申

一 同九日信使[illegible]

〃 [illegible]

一 同十日信使[illegible]

〃 [illegible]

[illegible]

一 同十一日信使[illegible]

[illegible]

一 同十二日[illegible]

〃 [illegible]

[illegible]

[illegible]

[illegible]

[illegible]

〃 [illegible]

〃 [illegible]

〃 [illegible]

別紙ニ記し

一 同十三日日本ニ而国法之條目書付ヲ以三使へ差遣申候事
右ハ国法を犯し申様ニ而…相守候様ニ三使より返答越候
他国へ参り其国之禁制を乱り候ハ、右本ニし法式ニ而…
委細ニ而知らせ[illegible]…知り上へ通し候様ニ入申候…
請取其書付ヲ以[illegible]掛ケ候間、右書付ヲ記し

朝鮮國信使之製規

一 行中專以嚴肅為主一依軍中諸事肅行

一 行中如有言笑出聲者依軍中喧譁律

一 決棍
行中如有不從約束者為先決棍以重軍法

一 正官中官先正等級各盡禮敬無或混雜以駭彼人之瞻視裨將則各其廳行首規檢譯官以下諸負則堂上及上通事規檢每日輪定直日一人令各掌行中禮法及過失等事如有犯法者先治直日甚則并治行首上通事至於中官以下亦依此肅行

一 船上格軍每櫓定統將一人左右邊各定領將一人舡將主之有罪則治統領將軍卒有罪治孝訓導使令吹手有罪治牌頭負役奴子有罪各治其至旗纛槍釼等手使令吹手等行則成列立則成行不差一步冈敢或忽如有違令者依軍中失伍律棍打屢犯治次知軍官

一 法之不行必自上治行首及上通事各別盡心使有所畏戒

一 到處舍館屛席器皿切勿點汚破毁至於草木花草之類絕不得折傷蹂踐

一 到處一行人負並不得涕唾堂壁至於大小使旋必往定處不可汚穢

一 到處不可出入閭閻成群周覽奔走縱橫往來指示

一 出入女肆者論以重法發告者有賞

一 下人輩或折辱彼人之陪從者恣意凌轢至於鞭掠者有之云極為寒心一切禁

一 下人或與彼人鬪詰者勿論曲直各別
重杖
一 下人相鬪者分曲直從重科罪
一 下人有門處每夕點關鎖門
一 格軍尤甚無識各別峻治使不得違越
法
一 自前格軍以雜物分給一事大相鬪詰
云其爲無状莫甚於此格軍不足云通
官之罪亦已極矣首唱格軍及周事通
官俱施重法以快彼人所見

一 船隻之留置江口負役之從往
江戸既非一日一月之久凡百事爲必
多錯誤誠極可慮各別檢飭俾免彼人
指點
一 船上沙工無上外絶不得高聲言語
一 船之行止遲速一任沙工無上他人絶
不得指揮以亂其意
一 凡下人不得與彼人相昵
一 私貨賣來與彼人讚商者罪自有事目
各別畏勅俾免後悔

丙子十月日
一 同十四日西長老御同前ニ三使ハ為御見廻御出常ニ而信使屋へ御越
被成候御供之騎馬十二人古川内蔵助杉村三郎左衛門其外布衣着シ
麻上下着候御供仕候人二六人年寄中ハ長袴着シ御供鉄砲十挺弓十張
御長柄十本御持道具御持せ信使屋へ御着被成候三使階下迄出向ニ而縁
被罷出御迎候而互ニ御一揖有之御座へ御入被成　光雲院様ニハ東向ニ
御立被成三使西向ニ被立御対礼相済而三使御同前ニ曲彔ニ御掛り
被成候附人参湯被出其後御暇ニ被成候時三使初のことく落縁迄被出
送ル上々官以下ハ下り庭ニ而畏り居ル
〃 同日御帰り以後川縁上々官洪同知姜僉知御礼書ニ書翰

書翰持参仕候ニ付而平田将監請取シ差上候時右之上々官
二人へ被申候ハ許礼仕候相済而御座間ニ而御菓子御振舞其後御書院ニ
而御通シ被成候而御酒御振舞被成候相伴古川式部杉村伊織
相勤ル上々官退出之時ハ御送不被成候
一 同十五日信使屋へ御越シ為御礼使者康判事参上
〃 右康判事御礼之次第如例
〃 同日御使者大浦清兵衛ヲ以御持参被遣シル
〃 同日西長老ゟ三使へ書物ニ而相送ル
但西長老ゟハ蒔絵之重一組ニ菓子入レ而相送ル
璘西堂ゟハ杉重ニ菓子入レ而相送ル

〃 同日三使ゟ洪同知を以両長老江方物を相送ル、書ハ別紙ニ記し

人参壱斤　　色紙三巻　　油芚二張

花扇三柄　　白貼扇三柄　　黄毛筆二十柄

油煤墨十笏　　芙蓉香十枚　　芳椒子一百ケ

右両長老江同様ニ相添

一 同十六日

一 同十七日朝鮮人曲馬を騎り、其次ニ帆的を射ル、帆的ハ長サ一間ニ而、帆ハ大サ三間角也、其次ニ大矢を射ル、矢ハ根重サ三十目二町余を射ル、依之両長老同様ニ出而見物有之

光雲院様ニも御桟敷十八騎ニ而御見物ニ御出被遊、御鉄砲大挺也

〃 同日前月廿三日之飛船ゟ明後日釜山浦出船いたし候旨、飛船二艘方ニ相合候、別ニ訳官表之書中ニ様方并京都大坂江御案内之為上候訳使者ニ付信使附同前之依御案内ニ付右件使者出船十二日ゟ被差越候、雨天ニ付紅ニ仕立候訳使者ハ御暇来候之通、船中ニ而御船を不出大可被遊也

〃 同日三使ヘ御音物ニ付、書ハ別紙ニ記し

〃 同日三使ゟ使者李判事を以御音物被下、書ハ別紙ニ記し

一 同十八日以飛船ゟ信使ニ付御使者遣候、風ニ而欠候所、今日田代到着之ニ付江戸表御老中様方ヘ御奉書并大坂町御奉行所江も添状被為成候御返書ニ付御使者ニ御添状ニ而御老中書并御添状相添

案紙記し

一 去月十七日之御状一昨日相届致拝見候

一 御書中上様益御機嫌能被為成御座候之旨、奉恐悦候

一 其方去月十六日之千對州発足之由申上候旨ハ

一 朝鮮信使去月六日金山浦を出船、壱岐芳へ帰着を兼而ゟ渡海之旨許容之由、兼而以飛船御案信使渡海之節、其方罷越候由、被仰付ニ付而急度可被仕之通上聞ニ達候處ニ候、右委細ハ以飛脚申上候様、可被申候可被致候

一 信使朝鮮相渡候、別紙ニ委細之通、今日申達候

一 信使之大坂之瀬戸京都江御参着之節ハ、可有御存知、委細可入可被申入候

一 大坂京都之御旅館、前々之通御修復被仰付、右件之御ニ付能々可被相心得旨ニ候、何事も早々可申越候

恐々謹言

十月二日

堀田加賀守

阿部豊後守

松平伊豆守

土井大炊頭

宗對馬守殿
大坂御奉行かたへ御添物之案

一 筆令啓上候、去十七日之御状令拝見候、然者
返札并御書物被仰下候、然ハ信使對馬へ相添候て
當地御往還之御次第ニ付得其意候

十月廿日

久貝因幡守
稲垣摂津守
阿部備中守

宗對馬守殿

一 同十九日未刻、三使并上々官・上官・中官・下官ニ至迄

為御振舞御饗応之事候
〃 右御饗応之様子、御使者ハ多田源左衛門・唐坊佐左衛門ニ而候、
〃 三使之屏重門之外より下輿被仕、屏重門之内ニ而年寄中并
仁位民部・平田将監為御迎出被申候
〃 光雲院様長老御同前ニ広縁迄御迎ニ出候、三使と御一揖
被成候而、互ニ御座ニ被成着座、御対礼被成候、相済而上々官
上官判事御礼仕候、次官ハ広縁、中官ハ落縁、下官ハ御庭
より御礼仕候
〃 右御饗応様子ハ七五三之料理、御酒九献相済
曲彔を下り坐席ニ着座、酒宴被成候

〃 右酒宴之内、三使両長老と筆談有之、右之筆談三件也
一件ハ先ニ日本へ被参之節之儀式先例ニ相違之仕合候と
之事、二件ニハ信使帰国之節日割之儀ニ付、被成御留候
而ハ不成候之事、三件ニハ 光雲院様信使日光へ往還之節
御饗応ニ不及候而不成事、右之件を両長老ニ御耳入
候而、於御手前被致分別、両長老ゟも相応ニ挨拶有之相済候
西帰與之請作ニ有之、委細ハ別紙ニあり、略之候、請作ハ
別紙ニ記之
一 同廿日、晴天、西風、前日之御饗応之為御礼仕候
〃 同日従對馬國献上之馬鷹、對馬人相附先達而今日御礼

候付、小川加兵衛ニ相添候、馬鷹飼料等之儀ハ御前之御礼も無
之用意申候由也
〃 同日信使三使ゟ御饗応之為御礼、李判事被上候
一 同廿一日、三使方ゟ書簡被差越候、御返事之儀ハ 盛徳院様へ相談候や
一 同廿二日、正使ゟ船之様子、光政海之官少々損し候付、御前
修理可被仰付之由成就仕候
一 同廿三日、晴天
一 同廿四日、西風、廿日比ゟ信使之船ハ辰上刻ニ出船被成候
下刻ニ御出船、御家老・大膳ら信使逗留之浦口迄
候由也

〃 信使宿西本願寺ニおゐて七五三之御饗應也

〃 三使ニハ船ゟ西本願寺ゟ信使宿へ揚り二ノ膳上々官ゟ以下

信使屋へ揚り御饗應之支ケ様迎船ニ乗ル

〃 大坂西本願寺ニ而……

〃 西長老……

〃 公儀ゟ江戸表……

一 ……

九月晦日

堀田加賀守

宗對馬守殿

阿部豊後守

松平伊豆守

土井大炊頭

〃 同日ニ而信使船……

一 同十五日 小晴 ……逗留

〃 ……

一 同十六日 雨晴 ……逗留

〃 三使船揚有之信使屋へ……

〃 ……

〃 ……

一 同十七日 西風……

〃 ……

〃 松平大隅守……

十二艘 上乗士……

〃 三使以下……

〃 御饗應七五三金銀ニ而飾り也

〃 御馳走……井上……毛利……

〃 ……信使……

〃 信使……松平長門守……

毛利甲斐守……

〃 信使船……大浦……

一 同廿八日ニ晴、牛窓御逗留ニ候
〃 大嶋信濃守様信使御馳走之所ニ御出之処ニ、光雲院様ハ御対面
被成候而、南京ハ御対顔不被成候
一 同廿九日晴、風ニ付南京御出船被成候、大嶋信濃守様為御馳走漕舟廿艘
関口迄ニ御出被成候
〃 信使船小倉之沖通船之刻、小笠原右近大夫様御家老丹田元
下条三郎左衛門并二番頭又左衛門早船十二艘ニ而連ニ御見廻之、又右近大夫様
御会釈、同情之様ニ御見廻被成候、重而罷登候而逗留ニ候
〃 信使船赤間関ニ着候而、早速信使屋へ被揚候、大膳大夫様御家老御役人
御馳走被成候、一日三度ニ御使、又用事御座候ハヽ其返事ニ被仰

〃 信使南京へ着船之時分、為相図鉄砲放候、又ハ狼煙を峯ケ
夜ハ篝火を焼候様ニ被仰付候
〃 信使ハ御客殿七五三之金銀之飾りや
〃 信使屋阿弥陀寺ニ而被仰候、其外ニ付御家老中馳走
所ハ新規ニ仮屋御建ニ候
一 同晦日船明風ニ而御出船無之様ニ付、御待合ニ候ニ付、御船被成
向ハ御先御船揚り申候
〃 上ノ関ニ着、信使衆ハ毛利長門守様御領内ニ而御馳走被成候
一 十一月朔日早天ニ向御船乗船之儀ニ付、御方上関御出
ニ候

〃 信使船揚りて、信使屋へ入候
但信使屋之儀ハ常之町屋や
〃 右之御客殿七五三金銀之飾り
〃 南御馳走所之御宿毛利長門守様、御家老毛利信濃守様信使
御馳走之役ニ相定り、為御馳走南部ゟ長門隼人相勤候
〃 為長門信使屋へ為御見廻被参
〃 今晩子刻、松平長門守様ゟ御使者毛利山城守、松平新左衛門様ゟ
御使者飯田為右衛門、松平安芸守様ゟ御使者庄林伊大夫・浅野
左門参候
一 同二日未明上ノ関御船出、防州之内室積浦へ御船掛り被成候

津和ハ御先夜ハ大風雨候
一 同三日晴天、明風ニ付津和御出船、藝州蒲刈ハ御着、信使一行
船揚り不申、客館ニ而被成候
〃 信使ハ御客殿七五三や
〃 中ノ宿ハ新規ニ仮長屋御建ニ而御客殿ニ候
〃 今日長門守様ゟ為御馳走三十挺立之漕船九艘、南浦迄ニ相
附、右漕船之支配役乃美縫殿助参候
〃 今日信使南浦ニ参着之際ニ、大膳大夫様御家内ゟ御上使大坂
御奉行方ゟ之御次船ニ而御断ニ候、御使者内野権左衛門
〃 水野日向守様ゟ御使者三浦沢参候

一 同四日蒲苅御馳走所御出船
〃 信使船揚有之候客館ハ茶屋ニ而
但信使屋ハ寺ニ而
〃 信使ニハ御馳走七五三金銀ニ而飾り也
〃 信使屋之様ニ有之引別ル長屋二ケ所ニ建候而中下官ニ
御馳走有之
〃 尚又此御領主松平安芸守様ゟ為御馳走漕船十二艘浦口ニ
而出候
〃 大坂ゟ之内瀬戸海荒キ而ハ小舟数多出候信使船ヘ漕セル
〃 しかる日向守様御事 此方様ハ為御対面浦口一里程ニ而御迎

出候
〃 今晩日向守様御出不被成候 此方様御揃請ニ被成
〃 しかる尚又ニ信使参着之後大坂御奉行方ニ御届ケ被成
御使者平田様ニ而御出被成
一 同五日順風ニ付鞆御馳走所日向守様ゟ為御馳走早船十七艘揃
附ハ日向守様ニ前浦口ニ而御送り被成候 海上ニ而松平新左衛門様
御使者ニ而御出迎 新左衛門様黒山口ニ而御出迎ニ被成 此方御対面
有之候御門ニ而被成 首尾信使船御関所ニ牛窓ニ而出
〃 正使ハ船中持越候ゆへ宿ニ而揚候 副使従事ハ船揚り有之候
信使宿ニ入

〃 右御馳走七五三金銀ニ而飾り也
〃 今晩新左衛門様御出被成 此方様御揃請ニ被成
〃 信使尚又参着之後江戸表ヘ御案内ニ而御上ケ被付御飛船ニ而
大坂ニ而御沙汰ニ被成
〃 大坂ニおゐて信使御馳走之人馬御援助御用意ニ付別而御使者
ニ而御越被成 御使者鴻雅中原勤之様ニ而御出被成
一 同六日順風ニ付牛窓御出船申下刻室津ヘ御着
〃 しかるに風静ニ有之ニ付新左衛門様ゟ為御馳走大船十四艘ニ而
信使船ニ而漕送ル
〃 本多甲斐守様ゟ為御迎御領分境ヘ漕船十四艘ニ而出被成漕船

其外長坂利ト申人也
〃 夜ニ入信使船揚り有之候 宿ヘ被入
〃 右御馳走ハ膳部七五三金銀ニ而飾り也
〃 明七ツ御膳之松平丹後守様御留守居有之御家老中ゟ為御届
平田将監方ニ御使者ニ而被成
〃 今晩尚又御出之後江戸表ヘ御案内ニ而御上ケ被付御飛脚ニ而大坂
町御奉行所ヘ御出被成
一 同七日大風ニ付室津御逗留
〃 しかる所ニ付尚又御逗留之後江戸表ヘ御案内ニ而御上ケ被付御
飛船ニ而御届ケ被成

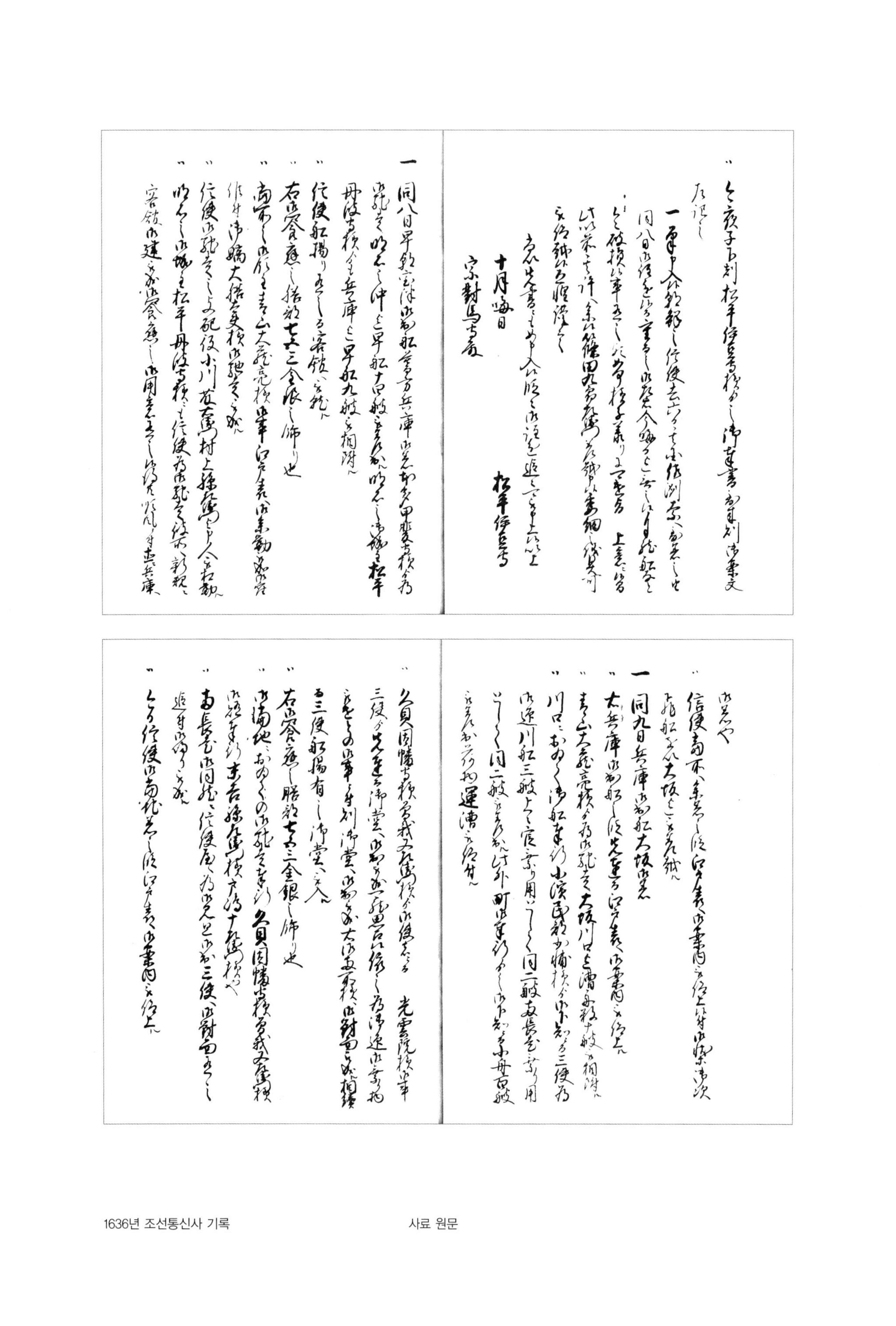

太守様ニも御同情ニ被存候、又右衛門様ニハ御相談之上御伺ニ候ハヽ

〃 御堂前之者ニ来居候者ニ付、右衛門様ニも御富不足之段ハ同情ニ被存候、我又右衛門様

御対面之儀ニ付、信使江戸参向之節、其外中ニも人馬之数

之儀ニ候得ハ御評議ニ及ひ申候

〃 牧方御馳走人者淀平丸守様ニ付方御賄賄御座候ニ付、信使大坂

発足之日限御知らせ申候

一 同十日於館中之馳走人ニ而京都ハ乗物立テ候

〃 昨日御同情ニ被存候、又右衛門様ハ信使御渡海之節、其中人馬之数御

書付差上候、京都板倉周防守様方ハ御請取候

人馬之目録

一 上官四拾六人　上馬四十六疋

一 中官二十二人　上馬二十二疋

太守馬并ニ鞍揃ハ家来之面々也

一 正長老

一 陽西堂　上馬二疋

〆八十疋

一 中官八十人　中馬八十疋

一 下官五十人　下馬五十疋

是ハ日本ニ而中馬之積りニ候也

朝鮮之馬数

合二百十疋

右之外

一 朝鮮馬　二百三十二疋　内五十疋ハ通詞朝鮮馬也

一 荷付馬　百九十八疋

小荷駄馬

合四百三十疋　但長老西堂之分も在之内

人足之事

一 信使三人　乗物かき六十人　但壱ケニ二十人ツヽ

一 上々官三人　乗物かき三十六人　但一ケニ八人ツヽ

一 判事二人

一 御召物人足　大旗 大鼓 大鑼　二十人

一 荷物之人足　二百八人

合人足三百二十人　但長老西堂之人足在之内

一 荷付馬　百五十疋　是ハ日本ゟ借候分之駅馬也

一 人足　十五人

右之荷付馬人足之儀大坂ゟ荷積り仕候得共一年ニ而ハ不足之儀ニ候

右御書付之通ニ候得共息ニ茂候得ハ中ゟ人足之儀ハ

表向ハ条々我等津奴之様ニ御座候朝鮮馬之朝鮮人ニ仕候者

不足之分ハ家来之者ニ而少相違仕候以上

十一月十一日

板倉周防守殿

宗對馬守

一　同十二日信使京着之旨被申来候、然者京都信使宿構之儀
其又諸事御馳走之儀ニ付而御用可有之候ニ付、四日市年寄
中ゟ古川式部先達而京都へ被遣候
〃　大坂残りし船部人為支配小川瀬兵衛・古川源一左衛門二人
大坂ニ被召置候ニ付被申付候
一　同十三日右面之御馳走之為野牟人[illegible]様ゟ信使京都被遣
日限并御馳走之様子為御談合御使者遣候
〃　名[illegible]同様之様ニ我又兵衛様御長持御先ニ御堂ニ被置三使へ

御對面被成候
〃　右御對礼相済而御宿ニ被為帰候、洪同知参候ニ付御挨拶有之
早々人参湯被下遂送之、三使方へ被遣候ニ被下候
一　同十四日辰刻大坂御出船、牧方御着
〃　三使上々官二人・南長老何茂川御座船ニ御供列一番ニ牧方ニ参
船次ニ旗吹掛之船、其次ニ正使・副使・従事次第ニ上々官
南長老参り船や申刻牧方御着被成候
〃　[illegible]三使積進目ニ付御馳走被成候、御用意被仰付候
[illegible]及[illegible]京座[illegible]牧方ニ[illegible]
年寄中[illegible]御饗應ニ[illegible]積進目[illegible]入候

[illegible]積[illegible]自分[illegible]積[illegible]船部[illegible]
[illegible]御膳[illegible]入[illegible]候ニ[illegible]
有[illegible]事[illegible]御馳走[illegible]表[illegible]平野
[illegible]牧方[illegible]早速積[illegible]料理[illegible]三使御饗應を
[illegible]御礼[illegible]上候
〃　大[illegible]三や従正使[illegible]船[illegible]揚り[illegible]
〃　同日亥刻牧方御船丑刻淀へ御着
〃　[illegible]船揚り[illegible]
〃　南[illegible]御馳走[illegible]人[illegible]井[illegible]平野[illegible]
[illegible]牧方[illegible]御馳走[illegible]

[illegible]
〃　[illegible]大坂ゟ南[illegible]人夫[illegible]
[illegible]誠舟滞り[illegible]上南[illegible]京[illegible]
他日[illegible]三使様外[illegible]有之候
一　同十五日晴天
〃　信使[illegible]船揚り[illegible]客館[illegible]
〃　大御饗應[illegible]三金銀[illegible]飾り之
〃　南[illegible]御馳走[illegible]人[illegible]三使
[illegible]一箱[illegible]三使様外[illegible]
御礼[illegible]

〃 右於京都板倉周防守様ゟ御使者を以信使京入之節吹物御餞式
如先例ニ而差許候由申来ル
〃 同日巳刻淀御発足京都御着
〃 信使之行列前ニ旗次ニ吹物其次ニ三使乗輿相従其後ニ官人
判事軍官人何茂駕籠ニ乗ル其後ニ騎馬ニ而郷人来り当長老
御輿也
〃 信使之荷物者車ニ而運送有之候
〃 巳申刻信使一行於同寺ニ入着
〃 本国寺庭ニ七丈之金銀ニ飾也
〃 法華宗本能寺方ニ而御下知板倉周防守様也

〃 御馳走奉行ハ大津金大夫様若林市左衛門様也
〃 右ニ付信使京入之節三使へ為御見廻周防守様御使者両人并諸
役人東寺迄被差出候
〃 右ニ付信使京着之後御飛脚を以江戸表へ御書翰を以被申上ル
一 同十六日板倉周防守様ハ年寄中ゟ平田将監を以御使者ニ而
被仰候
一 周防守様信使へ御対面之儀於十六日被相済候事
一 信使京都発足之儀晴天ニ候ハヽ晴天ニ候ハヽ来ル十七日ニ可被相
付候事
一 信使京都発足之日限相究り候段江戸表へ被仰遣御書翰以

条御飛脚ニ而御用意ニ而付申渡候ニ付候事
一 信使館江到着之節ハ来十八日同到着之馬ハ翌十九日先
達而差越申付候事
一 大坂ゟ追々参り候本願寺ゟ十五挺立之献上之候由ニ而御在
京中御用物ニ而御用意有之候由御飼ニ而被仰付候事
一 信使京都発足以後道中宿々ゟ江戸表へ以御書翰
条御飛脚を以御注文御渡し可被仰候ニ付候事
一 信使官ニ而持病之疾有之候処玄冶法印之延齢
之相用快り候由玄冶法印へ対面仕候而其上ニ而相礼候事
右之趣ニ而御返答也

〃 同日信使御用之儀ニ付江戸表へ御書翰を以被仰上候儀為御飛
飛脚差立御状ニ而差越別ニ周防守様御返答文也
〃 紀伊大納言様ゟ信使御馳走奉行方ニ野菜二疋鯨二十斤被
御馳走方へ為御助御使者を以被仰付三使へ別々ニ而被下候儀
御礼被申上ル
一 同十七日板倉周防守様信使旅館へ御出三使へ御対面之上ニ而三使各袴
着ニ而縁ニ而御迎座ニ而為御附人衆湯漬出ル上々官ニ而茶之儀
挨拶有之返答申渡ニ而三使又ニ縁ニ而御送り来り周防守様
付方御宿瑞雲院へ御出ニ而 光雲院様ニ而御納ハ御対面之節
人ハ御馳走御使之條目先例を以於京都も従例準之

[illegible]

其筆談略

親病積年廣求天下之大醫王而不得久矣

今遇高明懇乞指南

以余病遍問諸醫所論不同曾遇中國名醫

又有我國一名醫言不可用峻劑當用六君子湯高明所教如此天下名醫所見同而高明加入之材尤勝絶中病根也已自覺沉痾之去休也所命之藥當一一依教而薄厚味淡烹飪尤上藥多謝々々

我邦為醫自古非不多不可枚數近來數十年間楊禮壽之醫林撮要許浚之東醫寶鑑高明曽見否傳聞貴邦有扶桑集此何人所述而為針灸耶為服藥耶可以使我得見否神應經非自貴國送于我邦耶與古道不同何也

兩家書卷帙多行中不持來如願見之亦易易耳早晩回馬州公寄聲且得仙方救親病之後兼謝厚意也公須纂集成書送寄吾兩人則傳名萬國豈徒然哉

此來難遇如君公者恨不得通語音做種話也不啻醫方而已

今日之遇左右乃天也言論至高脉法甚妙古之扁氏倉公何以過此令人歎歎既云風火願聞治法

丙子仲冬　　　　　　　　　東溟 呈奉

日本啓廸院醫官　法印玄治案下

他鄉酬應不啻千萬人而惟吾法印有足以當吾心者法印視我亦猶朝暮遇耳況余病病而不遇大藥師久矣畫字相示用宣忘々即片語半辞自不覚沉痾之去体也岐伯吾不知已俞扁以下諸人皆求諸脉而不得而又觀諸色今吾法印乃獨有以言已疾之方其真所謂神授者非耶弃顧厚意闕然未報寸楮艸々謝意何既

青丘

示意極當但未知賤疾本根所發肝血不足痰火流注於左耶肝為血母痰血從其母而歸肝耶左屬怒火無乃肝膽之氣因憂鬱而成耶願聞得病之源所謂因鬱得之者誠至論也或由於七情氣火有此鬱滯但痂氣之論未知何故積亦可異迹未成形欲速治之但今已經年無乃已成耶我胷殆九折矣亦或窺一斑今聞高論不覺沉痾之去體此何異岐伯能視人臟腑耶驚歎之至不自覺膝之前於席

一 同十八日信使京都發足ニ付、日根并板倉周防守殿三使ハ御對面無之
ニ付江戸表御書面ニ而被申上候、則出状ハ周防守殿へ三使方ゟ御状
箱ニ而御入レ被遣候

〃 三使方ゟ周防守殿ハ洪同知ヲ以音物被遣候、此年番中ゟ持
伊織石連ヲ以音物ニ而差上候

虎皮　一枚

豹皮　二枚

照布　二疋

已上

〃 三使方ゟ玄治法印へも書翰音物ニ而相贈候則十束差上候

人參　壹斤

照布　弐疋

白綿筆　壹封

白綿墨　壹封

以上

〃 玄治信使大綱言様ゟ信使御旅宿ニ而、野猪足鯨三十斤被
信使方ゟ三使厚ク被御礼申上候

一 同十九日晴天、板倉周防守殿大坂ゟ御旅宿へ御出ニ付、御中ゟ
江戸表へ被沢御脚ニ而御注文御持参被成候

〃 先例ニ付信使道中ニ而藝国并周達ニ而周防守殿ゟ御馳走

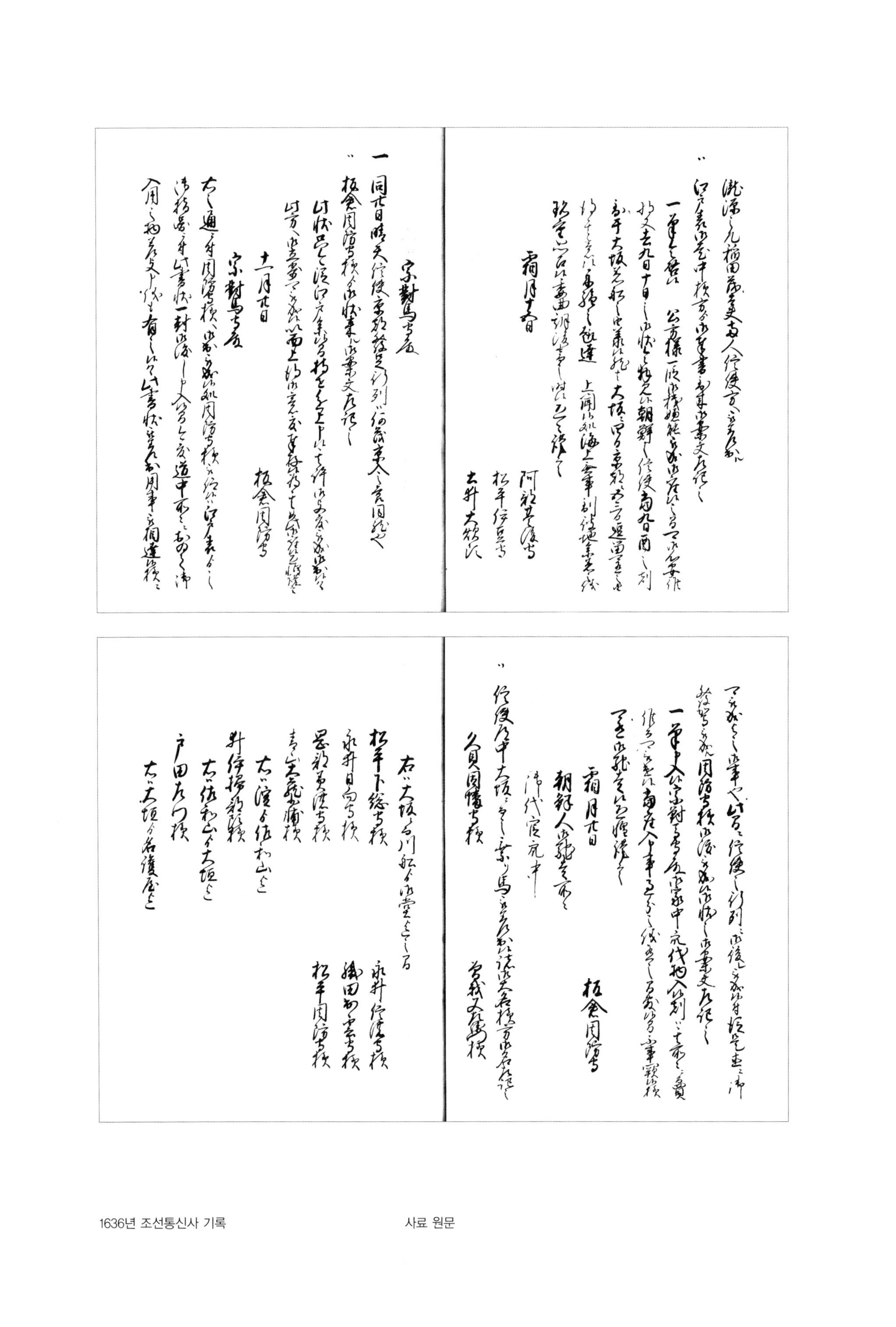

永井大学頭様
右ハ名護屋ゟ右同し
尾張大納言様
右ハ名護屋ゟ江戸迄
水野隼人正様
右ハ吉田ゟ江戸迄
松平隠岐守様
堀　丹後守様
吉田伊豆守様
松平丹波守様

紀伊大納言様
松平和泉守様
小笠原右京大夫様
牧野右馬允様
内藤帯刀様

本多能登守様
松平周防守様
本多丹後守様
金森出雲守様
織田辰之助様
松平丹後守様
小笠原壱岐守様
井伊兵部少輔様
新庄越前守様
堀田加賀守様

小笠原信濃守様
内藤兵庫頭様
毛利主膳様
酒井右内様
松平式部様
松平紀伊守様
本田内記様
佐久間三左衛門様
牧野播磨守様
安藤丹後守様

西尾丹後守様
松平伊豆守様
京極主膳様
本多主税様
松平主膳様
岩城但馬守様
内藤兵部少輔様
毛利市正様
立花主膳様

伊丹播磨守様
松浦壱岐守様
細川半弥様
小笠原右衛門様
九鬼式部少輔様
六郷長次郎様
織田百助様
堀　淡路守様
桑嶋孫六様

一 同日ハ昼大津御泊、信使ハ寺ニ休息ニ仕

一 大出発庭七里之三金銀之儀
一 南都之出張之人ハ菅沼織部正様小野趣様や
一 同日夜東山出発信使ハ寺ニ宿ニ仕ル
一 大出発庭七里之三金銀之儀
一 南都之出張之人ハ石川主殿頭様并観音寺住持や
一 南都之信使屋ニおゐて三使之様子、堅ニ三使諸々之名を
書付張り有之候を三使ノ人々拝見之様被之候、名乗出る
人之名之字を下様堅ニ書付置候様之事ニ候由
之候ニ付通之儀仕有之候ニ付南長老信使屋ニ参
候ニ付候由ニ候、其上ニ日外向之ハ早速出張之心

よりケ様ニ仕立候ニ付委細ニ申述候得ハ三使も合点被致候也
〃 信使当所ニ逗留之内従江戸表御次飛脚ニ而御書面差上ル且又
先例ニ新規之御礼も御書込ニ而差上ル
一 同廿一日晴 八幡山御発足 信使屋ハ新規ニ御建被成候 三使以下ハ
町屋ニ而御賄被成
〃 大御饗應七五三金銀之飾
〃 当所御馳走人ハ市橋下総守様山城守御詰候也
〃 同日夜 彦根御発足 信使宿ハ寺也
〃 大御饗應七五三金銀之飾
〃 当所御馳走人ハ則御城主井伊掃部頭様也 仍而掃部頭様
御家来岡本半助と申役人相添馳走ニ而仕ル
〃 当所之馳走別而念入候付三使も厚ク御礼申ル
〃 信使当所ニ逗留之内江戸表ゟ御次飛脚ニ而御書面差上ル
一 同廿二日晴 今洲御発足 信使屋ハ町宿也
〃 大御饗應七五三金銀之飾
〃 当所御馳走人ハ岡田将監様 迎茶屋之請候也
〃 右将監様ハ此方様ニ而御請待御出被成候
〃 同日夜 大垣御発足 信使屋ハ寺也
〃 大御饗應七五三金銀之飾
〃 当所御馳走人ハ則御城主戸田左門様之儀ハ江戸表御勤ニ而御在
依付御嫡子采女様御馳走被成
〃 信使当所ニ逗留之内江戸表ゟ御次飛脚ニ而御書面差上ル
一 同廿三日晴 洲俣御発足 信使屋ハ町宿也
〃 大御饗應七五三金銀之飾
〃 当所之御馳走人ハ大久保加賀守様岡田将監様也
〃 当所より名古屋之間ニ川三ヶ所有之 御渡川毎ニ船橋御掛ケ
被成候ニ付三使ノ人馬ニ至迄船橋之上を渡り候 巧ニ念入候由殊之外称美
被仕ル
〃 同日申刻ゟ大雨ニ而清洲江参り 御発足目當ニ御成申刻
名古屋江御発足 信使屋ハ寺也 尤当所より此所迄御馳走人途中ニ而
出迎ニ而御出候也
〃 当所ハ尾張大納言様御馳走也 御馳走奉行竹腰山城守也
〃 信使当所ニ逗留之内江戸表ゟ御次飛脚ニ而御書面差上ル
〃 信使京都発足以後毎所信使之儀ニ付御念之入候儀ニ候段申候
御意ニ被成
一 同廿四日晴天
〃 昨夕大雨ニ付信使之面々殊外労役仕候付信使と申ハ当所ニ逗留
仕度之由ニ付 尤別段逗留有之 御馳走方別而念入 御馳走厚ク請
礼申上ル
〃 右之趣当所ニ逗留之段江戸表江御次飛脚ニ而御書面差上ル

一 同十六日[illegible]鳴海御昼休信使[illegible]町宿也
〃 大垣饗應七五三金銀之飾
〃 [illegible]尾張大納言様御領地ニ付御家来志水甲斐守名代
格之者御馳走役ニ而相勤ル
〃 信使[illegible] 上使[illegible]
[illegible] 上使井上筑後守様[illegible]
[illegible]
[illegible]
[illegible] 上使井上筑後守[illegible]

筑後守[illegible]
十一月十六日
阿部豊後守
松平伊豆守
土井大炊頭
宗對馬守殿
[illegible]
一 [illegible] 上使墨俣[illegible]
[illegible]
[illegible]
[illegible] 上意[illegible]

霜月十六日
宗對馬守様
井上筑後守
〃 同日夜墨俣御泊信使[illegible]町宿也
〃 大垣饗應七五三金銀之飾
〃 [illegible]
〃 信使[illegible] 光雲院様[illegible]筑後守様[illegible]
[illegible] 上使筑後守様三使[illegible]
[illegible] 上使[illegible]
[illegible] 光雲院様[illegible] 上使
[illegible]
[illegible] 上使
光雲院様[illegible] 上意[illegible]
[illegible] 上意[illegible]三使[illegible]
三使[illegible]
上使[illegible]
〃 [illegible] 上使[illegible]筑後守様[illegible]三使[illegible]
[illegible]七八人[illegible]
〃 上使[illegible] 上使[illegible]
〃 上使三使[illegible]
〃 [illegible] 上使三使[illegible]

〃 大御書簡之御披見被為遊候ニ付、御同座ニ而御渡之、委細之儀ハ江戸
表御老中様方ゟ御下知や、別紙之通被仰付候旨申候

一 同廿一日 至赤坂 御先信使屋ハ町宿や
〃 大御饗応七五三金銀之飾
〃 御馳走人ハ加藤伊豫守様・同出羽守様、助役松平八右衛門様や
〃 同日夜 吉田御先信使屋ハ寺や
〃 大御饗応七五三金銀之飾
〃 御馳走人ハ別御城主之小野年人正様、并松平八右衛門様や
〃 右之小野年人正様ハ御病気ニ付、此方様御出不被成
〃 信使当所ニ着之処、江戸表ゟ御使者御書簡を被指上候

一 同廿七日 至荒井 御先信使屋ハ町宿や
〃 大御饗応七五三金銀之飾
〃 御馳走人ハ服部権大夫様、同苗主助様、秋鹿長門様ニ候へ
〃 今切之渡りハ三使并上々官各船一艘宛、其外御家人ハ家々
　合セ舟数十艘ニ而渡ル
〃 此方御寄船ニ御馳走方ゟ被仰付、三使先達而御渡り之処
〃 右之處江戸表ゟ御使者ニ而被仰付候ニ付、江戸表御老中様方ゟ
　御代文大坂迄ニ而右之今切之渡ニ付、服部権大夫様同
　主助様ハ御渡し之処、御文言左之通
　　宗對馬守殿内挨拶仕、家中之人数江戸表へ御上ニ付

之趣可被申渡候、以上
　　十二月三日
　　　　　　　　　　　　阿 豊後守
　　　　　　　　　　　　松 伊豆守
　　　　　　　　　　　　土 大炊頭
　服部権大夫殿
　服部 主助殿

〃 同日夜 濱松御先信使屋ハ町宿や
〃 大御饗応七五三金銀之飾
〃 御馳走人ハ別御城主之高力摂津守様并松平隠岐守様や
〃 右摂津守様ハ江戸表ニ御勤ニ付、御在所ニ御嫡子高力左近様御名代
〃 江戸表ゟ先ニ御使者被指遣、御書簡を被遣候

　　　覚
一 ……今度官人衆……
　……
　……
　對馬守殿内……
　　　霜月十七日
　　　　　　　　　　　　堀式部少輔
　　　　　　　　　　　　加々爪民部少輔
　濱松　懸川　吉枝　江尻

〃 信使南京ニ而被江戸表御沙汰御書付ニ而承届ニ付上ル

三嶋、　小田原　藤沢　神奈川

大御殿前御茶屋中

一 同廿八日昼見付御発足信使屋ハ町宿也

〃 太御饗庭七五三之金銀之飾

〃 御馳走人ハ井上河内守様并松平淡路守様也

〃 同日夜掛川御発足信使屋ハ町宿也

〃 太御饗庭七五三之金銀之飾

〃 御馳走人ハ別御振ニ松平大膳大夫様并松平淡路守様也

〃 信使南京ニ而被江戸表御沙汰御書付ニ而承届ニ付上ル

一 同廿九日昼金谷御発足信使屋ハ町宿也

〃 太御饗庭七五三之金銀之飾

〃 御馳走人ハ松平大膳大夫様并青山大膳様也

〃 信使大井川ニ而渡り候ハ川越之者数多在之ニ而三度并ニ舟ニ
勤人ニ渡し

〃 光雲院様ニハ先ヘ達而川ニ而[illegible]勤人渡り仕候而
御供之衆ニ而渡御渡り候

〃 且又嶋田より罷越候ニ付水野監物様ゟ御馳走之[illegible]
茶屋二ケ所御建候而御座候

〃 同日夜藤枝御発足信使屋ハ町宿也

〃 太御饗庭七五三之金銀之飾

〃 御馳走人ハ水野監物様并米倉丹後守様也

〃 信使南京ニ而被江戸表ハ御沙汰御書付ニ而承届ニ付上ル

〃 且又信使吹物ニ付ニ付江戸表ニ而御達中様方ニ者御窺之為御使者
内野権之進差越ル

一 同晦日昼駿府御発足信使屋ハ寺也

〃 太御饗庭七五三之金銀之飾

〃 御馳走人ハ揖斐与左衛門様土屋市之丞様安藤弾正様也

〃 同日夜江尻御発足信使屋ハ町宿也

〃 太御饗庭七五三之金銀之飾

〃 御馳走人ハ大久保出雲守様駒井金三郎様安藤弾正様ハ名代
孝八郎様也

〃 信使為迎江戸表ゟ御大名様方ゟ[illegible]馬ニ而御迎ニ三様
[illegible]

一 十二月朔日昼吉原御発足信使屋ハ町宿也

〃 太御饗庭七五三之金銀之飾

〃 御馳走人ハ戸沢能登守様松平長門守様并長谷川藤九郎様
并ニ御用人衆也

〃 且又長門守様ゟ御招請ニ付彼方ゟ御旅宿へ御出ニ付

〃 且又江戸表御老中様方ゟ御書立吉原ニ而[illegible]参ル

[illegible]

十二月晦日

堀田加賀守
阿部豊後守
松平伊豆守
土井大炊頭

宗對馬守殿

〃 同日夜三島御出、信使届、町宿也
〃 大御饗應七五三金銀之飾
〃 御馳走人ハ[illegible]
一 同二日大雨、[illegible]御逗留也
〃 [illegible]

[illegible]

一 同三日箱根御出、信使届、町宿也
〃 大御饗應七五三金銀之飾
〃 御馳走人ハ稲葉美濃守[illegible]
〃 [illegible]
一 [illegible]

[illegible]

十二月二日

堀田加賀守
阿部豊後守
松平伊豆守
酒井讚岐守
土井大炊頭

宗對馬守殿

〃 同日夜小田原御出、信使届、町宿也

〃 大御饗応七五三ニ金銀之飾
〃 御馳走人ハ対御饗応稲葉丹後守様并成瀬大隅守様也
〃 両奉行ニ御馳走引ニ付御丁寧ニ被成候 且又 両奉行ニも茶菓ニ入御
為御馳走家毎ニ挑灯燈し
〃 江戸表御老中様方より御奉書箱根ニ被差越御返書
被差越候 御請文ハ江戸表ニ参り候御用ニ付被差越候
信使登城 ニ付 書付被仰渡候
一 同四日 雨天ニ付 御馳走人 信使ニ 御馳走
〃 且又 大磯御馳走信使屋ハ町宿也
〃 大御饗応七五三也

〃 御馳走人ハ内匠頭様を以信使参候様ニ坪井次左衛門様也
〃 同日夜藤沢御馳走信使屋ハ町宿也
〃 大御饗応七五三ニ金銀之飾
〃 御馳走人ハ仙石越前守様 小出ハ対馬守様并成瀬大隅守様也
〃 両奉行より信使江之様子并 高楼二ヶ所建被成
〃 信使両奉行へ之 江戸表御老中御奉書被下
一 同五日
〃 藤沢ニおゐて江戸表御老中様方より御奉書
到来 御案文右之通
右之通申談 上ハ此方より小田原信使相越之也

右之趣被相心得可被申達候 以上
右ハ委細之儀ハ 書翰ニ信使之内 申合候也
十二月四日
阿部豊後守
松平伊豆守
酒井讃岐守
土井大炊頭
宗対馬守殿
〃 箱根より書翰ニ信使之内野 江戸表御老中様方より
御奉書文箱并神奈川より 御奉書ハ大炊頭様
御請 候也

一 御上使并諸役中馳走人御礼申上候事
一 右両ハ江戸へ入又被仕時御礼之事
一 対馬守江戸へ入候時中諸役人 対馬守
被仰付
一 江戸ニ而宿 諸役人 之事
一 右宿 対馬守 諸役人 宿
外ニ無用之事
〃 同日夜神奈川御馳走信使屋町宿也
〃 右御饗応七五三ニ金銀之飾

〃 御馳走人加藤民部大輔様松下右助様并伊奈兵蔵様也

〃 しかる所式部少輔上し候而先達而江戸表へ被遣候ハ安芸

〃 太京進様服坂伊豆守様大河内金三郎様御下り被成候ニ付寺

濃寺ニて御馳走何茂致し候ハ御馳走方御用意御座候

一 同六日昼品川ニ而信使屋ハ寺也

〃 太田備中守様七ツ三ツ金銀之飾

〃 御馳走人ハ相馬虎助様織田左門様伊奈兵蔵様寄屋奉行様へ

〃 しかる所式部少輔上し馬先達而江戸表へ被遣候ハ安芸

〃 太京進様服坂伊豆守様大河内金三郎様御出被成御寺ニ

内ニ一疋を御進させ候ニ付而御座へ上ル又飼料なとも御馳走方

御用意ニ而御付ル

〃 しかる古川右馬助前日より御迎ニ出候又先達而御先へ被遣

〃 此節三使并一行之御供人夫之衣冠役者ニ被成行列ハ

先ニ纛次ニ形名旗又次ニ纛又次ニ形名旗七次ニ節鉞導三人

次ニ馬上ニ而馬次ニ国書次ニ判事乗出ニ浄旌三対銅鼓三対馬上

鼓三対相並ひ夫より正使乗出ニ鉞二柄節二ニ歩使令二人小童

二人吸唱二人次ニ副使乗出ニ歩使令二人小童二人吸唱二人次ニ

従事乗出ニ歩使令二人小童二人吸唱二人次ニ同知参知学士

上判事二人判事七人ニ乗出ニ清道旗二対偃月刀三対

三叉鎗三対巡視旗三対吹螺三対太平簫三対喇叭三対

長鎗三対裨将五対令旗三対炮手四対次ニ鞍籠三乗宗序

三乗諸使令三対小童三対乗出ニ相並ひ其口御宿寺迄之御

大し行列ゟ被成候次し過ニ段々固有之通り構囲之

不残人足を並へ立塞り段々固仕ル

〃 申刻信使江戸へ参着本誓寺へ被成候ハ本誓寺三使ハ

上段ニ其庄上官ハ中段ニ其庄中官ハ下段ニ其庄

〃 御馳走方ハ安芸太京進様服坂伊豆守様大河内

金三郎様也

〃 右御座敷七ツ三ツ膳金銀之飾也其外ハ御菓子ニ而

三ツ上ル也三使へ御座敷にて丁寧ニ被成御馳走

御馳走方御礼申上ル付太京進様伊豆守様御出被成三使へ

御対面被成御挨拶有之三使ゟ太守様へ御酒被上候

御挨拶有之御帰り被成御入り被成

〃 太田備中守様相済 光雲院様より御宿坊勤寺へ被成候

最前御出之御屋中様方へ被成候

御同く太京進様伊豆守様より御座敷二席被成

御挨拶被成候御事ニ付御出之御馳走并御座敷御膳

御使者被成御宿坊へ御出被成太守様御馳走方

之御事ニ付

御馳走方御馳走方御対面被成大坂海陸

而之御霊屋御拝礼有之候而御着座之御引取次第委細ニ御休足被遊御経
御引取之儀者委細別帳ニ記之
〃 此方御宿坊并本長老御霊屋御拝禮之儀此外此方
御家中之面々ニ為致御霊屋中様子御見物被遊候
〃 此方御宿坊ハ妙勤寺也
〃 召長老宿坊ハ法音寺御霊屋東隣野村茂右衛門様也
〃 靖西堂宿坊ハ昌徳寺御霊屋東隣一文忠次郎様也
一 同七日早朝より 上使松平伊豆守様此方ニ被入候 光雲院様
御座所ニ御出迎被遊 上意之趣被仰御使者被遊其後書院
御請待被遊此方より御内意之趣被仰被遊難有之旨被申上候

御礼被申上候而御退出 畢而被遊御様子之儀宜敷候
〃 太田備中守様御出以後早速為御礼御出御中様方ニ御出被遊候
〃 同日御使者 上使大井大膳亮様酒井讃岐守様御使者ニ被入
被遊候
但太田大人様御使者外門迄御入被遊大京亮様御宿ニ御出
待不申御装束ニ被遊候
〃 右之 上使御入之節御使者門之内右御出迎之面々縁ニ而
門内之右之御旗物持張桐紋等相列候
〃 上使御出之節御上り被遊候ニ三使ハ板縁迄御出迎上々官上官判事
等ハ庭ニ罷り出候

但三使者板縁迄出迎候儀旧例ニ無之由候 公儀之趣
依付板縁迄出迎被申候事也
〃 光雲院様并本長老ハ門内迄御出迎被遊候
〃 上使階をお上り被遊座ニ御着被遊候ハ三使も同列ニ着座上席
御着座ニ一分宛御對礼有之候而其後御對談之上ニ而着座以後
上使より 上意之趣 光雲院様ヘ被仰渡御使者を以
之趣甚労ニ被思召上候之由之事也 光雲院様被仰渡候
被遊上々官洪同知を以三使ニ 上意之趣被仰渡候ニ付
上々官是を三使ヘ申達三使謹而承之難有奉存候旨
海陸御無事ニ而御霊屋ニ参拝仕難有奉存候由

越御礼申上候
〃 太京亮様被仰付本長老ニ中段之中程ニ御着座大膳亮様
讃岐守様ハ御使之面々ハ太田大人様方之中段ニ着座上官ハ三使
着座之方之中段ニ罷出候而前ニハ御縁ニ畏候
〃 太 上意之趣并御礼之趣相済候而人参湯出候
但通事ハ三使之小童也
〃 右相済 上使御帰り被遊候ハ三使送迎之儀式出入之節同様也
〃 上使御出人様ヘ太京亮様御宿ヘ御越被遊御饗応之御馳走有之
太京亮様御相伴之御饗応有之 光雲院様ニも御挨拶有之
御出被遊御帰り有之候 上使御出人様御使 上使ヘ對面

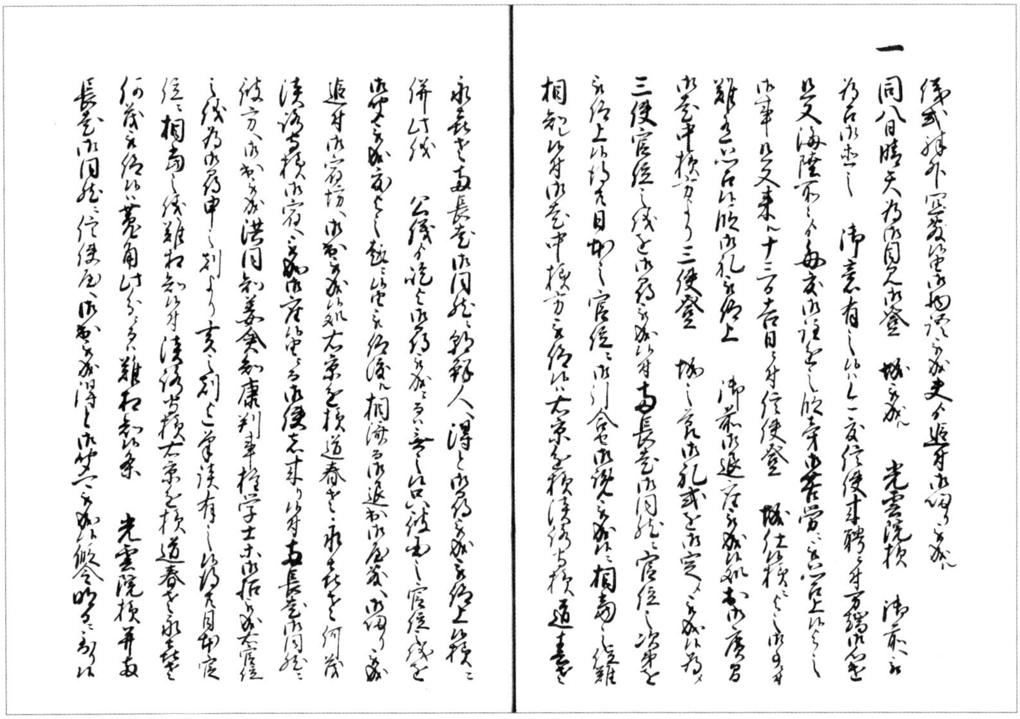

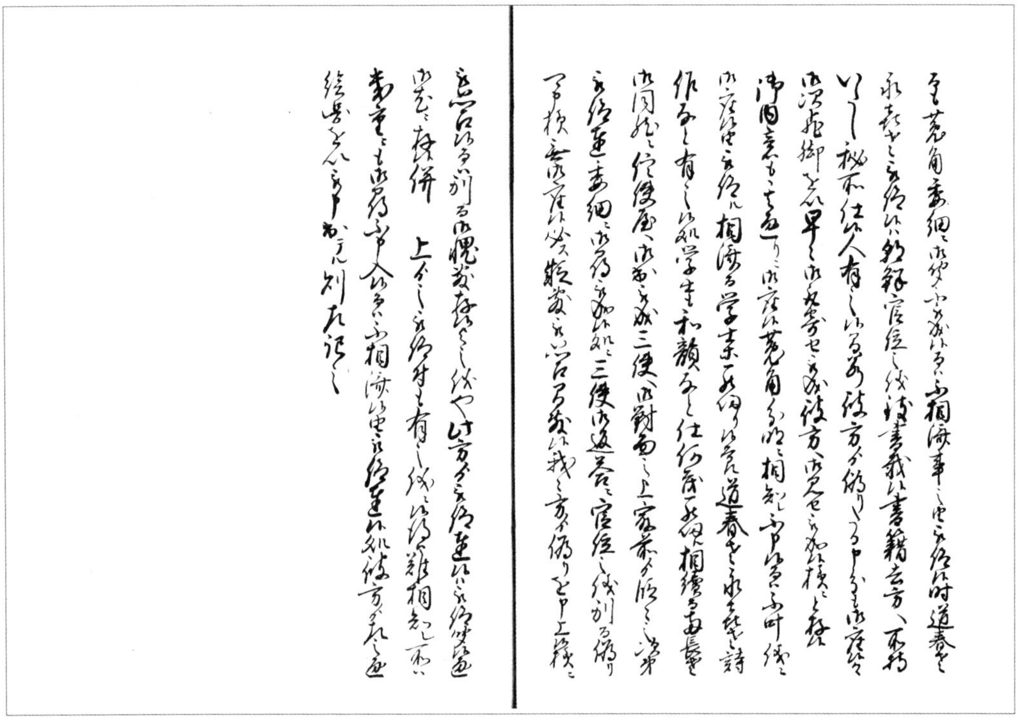

文官	武官	蔭官 文武官子孫承蔭	雜職 譯官 醫官 諸色	賤職 工匠	老職
正一品					
從一品	陞限從一品				
正二品	正二品	陞限正三品	陞限正三品		
從二品	從二品	從二品			年九十 陞限從二品
正三品	正三品	正三品			年八十 正三品
從三品	從三品	從三品	陞限從三品		年七十 從三品
正四品	正四品	正四品	正四品		年六十 正四品
從四品	從四品	從四品	從四品		
正五品	正五品	正五品	正五品		
從五品	從五品	從五品	從五品	從五品	
正六品	正六品	正六品	正六品	正六品	
從六品	從六品	從六品	從六品	從六品	
正七品	正七品	正七品	正七品	正七品	
從七品	從七品	從七品	從七品	從七品	
正八品	正八品	正八品	正八品	正八品	
從八品	從八品	從八品	從八品	從八品	
正九品	正九品	正九品	正九品	正九品	
從九品	從九品	從九品	從九品	從九品	

右之絵図御座候ニ付春斎水哉江掛御目候処殊外感深
暁方ニ及候也

一 同九日日光参詣ニ付相残り候ニ付為御名代信使屋江御出
三使ハ御對面ニ而候

一 同十日信使登 城 儀式之外信使ノ方法事御作法之儀可
被仰渡候ニ付出筆方御登 城ニ而候

一 同十一日三使日光ハ参詣仕候ニ付為御礼御登 城ニ而候
御老中様方ハ右為御礼上御礼ニ而達 上聞候 御感不浅
被思召上候ニ付三使ハ御饗應之御振舞被仰付候 大名様
請取候様御同席ニ信使屋ハ御出ニ而 御感之為御傳ニ而被入

御取り次御礼三使今御礼ニ御拝見日ニ而御上ル

一 同十二日御登 城 御礼信使登 城 相済候 御儀式之御作法
相済有之御儀式之御取扱御前之御礼式之御饗応御座候
餞丈 光雲院様出御之 御前ハ為御出 御意有之候
信使登 城 相済候御儀式并御目 御前ニ三使ハ御廊下ニ而候
為御名代日光社参之儀三使今之御前ニ而御着座之
光雲院様御計ニ而被仰付候ハ御相伴衆 大老衆ニも御上ケ
之 御意有之

一 同十三日巳刻信使登 城 光雲院様御長老御目見ニ
出ル 遂る御登 城ニ而候

一 信使之旗吹物ともニ諸具ハ大手下馬所ニ留ル

一 騎馬之對馬人も一統ニ此所ニ而下馬仕候

一 上々官判事官学士ハ大手御門之内橋之通ニ而乗物ゟ下ル

一 三使ハ桐之御門之内三番目之腰掛之奥ニ而輿を下り蓋をも留ル

一 三使輿を下り候節 光雲院様安藤右京亮様脇坂淡路守様

石川主殿頭様西堂御迎ニ被出候 井上筑後守様秋山修理亮様ハ

車寄迄御迎ニ被出 夫ゟ御同道ニ而三使を天井之間ニ而御誘引被成

一 三使天井之間ゟ中段之落椽ニ下段之對馬人ハ縁ニ次之間之畳

仕ル

一 此日天井之間上段ハ御簾ニ而切り被成候而右京亮様淡路守様筑後守様

修理亮様南長老此所ニ被成御座候

一 此處信使拝禮之節并御三家様方三使ヘ御對面之節者木

御老中様方も御給候

一 對馬國主ゟ之別幅之義ハ 光雲院様御指圖ニ而御廣間ニ被

召置ル

一 大猷院様御廣間ヘ出御 三使ヘ兼而之御定ニ被成御附 光雲院様

天井之間ニ御出被成三使を御廣間之次諸大名様方御列座之

中程御廣間之横ゟ二ノ間之下ニ而御誘引被成御附三使御廣間之

向ひかりのよりニ而畏ル

但三使御廣間ニ而被召出候ハ紗帽冠を脱き玄冠を着被仕ル

一 此節上々官判事ハ廣縁ニ畏ル 上々官諸同前對馬國主之御門

書翰箱を持チ三使之跡ニ而立出退ク 其時掃部頭様下総守様

大炊頭様讃岐守様廣縁ニ御出被成 光雲院様ハ三使ニ出合

御様子ニ而御事ニ被成御請ニ付 光雲院様御書翰箱を

御請取被成三使之先キ御目通り廣縁ニ被成御座候時吉良

上野守様御上段 御座之下縁ゟ下段ノ中程ニ御取次

被成候ニ付 光雲院様右之御書翰箱を下段ニ

御持参ニ被成御双方御目見ゟ御前ニ被成御目通りニ而御渡し

被成 光雲院様ハ元乃ことく廣縁ヘ御退キ被成候 上野守様

御書翰箱を御持参被成 大猷院様御前之方ニ被差置

ごとく廣縁ニ御退キ被成候

但此時掃部頭様下総守様大炊頭様讃岐守様ニハ三使

御前ニ出被申禮相済候ニ付而中段ゟ下段ニ下ル 御前

御目通りニ御左之方ニ被成御座候

一 其後三使中段二帖目之御敷居之上ニ被進候節 光雲院様此

所ニ御引留被成候附三使一同ニ四拝仕ル 拝礼済候而下段

御目通りより御左之方之横際ニ而畏ル

但此時掃部頭様下総守様大炊頭様讃岐守様ニハ此一同ニ廣縁ニ

御退キ被成候 光雲院様ニも元の所ヘ御退キ被成候

一 其後 大猷院様掃部頭様下総守様大炊頭様讃岐守様を

候得共　上意ニ有之候ニ付而御斜酌出来信を以重せ信使
者ニ被仰渡候処　御感悦被成三使も弥以安堵仕候苦労ニ候
由申上候ニ付　御年寄大御同人様　上意之旨を被仰候処ニ候
中徒ニ被申候　光雲院様へ被仰渡候処　光雲院様
よりも上之官洪同知を召候て　上意之旨を被仰候処上之官
江申候を三使へ申達候処三使謹而承
仕合ニ奉存御礼ニ候大御同人様へ罷越候て御上ニ申候様ニと申
上候付御同人様より御返答被成候処大御同人様を
以申候　上意之趣ハ此年御鉢錦出来候処来書ニ候中速ニ
御断被成候段被申頭達　上使より又ニ御書を以被成候ニ付相和

候而右様ニ相済候様ニと申以後や大ニ執政衆人様より
光雲院様へ被仰渡候時　光雲院様又ニ洪同知を召
上意之旨を被仰候を三使へ申達候三使承知　上意之趣
之旨入念候御儀ニ奉存候御礼申上候を御同人様　御前へ被
仰上相済候而夫より御返ニ被成候ニ付三使へ被仰候ハ一刻
早く御礼有之候而之御廣間ニて被る退座候
右之後献上物ハ献上之　鞍置馬二疋御庭　御目通りニ而ハ
率於之ニ作し献上物は御庭ニ而引候し

献上物

大巻　十疋　臺一ツニ積　臺長六尺ニ横二尺

黄照布　三十疋　臺一ツニ積　臺長一丈五尺ニ横二尺
油布　三十疋　臺一ツニ積　臺長横右同
白照布　三十疋　臺一ツニ積　臺長横右同
黒麻布　三十疋　臺一ツニ積　臺長横右同
虎皮　十五枚　臺二ツニ積　臺長一丈二尺ニ横四尺
豹皮　二十枚　臺二ツニ積　臺長二間横二尺五寸
綿子　十疋　臺一ツニ積　臺長五尺ニ横二尺
人参　五十斤　臺一ツニ積　臺長八尺ニ横四尺五寸
彩花席　二十枚　臺二ツニ積　臺長二間横二尺五寸
黄毛筆　五十柄

油煤墨　五十笏
青皮　三十枚　臺一ツニ積　臺長八尺ニ横二尺五寸
黄蜜　百斤　臺二ツニ積　臺長三尺五寸横二尺
鞍皮　百張　臺五ツニ積　臺長二間横三尺
清蜜　百斤　十斤入壺十ヲ一箱ニメ
色紙　三十巻　臺一ツニ積　臺長二間横二尺五寸
鷹　二十連　籠二十
馬　二疋　鞍皆具添

以上

右相済而三使自分之献上物　御目通りニ廣縁ニ被並候酒井

之内少補様下段へ御出被成候而御縁頬へ御退き被成候、其時
三使下段へ被出御礼仕候而被出候上一段上ニ被上候へとくし
上意有之、御奏者家茶被成候於中段四方衆中へ拝礼被仕相
済る之のしくし下段へ被出狩襖際ニ退座
但此節御礼之時ニ右御四人様宛而西中段之敷際ニ付候也
光雲院様ニも御披露ニより候ゆへ三使ニ相添被成御座候
虎皮　六枚　壹ツゝ積竪長二尺横四尺
照布　十疋　壹ツゝ積竪長六尺横二尺
人参　十斤　壹ツゝ積竪長四尺横一尺八寸
以上

太三使自分之献上之趣也
一 其後御老中銚子加并錫負様御老中被持出被成　御前ニ而
義上ハ太保伊豆守様ハ銚子吉良伊豆守様御加被持出被成候、三使
段之中段ニ而各御老中衆被成御盃頂戴被成候而、一献有之御老中を
被成戴候之事ニ御老中衆を被為送候席之退座被仕候
但　光雲院様此事ニ付而家来のしくし三使ニ御添被成御座候
太三使御老中を被戴之後式相済る上々官二人下段ニ而被出御老中二所
目之前ニ四方衆中へ拝礼仕候、上官ハ広縁次官ハ落縁中官ハ庭
より各四方衆中へ拝礼仕候
但上官拝礼之時ハ弓矢を被為除ケ

右之拝礼相済る三使又下段二帖目之御畳より四方衆中之
拝礼被仕候而しくし御広間之次之間ニ退座于後前之
御四人様を被為召三使ハ之　上意ニ而御饗応ニ而被成御座候
御座候而被始候ハ之御事ニ付御四人様広縁ニ御出被成候
各と　光雲院様ニ而御沙汰被付　光雲院様御相伴被為召
上意之各御饗応ニ而被成候三使ハ中座被成候ニ御礼申上ル
早而　大猷院様　入御、則御上段之御簾際にて御大納言
義直様中納言様房様御広間下段ニ御出被成東向ニ御座被成、三使
何茂被成西向ニ御座被成二行ニ相列候而御対礼有之る後大納言様
之ニ正使と御対座之事半帖程上ニ被成御座候中納言様ニハ副使

従事と御対座之事当人之座之向ニ而被成御座候
一 右之御饗応七五三也、膳并御菓子盛合之上也
一 御老中各と初献ハ大納言様二献ハ正使三献ハ中納言様御始被成候
一 御菓子金之上之三方ニ盛被成
一 右御饗応之内ハ掃部頭様下総守様大炊頭様讃岐守様伊豆守様
[illegible]後守様ニハ広縁ニ御列座被成候　光雲院様にも御同座也
一 廿日大納言様中納言様ニハ御束帯大猷院様讃岐守様御束帯
之御用之御太刀御帯被成候、伊豆守様其後守様加賀守様
光雲院様何茂衣冠御帯衣冠之御太刀御帯被成候、諸大名
様方ニハ衣冠御着衣冠之御太刀ハ不被為帯也

〃 上々官二人ハ御廣間ニ而次ニ而御饗應之節ハ御客座之方長老
江對シ而御相伴之節ハ外郡人ハ天井ニ而奥ニ而御廣間ニ而御
饗應之節相済

〃 御宴饗相済而三使何茂大納言様中納言様ヘ對シ互ニ二度宛
謝礼有之而退出之後

〃 右三使退出之節大猷院様御使老中御奉行様屋敷ニ而御廣間
ニ天井ニ而御行在縁迄御送出ニ而互ニ一揖有之而車寄迄之御送
ニ而紀伊守様御聖堂ニ而御送出ニ而實紀之而宗様之上文
ヲ右京大夫様清閑寺様長老迄送出

〃 清閑寺様長老ハ三使退出之後御下り之節

〃 光雲院様右京大夫様ハ又々御殿中ニ而御待合候使御礼之節上ニ而
伊豆守様ニも御上御退出被成

〃 上々官使退出以後大雪降

一 同十四日雨天午刻晴

〃 上々官御登 城被成候様ニと之御事ニ而御座候

一 御書中ニ而御用御座候ニ付御入可有之候
御自分ニ而御登

十二月十四日

宗對馬守殿　　　松平伊豆守

右之通早朝御登 城被成御老中様方へ御對面ニ而被成候

大納言様中納言様江も亦席ニ而御座候掃部頭様ニ對シ而も
信使登 城之御儀式等前尾能相済退候ニ付而御附
掃部頭様我々も御同然ニ而退候ニ付日本之信使持参
御書翰之表文詞不残外謙遜ニ有之　公儀を以敬候
大君之書翰ニ仕大明之年号ハ一字下りニ書載有之依文
同様之御待遇を被為し文句ニ而相違仕候以来分り候様
書法有之候義御座候ニ付而来年之御威勢ニ而然
併々何とも外郡国より尊敬之様仕候ニ付而御座候
儀ニ了簡仕候ニ外郡国ニ而右之通御座候柳川其来る義
家来七右衛門千萬御座候諫言を構へ主人を蔑ニいたし

是ハ　公儀を而も不届ニ被存候仕形ニ而罪甚重キ儀ニ御座候ニ付
後代ハ勿論御一同御役ニ存候御返答ニ被成候掃部頭様又ニ付候ハ
上之外郡国ニ而我々ニも揃ニ書簡ニ而相認候様ニ而詞意も引
公儀を尊敬之仕候様ニ御座候ニ付候ハ大納言様御返答ニ宜
右之通ニ御座候ハ外郡国ニ而丁寧ニ可有様ニと御座候而も御事ニ
御對話相済候附ニおり候御老中様方　光雲院様ニハ御座候
其上ニ而何も御麾次第我々中ニ而何も御待申候信使登 城
御儀式前尾好相済ニ而御自分ニ而　右　御内意ニ而御座候
御座上ニ被仰上候ニ付大雪ニ而御痛ニ而御座候　御所
ニ而御自分ニ而御登 城被成候様ニと之御事ニ御座

之御座候御年寄御返翰被成候

一 同日上々官洪同知礼曹より書翰別幅御老中様方へ持参仕候付年寄中より古川右馬助相添被成候

右別幅之写左記

鷹 一連

虎皮 二枚

黄毛筆三十柄

真墨 三十笏

右ハ掃部頭様大炊頭様讃岐守様へ

鷹 一連

虎皮 一枚

黄毛筆二十柄

真墨 十笏

右ハ伊豆守様加賀守様豊後守様周防守様へ

一 同日於 御城御老中様方へ御尋之趣左記

一 長老西堂日光へ御同道可被遊候之事

御答

可然候

一 京都周防守様より御案内使者ヲ以日光へ御越候

可被遊候之事

御答

周防守様御案内使者ニ候ハヽ先例ニ無御座候と

存候得共御事ニ候日光へ御越候ハヽ其上ニ而可被成候

一 三使於日光ニ御下向ニ付而之儀ハ御年寄中御理り申候事

御答

存候之儀ニ而御座候ニ付申候ハヽ御心得ニ候 光雲院様

御上候ハヽ其御時ニ御成下向なども有之候ハヽ御遠慮被成

候而御角ニ而御済ませ可申候 後日御方 国王へ

御不審ニ而可被成候 其上相談候而被仰付候様ニと存候

一 御供之者御座候ハヽ御上候ハヽ御老中様方へも御出之上候

一 右ニ付日光へ御下向有之候ハヽ御座候ハヽ

一 三使より御三家様方へ進上物有之候ハヽ可然候ハヽ御相談候

付候ハヽ先例を御尋被成候而御相談候

御答

大納言様中納言様御家老中へ可申候

一 日光御中入御座候而御施文御済候而可被遊候事

御答

得と申合候

一 御使日光社参之日 光雲院様へ御拝礼之御参可

被遊候之事

御答
衣冠太刀御帯ニ而御座候

一 三使ゟ此度日光参詣又ハ日光ゟ御廟所ニ而参詣此方御座候ハ可
参詣ニ而可申哉如何可致哉と申事

御答
日光ゟ御廟所ニ而御座候

一 日光往還之宿々家宅新築御座候ニ而御座候哉と申事

御答
此段ハ右京之様諸侯方被入候ニ而御座候

一 同十五日御登城 被為召候 御前ニ而御返答 上意有之候ハ

一 此度信使登城 被仰出候ハ 光雲院様御先代御在世之節
禮式前代朝鮮御聘使御座候ニ付当年之上ハ又信使日光社参之儀
重ニ而御若労ニ候ニ付以上ハ御石迹一方御撰可被下候ニ付御指図ニ御座候
様ニとの事や 右之附相成候様御座候合セ御伝上ハ日光社参
之儀ハ對馬守殿家相合申事御座候事ニ候 上意を崇候
上ハ別而難有存候と申事 相済而御退出

〃 三使ゟ御老中様方ヘ自分進物之儀御内々御尋申候
御家老中ゟ被仰渡候御座候ニ付右之儀ハ御家来一人ニ相添
作候様ニとの事ニ御座候

〃 御老中様方ヘ御指図ニ大納言様中納言様ヘ三使ゟ之進物

之儀諸方様御家老中ヘ御伝達致候ニ付御老中御座候様ニ可被
成下候ニ付ニも御老中様方ヘ御伝ニ上候様ニ被成下御上
ニ仕候様ニ而御座候と申事や

〃 信使参詣 光雲院様ハ御尊崇被成候ニ付信使ハ先年日光へ
而御社参 上意ニ御座候御発足ニ付日光社参ニ而御座候様ニ信使ハ
先様ニハ市一宿ニ而被成候日光社参ニ而御座候御参詣
之市ハ宿ニ仕申候日光ヘ而社参之様御心得ニ御座候様ニとの
御事や

一 同十七日三使ゟ之信使ニ参会 康判事進上物持参 大納言様
中納言様ヘ 御老中様方ヘ長老御同道ニ御座候 此方ゟハ古川大学助ニ

相添ル

〃 三使ゟ自分進上物御老中様ヘ 康判事持参仕候
此方ゟ平田将監相添ル

太守様ヘ之品右記

鷹 一連
人参 三斤
白苧布 二疋
黄毛筆 三十柄
真墨 二十笏

大納言様中納言様ヘ

虎皮　一枚
豹皮　二枚
白苧布　二疋
右ハ掃部頭殿・大炊頭殿・讃岐守殿・伊豆守殿・豊後守殿
加賀守殿へ

〃
同日日光御還之節人馬之儀ニ付而中根壱岐守殿ゟ御
[illegible]所々之案左記

今度朝鮮人日光社参ニ付宗對馬守手前入候人馬之事
六十三疋人足二十人此馬之内[illegible]備後[illegible]
[illegible]以上

子十二月十六日
[illegible]
[illegible]

宿戸　大久保茂三郎殿
　　　高野喜三郎殿
糟壁　伊奈半十郎殿
　　　杉本大炊助殿同前
小山　伊奈半十郎殿
宇都宮　奥平美作守殿
今市　市川孫右衛門殿

一　同十七日晴、天巳刻信使江戸発足

〃
今日発足之[illegible]信使人数万事[illegible]定ニ相替馬数定ニ有[illegible]
[illegible]内[illegible]刻限ニ及延引[illegible]方ゟ騎り馬[illegible]
[illegible]大炊殿進候[illegible]
[illegible]

〃
信使日光社参之人数左記

三使
上々官　二人　洪同知　姜僉知
学士　一人　権式
判事官　二人　李判事　洪判事
上官　十二人
中官　九十人
下官　百八人
合二百十五人

人足騎馬之員数
人足　三百三人　内三十人長老西堂へかや
上馬　三十八疋　内二疋長老西堂へかや
中馬　百十疋
乗掛馬　百三十疋　内十五疋ハ長老　内十五疋ハ西堂　内三十疋ハ通詞
荷馬　六十疋

〃
信使日光御還ニ付乗り馬[illegible]大名衆方左記

水戸中納言様
松平加賀守様
松平越後守様
佐竹修理大夫様
松平土佐守様
一柳丹後守様
津軽土佐守様

紀伊宰相様
加藤式部少輔様
上杉弾正様
丹羽五郎左衛門様
松平左兵衛督様
一柳飛人様
土井大炊頭様

〃 同日越谷宿休
〃 信使御茶屋ニ而御馳走有之、七五三金銀之飾
〃 御馳走之義者本多主膳様、伊奈半十郎様、土方彦三郎様也

〃 同日粕壁泊
〃 信使御茶屋ニ而御馳走有之、七五三金銀之飾
〃 御馳走之義者池田出雲守様、谷大学頭様、伊奈半十郎様也
〃 信使南木着之節江戸表御老中様方へ御次飛脚ニ而御案内
致候上ハ、従御老中様方御奉書ニ而御沙汰文[?]有之
〃 御老中様方ゟ之御指図ニ付日光往還之宿々へ續[?]人足[illegible]
相済候
一 同十八日栗橋宿休
〃 信使御茶屋ニ而御馳走有之、七五三金銀之飾
〃 御馳走人大保左京様、伊奈半十郎様也

〃 同日小山泊
〃 信使御茶屋ニ而御馳走有之、七五三金銀之飾
〃 南木ニ御馳走人ハ別ニ御領主土井遠江守様也、御馳走之人御出
〃 之[?]在江戸ニ付御宅へ御招請ニ付御家[?]ニ而長老玄琢法印も
御同席也、但往還之とめ[?]
〃 しかし[?]在江戸様かし為御馳走之為馬頭多古河村ニ而御逢ニ被
成候
〃 信使南木着之節江戸表御老中様へ御次飛脚ニ而御案内
致候上ハ、従御旅文大目付也
〃 南木ニ而御申[?]安昌院玄琢法印三使へ対面有之三使延齢丹

之相贈ル、涙筆[?]官府脈取ニ而相成ル
〃 太玄琢法印ニ者[illegible]於日光大僧正様也ニ御備[?]
成ル也中来ル[?]信使設所[?][illegible]
一 同十九日石橋宿休
〃 信使御茶屋ニ而御馳走有之、七五三金銀之飾
〃 御馳走人ハ別ニ御領主奥平美作守様也
〃 同日宇都宮城下泊
〃 信使御茶屋ニ而御馳走有之、七五三金銀之飾
〃 御馳走人ハ是又御領主奥平美作守様也
〃 信使南木着之節江戸表御老中様方へ御次飛脚ニ而御案内

被差上候

一 同廿日 晴天

〃 信使於宿屋御饗応有之 七五三金銀ニ飾

〃 御馳走人ハ 吉田隼人正殿也

〃 同日今市泊り

〃 信使於客館御饗応有之 七五三金銀ニ飾

〃 御馳走人ハ 水谷伊勢守殿也

〃 為今度信使日光参詣 新規ニ客館を御構被成御普請
被下寄宿ニ有之 三使以下一同ニ客館ニ寄宿仕 三使山野
之景并客館之普請之様子等見及申候由ニ而被感謝候事ニ候

日光社参ニ付何も〳〵今様ニ而御馳走之事ニ候 然共(?)
以上之通也

〃 同日 光雲院様ニハ 皆附(?)此所御旅宿ニ御休息有之 三使方
先達而日光ヘ御越ニ付 御使として御越被成候 日光ニ
而茂御出ニ付 伊豆守様御旅宿ヘ御越被成 松平大膳大夫様
秋元但馬守様 阿部対馬守様 杉浦内膳正様 玄琢法印も被
参 御出合被成候 伊豆守様御同前ニ而 御振舞御丈ケ被仰付 此御座席ニ
而茂其御老中様方ヘ御書簡を被差上候 但此御状伊豆守様御
披露有之間 此入ニ被成候

〃 三使儀明日より日光社参相済候ニ付 江戸表へ

帰府之往来共ニ宿々ニ而日数をちゞめ可被申旨ニ候
伊豆守様より被仰候由 何茂御座候様ニ申上ル中宿々
御馳走人も同前ニ被仰付候

〃 大猷院様 光雲院様御出合被成 信使社参之儀式之様
被仰候 其外伊豆守様御同前ニ 御霊社ニ御出合被成 信使社参之
御儀式被仰候 大膳大夫様 但馬守様 対馬守様 内膳正様
御同前ニ 御霊社ニ御出合被成

一 同廿一日 辰刻 信使日光 東照大権現之御廟ヘ社参仕ル
御儀式之次第

〃 信使山菅橋之前ニ而下馬仕 おのおの旗吹物相留 板橋外ニ而楽

有之る歩行ニ而橋を渡り 又上楽ニ而仕ル
但三使橋を被渡候内ニ楽并服(?)を引(?) 橋向ニ相待被居ル
且又此所ニ番人として此方ゟ深見道酒助 松田六郎右衛門
并松本十左衛門 木村勘兵衛 林儀右衛門 伊藤五郎兵衛被附置ル

〃 上官ハ大手御門之外ニ而下馬仕ル
但此御門ニ番人として此方ゟ内野権兵衛 岩井治郎右衛門
被附置ル

〃 三使ハ大手御門之内瑞籬之下ニおのおの下乗有之る 蓋を
被除ル
但三使之輿此所ニ留置 此所ニ為番人此方ゟ平田将監并川

〃 式部并米安九右衛門三浦加兵衛ハ罷出ル
〃 夫より陽明門之内寺ニおゐて衣冠を着して御参座ニ
而龍中官ハ御参座之外ニ相留ル
此下ハ番人此方ゟ古川兵之進吉村橋右衛門并新右衛門
彼多彩物ニ而附添ル
〃 上官ハ二番目之御参座之先ニ相留ル
〃 三使ハ右之方之本ゟ御挨拶ゟ相仕 銀波冠を而除ケ直ニ
石唐門へ上り御門之内ニ入外ゟ一番目之所ゟ拝殿ニ揚り着座
列座而仕ル
但正使ハ左之方副使ハ中従事ハ右之方ニ着座也

〃 此時 光雲院様ニハ三使之面御机之左之方ニ御着座大長老
何茂拝殿ニ御揚り三使右之方ニ御着座ゟ三使各御机ニ相進ミ
香を焼キ元之所ニ退キ一同ニ並立而拝礼つかまつる首を伏ニ
御香之煙立てき御霊紀座而仕ル 上之官ハ一番目之所ゟ拝殿之
下座二段落之席ゟ一同ニ拝礼仕ル 此時大僧正様御内之御門ゟ
御出而二番目之所ゟ拝殿ニ御立チ而三使之御対礼有之
但大僧正様ニも御盃而具ハ是又此時ハ諸楽人廻廊ニ列り
畏ル 松平伊豆守様松平大隅守殿下野対馬守様秋元但馬守様
板倉内膳正様なとニハ太楽人之側ニ寓ニ而御着座
〃 右之御礼式相済三使元之寺ニ退出而仕 装束替ヘ有之御

饗應ニ而足ヶ即興之詩作ニ仕ル
〃 上官ゟ以下之能部人迄拝 御神殿ニ拝礼仕 次官相済ゟ午
之龍を伊豆守様ハ而御通り御案内ニ而御付添様ニ之御案内
其外而御役人何茂石唐門下ゟ拝礼仕り御龍宝承ハ退出
御饗應ニ頂戴仕ル 光雲院様石唐門ゟ御進ニ 神殿ニ
而御上白銀十枚御献上而御敬拝 御酒御頂戴而相済
御宿坊ニ御退出御装束替ヘ而御帰府被而右信使ゟ御出
而御

信使日光之詩作記

日光山

東武諸山望裏遥日光周匝獨岧嶤天開真
境排金殿洞闢靈川駕玉橋鈴饗却随旗脚
動篆香新惹雪花飄地因人勝今方驗功烈
千秋未寂寥

日光

急雪驕風萬木顛亂雪飛瀑入金田橋頭下
瞰南冥盡檻外平臨北斗懸豈謂楅庭尋妙
訣只應吾輩即真仙東南極目寰區小不必
乘槎説漢年

中峯縹渺遏雲孤寂歷杉松近帝都鑿轉琳

宮閑法像橋廻玉蝀閟靈符曾聞秘笈三山
記究對真形五岳圖下界不須驚皷吹看予
箕坐嘯天衢
中天寺刹醛嶙峋喜見　将軍法像真白馬
尚懸金鎖甲紅雲全露玉官身千岭力鎮山
河定百戰功留宇宙新権現古今同一揆宏
圖不復讓前人
親提萬甲出西方釵客黄金盡解装一怒山
河歸掌握百年天地屬熙康當空玉盖開神
化繞日銅龍擁瑞光飛騰総為生民計権現

雄名已雁行
日照祇園霽色寒衆峯如玉擁危欄珠簾半
捲諸天近繡戸平分碧海寛千樹影廻金殿
合萬鈴聲徹鉄圍残仙遊不盡登臨興雪積
層崖蹈遍難
疊嶂烟收曉日紅化城登眺倚長風波光迥
接滄溟濶岳勢遥連富士雄絶頂靈杉凌積
雪亂岩飛瀑落晴空明朝杖節西南去方丈
仙遊一夢中
杖錫西從白馬廻法容双對雨花臺摩天日

月金輪轉繞筆風雷鉄鉢催獅座共推迦葉
玅鳳毛誰識恵連才他時兜率宮中見笑問
桑田變幾廻
仙都衆木総芬芳傳道靈杉自太荒氣接扶
桑增黛色影通冊桂播清香虬鱗百丈排霄
漢翠葉千齡傲雪霜入夜簫笙來絶頂願從
高處駕鸞鳳
日光寺　青丘
山靈邀我上層臺綺席前臨萬仭崖雲外羽
裳王母至空中寶盖老君来陽烏動彩窺瓊

戸海若吹波凸玉盃披拂三珠香菜散人間
半夜雪千堆
山菅橋
盈々一水隔塵緣曲々奔流繞岸邊何日茅
龍蟠絶磵有時巢鶴舞層巔天台石路通諸
洞河漢銀橋會列仙此去尋真知不遠誰将
鐵鎖解高懸
日光山
贔屓靈鰲障海瀾蹁躚仙鳳立雲間上頭杉
檜傳千古半腹雲烟隔九寰對起士峯雄北

固抱回江戸鎮東關却忘萬里歸途遠又借
肩輿訪此山
瀑布
峯頭玉井接天潢帝女揚波溢素光白日陰
崖雷勢壯玄冬氷堅帶形長曾吟庐岳飛流
句今到蓬萊陽海鄉那得謫仙携斗酒與渠
同賞和新章
東照殿
寺殿崔嵬聳翠空靈旗肅々起寒風　雄心
躍馬存遺　像顯號　尊神見大功已覺山

河歸有數定知基緒到無窮晩來暘谷騰晴
旭彩靄常浮萬壑中
僧正
三生仙契有前因一笑相看意便親爐火錬
丹師道骨鬢霜垂白我陳人欲評靈草難憑
譯試揀香茶為勸賓他日逢迎蓬島上瀛洲
清淺幾千春

〃 一 右從三使[illegible]大僧正様へ[illegible]
式部[illegible]
目録

人參　弐斤
照布　弐疋
真墨
黄毛筆
右大僧正様へ
照布　五疋
真墨
黄毛筆
右毘沙門堂御門跡江

〃 一 江戸表ニ而[illegible]中様方ゟ[illegible]書[illegible]本紙別ニ記

[illegible]三使[illegible]
[illegible]
十二月[illegible]日
阿部豊後守
酒井讃岐守
土井大炊頭
宗對馬守殿

『관영병자신사기록』 6

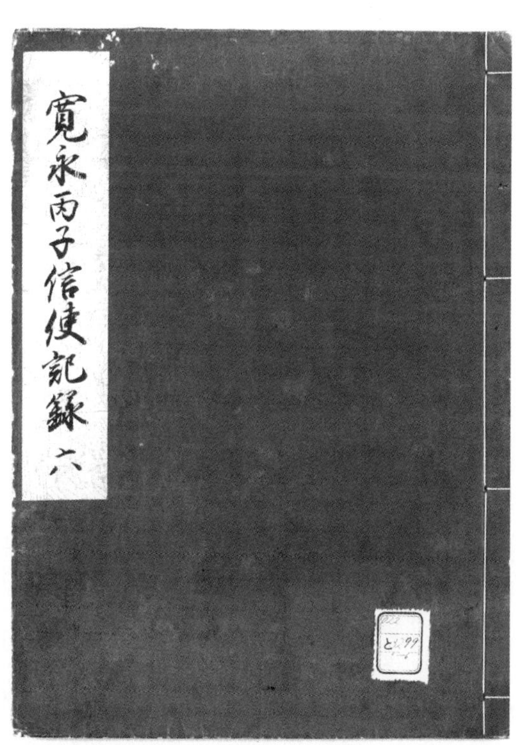

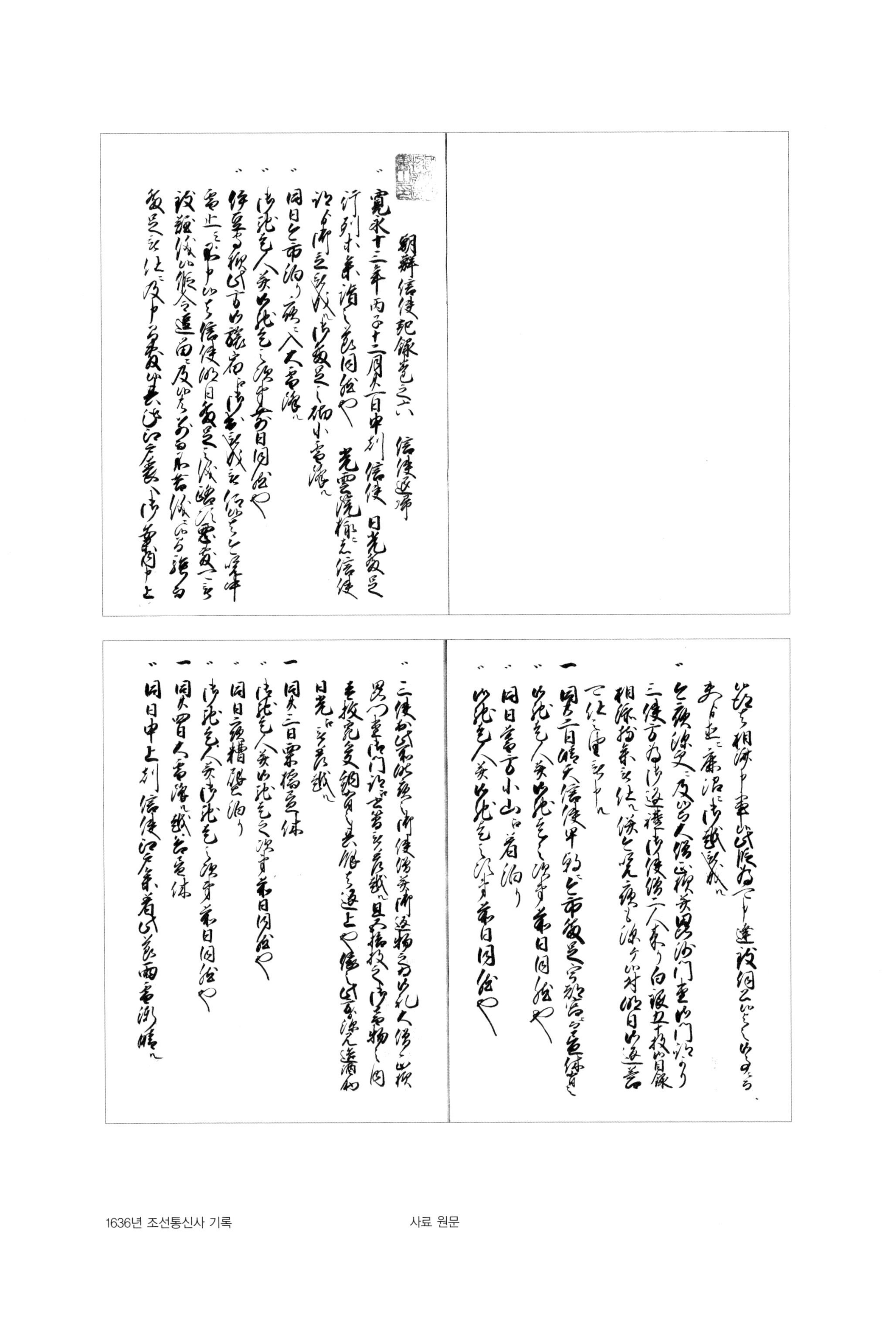

朝鮮信使記録巻之六　信使返帰

一寛永十三年丙子十二月六日申刻　信使　日光ゟ……

[illegible]

一 右京亮様浜路迄被遣候ニ付信使ゟ申達候処中ニ而御使者
以被仰聞且江戸残り之上官ニも為返被仰
一 同廿五日晴天
一 今朝御光 城江被成御出 御前ニ而為右 上官達江以
信使 日光山諸所被見物且御馳走ニ付被成候
御苦労ニ思召候との事也
一 同廿六日
一 今日御光 城江被成御出 信使ゟ御暇被成 日被成候
ニ付被成候 以後御老中様方ニ而付候ハ長老西堂被
当番信使ニも御附被成当役ニ無之者ニ付候
信使御両人ゟ長老両人へ以書簡対馬守江同道被仰候ニ付御光
右長老事当年対馬書役之当番ニ而御座候
不及差図対馬守江ハ是ゟ不申越候 以下西堂被成
ニ付候而ハ右御飯被成候以後御老中様方江被仰
西堂被対馬守江ハ是ゟ不申越候 対馬守江被仰候処
可被成候事 対馬守江返答ニ付候ハ対馬守之
不申越候以前ニ御座候 御申上候 信使之首尾ニ
被仰付道中大坂迄同道ニ而候処信使之
対馬守ゟも申候 最前被為仰上 様被成候
此度ハ不申越候 信使ニ苦労成候ニ御座候様
先達而被仰付之候ニ付御座候ニ付上候迄
御光中様方ゟ被仰候対馬守江ゟ申候ニ付而
苦労成候事ニ付御座候大坂之ニ而被仰候
対馬守ハ当番之右長老廿七日ニ被成候 当年秋ハ御暇
以御上候信使ゟ御自分御苦労被成候ニ
付之事ニ被成候
一 同廿七日晴天
一 今日信使江御饗応被為 上使人被遣候
信使屋江被入候ニ付最前光右京亮様浜路迄
被遣候
光雲院様浜路迄被遣春日永嘉
右京亮様御宿坊へ被成
御酒被下候
但右 上使御両人様信使屋江被成

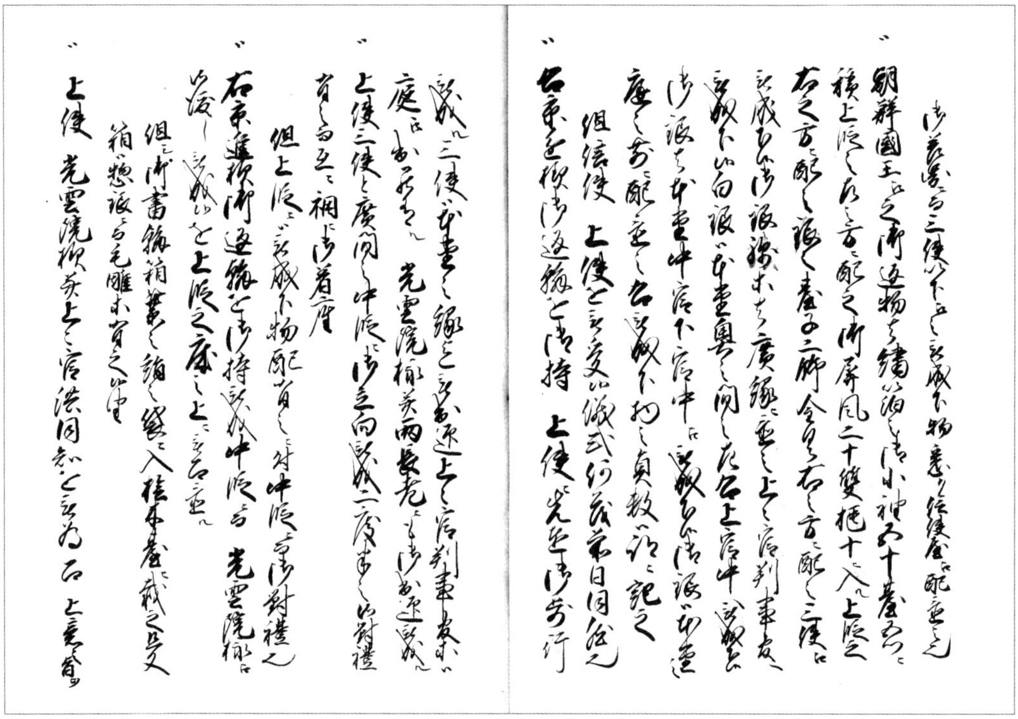

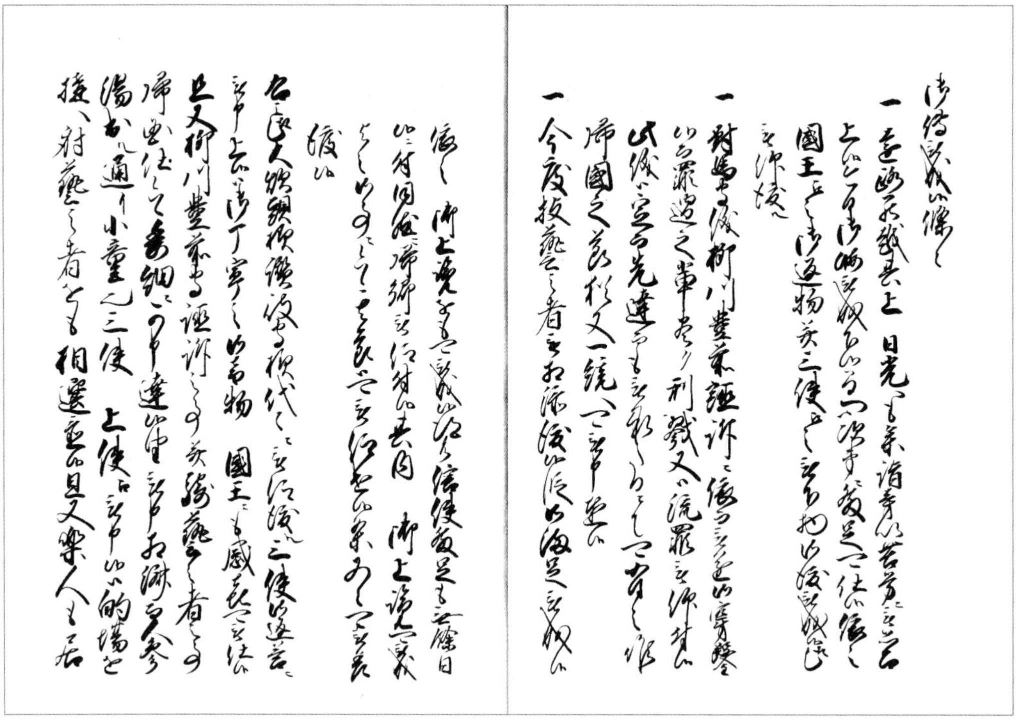

中ゟ可出候得共、下ゟ付らし候之　上使被仰候ハ
今日之義ハ不叶事ニ候、此等之様ニ付而ハ候由ニ而候付
貴様方ニハ御心易ク存候、其上御奉行衆之御断候　上使御帰り被成候ニ
而ハ儀式相済三使被送候而中書之奥之間ニ而御心く
上々官判事官上中下官等迄も送り被成候而
配有之、不残被参候　上使　光雲院様ニ而右之通り
被成候而、両使御嫁之三使ニ而御逢ニ被成候付
三使台ニ出申付候ニ而被成候而有之、両使ゟ項戴之
三使　上使ニ被申上候ハ、御礼之儀も何分ニも宜様ニ
被仰上被下候様ニ申候由申事之由ニ御座候　上使御帰り之節ハ

三使中書之縁迄被送出、其外ハ朝鮮人ハ庭ニ而送り申候
上使御帰被成候而、右衛門様御宿坊ニ而御休被成候、御饗應
被成候而、御振舞被為召候　光雲院様ニも御同道ニ
而候、被成候、其後道春老・永喜老　光雲院様ニ
之度朝鮮人ニ被成候而御尋被成候とも申付候由ニ而候
御渡之被申候

其目録
白銀　五十両
[illegible]綿　三百把
右正使へ

同前
右副使へ
同前
右従事へ
白銀　弐百両
右上々官弐人ニ被下之
白銀　五百両
右判事官三人ニ被下之
白銀　五百両
右上官四拾八人へ

白銀　一百枚
右中官下官四百二十餘人ニ
以上
一 大猷院様御代替、上使被仰付候ハ、其ゟ信使御礼申上候為ニ御登
城被成候
一 光雲院様ニハ御屋敷ニ被為入候、上使伊豆守様御入被成候而、中御対面
被成候、御屋敷ニハ御礼申被成候、伊豆守様ニハ御入被成候、長老衆御対話
被成候　光雲院様御対面被成候　上使御帰り之節ハ今度御暇被成
下候信使御同道被成候様ニと申事ニ付、其外御越し
上意之通御暇被下白銀五百枚、其外時服二十御拝領被成候由ニ而

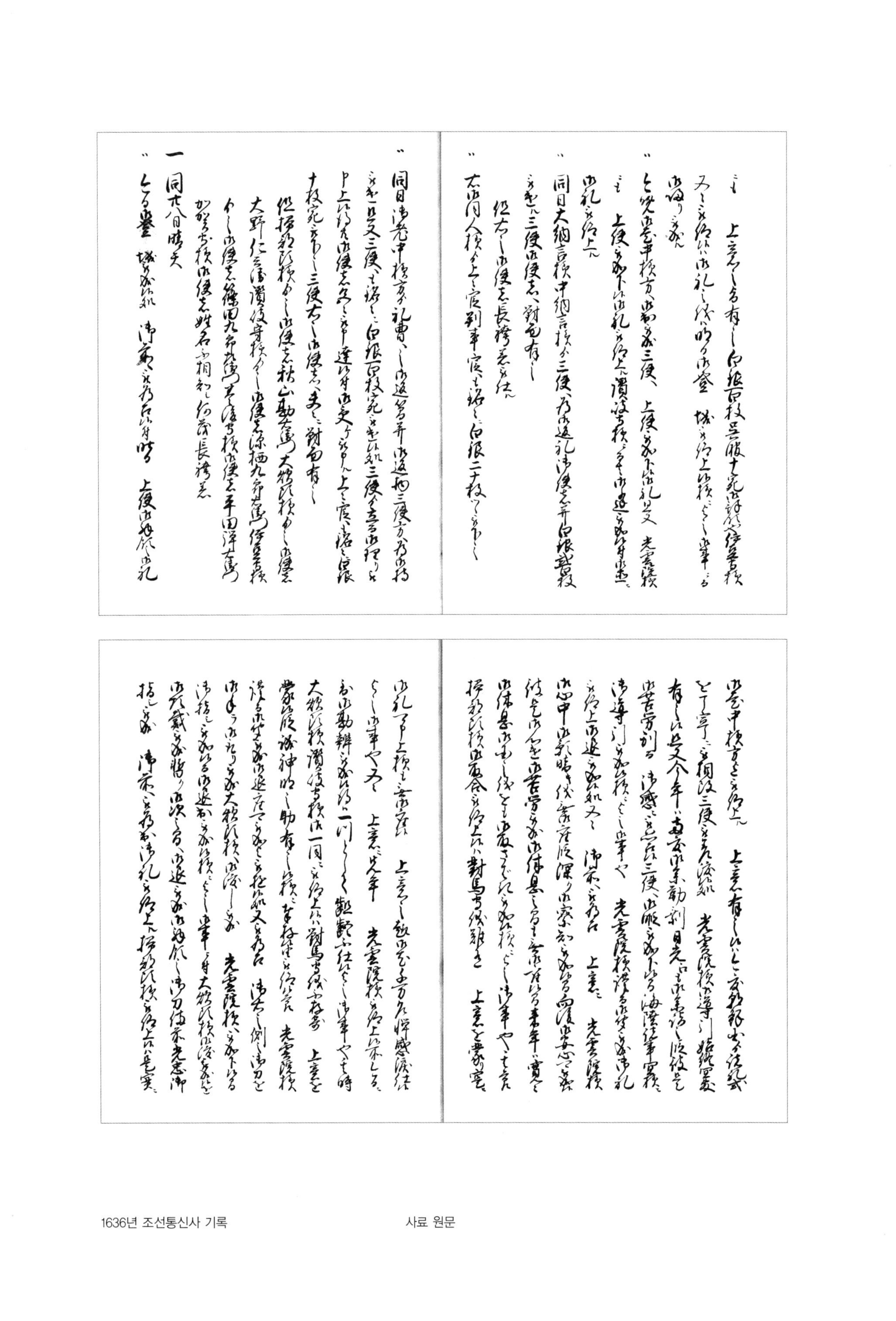

世上之儀ハ上下家之重寶[illegible]上様[illegible]御座候[illegible]

御事や[illegible]　光雲院様　御茶を御立候而御次之間ニ

おゐて右之御刀を御脱キ[illegible]候而[illegible]被成候[illegible]

上々之御賜物ニ候得ハ御拝し[illegible]候[illegible]

ニ而御拝し[illegible]信使[illegible]三使[illegible]

作様ニらし御様体[illegible]や

〃同日於　御殿中御老中様方ヘ[illegible]記

一 各様中ゟ之御返答[illegible]事

御答

[illegible]

一 朝鮮ゟ之被擄御返し[illegible]之事

御答

先年之通ニ仰付[illegible]

一 以前唐人柳川豊前送使船之事

御答

[illegible]

一 朝鮮人ハ[illegible]被仰付[illegible]仕[illegible]之事

御答

於大坂ニて[illegible]

一 三使ゟ井上筑後守殿金地院道春永喜[illegible]之事

御答

三使ゟ申来候ハ

一 海陸所々[illegible]通詞[illegible]次兵衛[illegible]

[illegible]之事

御答

[illegible]

京於[illegible]

隔日ニて[illegible]

〃同日御渡し[illegible]

今度朝鮮之信使ニ[illegible]

横山[illegible]

[illegible]

寛永十三子

十二月廿八日

松平伊豆守 信綱判

酒井讃岐守 忠勝判

土井大炊頭 利勝判

久貝因幡守殿

曽我又左衛門殿

新見七右衛門殿
松浦河内守殿

請取申銀子之事

合百五拾貫六百五拾目者丁銀也

但此枚三千弐百八拾枚也

右是ハ上之家鋪郎人ニ被下候御用ニ請取申者也仍如件

寛永十三子
極月
曽我又左衛門判
横山藤左衛門判

久貝因幡守殿
曽我又左衛門殿

新見七右衛門殿
松浦河内守殿

一 今日三使方ゟ玄琢法印へ先比約束之被申候病症之書付参候ニ付而書付ニ医按配剤いたし持参候処ニ以後可相達旨候
即夜玄琢ゟ書付二通被相越候、三使方へ遣之

一 同日三使方ゟ井上筑後守様・金地院・道春老・永喜老之方へ被進物ニ相届候

一 人参 壱斤
一 黄毛筆 四拾柄
一 豹皮 弐張

右ハ井上筑後守様へ

一 人参 壱斤
一 照布 弐疋
一 黄毛筆
一 真墨

右ハ金地院へ

一 人参 壱斤
一 照布 弐疋
一 黄毛筆 弐拾柄
一 真墨 十挺

右ハ道春老・永喜老様へ

一 三使方ゟ大学頭様・筑後守様へ使者并書物之相贈候ハ別ニ記

一 虎皮
一 花席
一 黄毛筆 一封
一 真墨 一封

一 同日大学頭様・筑後守様ゟ三使へ為御返礼蒔絵之重箱二組・越前綿百把被遣之候処、為御暇乞大学頭殿御使者人参候信使方へ出候三使御対面ニ成候

一 同十九日晴天巳刻信使江戸被発足ニ付行列ハ東而之如

同断也

〃 今日登城之節、着鋪之上官と宗馬之儀ニ付被争
論候上ニ而上官を被及傷候段被仰付候ニ付、御免ニ而相済
信使登城之儀延引ニハ不及候也

〃 同日昼品川御着

〃 御馳走人案内同断也

〃 信使於寺宿御饗応有之、七五三金銀之飾

〃 同日夜神奈川御着

〃 御馳走人案内同断也

〃 信使於町宿御饗応有之、七五三金銀之飾

〃 同日江戸表御老中様方より御飛脚之御證文并御添状
到来、則左記之

一筆申入候、然ハ天氣も能、信使ニも相立、珍重存候、宿々
人馬十五枚相残用之候ハヽ、残並候様ニ被仰付候、恐々謹言

十二月廿九日

堀田加賀守 正盛

阿部豊後守 忠秋

松平伊豆守 信綱

酒井讃岐守 忠勝

土井大炊頭 利勝

宗對馬守殿

一筆申入候、信使御下之節、所々御馳走之儀、一日宛逗留之
為[illegible]之、[illegible]ニ而も[illegible]
恐々謹言

十二月廿九日

阿部豊後守 忠秋

松平伊豆守 信綱

酒井讃岐守 忠勝

土井大炊頭 利勝

宗對馬守殿

〃 両所之御馳走人松下石助様方へ之御年寄衆より方へ之御状箱ニ
入来り候付為持遣之

〃 井上筑後守様へ金地院・道春ニも右之方々三使へ為御返礼

御使者へ御返物有之よしニ候

〃 太織嶋拾疋ツヽ小袖十ツ金銀院ツヽ於京三木道春を以被下候ツヽ

小袖六ツ宛也

一 寛永十四丁丑歳正月朔日

〃 正朔賀儀之為信使南京迄参

〃 三使之為賀儀姜僉知康判事御旅宿へ来ル

〃 加藤民部ヲ以御慶御出ニ候

〃 両長老為御慶御出ニ候

〃 ...人民部右衛門被御旅宿へ御招請ニ付御出ニ候両長老御同席也

対馬書役之人も召出候

一 同二日晴天未刻 藤沢御着

〃 御馳走人余向同断也

〃 信使於町宿御餐進有之膳部七五三法事之御馳走大同断也

継之ニ而御休有之

〃 信使南京之候江戸表へ御次飛脚を以御書面ニ而候上ル

一 同三日晴天 晩大磯御着

〃 御馳走人余向同断也

〃 信使於町宿御餐進有之膳部七五三法事之御馳走大同断也

〃 之節藤沢ゟ年頭之御使者ニ而参候ニ付御老中様方ゟ御慶

御状ニ而参候

〃 同日夜小田原御着

〃 御馳走稲葉美濃守様御家老塚本舎人為御迎途中まで出ル

〃 信使於町宿御餐進有之膳部七五三法事之御馳走大同断也

一 同四日晴天 晩箱根御着

〃 御馳走人余向同断也

〃 信使於町宿御餐進有之膳部七五三法事之御馳走大同断也

〃 同日夜三嶋御着

〃 御馳走人余向同断也

〃 信使於町宿御餐進有之膳部七五三法事之御馳走大同断也

〃 南京之候夜ニ入信使御着ニ付為御馳走家毎ニ挑灯ホ燈し

〃 信使南京之候江戸表へ御次飛脚御書面ニ而候上ル

〃 大京を被請路ゟ被信使下行残有之ニ付根子ゟ古川式部方迄

ニ而付判上ニ而官法同知姜僉知へ相済候ニ付大両人ゟ請取状

手形相渡之付大京を被請候ゟ被方へ遣し

手形之写左記

丁丑正月初五日

用餘雜物換小判百柒十三兩壹歩銀

子四十六文目六分依受者也

洪同知 判在

姜僉知 同

康判事　同
李判事　同
韓判事　同

松木市左衛門　公
脇坂内膳　公
脇坂伊織　公
下河邊甚左衛門　公
近藤久太夫　公

一 同五日晴天
〃 従事官少々風氣ニ而滞留有之、江戸表へ以注進飛脚御案内申上ル
一 同六日終日少宛白雨
〃 今日信使逗留之段、江戸表へ以注進飛脚御案内申上ル
〃 同日昼吉原御着
〃 御馳走人参向同前也
〃 信使府町宿江参着被有之、諸般之事不残請申し、御馳走之大同前也
〃 同日夜亥刻江尻御着
〃 御馳走人参向同前也
〃 信使府町宿江参着被有之、諸般之事不残請申し、御馳走之大同前也
一 同七日晴天 昼駿府御着

〃 御馳走人参向同前也
〃 信使府中宿江参着被有之、諸般之事不残請申し、御馳走之大同前也
〃 同日申下刻藤枝御着
〃 御馳走人参向同前也
〃 信使府町宿江参着被有之、諸般之事不残請申し、御馳走之大同前也
〃 ところ昼旅より藤枝ところ之野陸相模守為御馳走二ケ所ニ
茶屋御建之候
〃 信使為不参之段、江戸表へ以注進飛脚御案内申上ル
一 同八日晴天 昼金谷御着
〃 御馳走人参向同前也
〃 信使府町宿江参着被有之、諸般之事不残請申し、御馳走之大同前也
〃 先雲渡様ニ而も信使ニ先達而申越之由ニ而、大井川信使と
御渡候ニ付、信使川渡り相済候迄御詰被成候由、
尤大井川ニ而相待候、下官之内川中ニ而流落候者も有之、
併怪我無之、川渡り相済也
〃 同日申上刻懸川御着
〃 御馳走人参向同前也
〃 信使府町宿江参着被有之、諸般之事不残請申し、御馳走之大同前也
〃 信使為不参之段、江戸表へ以注進飛脚を以御案内申上ル
一 同九日晴天 昼見付御着

〃 御馳走人参向同前

〃 信使於町宿御饗応有之 膳数十ケ計有之 御馳走人大目付同前

〃 同日酉刻浜松御着

〃 御馳走人参向同前

〃 信使於町宿御饗応有之 膳数十ケ計有之 御馳走人大目付同前

〃 信使於御馳走之江戸表より両所ニ練屋彩様を拵来ル 両所より
京都より京都之練屋彩様を拵来ル

〃 右之御行之新善光様より御祝礼来ル 是ハ信使下向之節ハ
於先例饗応御饗応之式如此御馳走之処此様ニ江戸表御老中様方
御老中書を以て御馳走御給仕被成候ニ付

ニ而御馳走被成候し御事也

一 同十日晴天

〃 今朝信使ニ先達而浜松御発足 今切渡り 浜先ニ御渡り
ニ而ハ舟ニ而御馳走之所有之

〃 信使当長老乗り舟も大目付同前

〃 同日昼荒井御着

〃 御馳走人参向同前

〃 信使於町宿御饗応有之 膳数十ケ計有之 御馳走人大目付同前

〃 同日酉上刻吉田御着

〃 御馳走人参向同前

〃 信使於寺宿御饗応有之 膳数十ケ計有之 御馳走人大目付同前

〃 今晩水野隼人正様より御振舞被成候

〃 信使両所共ニ江戸表ハ御沢兆御案内を候上ル

〃 今日三使就今切ニ相渡候全報来ル 入候相替ニ付
右之状御返答ニ我国之名山大川を越候ニ礼物を以
祭候事ニ候ハ 御難所を渡り候ニ付 御祭礼を致候
礼物ニて江神を祭り候し事也

一 同十一日陰天 赤坂御着

〃 御馳走人参向同前

〃 信使於町宿御饗応有之 膳数十ケ計有之 御馳走人大目付同前

〃 同日酉刻岡崎御着

〃 御馳走人参向同前

〃 信使於町宿御饗応有之 膳数十ケ計有之 御馳走人大目付同前

〃 今日水野隼人正様為御送り 信使岡崎より両所迄
二人ニ而来ル

一 同十二日岡崎御発駕 御江戸表へハ御沢兆御案内を候上ル

〃 同日鳴海御着

〃 御馳走人参向同前

〃 信使於町宿御饗応有之 膳数十ケ計有之 御馳走人大目付同前

〃 今日尾張大納言様より御付重臣ニ而御家老志水甲斐守

正月十二日

板倉周防守
重宗

宗對馬守殿

正月五日

堀田加賀守

阿部豊後守
忠秋

松平伊豆守
信綱

酒井讃岐守
忠勝

土井大炊頭
利勝

宗對馬守殿

一筆致啓上候、然者此中ハ打續天氣能候、御次中信使[illegible]
ても御同前ニ存候、然者兩此ゟ御老中ハ[illegible]相談候、三ケ
條之覺書ニ[illegible]御書付ニ御座候、御使者へも申遣候様ニ
[illegible]如桐談ニて[illegible]
[illegible]使者へ被返しても[illegible]御老中[illegible]
申候[illegible]　御城[illegible]大御[illegible]
[illegible]御返事[illegible]書翰之写[illegible]
[illegible]合候而[illegible]恐惶謹言

正月七日　安藤右京進

宗對馬守殿

覚

一 書翰之写事　是ハ見申度存候

一 外郎人いけとりの本書事

此義ハ御家老中へ[illegible]此方ハ[illegible]と云ものも無之候[illegible]御家老中[illegible]

一 書翰之面[illegible]本書ハ不案内ニ付[illegible]

一 以前唐柳川送使船事

右ハ重而可申述候以上

正月五日

日本國臣　伊豆守源信綱

敬答

朝鮮國禮曹參判朴公　閣下

一封手帖千里面譚幸々茲

三官使遠至捧齎

國書賀我

源大君繼前緒致太平兼獻許多奇産如別

幅既奏達之其修聘禮惇舊好休哉抑去

歲義成調興相愬時察有造贋書者糺決

焉是行也

殿下改往自新可嘉奬矣故以

本邦所出見投贈之到宜啓稟況如予亦拜

佳貺乎感謝之至也因呈薄物以表寸心

統希

領收且所請生口先是皆刷還之今無遺

焉縱纔存者爲子爲孫無欲還者若或願

還者須待他年餘事勤官使還維時祁寒

順序

自嗇不宣

寛永十三年十二月二十七日

日本國臣　伊豆守源信綱

右之訳ニ

阿部豊後守堀田加賀守返翰同文章也

又ハ上包ニ

松平伊豆守大炊頭讃岐守返翰ハ文書ニ相替事無之候ニ付

事無之ニ付略ス別ニ写シ不申候

一 同十三日陰天

〃 今朝御老中より御印判之書付御老中様方より御返書

御渡シ被成候ニ付三使者御渡被為上御返書之儀

相済ミ御慶返目出度 公方様一段御機嫌能被為成候

て御安心被成候御中之儀御状承候ニ而執達 上聞ニ

次三番目ニ官使喫飯相済候御暇之儀相上候而御返書

朝鮮国礼曹参判閣下

正月十日

堀田加賀守 正盛

阿部豊後守 忠秋

松平伊豆守 信綱

酒井讃岐守 忠勝

土井大炊頭 利勝

宗対馬守殿

〃 同日至洲俣御泊

〃 御馳走人参向同然也

〃 信使本町宿御発足有之結構之外語申候御馳走大同然也

〃 今日名古屋之大垣迄之乃御馳走御馳走人参向同然也

〃 今日大久保加賀守様より御振舞ニ付御使者御出

〃 同日酉刻大垣御着

〃 御馳走人参向同然也

〃 信使本町宿御発足有之結構之外語申候御馳走大同然也

一 同十四日雨天今須御泊

〃 御馳走人参向同然也

〃 信使本町宿御発足有之結構之外語申候御馳走大同然也

〃 今日戸田采女正様より御振舞ニ付御使者御出

〃 同日酉下刻今須御着

〃 御馳走人参向同然也

〃 信使本町宿御発足有之

〃 今日雨天ニ付道中不残御馳走之途中ニ而雨具等多御用被為成

旧例信使ニ御発足之節雨具并料理之儀被為遊候ニ付

三使先例ニ而信使来御座候ニ付御様子承候事ニ付信使方御出

合之儀無油断料理拵之構物ニ而念を入し通ニ而能候し
小童や信使詰申し御馳走之丁寧ニ有之候三使衆へ申
御礼申上ル
〃 信使当所罷立候、江戸表へ以飛脚御案内申上ル
一 同十五日 昼八幡山御着
〃 御馳走人参向同前也
〃 信使於客屋御饗応有之、信使并下外詰申し御馳走大同前也
〃 同日 晩方 守山御着
〃 御馳走人参向同前也
〃 信使於本宿御饗応有之、信使并下外詰申し御馳走大同前也

〃 信使当所罷立候、江戸表へ以飛脚御案内申上ル
一 同十六日 昼大津御着
〃 御馳走人参向同前也
〃 信使於本宿御饗応有之、信使并下外詰申し御馳走大同前也
〃 右者小野惣左衛門殿御振舞ニ付御丁寧ニ御座候
〃 右者菅沼織部正殿より方御旅宿へ為御見廻御座候
〃 同日 酉上刻 京都御着
〃 御馳走人参向同前也
〃 信使於本国寺御饗応有之、信使并三使詰申し御馳走之式結構ニ而
被仰付ル

一 同十七日 京都御滞留
〃 信使御尚北返答し日数為御相談周防守殿へ古川右馬助差遣し
〃 右者淀ニ而御振舞之永井信濃守殿より信使御馳走之次第為御問合
御使者来ル
一 同十八日 京都御滞留
〃 三使より周防守へ礼曹より周防守殿へ之書翰并音物之目録
古川右馬助ニ而相渡ル
但音物之儀ハ江戸御老中様方へ之音物書載有之、右ニ可付
有之也
〃 右者周防守殿へ為御届御座候

〃 信使京都罷立候ハ右之江戸表へ申上ル、則御状周防守殿より御相
之内ニ御入申上ル
〃 右者江戸表御老中様方へ之御書翰別紙ニ記し
一 筆令啓上候　公方様益御機嫌能被成御座、御移徙天気之能
候事御機嫌ニ大形ニ又候、謝半、就ては宜使之完
之為上之御事し事ニ候由被聞召候、恐惶謹言
正月十四日
堀田加賀守 正盛
阿部豊後守 忠秋

宗對馬守殿

松平伊豆守 信綱
酒井讃岐守 忠勝
土井大炊頭 利勝

一 同十九日京都御帰着
〃 板倉周防守殿御宿へ御出、三使へ御對面有之、右之以前ニ京中之諸寺
御茶・御菓子并射藝之者・楽人共ニ茶之御振舞被成候

就夫三使ゟ周防守殿へ此方ゟ[illegible]及御挨拶
周防守殿ハ[illegible]一入忝[illegible]
[illegible]御肝入[illegible]
事也、周防守殿御返答ニ江戸表ゟ被仰付候付而[illegible]
[illegible]一入忝存候[illegible]
[illegible]
[illegible]
[illegible]
御事也
〃 [illegible]文周防守殿へ[illegible]

〃 此方江戸表へ[illegible]御返書[illegible]差上候
〃 右之三使ゟ松長老へ[illegible]人参壱斤・団扇三握・松実[illegible]相贈候、松長老ゟ為返物三使銘々ニ胡椒三斤宛相贈候
一 同廿日晴、辰刻信使京都発足[illegible]
〃 御馳走人前日同前也
〃 信使於[illegible]御茶屋[illegible]
[illegible]
〃 [illegible]
[illegible]
[illegible]

〃 同日[illegible]
〃 御馳走人前日同前也
〃 [illegible]
〃 [illegible]三使[illegible]
[illegible]
[illegible]
副使[illegible]
[illegible]

奉謝

春江漢々白鷗飛両岸樓臺猷翠微揔為主
人能敬客五更風雨欲忘歸

〃 今晩信使衆ニ御振舞ニ付御使ヶ候也

〃 今晩ハ殊外晴夜ニ御座候而牧方ニ御泊船ニ而夜半ニ至而晴し
候而御船ニ而参候

一 同廿一日晴天辰刻大坂御着

〃 御龍之人来而問話や

〃 信使于本寺宿坊御堂江被遣候而拾五ニ三詩ヲ書寄ニ為
付人馬ヲ馬宿馬木ニ御龍之ニ而寺之来ル条内ニ問し而御用
意ニ而相付ん

〃 光雲院様ニハ信使ニ被参之御所刻ニ御堂へ出候ニ付御我又御使様
御同席ニ而江戸表御用等仕候御状御同様ニ御使候也

一 同廿二日晴天大坂御滞留

〃 三使衆ゟ此方へ参上仕ニ付往還之使仕候ニ付嘉兵衛相済御
南纪ヘ御出大悦仕候條之ニ付小酌を相設度由御申ニ付
示ニ申候ニ付長老両堂御同様ニ信使衆へ御出候ニ付
飲物料理ニ而膳部差出し音楽なと有之候
　但此方町御楽行ニも被出候屏風献し御覧候

〃 諸両堂ニハ御南纪ゟ御京へ参候ニ付互ニ離別之詩作有之詩ハ
別紙ニ記し

〃 此方ゟ御座與ニ御南纪へ能以来年少者二三人之者共つかはり
之者仕舞三使衆ハ御見物候処殊外ニ歓候而御相手様方之
由ニ候也。

一 同廿三日晴天大坂御滞留

〃 年寄中ゟ古川式部右村伊織町人方田小右衛門参候
為我又御馬殿御宿所へ被参之旨江戸表三使并諸官人ニ為
下ル振舞相済而別 請取手形相渡ス

〃 今日京都板倉周防守様ゟ御使札参候此方之禮曹へ之返翰
御書翰并三使へ之書簡ニ而候御請取之禮曹へ之書
返翰ニ一通御持参被成候此方へ御渡し候御状ニ添へ封候

之趣之し参申ニ付長老両堂御同様ニ御持参候ニ付御返翰并
御書翰及三使へ之御書翰左ニ記し

日本國臣　周防守源重宗　謹拜覆
朝鮮國禮曹叅判朴公　閤下
華緘展靓雖阻洋海恰如接儀容爰三
使三輩遥逾溟渤遠歴艱險恭齎
國書聘問以祝我君
源大樹克纘洪業能述先志包括宇内綏撫
兆民誠講鄰好尋舊盟両邦之歡心何以
加焉徃歳義成調興爭訟間有矯誣造偽

書者簡五辭正五爵紀■繩衍而断决之
平治焉於是乎
閣下改往自新最堪嘉尚矣又於予祗羕皇
眖不勝欣慰之至者也曰獻不腆方物以
表微忱敬依回价聊摛謝悰伏希 采納
且所求之俘虜前回悉刷還之無有孑遺
焉雖有存活者其末裔庶孼者而各土着
親睦無鄕念之動曼乙或願還者須在他
期乞垂
炤詧時維孟春餘寒尚劇爲

國家保愛珎重不旣
寛永十四年正月十九日
日本國臣 周防守源 重宗

礼曹ゟ之御目録
白銀 百枚
金地扇 百握
銀地扇 百握
・蒔繪提銚一皆具
右
三使ゟ之音物

白銀 百枚
右

一 同廿四日大坂ニ滞留
〃 今日三使ゟ玄蕃頭殿ヘ音物相贈り申候三行書之方ニ書之[illegible]
左ニ記し
人参 壱斤
照布 弐疋
黄毛筆 一封
真墨 一封
〃 今日三使ゟ音物之返礼有之[illegible]

〃 若狭守殿ゟ使札ニ而今日風呂ニ入候様ニと申来候[illegible]
御年寄衆ゟ御料理被下候由[illegible]
一 同廿五日晴天大坂ニ滞留
〃 三使方へ明日御乗船之儀ニ付御使者ニ而[illegible]三使ゟ御對面ニ而相済[illegible]
〃 [illegible]
〃 今日三使ゟ若狭守殿ヘ音物相贈り候ニ付左ニ記し

人参　壱斤
黄毛筆　一封
唐墨　一封

一　同廿二日晴天
〃　今午刻信使大坂御船揚波橋より川舟にて淀まて被為入候、但し
御送り之川舟并長老西堂乗舟等も同前也
〃　光雲院様には淀より御船信使御同然に三ヶ所へ御滞船被成候
〃　壹岐守・我又左衛門様・末吉孫左衛門様・伊丹喜七様、此方御乗船へ御出
被成、御見廻被成御帰り被成候
〃　両長老にも此方御乗船へ御出、御対面被成候
〃　清西堂へは為御暇乞信使乗船に御出被成候、御酒與にて及深更
候、それより此方御乗船へは御出なく、直に大坂へ御帰り被成候
〃　今日信使へ御船乗り給候、為御馳走信使乗船へ御出被成、船御賄に被差
添候、大船程被成、請取方に手形をも御差出被成候、就中
兵庫までと被仰候
〃　信使御乗船之儀、江戸表へ御案内被仰上候状、我又左衛門様
方へ被遣候
〃　今日末吉孫左衛門様より御招請に付御出被成候
〃　今日我又左衛門様より三使へ為御進物、鳥風炉一荷、肴一折、蒔絵
手箱一組、樽と共に乗船へ被遣候

一　同廿七日晴天、西風に付三ヶ所に御滞船
〃　我又左衛門様・小濱民部少輔様より為御見廻御使者来ル
一　同廿八日晴天、西風に付三ヶ所に御滞船
〃　今日江戸表之様子御状、我又左衛門様方より為持被遣候
〃　大猷院様御筆、先月廿一日より御不例に被為在候得共、御無事頭
道三・玄朔を始、其外上医に御快気を祈らせ候得共、御病相御老中
様方へ御状にて被仰上候、但是は御手前ニて御知らせに被成候
一　同廿九日晴天、西風に付三ヶ所に御滞船
〃　江戸表より今日御飛脚、人足并書付等来候に付、書簡来し
去ル御船にて御手前御書を被成候

一　同晦日晴天、西風に付三ヶ所に御滞船
〃　今日御飛脚、畫工御船へ被差遣御書を被成候
一　二月朔日晴天、順風に付辰上刻川口より御出船
〃　副使乗船三ノ瀬にて走り出候得共、我又左衛門様・小濱民部少輔様より
為御馳走御船被差出候故、船并此方より御加勢有之、此方乗船
兵庫へ着
〃　今日御船にて御江戸表御案内之御状被遣候、我又左衛門様方へ
被遣候
〃　同日申上刻兵庫御着
〃　青山大蔵亮様より為御進物、海上へ漕舟被差出候

〃 信使船揚り有之、尤客館御参遊被成、揺船ニ三ヘも外請有之
御馳走之衆向同様也
〃 御馳走人共ニ又衆向同様也
〃 信使南本茶屋之後江戸表ヘ御注進船を以御案内被仰上ル
〃 ヒ然ヘ大庄屋格之御指請ニ付御出被成候小川茂太夫様村上孫左衛門様
御用席や此度役方依御免鈴木能登ニ御書を被成候
一 同二日純日曇天ニ付兵庫御滞船
一 同三日晴天兵庫御発船和田ニ而御待合ニ御出被成候処風悪敷御座候
被成候
一 同四日晴天辰刻兵庫御発船

〃 高木かし為御馳走信使船ニ残り候而沖ニ而漕舟御付ケ被成候
室津ニ而松平丹波守様ゟ為御馳走漕舟御付ケ被成候
〃 同日酉刻室津御着船
〃 三使ハ船揚り有之上官以下も右御馳走衆御参遊有之右御
馳走之挨式衆向同様也
〃 信使南本茶屋之後江戸表ヘ御注進船を以御案内被仰上ル
一 同五日曇天辰刻室津御発船午刻牛窓御着
〃 正使ハ船揚悪敷候ニ付船揚り無之副使従事計船揚り有之右
客館御参遊被成候押付又船ヘ被参候
〃 揺船五ニ三ヘも外請有之御馳走人衆向同様也

〃 松平新太郎様ゟ御指請ニ付長老御同船ニ御出被成候途中掛ニ三使
乗り船ヘ御見舞御越り被成候由従事官ゟ立る役船ニ御乗り被成候
之し事ヲ付御乗り被成候而酒肴被御出之上ニ而詩作被成候仕ル則
詩作左之通

江天漠々渚鴻飛　嵐翠空濛遠岫微　却憶東
湖尋古刹　三竿斜日直舟歸

〃 ヒろ松平長門守様ゟ信使船役御内ハ相見へ日暮為御案内
使者来ル
一 同六日晴天辰刻牛窓御発船南本ゟ為御馳走漕舟被多く相添
申刻鞆ヘ御着船

〃 ヒろ洋中ニ而正使乗り船檣折レ船板も損し候手有之候処
着船也
〃 信使船揚り有之右客館御参遊被成候揺船五ニ三ヘも外請事し
御馳走之衆向同様也
〃 従事官ハヒろ正使之船難儀ニ候故従之事備州
着船ニ付此方ゟも為御馳走国御供船之内二三艘被仰付候
〃 高木ゟ鞆日向守様御事　先達御越被成候御対面有之候
御対面被成候役方御指請ニ付御出被成候
〃 ヒろ高木ゟ沖ゟ正使乗り船之檣木損し候段江戸表ヘ御注進船
之段御案内被仰上ル

一 同七日雨天辰刻鞆御船出未刻蒲刈御着
〃 今日雨天ニ付信使船揚り有之
〃 雨森治左衛門松平安芸守様ゟ江戸表へ御案勤之為[illegible]
　御家老御馳走之儀ニ付相勤候又雨森ゟ御船奉行渡辺左門儀
　上京之御見送りしくと申付候
一 同八日晴天子刻信使雨森方ゟ江戸表へ御注進飛船ニ而御案内ニ
　付上之
〃 未刻蒲刈御船出し沖ニ而日暮夜ニ入子刻上関御着
〃 今晩ハ暗夜ニ付雨森方ゟ御馳走之根燈を以為引
〃 今日松平長門守様御家老吉川美濃守ゟ御使者を以被申

一 同九日晴天辰刻上関御船ニ而出船之処風悪敷成候ニ付防州内
　家室山ニ御船懸り被成候
〃 今日江戸表ゟ御注進之御状御飛脚ニ而漕舟参り御渡し被成
〃 今日ハ長門守様御家老吉川美濃守病不有之由ニ而家来ニ而
　相済候
〃 今日大膳様御家老毛利上野殿ゟ御使者を以被参候
一 同十日晴天未刻家室山御船出申上刻下関御着
〃 信使於阿弥陀寺ニ饗応有之膳部五之三之外諸事御馳走
　米両同様也
〃 今日長門守様ゟ御使者御家老毛利山城守を以被参候

〃 今日小笠原右近大夫様江戸表ゟ被仰付御家老九田右馬允
　下関三ヶ所之漕舟弐拾艘召連御馳走為三使ヘ被相贈候
一 同十一日雨天辰刻下関御船
〃 雨森方ゟ御馳走之為見送り漕舟と小倉ゟ参候御迎漕舟ゟ
　黒崎之漕舟相揃筑前ゟ為迎漕舟之参申刻相待御着
〃 信使船揚り有之於客館饗応有之膳部五之三之外諸事
　御馳走米両同様也
〃 雨森ハ寺沢兵庫頭様ゟ御使者参候
一 同十二日晴天ニ而相待御滞留
〃 御馳走方ゟ相待之信使船ニ而参り趣ニ海陸往還ニおゐて或ハ

三使病気有之饗応御理り申候然又ハ風雨船中待悪敷候
船揚り無之又ニ十艘之船ニ而何方も諸御馳走方御断之
参り船ハ為持参候
〃 今日江戸表ゟ御注進之御状御飛船ニ而参着致し
〃 今日松平右馬佐様御家老毛利又右衛門佐右京大夫御馳走方
　為見送り右方ゟ参り申候方御旅宿へ参り御対面之被成
　但両人共ニ太刀折紙持参
一 同十三日晴天辰刻相待御船
〃 信使船在浚戸へ参り掛ケ候処大風ニ付出ニかけ参り候処子刻
　未之刻揚り沖ニ而当文此様ニ付信使船ゟ御使揚り御滞

馳走所ハ御座ニ而御召替之上、御出ハ御案内ニ而被成候
〃 今日康判事案内船并寺田主水案内船ハ風合ニて往来候名護屋
之方へ参
一 同十四日巳刻御出帆出船
〃 御出ニ付漕舟二十艘舟毎ニ為上乗侍壱人宛案内御逢ニ被成候
〃 未刻信使船揚り有之、信使屋ニ出被致候ニ付、行列ハ前日同然也
〃 信使ハ着宿之為御使者之儀主税ニ被差遣
〃 信使御国着船之節江戸表ハ御注進船を以御案内ニ被仰上候
〃 今晩ハ如先例三使ニ上々官上官ニ為二者信使屋御饗應有之
中下官ニハ於太平寺御料理被成下候
〃 去刻之儀ハ御馳走所ニ相勤候ニ付、信使船出之節ハ出船ニ相成候
御作法松浦肥前守様御家老中ゟ使者被差越信使方ハ酒肴被進手
形ニ相勤今日相違ス
〃 今日三使ハ御方物ニ被差出日録別紙ニ記ス
一 同十五日信使衆為御出船之為御役朝鮮方召長老御同然ニ
信使屋ハ御出ニ被成候、但御供ニ騎馬ニ而六人
一 同十六日晴天、昨日信使屋ハ御出ニ被成候為御礼法門然ニ被差上ル、於御書院
御返答ニ被成
〃 今日康判事案内船并寺田主水案内船ニ而右十三日風ニよって
古ゟ二艘名護屋ニ参候康判事ゟ御馳走所ニ揚ケ候新規ニ宿致ヲ
御礼ニ被成御饗應之上ニ而御対面御礼申達候由申候
〃 名護屋寺沢兵庫頭様ゟ御使者来ル、且又名護屋ゟ御馳走所ニ而
本ゟ御座ニ付信使往還之節御馳走船を以被遣候為信使方ハ酒肴
本通り被成候日録別紙ニ記ス
一 同十七日晴天
〃 今日於御書院兵庫頭様御使者ハ御逢ニ被成御意之趣被下候、相済
古川式部ニ而御料理被下候、其上ニ而御使者式部挨拶信使屋ハ
罷越候
一 同十八日晴天
〃 三使ゟ下官ニ至迄於浜御饗應有之三使ニ御菓子ニ而遣之
為遣古川右馬助平田将監内方ニ被参候、右ハ外礼ニ付式部
同然也、且又挨拶次第ニ致差文明同然也、饗應之事例ハ
古川式部杉村伝蔵相勤候
一 同十九日晴天
〃 召長老於以酊菴三使御饗應ニ被成候上々官上官中官下官ニ而
如此相済ミ罷越候
〃 挨拶ハ本見ニ而被用候
〃 饗應ニ付而　光雲院様ニも御出ニ被成
〃 今日　光雲院様御出被成、於以酊菴召長老三使ハ為御見舞被遣之
一 今日家老郡奉行右之相役信使ニ付而渡り

一　先年柳川豊前守申進非法之儀御存し候哉

一　此方執政より書翰大明之年号を記し一字下り書載之候事

一　御老中より御返答之書翰ニは支干斗を被記候処向後は此方よりの書翰ニ日本之年号を以記候事

一　此方より江戸表御暇之節下り候馬献之候事御座候御遣就は以相見人候哉

一　日本國ハ御通交之儀ニ而相兼御役礼曹参判を初被交代有之由相見ヘ候大交代之者ハ御通交之儀ニ付請申候

　　告文様ニ能々被仰付候様ニ可申上候旨申上候

一　此方使節之事　公儀ゟ執政へ御書翰を被成先例ニ寄候而　公儀御下知ニ而大切ニ被思召候事感入申候

　　大切ニ被思召候年寄中へ其以前ゟ申遣候

　　旁々御指南可被下候

一　同廿日晴天

〃　江戸表へ御注進之御状江戸飛脚被遣候

〃　右江戸表之老中様方へ御書御返事飛脚を以大坂御城代阿部備中守様稲垣摂津守様并曽我又左衛門様へも御奉状

　　来ル御返書別紙之通大坂ゟ申遣候并御奉状写左記

一　筆令啓候　公方様御機嫌能被成御座候　御達之次第御書翰并御奉状令披見候　執政へ之書翰も相済候御文去月廿八日之御状今朝到着御事ニ候大坂川口より御下向之飛脚ニ而申遣候　上聞候
　　恐々謹言

　　猶以御役中も御用之事候て御座候　上洛之
　　二月五日

阿部豊後守
松平伊豆守
酒井讃岐守
土井大炊頭

宗對馬守殿

一　筆申入候　然者江戸相済候を承候　公方様御機嫌能被成御座候由承候而目出度存候　就夫御年寄衆へ之御状参候御飛脚ニ而申遣候　去四日之書状同十日ニ相届候　江戸へ参上御同七日ニ御到着之御状相届候間相違有間敷候　江戸へ者此方ゟ申遣候　御注進之御飛脚被仰付候御上洛御待可申候
　　恐々謹言

　　二月十日

曽我又左衛門
稲垣摂津守
阿部備中守

宗對馬守殿
人々御中

一 同廿一日晴天
〃 今日為御送行三使を初下官ニ至迄御饗應有之
〃 今日三使ハ東寺ニ参入 [illegible]
〃 御料理ハ於御書院 [illegible]
〃 今日別宴ニ而三使何も詩作有之夜深ニ帰宅有之
〃 今晩朝鮮御役人 [illegible]
[illegible]
[illegible] 酒

樂示ニ被し詩作左記し

席上奉贈

門屏兩國馬州公一島兵權掌握中尊俎即
今談咲地英豪自有將家風

又

春潮袞々打樓船客子悤々赴別筵後會不
知何處是此生唯有夢魂牽

席上奉贈

家世旌旄對馬州一心葵向我兩周從前只
為生民計長荷朝廷寵渥稠

又

紅燭離筵情別辰不關住雨解留人明朝片
帆西歸後空憶君家小院春　白麓

席上奉
馬州太守

一心徇國久勞々文彩當今絕代豪共說此
行功最重　大君新贈萬金刀

丁丑仲春　東溟

醉中奉
馬州太守

燈前細雨夜沉々一曲勞歌遠別心欲識主
人情義重滄溟百丈未為深

丁丑仲春　東溟

忠孝由來不異信兩邦交際為生民百年旧
事應深議閒說高堂有老親

丁丑仲春　東溟

席上奉
馬州太守

海外人豪宗馬州醉中談咲亦風流金盃滿
酌葡萄酒細雨相尋漢使舟

丁丑仲春　　青丘

又奉

馬州太守

江戸層樓近百尋　大君高坐翠帳深馬州
太守新兼罷腰間寶劍直千金

丁丑仲春　　青丘醉書

醉中贈別

馬州太守

府中浦外萬重波芳草春風別恨多東道主
人相送罷回頭奈此夕陽何

丁丑仲春　　青丘稿

酒席敬呈

馬州太守閣下

一曲驪駒夜已分此生何地更逢君西歸別
有相思處滄海達天日欲曛

菊軒撰
梅隠書

一　同廿二日雨天昼時晴ル
〃　礼曹ゟ之御書翰并御返翰共三使方へ遣之且又三使へも格ニ御音物
　　遣之目録別紙ニ記之

〃　巳之辰刻信使乗船ニ而被致候得共逆風ニ付府内浦滞船
〃　今日三使へ御樽肴被遣之目録別紙ニ記之
一　同廿三日信使府内浦御船
〃　光雲院様石長老御同船ニ而南之浦口迄為御見送被成候
〃　御馳走之漕舟如前日也
〃　野浦ゟ之馳走役大浦権左衛門中原勘右衛門被仰付候
一　同廿四日晴天信使野浦御船ニ而御着
〃　今日三使へ御樽肴被遣之目録別紙ニ記之
一　同廿五日晴天信使此方野浦着船ニ而御着
一　同廿六日晴天信使此方野浦御船ニ而御着候由副使方ニ見ル

上ニ詩作相達ス
〃　信使此方滄海之内江戸表御老中様方并京都大坂御奉行衆へ
　　御返翰之御書簡被差上ル

副使之詩作左記

漢客歸槎豈再逢故人相送惜離容一時握
手惟如夢萬里論心恨莫從敢謂文章驚海
内各将誠信保堯封林烏欲起樓舡嚴回首
扶桑意萬重

丁丑仲春

馬州太守頭

一 同六九日[illegible]

[illegible]

二月十六日

阿部豊後守 忠秋

松平伊豆守 信綱

酒井讃岐守 忠勝

土井大炊頭 利勝

宗對馬守殿

[illegible]

二月十六日

松平伊豆守 信綱

宗對馬守様

人々御中

一 [illegible]

二月十九日

曽我又左衛門

稲垣攝津守

阿部[illegible]守

宗對馬守様

人々御中

德川宗敬氏寄贈

『관영병자신사기록』 7

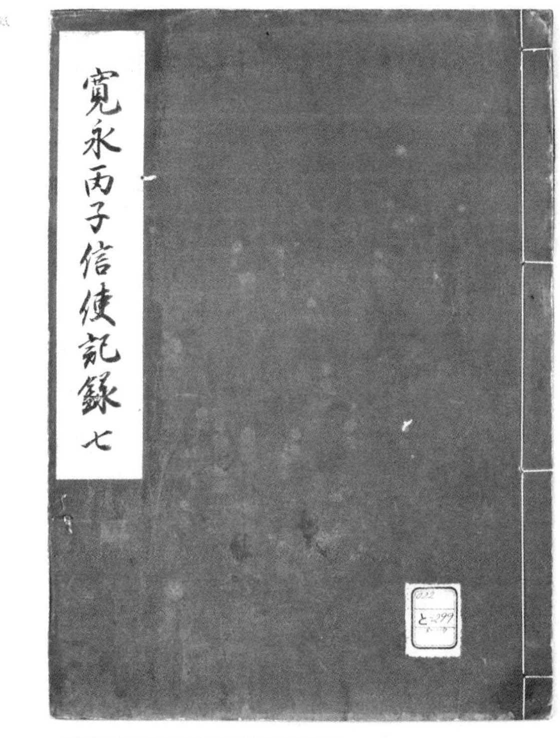

朝鮮信使記録巻之七

一 寛永十二乙亥年十二月十九日 南風雨降　御記録 捴使之書

〃 今日多田源右衛門儀両捴使之道中へ[illegible]少先達而
府内浦へ着船ニ付、捴使横田角左衛門・[illegible]田九郎左衛門
着岸ニ付、信永吉二郎・平田九郎左衛門ニ而
濱迄右衛門罷出候、着岸ニ而信使着岸左衛門方ニ
源右衛門九郎左衛門方ニ而柳川ニ左衛門様之
捴使西山寺ニ而[illegible]平田ニ[illegible]
今度不遠宿被之

一 同廿日 晴天

〃 捴使多田源右衛門ニ而申候[illegible]前[illegible]
[illegible]家老共[illegible]彼[illegible]申[illegible]
事ニ付杉村釆女・柳川勘解由・古川式部・多田監物
西山寺ニ而[illegible]捴使[illegible]申候[illegible]
對馬守様[illegible]家来柳川豊前守と御上野
[illegible]豊前守[illegible]杉浦七左衛門[illegible]
[illegible]上[illegible]捴使[illegible]
人[illegible]御對[illegible]光雲院[illegible]
御書二通[illegible]方長老朝鮮
上京之儀 公儀之御[illegible]

[illegible]中[illegible]捴使[illegible]
[illegible]相[illegible]上[illegible]
[illegible]細ニ相[illegible]
[illegible]文方長老[illegible]
[illegible]事[illegible]
[illegible]相[illegible]
方長老事不遠西山寺ニ而[illegible]捴使對面[illegible]
[illegible]
[illegible]右衛門[illegible]事[illegible]
[illegible]細[illegible]

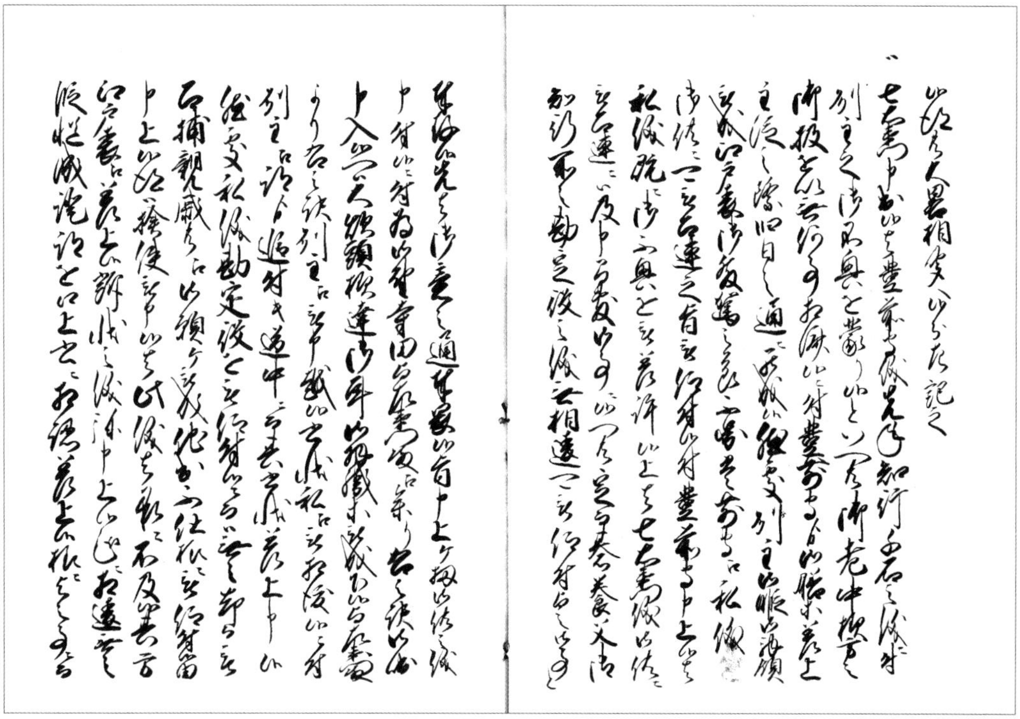

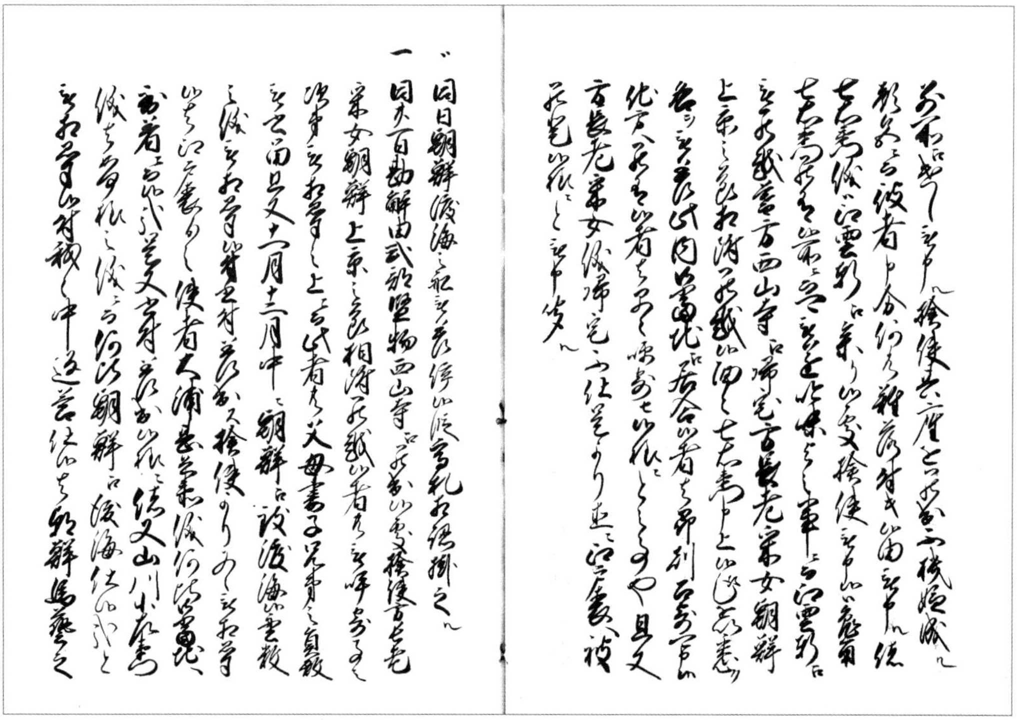

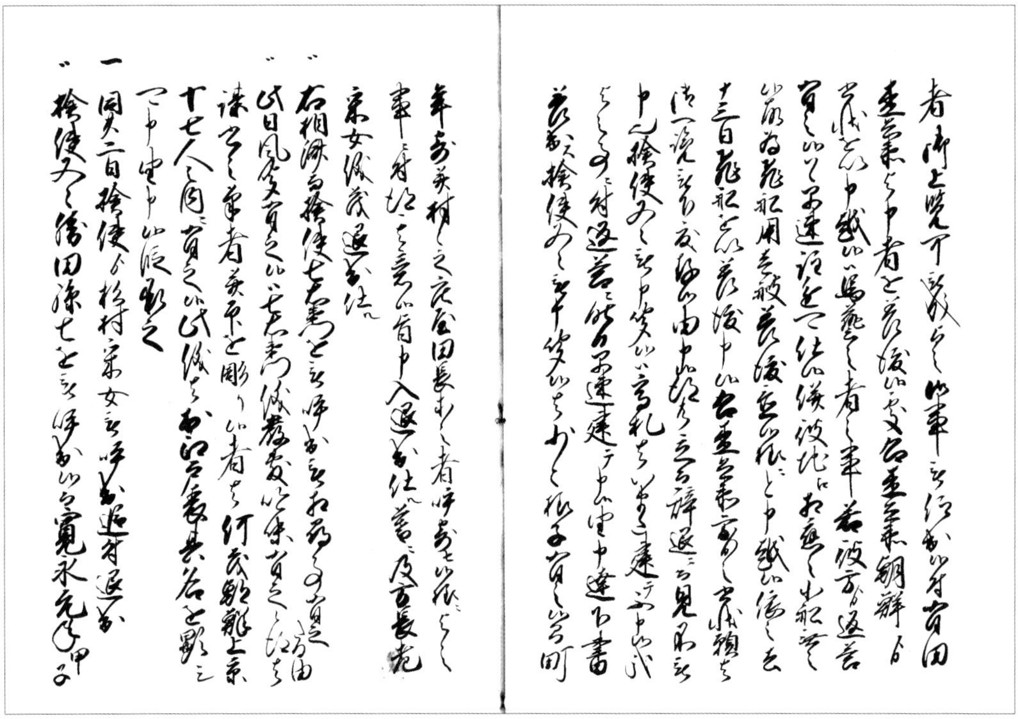

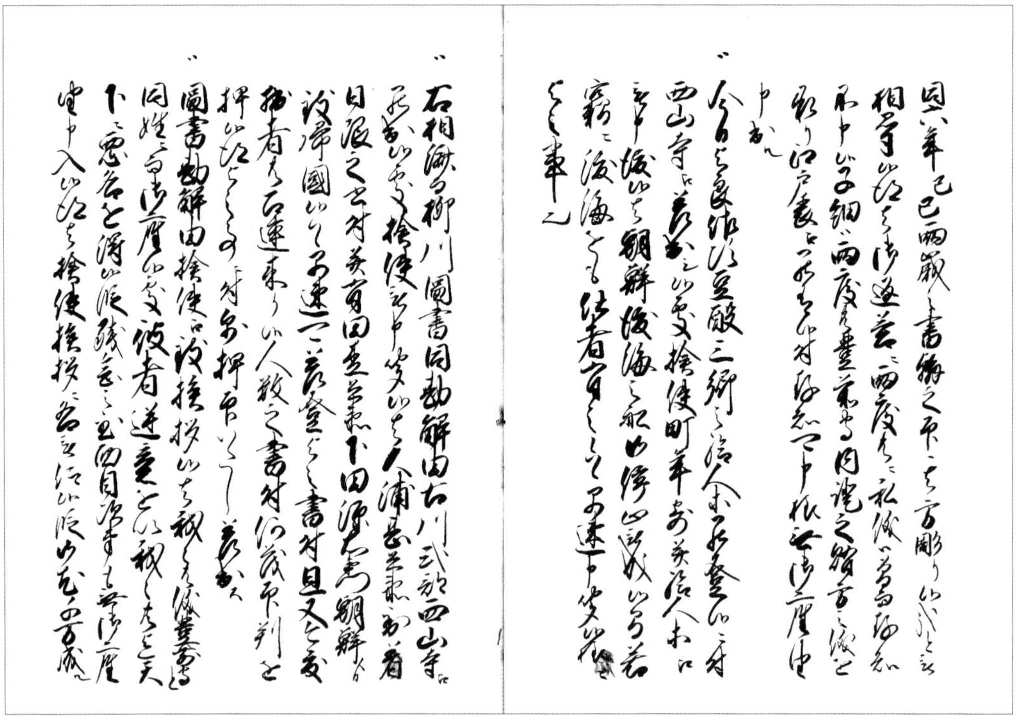

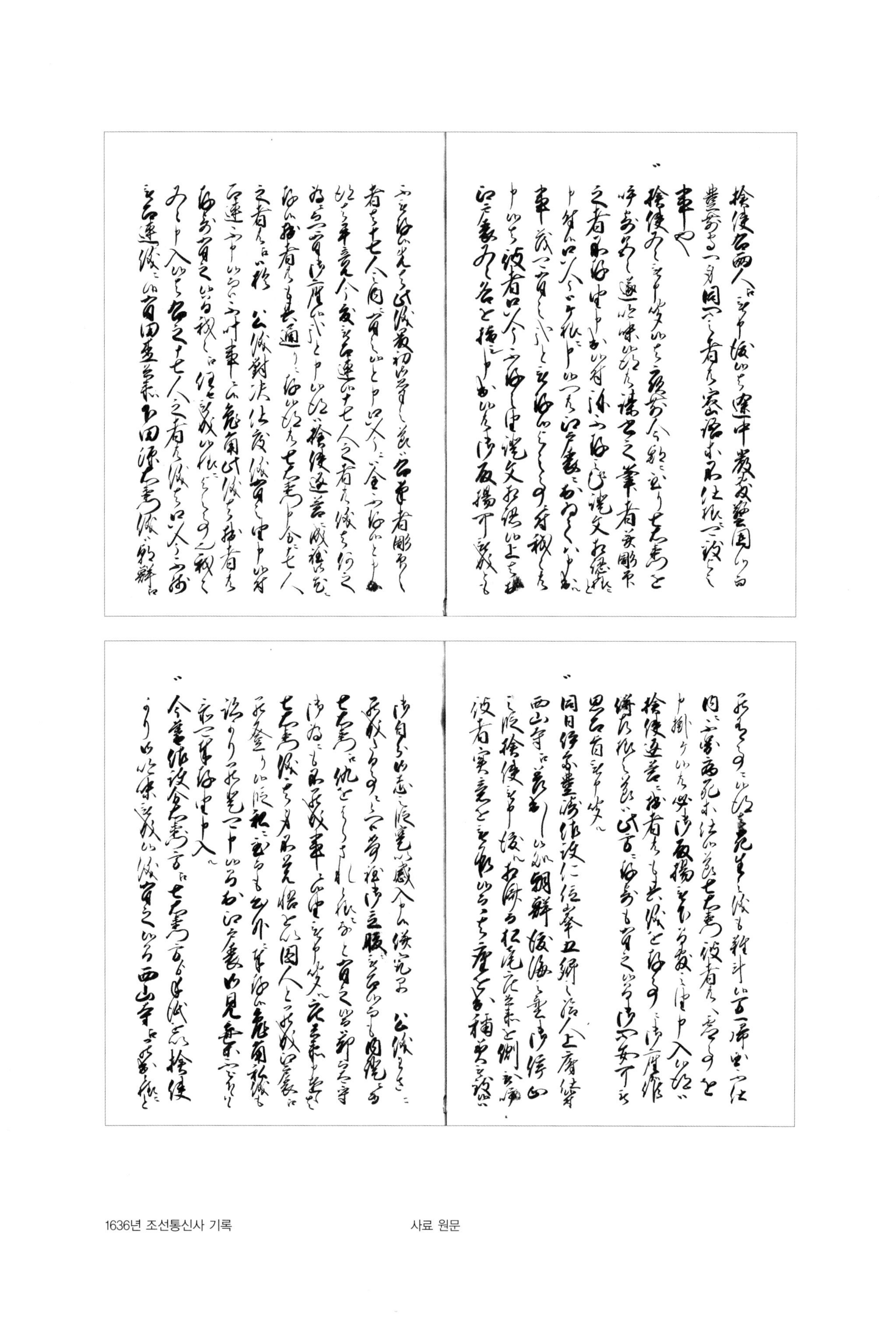

申越候ニ付、又々右之通返答申越候由、拙者儀数年
田舎ニ罷在候故、今度上府仕候節、世上之様子一切存不申
候、殊ニ此度之倭使之様子者、兼而承候儀ニ而ハ無之候ニ付
殿ゟ者返答申越候ハ、是迄右之通ニ而者申遣候處、右様
無之由ニ而御断申候、右倭使之儀承候而、何分ニも不相成候と
申越候ニ付、西山寺ゟ申遣候ハ、右之通十七ヶ年以前
同前之倭使ニ相成候、元和七年倭船九
送使ニ而差渡候節ハ、右之様子承候、尤倭使ニ而候ハ
候而中ゟ國書ニ候も委細承知不仕候へ共
申候ハ、右之通返答ニ成、猶委細ハ委細ニ候

江戸表ニ而申上旨申出候之
一 同月四日、倭使方ゟ罷出候ニ付、御用之儀ハ不記之
一 今度大坂川内通来着仕候
一 同月廿日、御飛脚到来、江戸表ゟ飛札到来、大浦伊左衛門
豊前守殿家来右御勤之義、兼而着仕候由、西山寺ゟ
承候、右倭使之役、対馬守殿御城ニ而罷出候、伊左衛門
光雲院様御代、朝鮮國ゟ倭使罷渡候節、朝鮮倭使之事
ニ而、右倭使被成朝鮮國ゟ御尋ニ付難被仰候ニ付、右之
候得者、何分相成候ニ付、御尋之節、御花押ニ而被仰付候
右伊左衛門者、家来御使者ニ而候由、右様之通被申候、豊前守殿

家来勤候ニも彼者家来之内相添申候由、御勝手頂
水夫等ニ至迄も請取之文言申付、倭海相仕候旨とし
申渡、御用書も彼家来以御渡之通ニ而、倭使被入ニ
入ル
一 同日夜、倭使ゟ申来候者、朝鮮国遣物候節
式部西山寺ゟ罷出候、此度朝鮮者御座候、倭
人ニ而罷越候ニ付、様子承候て、返答之節朝鮮
表并御留守衆ゟ様子被仰付候、右之儀ニ付
不審ニ存候得共、成程無之ニ付、御尋中之旨、尤も
倭船仕候而朝鮮へ渡、是ハ常之通ニ候趣者相添

対馬守殿と押而渡候由申候、倭之度ゟ出候所ゟも
朝鮮表ゟ右之通仕候、難成倭之度ゟ朝鮮表へ
候ニ付、常之通ニ而、右様之儀ニ付、仕置候旨併究而
相極候上ニ而、朝鮮倭海之節、倭使之儀不相成候旨
右之申候、右之趣申遣候、町中御之者ゟ
御申越候ニ付、此度右様之節、花押之儀
振舞ニ而も倭之度ニ付而、不審ニ存候得共、右之通御座
候ニ付、領町中御之者ニ而、右之者ハ右之決ニ而候
ニ付、役人申入候ニ付、御用役ゟ申達候
併右様ニ仕候ニ付、花押倭海之儀ニ而、今度延引

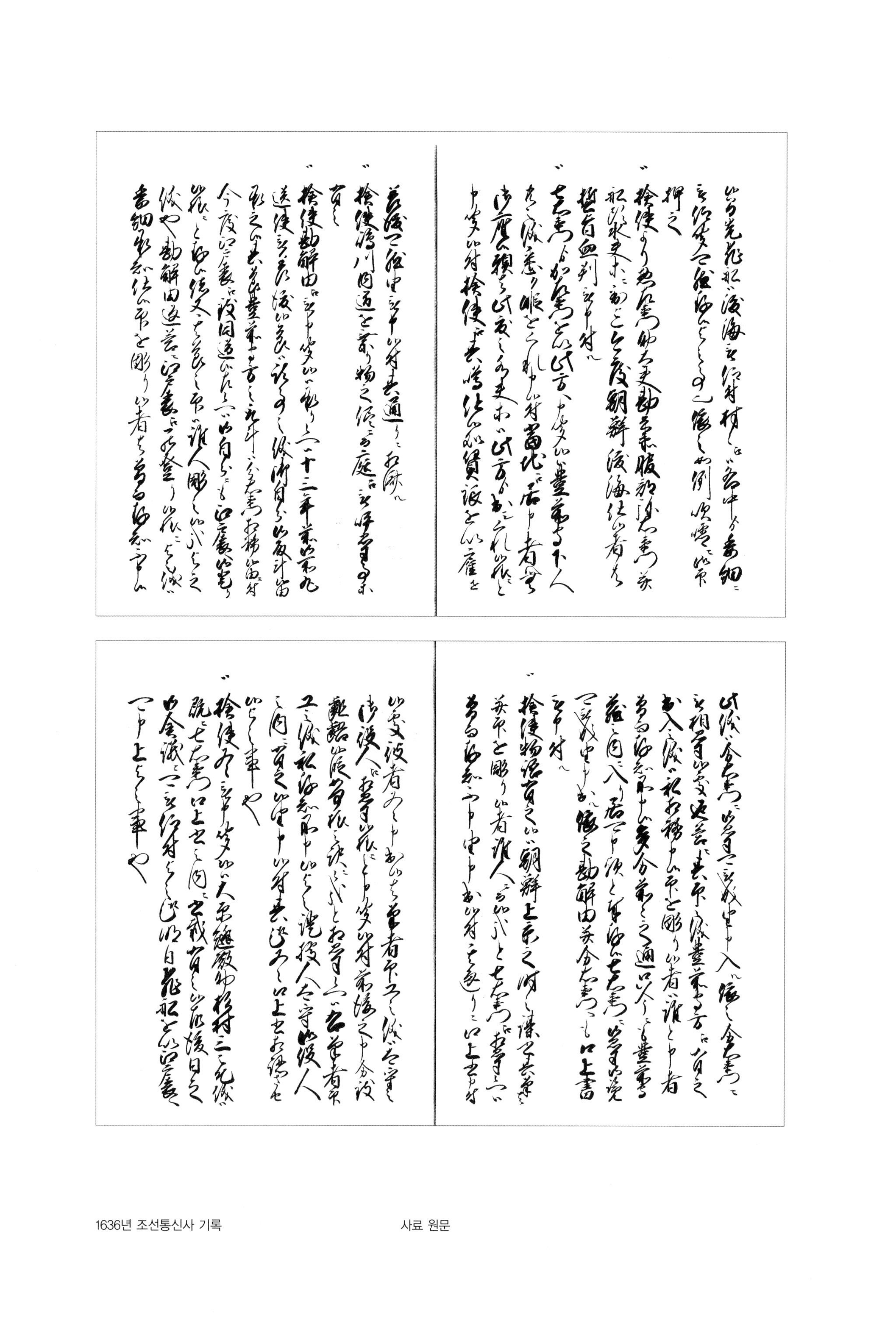

[illegible]渡海[illegible]対州[illegible]細ニ
[illegible]
押之
一 信使[illegible]朝鮮渡海仕候者[illegible]
[illegible]血判[illegible]
一 [illegible]
[illegible]
[illegible]
[illegible]信使[illegible]

[illegible]
一 信使[illegible]
[illegible]
一 信使[illegible]十二年[illegible]
[illegible]
[illegible]
[illegible]

[illegible]
[illegible]朝鮮[illegible]
[illegible]
[illegible]
一 信使[illegible]朝鮮[illegible]
[illegible]

[illegible]
[illegible]
[illegible]
一 信使[illegible]
[illegible]
[illegible]

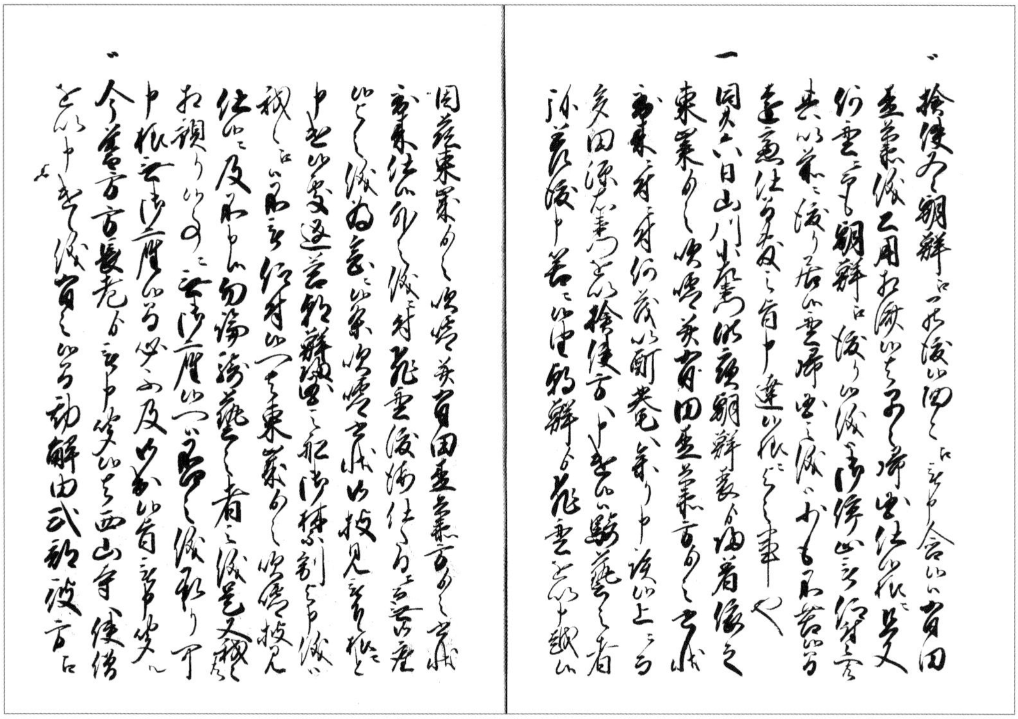

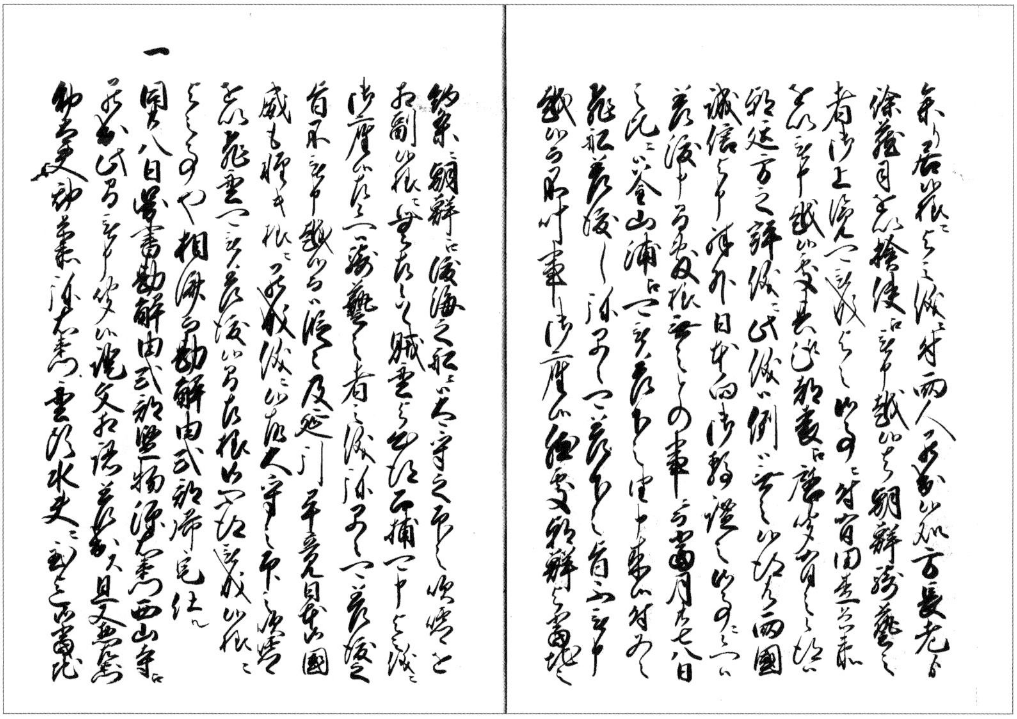

朝鮮之者方ゟ之兎角仕候段ニ而指出皿判
申付候而申遣ル
一 此趣長老方ゟ当浦ニ而書仕ル
一 寛永十三丁丑歳正月元日
一 年始之為御礼慶宗女和解由式部豊物源太夫
西山寺ニ而参候 三使ゟ御返礼宅之義も
門外ニ而相送り 三使退出之砌 私宅ニも参候
処ゟ辻ニ而斎菴ニ参り候 紙銘日案内仕
座ニ入 鶏鳴ニ付参り罷帰
一 同四日三使ゟ一紙之上書也 源太夫方ニ参候

紙 宗女為御用滝文此度認り ニ而候以後ニ之
儀宗女殿方ゟ被下 彼方ゟ指出候ニ付 難有候
由ニ付 以書式部豊物源太夫西山寺ニ而参
候 不及申 宗女殿ゟ参候ニ付 御使者ニ相極之
且又内通ゟ為御用滝文三使ニ相渡
三使ゟ又一紙之上書也 源太夫方ニ参候
宗僕(?)ゟ滝文此度認りニ而候 為御用以後ニ之
事也 右之長老方長老盛 洪滝様ニ参上仕
居候ニ付 罷出和解由式部 彼方ニ参候以ゟ之
方ゟ長老ニ入披見候処 追而仕ル 長老御城ニ

一 右者方滝文相渡 御使西山寺ニ被相参候
以後ハ三使ゟ上書也 宗女殿ゟ書
見セ申ル
一 同八日三使以下何茂当浦ニ罷出

『관영병자신사기록』 8~14

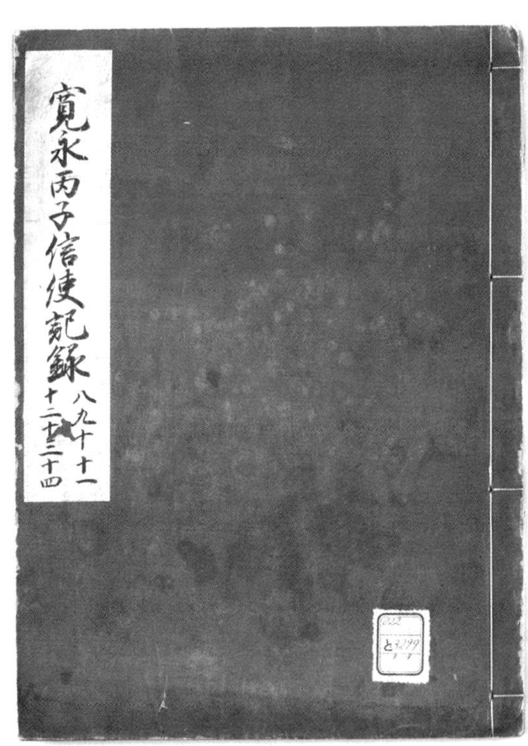

朝鮮信使記録 巻之八　　駄目録

信使於対馬之旅駄目録合五日之分

一高三石合白米壱石五斗

右者三使并上々官弐人前之

一高三石合白米弐俵九石八斗七升五合

右者上官中官之前也

一高三石合酒拾石四斗五升

一高合味噌弐石八斗五合弐夕

一高醤油五斗八升

一高酢壱斗七升

一高塩壱石九斗五升五合七夕五才

一高油弐斗五升九合弐夕

一高鶏百六拾六

一高かつを拾本

一高らうそく七拾五挺

一高かゝめ七拾五切

一高[illegible]七拾膳

一高鮑三百八拾七盃

一高なまこ七拾八

一高[illegible]百四拾弐

一高椎茸弐斤

一高山いも弐斗

一高芥子壱斗

一高かゝし弐斗

一高山椒壱斗

一高蜜壱升

一高きうり三拾三束

一高ところ三拾九束

一高わさひ三拾束

一高牛二疋

高千五百三拾三斤
右者道筋重日割毎人日以右相渡承也

覚

生姜　六拾斤
なつふ　六拾五斤
芹　七盛
にんにく　拾把
ちとさし　拾五把
葉大根　弐百

以上

右六ケ条々毎日割之也

朝鮮信使記録　巻之九　不々御記之目録

為朝鮮之信使食物之支配道筋中津ニ被定
新ら出張所目録之写

三ケ所番所　松浦三次殿記之承

三使
上々官弐人
判事官三人
上官弐拾三人
中官百五拾弐人
下官弐百三拾六人

合四百七拾弐人　賄料一日分
合白米八石四斗二升六合
合味噌参石九升六合
合醤油四斗四升二合四夕
合酢四斗四升二合四夕
合塩三石六斗九升八合
合酒四石四斗九合
合油四斗四合
合蝋燭百拾二挺
合薪拾二束半

右之通相渡申候

丙子
十月廿五日

松浦喜左衛門
竹下伊兵衛
山川弥兵衛
長嶋吉兵衛

宗対馬守様御内
中原弥兵衛殿
大浦権左衛門殿

同廿五日賄物之覚
大根　弐百把
雞　弐拾羽
生鮑　弐百三拾一
さゝい　弐百三拾一
牛房　拾八把
豆腐　拾七丁
鯛大小　四拾八
胡椒　壱斤半
かうし　壱束
[illegible]し　壱束
雞卵　八拾
鹿足　三ツ
猪御足　三ツ
薪　百八拾弐把
炭　拾弐俵
志風ろが　八把
蜜柑　三百

右之通相渡申候

丙子
十月廿六日
松浦肥前守内
竹下縫殿
山川広右衛門
[illegible]右衛門

宗対馬守様人々
中原新右衛門殿
大浦権右衛門殿

覚
一 白米七斗八升

一 味噌弐斗六升
一 醤油七升八合
一 酢七升八合
一 酒五斗弐升
一 塩壱斗四升六合

右ハ通詞衆御付衆一日分ニ相渡し申候

丙子
十月廿六日
松浦肥前守内
竹下縫殿
山川広右衛門
長嶋右衛門

宗対馬守様御内
右ハ一日ニ被渡[illegible]若[illegible]之通当月廿日より[illegible]
従[illegible]之所[illegible]或ハ[illegible]
日数之[illegible]
[illegible]

銅[illegible]
[illegible]

白米 四石壱斗八升七合五勺

味噌 壱石六斗弐升九合五勺
醤油 四斗二升二合
酢 四斗二升二合
酒 弐石六斗六合五勺
塩 弐斗四升六合
蝋燭 五挺
薪 七束
鶏 百把
[illegible] 八斗四升
鮑 五百貝

塩小鯛 百喉
同大鯛 五拾枚
大根 五百本
牛房 拾把
芹 七把
ひともし 七把
こんにゃく 百丁
たくあん 貳拾丁
奈良漬 二拾 外桶一つ入
塩漬大根 貳百本

にんにく 三把
しやうか 貳拾
みつのミ 百五拾丁
ごぼく 四拾七
かぶら 七把
梅干 七把
冬瓜 拾
菓子杉重 壱組
薪 百五拾把
炭 三拾俵

人数〆百三拾八人
十月廿八日
松平大膳大夫内
毛利右京亮

朝鮮信使渡海赤間関御馳走方十月廿八日之朝分
右浦中渡
白米 三斗九升
味噌 壱斗三升

醤油 三升九合
酢 三升九合
酒 貳斗壱升
塩 七升八合
薪 三拾把
炭 五俵
大根 百本
牛房 拾把
塩小鯛 五拾喉
合人数五拾貳人分

丙子
十月廿七日　松平右衛門佐内　毛利右京
宗対馬守様御内　中村勘兵衛　大浦権兵衛
右従来一日ニ遣申候毎日如此

白米　八石三斗七升五合
味噌　三石六升九合

目録

醤油　八石四升四合五夕
酢　八斗四升四合五夕
塩　壱石六斗八升
酒　五石三斗五升三合
油　四斗九升弐合
蝋燭　百九挺
菜　拾三束
生鯛　二拾喉
鮑　五拾
めゝり　弐百

鴨　五羽
雉　四枚
ふぐ　八枝
雑魚　二拾
塩鯛　百
ほし　三拾
大根　五百本
牛房　廿把
まびき　卅把
ちしや　廿把

た[illegible]梅　卅丁
せり　拾五把
蜜柑　五百
二[illegible]う　壱斤半
炭　拾五俵
薪　百五拾把
[illegible]　三拾

已上
朝鮮信使官上中下合四百七拾八人
右是十月晦日一日分御賄相勤トメ松平為実

右役中示心得

丙子
十月晦日
松平長門守
毛利甲斐守
柏村治左衛門
田辺治右衛門
宗対馬守様御内
中原新右衛門殿
大浦権右衛門殿

目録

白米 七斗八升
味噌 貳斗一升
醤油 七升八合
酢 七升八合
酒 四斗貳升
塩 壱斗七升六合
たくあん 拾丁
大根 貳百本
牛蒡 拾把

せり 八束
わけぎ 八把
赤かぶら 三把
炭 八俵
薪 卅把
鶏卵 貳拾
生小菜 百

以上

右ハ十月晦日ゟ通詞房御賄所として差出候間
右役中江示心得

丙子
十月晦日
松平長門守
毛利甲斐守
柏村治左衛門
田辺次右衛門
宗対馬守様御内
中原新右衛門殿
大浦権右衛門殿

右は来一日返簡可被渡旨

十二月二日ゟ御賄被下覚
白米 八石二斗七升五合
味噌 三石五升九合
醤油 八斗四升四合五夕
酢 八斗四升四合五夕
塩 壱石六斗八升
酒 五石壱斗壱合
油 四斗九升弐合
蝋燭 百九丁
菜 拾四籠

大根 五百本
たうふ 五拾丁
塩鯛 百喉
くしか 五連
蜜柑 千
餅 五百
雉子 壱羽
ひらこし 廿把
薪 六百把 但小四〆
炭 拾五俵

生鯛 五拾
蚫く 壱丈
鹿尾 六拾
粽 壱丈

右ハ二日ゟ信使衆御内上下四百六拾八人分清
御賄被下来如件

丙子
十二月二日
諸判形之実台川越忠内
胡枝陽清
宗對馬守様内

中原勘右衛門殿
大浦権左衛門殿

十二月二日通詞衆御賄被下覚
白米 七斗八升
味噌 弐斗六升
醤油 七升八合
酢 七升八合
酒 四斗弐升
鯛 二枚
薪 拾把

山椒　六升七合
葛粉　弐斗弐合
饂飩之粉　壱石六合
昆布　壱把
炭　三拾俵
薪　千把

右之分ハ朝鮮人船中御賄人数上中下当
ニ積入之　宗対馬守殿へ御書付を以御渡
一日之御積ニ而御渡申候

松平安芸守内
浅野右羽守
西羽大孫兵衛
村尾豊右衛門

丙子
十一月二日

宗対馬守殿御内
中原勘右衛門殿
大浦権太夫殿

覚

白米　七斗八升
酒　六斗弐升

味噌　弐斗一升
酢　七升八合
醤油　七升八合
塩　壱斗弐升六合

右之分ハ朝鮮人船中御賄ニ被成下候ニ付一日之積

丙子
十一月二日

松平安芸守内
町野縫殿助
植木三郎兵衛

宗対馬守殿御内
中原勘右衛門殿
大浦権太夫殿

右ハ十一日迄前之積ニ而

子
十一月廿一日ゟ之御積覚

白米　八石三斗七升八合
味噌　参石六斗九合
醤油　八斗四升四合五夕
酢　八斗四升四合五夕
塩　壱石六斗八升
酒　六石三斗壱合
油　四斗九升弐合

蝋燭 百九丁
菜 拾三袋半
鯛 八拾枚 内〆拾枚
鯔 百弐拾 内〆拾枚
鮑 百弐拾
焼とうふ 弐百
庭鳥 百羽
雛子 弐拾三羽
たまご 百
ごぼう 壱斗

塩 拾八丈
大根 弐千本
根深 弐拾束
牛蒡 四拾把
しょうが 弐拾束
山のいも 四拾本
里いも 弐斗
にんにく 百把
椎茸 弐百
せり 三かご

薪 千把
炭 拾俵
小麦粉 壱石
蜜柑 千
右之品度上中下府四百六拾八人分一日宛
被為御下候以上
丙子
十二月六日
水野日向守内
広田源之丞
原田七兵衛
宗對馬守様御内

中原御台所衆
大浦権太夫
子
十二月六日一日分之積之覚
白米 七斗八升
味噌 弐斗六升
醤油 七升八合
酢 七升八合
酒 四斗弐升
塩 壱斗四升六合
たばこ 弐拾本

ほうき 弐拾本
大根 弐拾本
薪 百把
かいしき(?) 拾把
右ハ通詞大拾弐人ニ一日ニ被振舞被成候、為其如此ニ候
右渡ス(?)
丙子
十一月八日
水野日向守内
廣田津之丞(?)
平田七左衛門(?)
宗對馬守様御内
中原勘右衛門殿(?)
大浦権太夫殿(?)

右通事一日逗留ニ付而如此(?)
清(?)一日分目録
白米 八石三斗九升八合
味噌 三斗六升四合
醤油 八斗四升六合五勺
酢 八斗四升六合五勺
塩 壱石六斗八升四合
酒 七石弐升二合
油 六斗三升弐合

らうそく 百九丁
[illegible] 三斤
榧(?) 三籠
玉子 弐百
麸(?) 弐丈
ふ(?) 弐丈
鴨(?) 三俵(?)
雉 弐百羽
大根 弐千(?)
菜(?) 卅把

樽(?)ふり 廿把
炭 八拾俵
薪 千把
右ハ朝鮮人数合四百六拾九人為料也(?)
右渡ス(?)
丙子
十一月廿日
松平新太郎内
中村五郎(?)
宮田権作(?)
宗對馬守様御内
大浦権太夫殿

通詞衆御渡一日分目録

白米 七斗八升
味噌 弐斗三升
醤油 七升八合
酢 七升八合
酒 五斗弐升
塩噌 壱俵
大根 百本
な 弐拾把
炭 拾俵

薪 百束
蜜柑 壱籠

右者通詞共拾弐人為御渡御祝壱ヶ月分也

松平新右衛門

丙子
十二月廿日

中村忠左衛門
岩田権作

宗対馬守使者
大浦権左衛門

右北不一同遠届[illegible]

註文

白米 八石二斗九升六合
味噌 二石六斗七合
醤油 八斗四升六合六夕
酢 八斗四升六合六夕
塩 壱石六斗八升四合
酒 六石弐升弐合
油 六斗壱升弐合
らうそく 百九丁
茶 拾五袋

すみ 六俵
鯛 六拾枚
鯉 弐拾本
こち 五拾本
大蛤 三百
いか 六百
赤貝 百
雉 百
鶏卵 三百
麻 壱

大根　五百本
神椒ヮ　弐百把
菜　三百把
芥　弐俵
炭　弐俵
薪　三百束

右之残達上申候　但百六拾九人分二而御座候　一日分
右渡申候　七日晩ゟ八日之朝迄

丙子
十一月七日
有田甲斐守内
船越惣左衛門

長坂六郎左衛門
日高左衛門　六左衛門
長坂茶利
今泉六左衛門

有田縫殿丞内
石黒新左衛門
勝田部左衛門
山本甚左衛門

有田内記内
寺田仁右衛門

宗対馬守様御内
大浦権左衛門殿

記文
白米　七斗八升
味噌　弐斗六升
溜油　七升八合
酢　七升八合
酒　弐斗弐升
塩　壱斗弐升六合

鯛　拾枚
さゝゑ　拾本
いか　百
鴨　五ツ
大根　百五拾本
菜　拾把
神椒ヮ　壱俵
芥　弐俵
炭　弐俵
薪　五拾束

右之通朝鮮人一日分御賄被成下候以上
七日之晩ゟ同八日之朝迄

六月七日

中田甲斐右衛門
大原四郎兵衛
中田能登右衛門
永井半助
中田門弥
刑部伝兵衛

宗対馬守様御内
大浦権太夫殿

右は朝鮮人一日分遣用之積如此

朝鮮人御賄被成下候覚

白米 四石五斗九升七合勺
味噌 壱石四斗三升三合勺
醤油 四斗二升三合二勺
酢 四斗弐升三合二勺
塩 八斗四升弐合
酒 弐石四斗三升五合
油 弐斗四升二合

右之通朝鮮人一日分御賄被成下候以上
七日之晩ゟ同八日之朝迄

六月七日

中田甲斐右衛門
大原四郎兵衛
中田能登右衛門
永井半助
中田門弥
刑部伝兵衛

宗対馬守様御内
大浦権太夫殿

右は朝鮮人一日分遣用之積如此

朝鮮人御賄被成下候覚

白米 四石五斗九升七合勺
味噌 壱石四斗三升三合勺
醤油 四斗二升三合二勺
酢 四斗弐升三合二勺
塩 八斗四升弐合
酒 弐石四斗三升五合
油 弐斗四升二合

まんぢう　三百
御みかん　三さと
くら餅　壱つ
あるへいとう　三斤
まん餅　三ゝ枝
御くるみ　弐百
さたう　壱斤
蜜柑　五百
右従東宮中宮女官四百六拾九人江被下
十一月九日ニ納申候拙所ゟ兵庫ニ而渡ル

丙子
十一月九日　青山大蔵少輔内
縣新左衛門
田中平左衛門
宗対馬守殿内
大浦権左衛門殿

通詞御馳走ニ被下之
白米　三斗九升
味噌　壱斗三升
醤油　三升九合

酢　三升九合
酒　弐斗六升
塩　七升八合
薪　三百把
生鯛　廿枚
せいこ　百
炭　六俵
大根　四百本
右者通詞宿ニ而被下二人ニ当日分ニ被渡拙所
兵庫ゟ相渡候上十一月九日ニ納申候合也

丙子
十一月九日　青山大蔵少輔内
縣新左衛門
田中平左衛門
宗対馬守殿内
大浦権左衛門殿
右此外当日送り返ニ而手形別紙

朝鮮信使記録　巻之十

寛永十三子之信使於對州之被賄日積合

一日之分也

一 三口合白米一石五斗

右ハ三信使并上々官弐人之分也

一 三口合白米弐拾九石八斗七升五合

右ハ上官中官下官之分也

一 三口合酒拾石四斗五升

一 三口合味噌弐石八斗五合六夕

一 三口醤油九斗八升

一 三口酢三斗七升

一 三口塩三石九斗五升五合

一 三口油弐斗五升九合六夕

一 三口薪弐百三拾六

朝鮮人御扶持方渡之覚

白米　四拾三石弐斗八升七合五夕

味噌　拾四石五斗三升弐合五夕

酒　弐拾四石五斗弐升五合

醤油　四石三斗弐升九合

酢　四石三斗一升九合

塩　八石弐斗五升八合

らうそく　四百丁

油　弐石三斗二升

生鯛　九拾枚

生鮑　三拾二

塩志び　百本

塩大魚　八拾枚

塩たら　六百

塩鯛 弐百卅五枚
塩小鯛 五百枚
塩ぶり 五百
いせゑひ 三百
雑喉 八桶
鴨 拾二羽
鹿鳥 七拾五羽
雉子 七拾羽
玉子 百
佐くゝ 二拾五束

大根 弐千弐百本
蕪 弐拾把
祢ふか 弐百弐拾把
菜 弐拾五束
たうふ 九拾挺
蜜柑 七百
御所柿 二拾
かうのもの 三桶
午房 弐拾把
瓜かうのもの 百五拾

大根かうのもの 三百
柚 三拾
薪 二拾
炭 五拾俵
菜 百袋
右ハ十一月十日ゟ同十四日迄之朝夕二日数四日分
ゟ御使節方相渡申候
寛永十三
十一月十四日
平田十左衛門内
津田源大夫
吉田弥右衛門内
吉村三右衛門

宗対馬守様御内
中原彦右衛門殿
大浦権太夫殿
通詞御使節方渡申覚
白米 二石七斗一升 弐合五勺
味噌 壱石弐斗二升 七合五勺
酒 弐石四斗七升 五合
醤油 二斗七升 壱合
酢 二斗七升 壱合

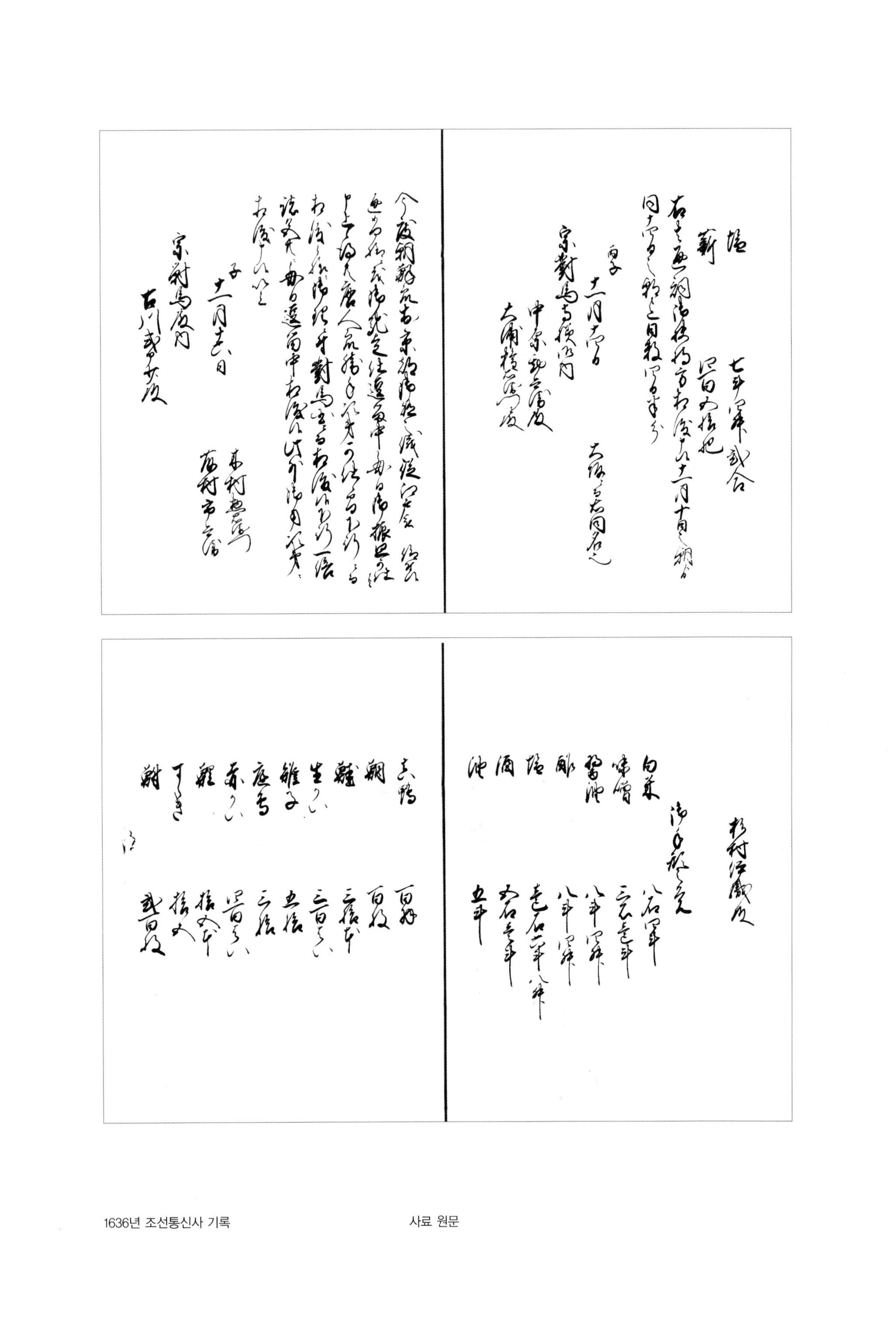

塩　七斗八升弐合
薪　四百八拾把
[illegible]
同十日之朝迄之日数四日分
子
十二月十四日
宗對馬守様御内
[illegible]
大浦[illegible]殿
[illegible]

[illegible]

子
十二月[illegible]日
宗對馬守殿内
[illegible]

杉村[illegible]殿
[illegible]
白米　八石四斗
味噌　二石七斗
醤油　八斗四升
酢　八斗四升
塩　壱石二斗八升
酒　六石七斗
油　五斗

[illegible]

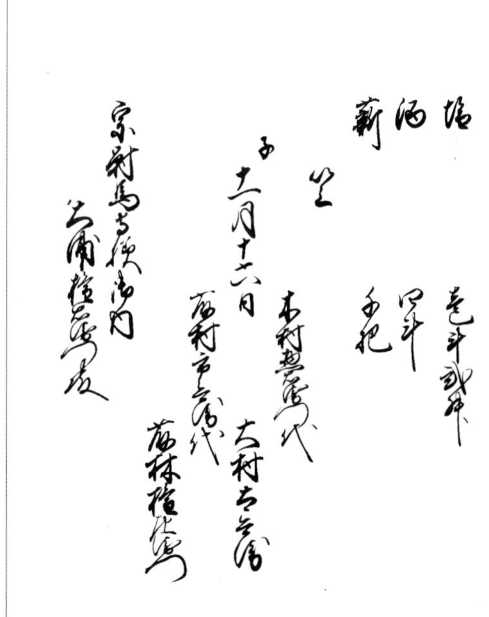

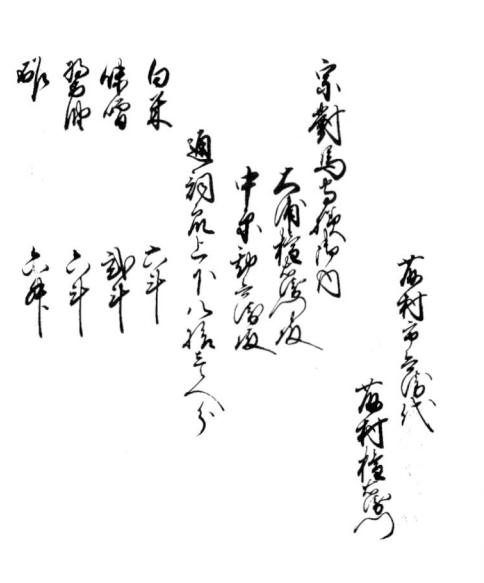

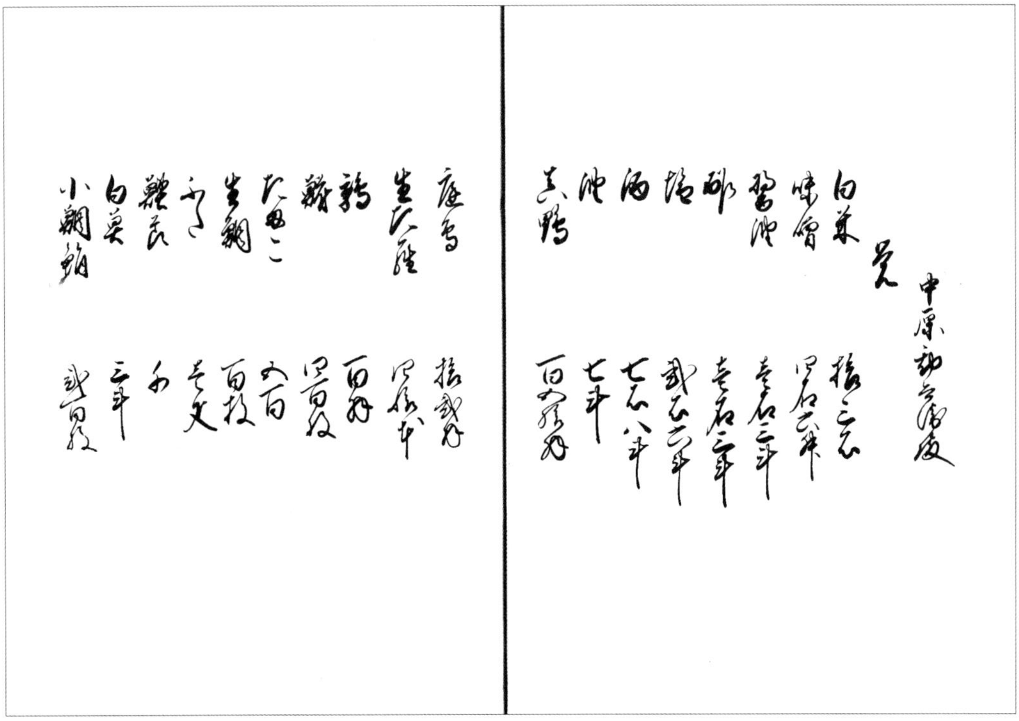

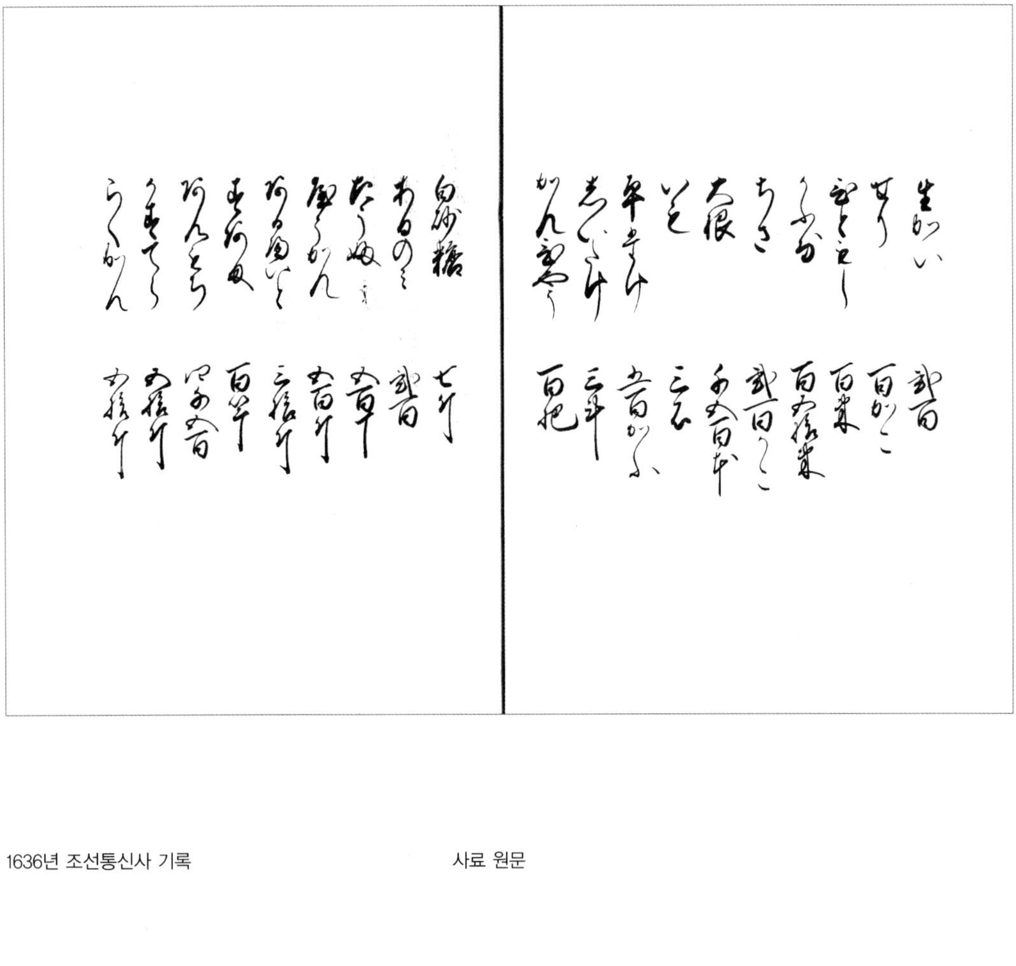

中原御宿度
覚
白米　拾三石
味噌　四石六斗
醤油　壱石二斗
酢　壱石二斗
塩　弐石二斗
酒　七石八斗
油　七斗
真鴨　百五拾羽

庭鳥　拾弐羽
生鱸　四拾本
鶉　百羽
鷸　四百枚
たまこ　五百
生鯛　百枚
するめ　壱丈
干鯛　千
雑魚　三斗
白魚
小鯛鮨　弐百枚

生かい　弐百
せり　百かこ
うと　百束
ごぼう　百五拾束
ちさ　弐百かこ
大根　千五百本
ねき　三石
牛蒡　五百かふ
茶　三斗
かんぴやう　百把

白砂糖　七斤
あるへい　弐百
たうかし　五斤
御所かん　五百斤
柿　三斤
九年母　百斤
かすてら　五斤
らくかん　五斤

酉
十一月十八日　吉村無庵代　吉村右京
吉村市之丞代
吉村権庵

宗対馬守様御内
中原勘之丞殿
大浦権庵殿

右十七十八両日館中入用ニ付穀米八石四斗七升
御雑物右之議定例之通為用済申入候
来月分穀米十二石并雑物加等添
之右例也

覚

白米　二斗
味噌　弐斗
醤油　六升
酢　六升
塩　三斗弐升
酒　四斗
薪　千把

右之通朝上下八拾三人分相渡申候以上

丙子
十一月十八日　吉村無庵代　吉村右京
吉村市之丞代
吉村権庵

宗対馬守様御内
中原勘之丞殿
大浦権庵殿

一　白米　弐拾石
一　味噌　五石
一　醤油　壱石五斗
一　酢　壱石五斗
一　塩　三石
一　酒　八石
一　油　七斗
一　鴨　百五拾羽
一　鳥　拾弐羽
一　鳩　百羽
一　ちらかし　四拾斤
一　鯨　四百

一 五百 たまご
一 百枚 [illegible]鯛
一 三斗 さけ
一 弐百 鮎鮨
一 弐百壺 さゝい
一 弐貫目 [illegible]
一 百籠 芹
一 百束 [illegible]
一 百五拾束 くゝたち
一 弐百籠 ちさ

一 三石 芋
一 三斗 椎茸
一 百把 [illegible]
一 五百丁 豆腐
一 千五百本 大根
一 千[illegible] 蕪
一 [illegible] 麩
一 七斤 白さとう
一 四百 蜜柑
一 五拾斤 [illegible]

一 三拾斤 [illegible]
一 百さを [illegible]
一 [illegible]
一 五拾斤 [illegible]
一 五拾斤 らうそく
以上
拾月七日
田中三左衛門
松本市左衛門
拾月廿日 [illegible]上下八拾三人分

一 六斗 白米
一 弐斗 味噌
一 六升 醤油
一 六升 酢
一 壱斗弐升 塩
一 四斗 酒
一 五百把 まき
一 弐拾本 [illegible]
一 拾本 [illegible]
一 五羽 かも

一 大根〃 たこん
一 拾把 分
以上
拾月七日
田中七左衛門
東本市左衛門
右條目ハ肉蝋燭ノ菜ニ之程ニ而定ル限故
え今新ニ相剰之也

朝鮮信使記録巻之十一 大坂於テ朝鮮人へ給目録
大坂新御茶屋ニ而朝鮮人上下九拾人へ并通詞
有接女人〻ニ賄渡候之帳

白米 壱石四斗八升五合
味噌 四斗三升
醤油 壱斗四升八合
酢 壱斗四升八合
塩 弐斗九升七合

酒 九斗弐升八合
油 四升四合
蝋燭 壱挺
菜 壱束
薪 三百把
炭 四俵
生鯛 二枚
干鯛 拾五枚
せいこ 大拾枚
こいち 拾二枚

さゝえ 百三拾
生鮑 壱百
雉子 三羽
鴨 三羽
雛 壱つ
たまこ 百三拾
このしろ 四拾本
たこ梅 百七拾七本
大根
福梅か 拾三把

菓　九拾把
鰒　拾二盃
かうのもの　七拾
右正月従初段中以
餅　三百
粽　五十
鮒　九拾
ひしこ　九百
ところ　五拾

小鯛　三百
牛房　九拾把
焼たこ　三百
通詞拾人分
白米　弐斗弐升六合
味噌　七升五合
醤油　弐升弐合五勺
酢　弐升弐合五勺
塩　四升六合

酒　五斗六升
生鯛　弐枚
焼鯛　三枚
しいら　三枚
なまこ　八十
大根　三拾本
菜　拾五把
右正月従初段中以
小鯛　四拾枚
鰒　五拾盃

かうのもの　百
鮒　拾五本
たこ　拾五本
已上
寛永十三丙子
正月十六日　大浦十兵衛 内
津田治左衛史
末吉源左衛門 内
下村源之丞
宗對馬守様御内

小川加賀守殿
古川右馬助殿
右一日ニ振廻也返済中廿日如此目録訴ニ
相渡也

朝鮮信使記録巻之十二 献立之御鷹御馬被下 朝鮮人振廻目録

寛永十三年信使之時進上之鷹并馬定
之餅禄同所ニ而三使之上官三人中官弐人下官
三人並馬刀三人役人列ニ於大坂津ニ而振廻之目
記

白米　武拾六俵弐合
味噌　九俵九合
醤油　弐俵六合
酢　弐俵六合

塩　八俵弐合
酒　三拾五俵三合
油　弐俵四合 但三使之上官中官
蠟燭　九挺 但上官三人分
菜　五貫 但上官三人分
塩鯛　九枚
鰹節　九連
さゝい　九つ
塩小鯛　拾弐枚
大とり　六羽

大根　六束
ねき　拾八束 但三人分
小魚　拾疋
こん　弐百弐拾
右一日ニ三使ニ相渡候
松浦左衛門
寛永十三年丙子
十月廿二日
竹下伊兵衛
山川庄右衛門
長崎太兵衛
宗対馬守様御内

小川加賀守渡

馬之くらい之覚

大豆　弐斗弐升六合

白米　七升六合

ぬか　三升七合

わら　弐拾二束半

右一日分ニ相渡申候

鷹之口餌渡申候覚

雉子　壱羽

庭鳥　七羽

右一日分ニ相渡申候

松浦ニ渡申内

寛永十三丙子

十月廿二日

竹下伊左衛門

山川藤右衛門

長嶋吉左衛門

宗対馬守様御内

小河加賀右衛門殿

此外二日逗留之間ニ相渡毎日如此

覚

白米　壱斗七升八合

味噌　六升六合

醤油　壱升七合

酢　壱升七合

酒　壱斗壱升

蝋燭　六挺

油　壱升六合

塩　三升四合

鯛　八枚

小鯛　弐拾枚

大根　八拾本

牛房　八把

かふら　八把

漬大根　三拾本

なら付　拾

薪　弐拾〆

炭　三俵

小いとり　拾羽

菓子　弐重

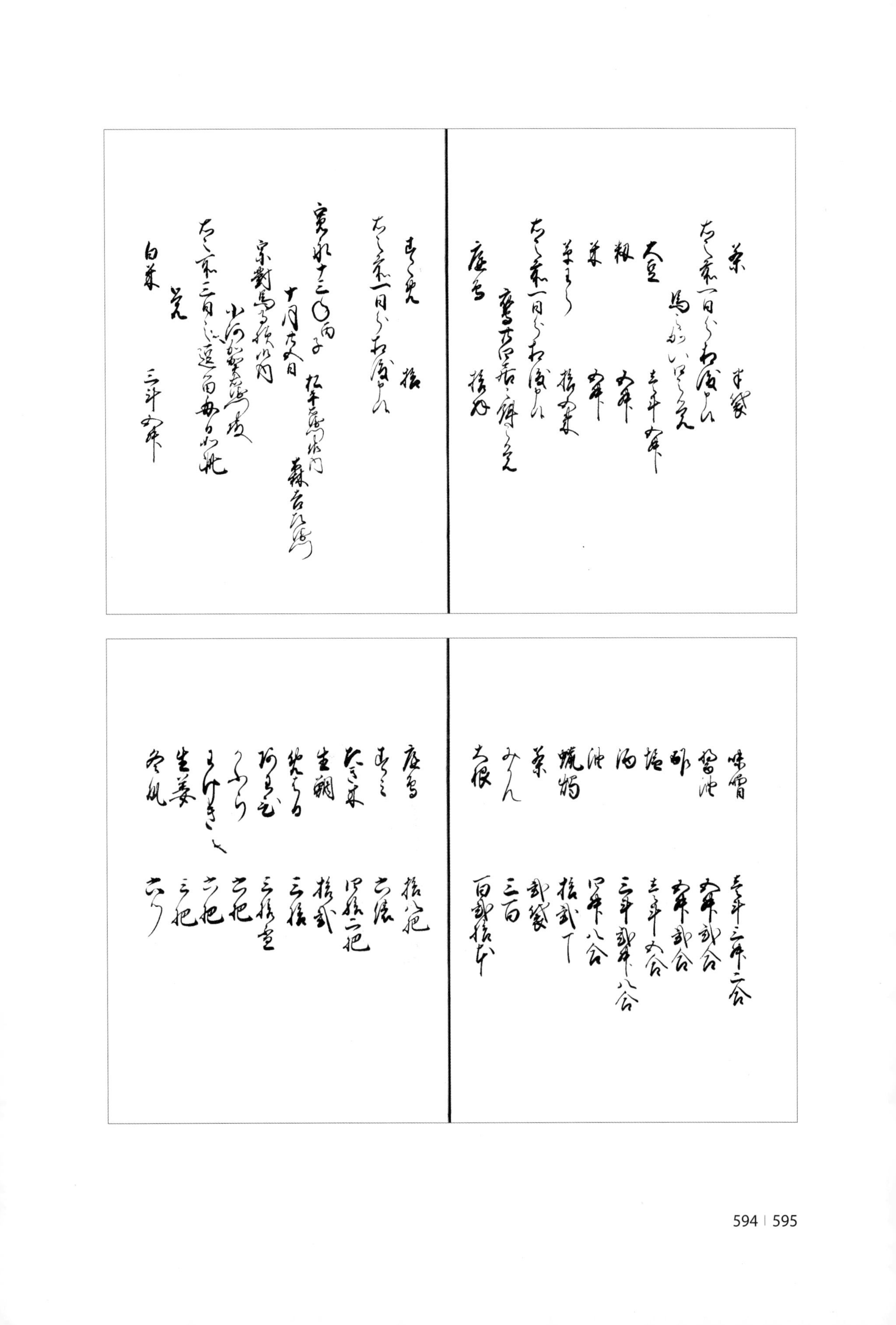

たうふ　拾八丁
麻皂　三ツ
右ハ相渡申候　馬方太夫へ以て渡候覚
大豆　三斗
菜　壱斗
椒　壱斗
菓りう　三拾束
右ハ相渡申候
[illegible]石餅之覚

鹿肉　弐拾斤
ちと　八ツ
右ハ相渡申候
寛永十三年丙子　毛利甲斐守内
十月廿八日　周島治部兵衛
宗対馬守様御内
小川[illegible]殿
此外二百俵[illegible]
覚
白米　壱斗七升六合

味噌　六升六合
醤油　壱升七合
酢　三升六合
塩　壱斗
酒　壱升六合
油
蝋燭　六挺
菜　半俵
鰹　壱連
大根　廿本

塩鯛　拾枚
炭　三俵
薪　百束把
鮑　拾七
にハとり　拾羽
たうふ　九丁
ミそ　廿枚
餅　廿枚
右一日分相渡申候
馬立太夫ニ渡申候覚

大豆 壱斗八升
米 八升
わら 八拾把
糠 八升
右一日ニ
鷹たかの餌之覚
雉 拾弐羽
右一日ニ
寛永十三丙子
十月廿日
毛利長門守
網枝[illegible]守

宗對馬守殿御内
小河縫殿助殿
覚
白米 壱斗七升八合
味噌 六升六合
醤油 壱升七合
酢 壱升七合
塩 三升八合
酒 壱斗
油 壱升六合

蝋燭 六十丁
菜 壱袋
生鯛 拾枚
雉子 三羽
雞 三羽
みかん 壱わ
大根 九拾本
[illegible] 廿
薪 三拾把
炭 三俵

右一日ニ
馬之飼ニ入申之覚
大豆 壱斗八升
米 八升
糠 四升
わら 四束
大根葉 拾把
右一日ニ
鷹たかの餌之覚
[illegible] 拾

小鳥　二拾羽
右一日ニ
寛永十三丙子　松平安藝守内
　十二月一日　　野村縫殿助
　　　　　　　　植木三郎右衛門
宗對馬守様御内
　小川加兵衛殿

覚
白米　壱斗七升八合

味噌　六升六合
醤油　壱升七合
酢　　壱升七合
塩　　三升五合
酒　　壱斗
油　　壱升一合
蝋燭　二十丁
菜　　半銭
炭　　三俵
薪　　六拾把

大根　六拾本
牛蒡　六把
ほう　六ツ
ちさ　六ツ
雉子　九羽
ねぶか　三把
鶏　　六枚
鮑　　六盃
みかん　百個
きんかん　九百目

右一日ニ　馬五疋ニ付而之覚
大豆　壱斗弐升
白米　弐升
糠　　弐升
はら　拾束
わら　拾束
右一日ニ　鷹拾居ニ付而之覚
小鳥　九拾

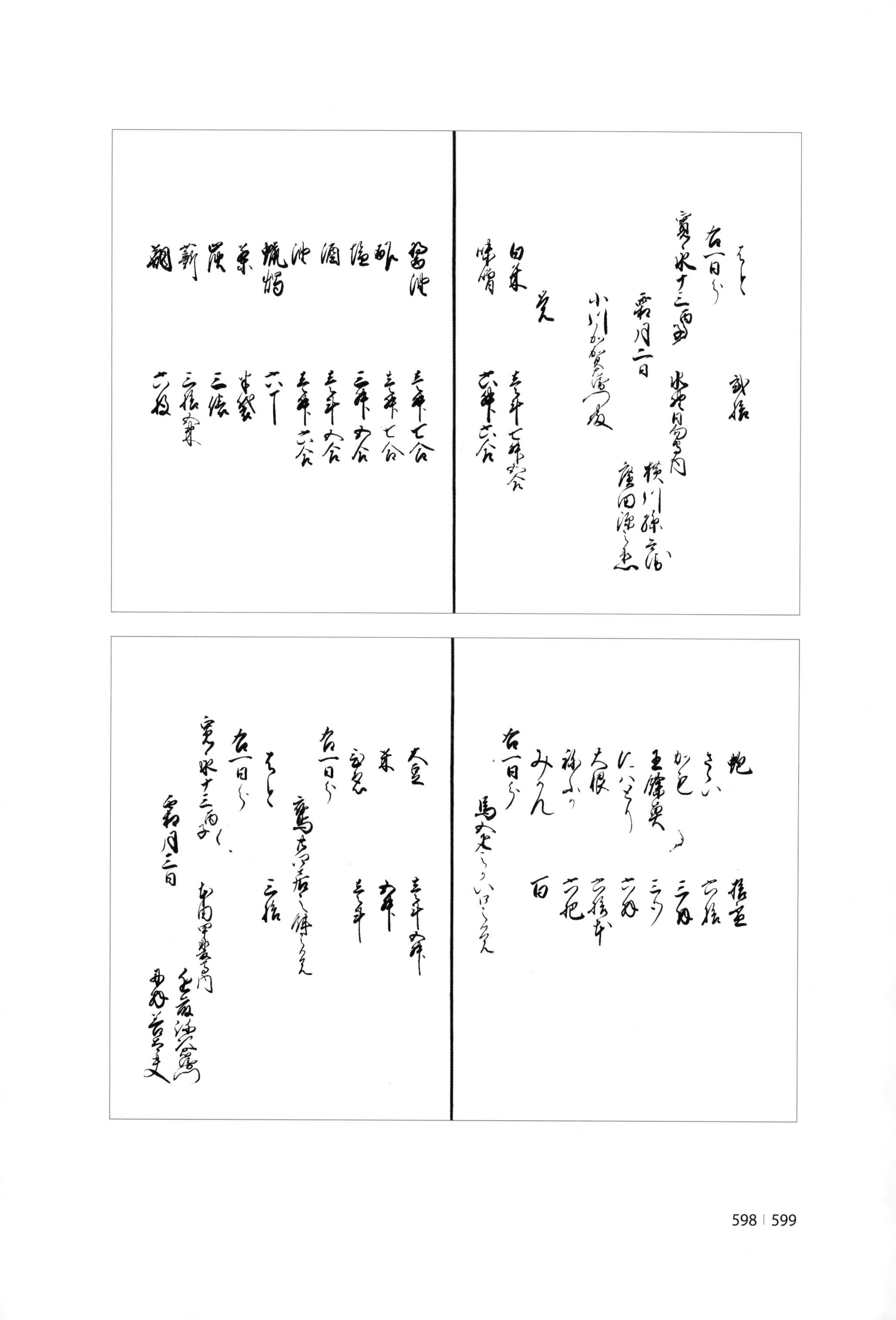

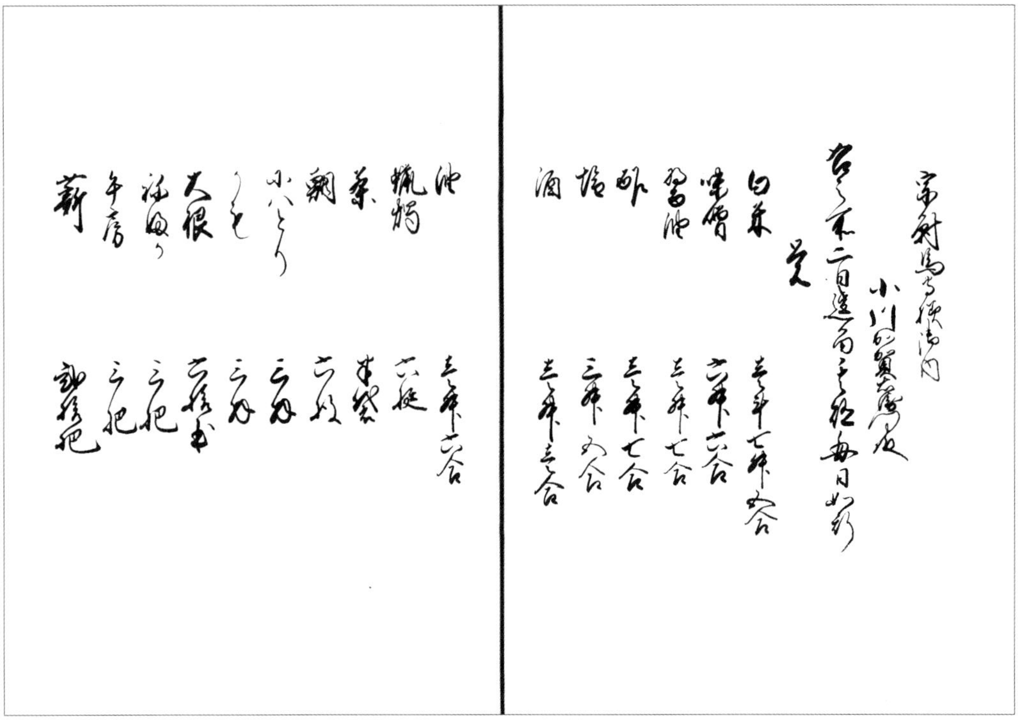

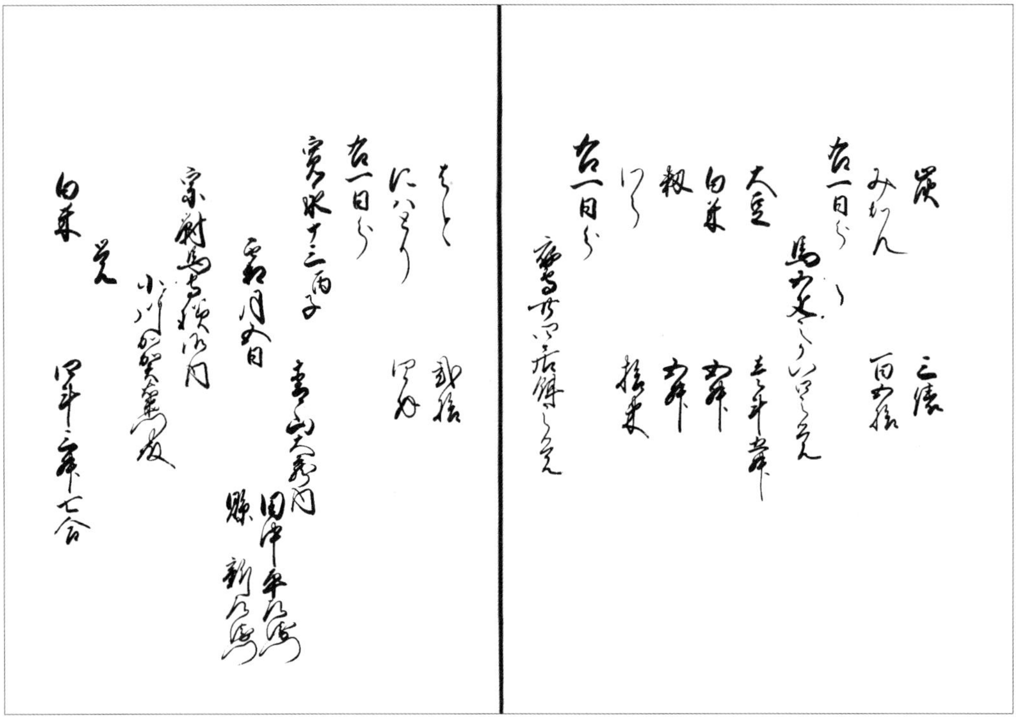

味噌　壱斗六升五合
塩　八升七合
醤油　四升六合
酢　四升三合
酒　弐斗弐升弐合
油　六升弐合
蠟燭　拾弐丁
茶　弐袋
鯛　拾枚
さゝゐ　二十

いりこ　拾八盃
雉子　四羽
くるみ　二斗
大根　七拾本
松茸　百把
牛房　百把
胡麻　弐升
みかん　四百
炭　弐俵
薪　百拾把

もうせん　壱把
右二百束ニ付
寛永十三丙子
霜月廿日　有馬十左衛門
津田治大夫
古川孫右衛門
小村源左衛門
宗対馬守様御内
小川四郎右衛門殿
寄特成ニ付馬ノ文ニ而禄大坂済代官
有馬十左衛門殿東左孫右衛門殿へ主断

朝鮮信使記録巻之十三
寛永十三丙子朝鮮之信使来聘ニ付御進物之覚
一　金大屏風　壱双
一　金小屏風　壱双
一　蒔絵硯箱　弐つ
一　大鏡台　弐つ
一　熊皮　壱枚
一　虎之皮　弐枚
一　糸のまき皮　弐枚

右三官使へ遣候
一 金小屏風　壱双
一 蒔絵硯箱　弐ツ
右ハ洪同知ニ遣し
一 金小屏風　壱双
一 蒔絵提錫　壱ツ
一 蒔絵硯箱　壱ツ
右ハ姜僉知ニ遣し
一 金小屏風　壱双
一 蒔絵提錫　壱ツ

一 蒔絵硯箱　壱ツ
康判事
右ハ李判事　へ遣し
尹判事
一 いかけ硯　壱ツ
右ハ馬藝武人へ遣候
一 いかけ掛硯　壱ツ
一 大輻鏡　壱ツ
右ハ醫師へ遣し
一 いかけ掛硯　壱ツ

一 蒔絵硯箱　壱ツ
一 大輻鏡　壱ツ
学士
繪士
梅院
右
西湖　へ遣候
東山
白同
一 いかけ掛硯　壱ツ
右ハ良醫壱人
写字官弐人　へ遣候

一 丹木　千斤
一 胡椒　三百斤
右ハ上官・次官中へ遣し
一 丹木　千斤
一 胡椒　三百斤
右ハ中官中へ遣し
一 小丹木　千斤
一 胡椒　三百斤
右ハ下官中へ遣し

一 金大屏風　壱双
一 蒔絵硯箱　弐ツ
一 蒔絵提湯　弐ツ
一 桐文底　千枚
一 本丹木　六百斤
　右禮曹江遣之
一 金小屏風　壱双
一 蒔絵文匣　弐ツ
一 蒔絵提湯　弐ツ
　右東莱江遣之

一 蒔絵提湯　壱ツ
一 蒔絵硯箱　弐ツ
一 桐文帋　五百枚
　右釜山浦江遣之
以上

朝鮮信使記録巻之十四
　寛永十三丙子十二月十三日朝鮮人御禮登
　城之次第
一 三使ハ乗輿ニ而登　城三之丸之橋之際之御門ニ而乗を出ル
一 二之丸御門より乗輿を下れ従其之歩行也
一 朝鮮人殿上間ニ着但上段ハかこミ之内也
一 将軍家ハ御　御装束御烏帽子直衣
一 朝鮮王之進物を御縁ニ配列 此時宗對馬守

出まし書を持て下段ニ而跪て吉良若狭守これ
を請取て御座之御左之御側ニ置く
但三人之内の者まで二人入
一 三使中之上段ニ而再拝礼済　退出之時ニ而
下段ニ而茶ニ而東之方ニ而饗応有之節也井伊
掃部頭松平下総守土井大炊頭酒井讃岐守四人ハ
案内者ニ而信使之送りまで相出申候
儀を致て通事ニ而云ふ通事二三使之一人宛ニ
前より二人を申し通事又三使之返答を二人ッ
つ前より申し宗対馬守ニ御意承り申と
申よ

一 対馬守御掃部頭下総守大炊頭讃岐守ニ申と
申と申候右四人進出て御申を言上させ候
一 御盃御酌之儀　御前ニ而三使へ御茶
同前済し而後大炊頭御酌吉良若狭守加
御盃を正使ニ被下中之上段ニ而正使　御盃を飲て
請取て戴て飲して又いたゞきて酒を
うけて是を以て御盃を持て本の座ニ帰る
副使従使ニも同前　御前ニ而酒を給り
同三使ニ而本の座ニ而又四人と共に日光
参り御返答之事を申上対馬守御意を承て

通事ニ而申上候儀如此
一 三使立て中段ニ而物くれて再拝　連拝而退出
次之間ニ而酒給也之三使ニ而進出之時三使ニ進出て
又御縁ニ而ふさぎて三使共に下段ニ而再拝
再拝して畢て　後に御縁ニ進出て
一 上官之人下段ニ而再拝再拝次之間ニ而待つ
一 上官御縁ニ而再拝再拝し
一 中官御縁ニ而再拝再拝
一 下官庭中ニ而再拝再拝　庭中ニ而の御ニ警蹕
肩二人立て礼の声を呼
左右ニ而礼せしと
在ニ立せし
但警蹕ニ而用意ニ而
引込ニ而

一 三使又立て再拝して又次之間ニ而此時
掃部頭下総守大炊頭讃岐守を請使として
御意を対馬守ニ仰をもて遣わさる三使ニ逢ふ事也
上官以下は次之間まで
出て拝す
一 上段之御簾下ニ尾張大納言殿紀伊大納言殿装束衣冠にて
下段之西ニ立て東ニ向ふ水戸中納言殿装束ハ共大納言同し
同し　同立て三使拝之事二人大納言中納言ニ正使副使
拝して後　即座之間を出て
従使拝して
一 次之間ニ而湯を出ス二人ニつきて　大納言

正使にも二の膳まで出し候て、三方に除き下し[illegible]

一 杯を持出し、膳前より出る、吸物を持出し、又膳にも二所に出る

一 初献 大納言 正使 中納言 副使 従使

一 二献 中納言 正使 大納言 副使 従使

一 三献 大納言 中納言 正使 副使 従使

三献目の湯を前のごとく膳二の(に)出し、膳引く、菓子いづ、菓子引く、座に三使立て揖あるとて二度して返る

諸大名并諸大夫皆衣冠也

참고문헌

사전

『네이버 일본어사전』(ja.dict.naver.com)

『네이버 한자사전』(hanja.dict.naver.com)

『조선시대 대일외교 용어사전』(waks.aks.ac.kr/rsh/?rshID=AKS-2012-EBZ-2101)

『한국고전용어사전』(terms.naver.com/list.naver?cid=41826&categoryId=41826)

『한국민족문화대백과』(encykorea.aks.ac.kr)

『한국전통지식포탈』(www.koreantk.com/ktkp2014)

『廣辞苑』

『日本國語大辭典』

『日本人名大辭典』

『日本大百科全書』

일본 농림수산성 홈페이지(https://www.maff.go.jp/j/keikaku/syokubunka/k_ryouri/search_menu/menu/kujiramochi_yamagata.html)

사료

『德川實記』, 『邊例集要』

宗家記錄, 「裁判有田杢兵衛覺書」,『分類紀事大綱』34, 일본국회도서관 소장.

단행본과 논문

김상준·윤유숙 역, 『근세 한일관계 사료집-야나가와 시게오키 구지 기록』, 동북아역사재단, 2015

윤유숙 편, 『근세 한일관계 사료집 III-1607년·1624년 조선통신사 기록』, 동북아역사재단, 2020

윤유숙 편, 『근세 한일관계 사료집 IV-1764년 조선통신사 기록 조선인내빙기 보력』, 동북역사재단, 2020

윤유숙 편, 『근세한일관계 사료집 V(상)-1636년 조선통신사기록 "관영병자신사기록"』, 동북역사재단, 2023

田代和生, 『近世日朝通交貿易史の研究』, 創文社, 1981

田代和生, 『書き替えられた國書』, 中公新書 694, 1983

田代和生, 『新·倭館ー鎖國時代の日本人町ー』, ゆまに書房, 2011

田代和生 編著,『方長老上京日史飮冰行記(近世日朝交流史料叢書 2)』, ゆまに書房, 2021
仲尾宏,『朝鮮通信使と德川幕府』, 明石書店, 1997
池內敏,『絶海の碩学ー近世日朝外交史研究』, 名古屋大出版会, 2017
田代和生,「(書評) 池內敏著『絶海の碩学ー近世日朝外交史研究』」,『日本史研究』670, 2018
池內敏,「'柳川一件'考」『歷史の理論と教育』152, 2019
米谷均,「柳川一件以前の規伯玄方」('訳官使·通信使とその周辺'研究會), 2021년 3월 26일 발표문.

찾아보기

ㄱ

ㄴ

ㄷ

ㄹ

ㅁ

ㅇ

ㅈ

ㅎ

동북아역사 자료총서 45

근세 한일관계 사료집 V (하)

1636년 조선통신사 기록

『관영병자신사기록(寬永丙子信使記錄)』

초판 1쇄 발행 2024년 8월 20일

옮긴이 윤유숙, 김선영, 이형주
펴낸이 박지향
펴낸곳 동북아역사재단

등록 제312-2004-050호(2004년 10월 18일)
주소 서울시 서대문구 통일로 81 NH농협생명빌딩
전화 02-2012-6065
홈페이지 www.nahf.or.kr
제작·인쇄 니케북스

ISBN 979-11-7161-125-6 94910
978-89-6187-433-5 (세트)